中国社会科学院老年学者文库

 中国社会科学院**老年学者文库**

"动态人口红利"
促进老龄化与经济社会协调发展

熊必俊　郑亚丽　著

 社会科学文献出版社
SOCIAL SCIENCES ACADEMIC PRESS (CHINA)

前　言

我从 1984 年开始研究老年学和老龄问题，本书收集的是我 34 年来在国内外学术会议上发表或交流的论文、课题研究报告和在报纸杂志、广播电台、电视台发表的论文、采访记录以及教材等，共 70 篇，有 10 篇左右是参加国际会议的论文或国际组织的培训教材，有 15 篇论文获奖。文集共 40 余万字。内容包括八篇，即：

第一篇　人口老龄化与经济社会可持续发展——"动态人口红利"创新理论的提出

第二篇　开发老年人力人才资源，延长动态人口红利，变老龄化的压力为动力

第三篇　老有所养和老有所居

第四篇　发展老年教育

第五篇　老年产业

第六篇　敬老、助老、孝文化

第七篇　发展老年体育运动和科学养生保健事业，发挥长寿红利的正能量

第八篇　其他

目　录
CONTENTS

第一篇　人口老龄化与经济社会可持续发展
——"动态人口红利"创新理论的提出

第一部分　人口老龄化与经济社会的可持续发展

第二部分　"动态人口红利"理论、政策与措施

第二篇　开发老年人力人才资源,延长动态人口红利,变老龄化的压力为动力

第一部分　开发老年人力人才资源

第二部分　积极老龄化与老年人参与社会

第三篇　老有所养和老有所居

第一部分　老有所养是老年人的天赋人权

第二部分　用"动态人口红利"建立更加公平
可持续发展的养老保险制度

第三部分　老有所居与老年住宅

第四篇　发展老年教育

第五篇　老年产业

第六篇 敬老、助老、孝文化

第七篇 发展老年体育运动和科学养生保健事业，发挥长寿红利的正能量

第八篇 其 他

第一篇

人口老龄化与经济社会可持续发展

——"动态人口红利"创新理论的提出

在灰色浪潮冲击下

——工业发达国家面临棘手的老龄化问题*

在联合国关于人口年龄构成类型的划分中，65 岁及 65 岁以上老年人口数在总人口数中所占比重大于 7% 的国家，被列为老年人口型国家。据联合国统计，1984 年，全世界 65 岁及 65 岁以上老年人口数在总人口数的平均占比为 6%，而工业发达国家的平均占比高达 11%。人口老龄化的加快，给一些国家带来了严重的社会经济问题。不少西方报刊把人口老龄化比作"灰色浪潮"。

对生产率和经济增长率的影响

老龄化的加快将对一个国家的经济产生一系列相应影响，如限制生产率的提高和经济的增长等。

人近老年，体力与记忆力的下降影响着个人生产率。随着现代技术的飞速发展，老龄化对总体生产率的影响也越来越大，激烈竞争需要劳动力具备高度的适应能力，而这正是老年人的弱点。一些工业国家老龄工人健康情况已有所下降，如美国 60 岁以上的男性工人中受健康影响的将近

---

* 本文发表于《光明日报》1984 年 12 月 30 日。

40%。为了满足老年人保健的需要,大批青年工人转业到医院和养老院这一类劳动密集型的行业工作,这样又造成企业熟练工人不足,影响了经济增长速度。日本大学人口研究所代所长直广雄川预测,21世纪日本的经济增长率将减慢到1%左右,甚或等于零。

一个国家在养老金和为老年人提供的其他社会福利的开支大幅上升,在一定程度上势必影响资本形成和储蓄的稳定性。因此,美国一位经济学教授指出,在工业发达国家老龄化严重的地区,资本主义赖以发展的进取心和冒险精神衰退,取而代之的是一种"祈求安全"的保守气氛。这将是影响工业国家经济发展的内在因素之一。

头号问题——老年人的医疗保健

工业发达国家的老龄化给医疗保健和社会服务增加了压力。例如,法国的养老院已供不应求,许多老年人不得不住进幽禁罪犯的建筑物里。在通货膨胀的冲击下,许多国家的养老金已经无法使老年人的生活保持在贫困线之上,一些养老院的生活条件甚至退化到与拘留所差不多的水平。

很多国家对于老年病学的研究刚刚起步,而专攻老年病学的专业人员又太少,满足不了老龄化逐年加重的需要。英国医院病床有一半住的是老年人,日本需要全日医疗护理的老年人有50万人,相当于政府医疗中心床位的三倍。纽约的老年问题专家莱利斯·利鲍说,老年人的医疗保健已经成为卫生界的头号问题了。

延缓老龄化的初步措施

工业发达国家的老龄化及其对社会和经济所产生的影响已引起一些国家政府和人口研究机构的重视,并为缓和这一局面进行了探讨和尝试。

随着人口平均寿命的延长,再加上身心健康的老年工人要求继续工作,一些工业国家将退休年龄推后五年。日本政府已允许达到退休年龄的工人可以继续留厂工作，或另行受雇于其他工厂。日本政府还打算在今后 20 年内逐步把享受养老金的最低年龄由 60 岁提高到 65 岁。美国的一些官员也主张把享受养老金的最低年龄（65 岁）适当提高到 68 岁。联邦德国为了减少国家对老年人的负担，决定把一部分退休技术人员派往发展中国家去工作。

有的国家正试建一些更省钱的机构以照顾老年人。丹麦设立了专门为老年人提供医疗和社会服务的老年人日托中心；荷兰政府集资筹建了一个拥有八万名兼职保姆的服务网，根据每个老年人的需要，保姆按时上门服务，每小时工资 3 美元；日本的社会学家建议设计生产一种专门为老年人吃饭和洗澡服务的"福利机器人"。

从世界范围来看，人口老龄化问题绝不是设立几个社会福利机构和推迟退休年龄所能解决的。人口老龄化问题现在是，将来更是工业发达国家的一个焦心棘手的社会问题。

我国人口老龄化问题及对策*

一 一段时期后会出现劳动年龄人口比重
下降和劳动力不足现象

我国现行的退休年龄是 20 世纪 50 年代根据当时的生产力发展水平、人民健康状况和人口预期寿命制定的。50 多年来，我国社会经济有了很大发展，人口预期寿命也从 40 多岁提高到超过 70 岁，原定的退休年龄显然偏低，预测一段时期后会出现劳动年龄人口比重下降和劳动力不足的局面，需要我们预做准备。

现阶段我国少年儿童人口比重下降的幅度大于老年人口比重上升的幅度，因此在退休年龄不变的情况下，劳动年龄人口比重呈上升趋势。2000 ~ 2015 年我国劳动年龄人口比重仍处于上升阶段，但是上升的幅度仅为 1 个百分点，大大低于老年人口比重上升 4.2 个百分点的幅度。2015 年以后，我国劳动年龄人口比重开始下降，2030 年为 59.2%，2050 年为 55.1%；同期老年人口比重相应分别上升为 21.9% 和 26.2%。与此同时，我国劳动年龄人口数量，将由 2020 年的 9.345 亿人递减为 2030 年的 8.879 亿人，2040 年的 8.654 亿人和 2050 年的 8.357 亿人。我国早期进入老年型社会的上海从 1993 年开始出现户籍人口自然负增长和"青年人赤字"现象，北京到

---

* 本文发表于《中国社会科学院要报 领导参阅》2002 年 6 月 25 日第 18 期。

2010 年也将出现劳动年龄人口出大于进的局面，这种劳动年龄人口比重递减的趋势将会在全国出现，如不适时扭转，将会导致劳动力不足，制约社会经济发展。

二 供养系数上升，社会养老负担加重

人口老龄化发展所带来的劳动年龄人口比重下降，必然导致老年赡养系数和总供养系数上升。我国老年赡养系数从 1970 年起一直上升，1975 年为 12.5，1999 年为 13.5，预测 2010 年为 17.4，2030 年为 37.0，到 2050 年进一步上升为 47.5 时，劳动年龄人口与老年人口之比接近 2：1。

20 世纪 70 年代中期以前，少年儿童抚养系数高，所以总供养系数也高，1970 年和 1975 年分别为 86.9 和 86.6。此后随少年儿童抚养系数下降，总供养系数下降，1990 年为 56.5，预测 2010 年达到低谷时仅为 47.3。随后少年儿童抚养系数回升，老年赡养系数上升，总供养系数也相应提高（2030 年和 2050 年将分别达到 68.9 和 81.5），大大超过当前发达国家的水平（48～55）。由 100 个劳动年龄人口供养 70～80 个非劳动年龄人口，不但会使社会养老保障不堪重负，而且会大大提高劳动力成本，降低产品的竞争力和社会经济发展的速度。

三 离退休人员增多和退休金支出加大，社会养老保险不堪重负

养老保险基金积累是养老保险事业发展的先决条件和决定性的保证。随着人口老龄化发展和退休人员数量的增多，十几年后我国劳动年龄人口比重和数量将开始下降和减少。劳动年龄人口是社会经济发展的主力军和社会养老保险基金的缴纳者，劳动年龄人口比重下降和数量减少的直接结果是养老保险基金的收入减少，养老金支出加大，导致养老保险基金出现

收不抵支、入不敷出的失衡局面。

我国已于 1999 年进入老年型社会，在人口老龄化迅速发展，退休年龄不变甚至有所降低的情况下，退休人员逐年增加。据原劳动部课题组关于《中国社会保障体系的建立与完善》的统计和预测，1984 年全国离退休人员总数为 1478 万人，1990 年为 2301 万人，1997 年为 3351 万人，1999 年增加到 3727 万人，2010 年为 5147 万人，2030 年为 9127 万人，2050 年为 10303 万人；相应的退休金总额将由 1992 年的 622.49 亿元增加到 2005 年的 4301.76 亿元，2010 年的 8383.97 亿元，2030 年的 73219.54 亿元和 2050 年的 182195.26 亿元。

离退休人员总数增长速度比在职职工增长速度快，离退休人员与在职职工之比，1984 年为 1 ∶ 8.0，1992 年为 1 ∶ 5.7，1999 年为 1 ∶ 3.7。

在离退休人员总数和退休金总额不断上升的同时，离退休人员保险福利费用占全国职工工资总额的比重也在不断上升，1984 年为 9.36%，1992 年为 17.65%，预测 2030 年和 2050 年将分别达到 33.1% 和 35.5%。全国离退休人员保险福利费用总额的增多也相应地提高了它所占国内生产总值的比重（从 1984 年的 1.48%，提高到 1992 年的 2.61% 和 1997 年的 2.82%）。当然，国家用于退休金的支出过快增长，及其在国内生产总值中所占比重的加大，也不利于扩大再生产和社会经济与社会养老保险的可持续发展。据统计，全国参加养老保险的人数已从 1997 年的 11209 万人增加到 1999 年的 13540 万人。养老保险基金收入已从 1997 年的 1338 亿元增加到 1999 年的 1965 亿元；在养老保险基金支出方面，1997 年为 1251 亿元，1999 年为 1924 亿元；支出的增长幅度高于收入的增长幅度。

四 适时提高退休年龄，调整年龄结构是实施可持续发展的一项有效保证

发达国家应对劳动年龄人口比重下降的三项措施中，鼓励生育和接收国外移民两项措施对我国都不适用。只有适时提高退休年龄是我国实施可

持续发展可以选用的一项有效措施和保证。

退休年龄和劳动年龄的上限主要是依据特定国家和地区在特定阶段社会生产力水平及人口平均预期寿命制定的。社会生产力水平和人口平均预期寿命在不断提高和延长，所以退休年龄和劳动年龄上限也应该相应提高，不能一成不变。否则，在人口老龄化发展的过程中，就有可能导致劳动年龄人口比重下降和老年赡养系数上升，不利于社会经济的可持续发展。

我国现行的退休年龄和以59岁为劳动年龄上限是20世纪50年代根据当时的生产力水平和人均预期寿命确定的，现在已偏低。50多年来，我国的社会生产力水平已大大提高，人均预期寿命已由20世纪50年代的40多岁延长到71岁，预计2030年为75岁，2050年接近80岁。如果我们从2005年起，每隔5年把退休年龄和劳动年龄上限提高1岁，用25年的时间到2030年提高到65岁和64岁（同现在发达国家的劳动年龄上限一样），是完全可能的。这样做的结果如下。

（1）2030年和2050年我国的老年人口比重由原来的21.9%和26.2%分别下降为14.4%和19.2%（分别下降7.5和7.0个百分点）；

（2）2030年和2050年的劳动年龄人口比重由原来的59.2%和51.1%分别上升到66.7%和62.1%（分别上升7.5和11个百分点）；

（3）2030年和2050年的总供养系数相应由40.8%和68.9%分别下降到37.9%和61.0%（分别下降2.9和7.9个百分点）；

（4）2030年和2050年老年赡养比由原来的37.0%和47.5%分别下降到21.1%和30.9%（分别下降15.9和16.6个百分点）。

适时提高退休年龄使老年劳动年龄人口比重上升，使总供养比和老年赡养比下降，对老龄社会来说无疑是开源节流，变人口老龄化的压力为动力。这对我国实施可持续发展战略来说不但是十分必要的，而且是切实可行的。

在全面建设小康社会的进程中
应对老龄化挑战*

　　摘　要：全面建设小康社会面临"老龄人口比重上升"和"社会保障压力增大"的挑战。老龄化对全面建设小康社会可能产生的不利影响主要有：从 2010 年起劳动年龄人口比重下降，劳动资源相应减少；劳动年龄人口老龄化影响劳动生产率提高；老年赡养比和总供养比上升，劳动力成本提高；用于老年人的社会保障的支出增加；储蓄水平下降，不利于资本形成。中国应充分利用 2001～2015 年供养负担低的"黄金时期"加速社会经济发展，从 2005 年起，调整人口年龄结构，尽快建立健全老年社会保障体系，部分提高退休年龄，保持养老基金收支平衡，开发利用老年人力、人才资源。老龄化对建设小康社会既是挑战又是机遇，两者之间不存在截然对立的矛盾。充分调动老龄化的积极因素（诸如人口预期寿命延长），缓解其不利影响，就能使老龄化与全面建设小康社会协调发展。

　　十六大报告指出："二十一世纪头二十年，对我国来说，是一个必须紧紧抓住并且可以大有作为的重要战略机遇期。"值得我们注意的是，我们集中力量全面建设小康社会的头 20 年，也正是我国老龄化迅速发展的阶段。预测在这 20 年，60 岁及以上老年人口将从 1.3 亿人增加到 2.3 亿人；老年

---

　　* 本文发表于《中国信息报》2003 年 12 月 19 日，转载于《可持续发展研究》2004 年第 1 期和《平原大学学报》（第 21 卷）2004 年第 2 期。

人口比重将从 10% 上升到 15.6%。十六大报告论述全面建设小康社会所面临的困难时，提到"老龄人口比重上升"和"就业和社会保障压力增大"，这表明了党和政府对老龄化挑战的重视和关注。本文拟就在全面建设小康社会的进程中，老龄化可能产生哪些不利影响以及如何缓解提出几点看法和对策建议。

一 老龄人口比重上升对全面建设小康社会可能产生的主要不利影响

1. 从 2010 年起劳动年龄人口比重下降，劳动资源相应减少

劳动力是发展生产力最主要的因素，劳动资源是最重要和最宝贵的资源。从经济学的观点看，劳动资源的多寡是反映经济实力强弱的重要指标。人口发展理论认为人口老龄化会导致劳动年龄人口比重下降，劳动资源减少，甚至出现劳动力不足。这一规律在我国也不例外，尽管现阶段少年人口比重下降的幅度大于老年人口比重上升的幅度，出现劳动年龄人口比重上升趋势，劳动力供大于求，但是，2010～2020 年，少年人口比重保持在 19.6016% 左右，而老年人口比重从 11.8% 上升到 15.9%，从而使劳动年龄人口比重将从 2010 年的 67.9% 下降到 2020 年的 64.5%（见表 1），这表明在全面建设小康社会的后 10 年，劳动年龄人口比重将下降 3.4 个百分点。首先进入老龄社会的上海市，早在 1993 年已经出现了"青年人赤字"现象。预测北京市到 2010 年也将出现劳动年龄人口出大于进的局面。如果说目前农村青年进城打工，可以弥补老年型城市劳动力不足的话，那么，随着老龄化发展，劳动年龄人口比重递减的局面在全国出现后，即使在 2020 年以前不会发生全国性的劳动力不足，但也会在一定程度上影响发达地区小康社会的建设与发展。

2. 劳动年龄人口老龄化影响劳动生产率提高

人口老龄化会导致劳动年龄人口老龄化，即劳动年龄人口中 15～29 岁的低龄劳动年龄人口和 30～44 岁的中龄劳动年龄人口比重下降，45～49 岁的年长劳动年龄人口比重上升。按照自然规律，人到中年以后随着增龄会出现体力和耐力衰退、抗病和康复能力低和智力减退，不利于提高劳动生产率。统计和预测表明，在我国劳动年龄人口结构中，低龄劳动年龄人口比重自 2000 年、2010 年和 2020 年依次下降为 38.10%、36.09% 和 33.90%；中龄劳动年龄人口依次下降为 38.25%、36.09% 和 33.90%；而年长劳动年龄人口比重依次上升为 23.65%、28.27% 和 34.50%。这表明在全面建设小康社会的 20 年，我国低、中龄劳动年龄人口比重将分别下降 4.2 个百分点和 4.35 个百分点，而年长劳动年龄人口比重上升 10.85 个百分点。近期我国工业化和自动化水平提高的速度还不会很快，因此在体力劳动强度要求较高的情况下，劳动年龄人口老龄化程度不断上升，将会影响劳动生产率提高。

3. 老年赡养比和总供养比上升

劳动人口负担加重，劳动力成本提高，老龄人口比重上升和劳动年龄人口比重下降，必然导致老年赡养比上升。我国老年赡养比 2000 年为 15.4%，预测 2010 年和 2020 年将分别上升为 17.4% 和 24.7%；在老年赡养比上升的同时，总供养比也相应由 2000 年的 53.6% 上升到 2020 年的 55.0%（见表 1），超过 1999 年经济合作与发展组织成员国平均供养比（49.93%）。老年赡养比和总供养比上升，必然造成劳动人口负担加重，劳动力成本加大，降低产品在国际市场上的竞争力，不利于社会经济发展。

表 1 2000~2020 年中国人口年龄结构和总供养比变动预测

单位：百万人，%

	2000 年		2010 年		2020 年	
	人口数	总供养比	人口数	总供养比	人口数	总供养比
0~14 岁	317.8	24.9	267.5	19.7	284.0	19.6
15~59 岁	830.9	65.1	926.8	68.4	934.5	64.5
60 岁及以上	127.6	10.0	161.1	11.9	230.4	15.9
少年抚养比		38.2		29.9		30.4
老年赡养比		15.4		17.4		24.7
总供养比		53.6		47.3		55.0

资料来源：张文范等《二十一世纪上半叶中国老龄问题对策研究》，华龄出版社，2000。

4. 用于老年人的社会保障支出加大，不利于扩大再生产

老年人口增加必然导致老年社会保障支出加大。以养老金为例，国家体改办宏观司负责人透露，我国社会保险制度转型过程中，已经产生了 3 万亿元的隐性债务，还清这些债务需要 30 ~ 40 年，今后国家财政每年至少要拿出 1000 亿元。随着人口老龄化的加剧，我国的养老金支出风险尤为突出。2001 年中央财政对养老保险基金补贴 349 亿元。另据中华人民共和国劳动和社会保障部预测，到 2005 年年底，养老金支付的资金缺口将达 1000 多亿元。原劳动部《中国社会保障体系的建立与完善》课题报告预测，2000 年养老金总额为 2099 亿元，2020 年将达到 28145 亿元，相当于 2000 年的 13 倍多。这项预测是按我国法定退休年龄（男职工 60 岁，女干部 55 岁，女工人 50 岁）计算的。如果按国务院确定的 111 个"优化资本结构"试点城市的国有破产工业企业中的职工可以提前 5 年退休的实际退休年龄计算，或按劳动保障部法制司和社会保险研究所在《中国养老保险基金测算与管理》中所使用的"现行退休年龄"（男职工 58 岁、女干部 55 岁、女工人 48 岁）计算，目前和未来实际养老金总额比原来预测的还要多，对扩大再生产的不利影响更严重。

5. 储蓄水平下降，不利于资本形成

储蓄是我国筹集社会主义建设基金的一个重要方式，人民储蓄是国家银行的一项可靠的资金来源。在总体人口中，储蓄主要是劳动年龄人口的行为，储蓄率和储蓄水平与劳动年龄人口比重的升降呈正比；另一方面，作为个体的人来说，劳动年龄阶段是参加储蓄的时期，进入老年以后，则是提取储蓄存款的岁月。随着老年人口增加会出现银行的储蓄存款出大于进的局面，特别是高龄老年人增多时，这一影响会更为严重，不利于资本形成和社会经济发展。

二 对缓解老年人口比重上升不利影响的设想和建议

1. 充分利用 2001 ~ 2015 年供养负担低的"黄金时期"加速社会经济发展

十六大指出，现在达到的小康还是低水平的、不全面的、发展很不平

衡的小康，人民日益增长的物质文化需要同落后的社会生产力之间的矛盾仍然是我国社会主要矛盾。这一矛盾需要用发展的方法来解决，全面建设小康社会也不例外，缓解老龄化不利影响的根本出路在于加速社会经济发展。

2000～2020年，一方面我国劳动年龄人口比重基本稳定，仅下降0.6个百分点；另一方面总供养比低而且上升幅度小（1.4个百分点），特别是在前15年，少年抚养比下降的幅度（8.4个百分点）大于老年赡养比上升的幅度（6.1个百分点），从而使总供养比下降到50%左右，处于低谷期，最低点的2010年仅为47.9%，这15年是发展经济的"黄金时期"。我们要抓住这个千载难逢的有利时机，加快社会经济发展，提高对老龄化的承受能力，推进小康社会的全面建设。到2030年，总供养比将达到68.9%，2050年将达到81.5%。

2. 从2005年起，参照人口预期寿命延长的幅度，调整人口年龄结构

劳动年龄人口数量的多少和比重的高低取决于劳动年龄上下限的高低。劳动年龄的上下限不能一成不变，它必须随着社会生产力的提高，文化教育事业的发展以及人口预期寿命的延长而相应调整。我国现行的劳动年龄的上下限是20世纪50年代根据当时的条件确定的，现在已不能适应发展的需要。如果继续按原定的上下限执行，在2010年以后将会出现劳动年龄人口比重下降，2015年以后老年赡养比、总供养比和老年社会保障支出大幅度上升的不利局面。

为了使全面建设小康社会有一个合理的人口年龄结构，建议从2005年起，参照人口预期寿命的延长幅度和基本普及高中教育的需要，逐渐调整劳动年龄的上下限，用15年的时间，分别提高到19岁和64岁（相当于当前发达国家的水平）。这种劳动力人口"晚进晚出"的做法不但可以使劳动年龄人口比重保持基本稳定，而且能提高劳动力素质，减轻养老保障和就业压力，使人口年龄结构保持在有利于全面建设小康社会的水平上。

3. 尽快建立健全老年社会保障体系

保障老有所养是全面建设小康社会进程中必须解决的问题。目前我国老年人口中享受退休待遇的城市占72.2%，农村仅占5.5%，有500万老年

人口因所在地区经济落后或无退休金而陷入贫困。所以，亟须扩大老年社会保障的覆盖面。十六大报告指出："建立健全同经济发展水平相适应的社会保障体系，是社会稳定和国家长治久安的重要保证。"我们要贯彻十六大报告精神，尽快建立健全同经济发展水平相适应的社会保障体系，完善城镇职工基本养老保险制度和基本医疗保险制度，健全城市居民最低生活保障制度，发展城乡社会救济和社会福利事业。在有条件的地方探索建立农村养老、医疗保险和最低生活保障制度。

4. 部分提高退休年龄，保持养老保险基金收支平衡

养老保险基金积累是养老保险事业发展的先决条件和决定性的保证。在退休年龄不变而老龄化迅速发展的情况下，必然出现养老保险基金收支失衡的局面。解决的办法有三个，一是提高投保费率；二是降低养老金标准；三是提高退休年龄。在前两者无考虑余地的情况下，除了提高退休年龄就别无选择了。根据测算，我国退休年龄每提高一年，养老统筹基金可增加收入 40 亿元，减少支出 160 亿元，减少基金缺口 200 亿元。如果我们按照劳动保障部法制和社会保险研究所的建议，在 2005 年以前清理和取消提前退休工种，基本达到严格按法定退休年龄执行的基础上，用 5 年时间（2006~2010 年）取消女工人、女干部退休年龄差别，一律按 55 岁退休；再用 10 年时间（2011~2020 年）将男女退休年龄拉平，一律按 60 岁退休，其结果将使 2010 年养老统筹基金缺口由 835.97 亿元减少为 352.52 亿元，使 2020 年养老统筹基金收大于支，缺口由 503.51 亿元转为节余 2622 亿元（见表 2）。开发利用老年人力、人才资源，变人口老龄化的压力为动力。

表 2　2005~2020 年城镇职工养老保险统筹基金收支预测

单位：亿元

年度	按法定退休年龄计算			按提高退休年龄计算		
	收入	支出	节余	收入	支出	节余
2005 年	2373.52	3342.83	-969.31	2373.52	3342.83	-969.31
2010 年	3505.00	4340.97	-835.97	3629.85	3982.37	-352.52
2020 年	7668.96	8172.47	-503.51	8625.81	6003.81	2622.00

资料来源：劳动保障部法制司和社会保险研究所《中国养老保险基金测算与管理》，经济科学出版社，2001。

全面建设小康社会应对老龄化挑战的另一措施是开发利用老年人力、人才资源，让更多有劳动能力的老年人参与社会经济发展。《老龄问题国际行动计划》要求各国政府"研究人口老龄化对发展以及发展对老龄化的影响，以便使老年人的潜力能够得到充分发挥"。联合国的一项国际调查指出，"用来赡养有病和失去工作能力的人，以及为退休或过依赖生活的岁月提供生计的财富，不可能相当迅速地生产出来，除非人力资源得到充分利用……人力资源当然包括老年人自己"。老龄社会最大的潜力就寓于老年人本身。如果说当前我国劳动力比较富裕的话，那么，十几年后这一优势将不复存在。在这种情况下，开发利用老年人力、人才资源，一可以增加劳动资源，二可以为国家增创财富，三可以为科教兴国和可持续发展增添人才资源，四可以变一部分消费人口为生产人口，把老龄化的压力转变为建设小康社会的动力。

综上所述，笔者认为，老龄化对建设小康社会既是挑战又是机遇，两者之间不存在截然对立的矛盾。充分调动老龄化的积极因素（诸如人口预期寿命延长），缓解其不利影响，就能使老龄化与全面建设小康社会协调发展。

参考文献

张文范等：《二十一世纪上半叶中国老龄问题对策研究》，华龄出版社，2000。

劳动保障部法制司和社会保险研究所：《中国养老保险基金测算与管理》，经济科学出版社，2001。

熊必俊：《人口老龄化与可持续发展》，中国大百科全书出版社，2002。

谢联辉、宋玉华主编《全球行动——迎接人口老龄化 联合国老龄话题文件总汇》，华龄出版社，1998。

对中国人口老龄化与社会经济
可持续发展的研究*

中国已于 1999 年进入老年型社会，现在 60 岁及以上的老年人口有 1.3 亿人，预测 2030 年和 2050 年将分别达到 3 亿人和 4.2 亿人。与此同时，老年人口比重将由现在的 10.1% 上升为 2030 年的 22.9% 和 2050 年的 29.8%。中国人口老龄化是在社会进步和经济发展的条件下出现的，但是老龄化进程过快是实行计划生育控制人口的结果，因而出现了老龄化进程超前于社会经济发展的现象。实施可持续发展是中国政府的既定国策，近期的发展目标是全面建设小康社会，力争 2020 年的国内生产总值比 2000 年翻两番。可持续发展需要一个包括合理年龄结构在内的良好人口环境，全面建设小康社会要应对"老龄人口比重上升"的挑战。对于中国来说，一方面社会经济要发展，另一方面人口在进一步老龄化，研究两者之间的辩证关系，采取对策使之在对立统一的矛盾运动中趋向协调，对于实施可持续发展和全面建设小康社会都是非常必要和十分重要的。

中国人口老龄化可能对社会经济
可持续发展的主要影响

1. 劳动年龄人口比重下降，劳动力资源减少

劳动年龄人口在总体人口中处于核心和支配地位。劳动年龄人口比重

---

* 本文为向 2004 年"第 36 届世界社会学大会"提交的论文。

高表明，劳动力资源丰富有利于社会经济发展，反之则制约社会经济发展。中国老龄人口比重上升必然导致劳动年龄人口比重下降，劳动力资源减少。中国近期少年儿童人口比重下降的幅度大于老年人口比重上升的幅度，因此劳动年龄人口比重呈上升趋势，预期2010年达到67.2%。但是这只是暂时现象，此后少年儿童人口比重下降的幅度小于老年人口比重上升的幅度，劳动年龄人口比重就会下降，预计2030年和2050年将分别下降到58.6%和53.9%。早期进入老年型社会的上海在前几年已出现"青年人赤字"现象，北京到2010年也将出现劳动年龄人口出大于进的局面，这种劳动年龄人口比重递减的趋势将会在全国出现，如不能及时扭转，势必严重制约社会经济发展。

2. 供养系数上升，劳动力成本加大

老年人口比重上升和劳动年龄人口比重下降必然导致老年赡养系数和总供养系数上升。据预测，老年赡养系数2010年为18.3，2030年为39.0，2050年为52.3。与此同时，总供养系数相应上升，2010年为48.8，2030年为70.0，2050年为85.5，大大超过发达国家的平均水平（48～55）。与日俱增的老年赡养系数和总供养系数不但使社会不堪重负，而且会使劳动力成本加大，降低产品的国际竞争力和社会经济发展的速度。

3. 用于老年人的保险支出加大，影响社会扩大再生产

老龄化意味着退休人员增多，政府用于养老金的支出加大。据统计，1995年全国离休、退休、退职人员总数为3094万人，2001年增加到4018万人，预测2030年和2050年将分别增加到7067万人和10303万人。1995年全年发放离休、退休、退职费为819.5亿元，2001年为3059.0亿元，预测2030年和2050年将分别增加到47149.3亿元和182195.2亿元。未来养老福利支出的大幅度增长将影响社会扩大再生产，不利于社会经济可持续发展。

促进人口老龄化与社会经济协调
发展和可持续发展的建议

人口老龄化与社会经济协调发展和可持续发展是一项涉及面很广的系

统工程，需要科学合理的规划、必要可行的措施和多方面的配合。对此有以下设想和建议。

1. 制定一个既能控制人口增长，又能避免过度老龄化的人口发展规划

老龄化与社会经济协调发展的前提是人口与社会经济的协调发展。目前我国既要控制人口增长，又要防止老龄化速度过快和老年人口比重过高。因此要制定一个两者兼顾的中长期人口发展规划，在人口与社会经济协调发展的基础上，实现老龄化与社会经济的协调发展。

为了控制人口总量增长，减缓人口老龄化和社会保障的压力，实现2020年国内生产总值比2000年翻两番的奋斗目标，我们的人口发展规划必须在一段时间内，认真执行现行的计划生育政策，保持低生育水平，在达到适度人口的指标后，按照动态适度人口理论，把人口增长率保持在0% ~ 0.5%的范围内，从而使人口年龄结构保持在有利于人口老龄化与社会经济可持续发展的水平上。

2. 建立与老龄化进程和经济发展水平相适应的养老保障体系

保障老有所养是老龄化过程中必须解决的首要问题。维也纳大会要求各国政府"根据向所有老年人都提供保险的原则建立或制订社会保险制度"，强调养老保险应考虑人口年龄结构变化及国民经济能力，同时应努力实现持续的社会经济发展。发展中国家为养老计划提供资金时需要慎重考虑，以便确保这些计划实现，而不妨碍社会经济发展。这些论述对于我们来说更具有现实意义，在我国经济尚不发达的条件下，建立一个既能保障老年人经济生活需要又不影响社会经济发展的养老保障体系将是我们实现老龄化与社会经济协调发展的一项重要措施。

为了适应我国老龄化进程和社会经济发展的需要，我们应建立一个公平与效率兼顾、基金来源多渠道、城乡有别的社会养老、家庭养老与社会助老服务相结合的多层次养老保障体系。城镇职工的养老保险由国家基本保险、企业补充保险和个人储蓄保险组成，国家基本保险实行社会统筹与个人账户相结合的制度，保险费由国家、单位和个人共同承担。养老保险基金的筹集宜采用现收现付与部分积累相结合的模式，即在现收现付的基础上，建立个人账户储存积累，多征集一部分保险费为积累基金，为下世

纪老龄化高峰期的退休金剧增做准备。这样既能保障近期内老年人的经济生活，又能缓解未来的压力。据有关部门预测，如果按职工工资总额的3%建立养老保险积累基金，到2030年积累基金总额可以达到142.518亿元，超过同年的退休金支出。农村养老以家庭保障为主，目前要充分发挥家庭的养老功能。政府对有养老任务的子女给予适当的资助和优惠。对于经济比较发达的农村，在政府引导和农民自愿的基础上，逐步发展农村社会养老保险，保险基金的筹集，坚持"个人缴费为主，集体补助为辅，国家予以政策扶持"的原则。此外还可以发展商业保险和社会互助保险作为对社会养老保险的补充，满足个体劳动者、农民和部分职工对养老的特殊需求。

3. 适时提高劳动年龄上限，把劳动年龄人口比重保持在有利于社会经济可持续发展的水平上

劳动年龄人口在总体人口中处于核心和支配地位，劳动年龄人口比重高表明，劳动力资源丰富，总供养系数低，有利于经济发展；比重低会导致劳动力资源减少，总供养系数加大，制约社会经济发展。总供养系数保持在较低水平上是发达国家确保老龄化与经济协调发展的重要条件之一。

劳动年龄的上限不是一成不变的，它可以随着社会生产力的发展和人口预期寿命的延长而相应提高。我国以59岁为劳动年龄上限是20世纪50年代根据当时的生产力水平和人均预期寿命确定的，现在已显得偏低。40多年来，我国的社会生产力水平已大大提高，人均预期寿命已延长到70岁，预计2000年为71.2岁，2050年接近80岁。在这种情况下如果我们从2005年起，每隔5年把劳动年龄上限提高1岁，用25年的时间到2030年提高到64岁（同现在发达国家的劳动年龄上限一样），是完全可能的。这样做的结果将使2030年和2050年的劳动年龄人口比重由原来的58.6%和53.9%，提高到66.5%和63.1%，这意味着2030年和2050年的劳动年龄人口比重可以分别提高到2010年和2025年的水平。提高劳动年龄上限的另一个好处是可以使2030年和2050年的老年赡养系数分别由39.0和52.3下降到22.5和30.9，同时使2030年和2050年的总供养系数相应由70.0和85.5下降到50.3和58.4（见表1），相当于保持20年前的低水平。这种提高劳动年龄人口比重和降低老年赡养系数及总供养系数的措施，对于减缓人口老龄化

压力和实现老龄化与社会经济协调发展与可持续发展十分有效，也很有必要。

表1　劳动年龄上限为59岁（Ⅰ）和64岁（Ⅱ）时我国有关数据差异的对比

年度	老年人比重 %		劳动人口比重 %		老年供养系数		总供养系数	
	（Ⅰ）	（Ⅱ）	（Ⅰ）	（Ⅱ）	（Ⅰ）	（Ⅱ）	（Ⅰ）	（Ⅱ）
2010	12.1	8.0	67.2	71.3	18.3	11.5	48.8	40.2
2020	16.2	11.3	63.7	68.6	25.4	16.4	56.9	45.7
2030	22.9	15.0	58.6	66.5	39.0	22.5	70.0	50.3
2040	25.9	19.4	56.5	63.5	45.8	30.5	77.0	57.4
2050	29.8	22.4	53.9	63.1	52.3	30.9	85.5	58.4

资料来源：本书编委会《跨世纪的中国人口》（综合卷），中国统计出版社，1994；杜鹏、翟振武、陈卫《中国人口老龄化百年发展趋势分析》，《人口研究》2005年第6期。

4. 开发利用老年人力人才资源，变老龄化的压力为动力

迎接老龄化挑战的另一重要措施是开发利用老年人力人才资源，让更多有劳动能力的老年人参与社会经济发展。《老龄问题国际行动计划》要求各国政府"研究人口老龄化对经济发展的影响以及经济发展对老龄化的影响，以便使老年人的潜力得以发挥"。联合国的一项国际调查指出，"用来赡养有病和失去工作能力的人，以及为退休或过依赖生活的岁月提供生计的财富，不可能相当迅速地生产出来，除非人力资源得到充分利用……人力资源当然包括老年人自己"。如果说当前我国劳动力比较富裕的话，那么，十几年后这一优势将不复存在，在这种情况下，开发利用老年人力资源，一可以弥补劳动力不足，二可以为国家多增创财富，三可以变一部分消费人口为生产人口，变人口老龄化的压力为促进社会经济发展的动力。

科学技术是第一生产力，加快社会经济发展，必须依靠科技和教育。实行科教兴国和可持续发展所依靠的是人才，目前我们劳动力供过于求，但人才资源严重不足，解决的办法一是在校培养，二是在职培训，三是从国外引进，四是起用老年人才，四者之中以起用老年人才成本最低，见效最快。

为了充分发挥一大批老年与准老年人才资源，我们应当继续执行1983

年发布的《国务院关于高级专家离休退休若干问题的暂行规定》，适当延长他们的离退休时间，进一步贯彻人事部的关于适当延长离退休年龄与搞好第二次人才开发相结合的国家政策。

5. 大力发展社区助老服务，满足老年人的特殊需求

在人口老龄化与家庭小型化、核心化以及老年人预期寿命延长的背景下，一方面老年人的生活照料需求增多，另一方面家庭照料老年人的资源在逐渐减少，需要通过发展社区服务来弥补家庭养老功能的不足。在民政部的领导下，我国到 2000 年年底已建立城镇社区服务设施 18 万个，综合性的社区服务中心 12674 个，各类便民利民服务网点 45.2 万个，为一部分急需照料的老年人提供了服务。但是在社区服务的发展过程中对发展缺乏宏观政策的指导，缺乏管理人才和经过专业培训的服务人员，服务项目少，工作需要进一步规范、发展和提高。我们的建议是：

（1）把发展社区服务纳入社会发展规划，按照社会保险基金管理模式建立统一的管理部门；

（2）国家对社区服务设施的建设给予必要的经济支持和优惠政策；

（3）探索符合我国可持续发展原则的社区服务管理模式；

（4）加强管理干部和服务人员的专业培训，提高管理水平和服务质量；

（5）在政府的扶持下，多方集资因地制宜地建设多层次的服务设施，以实现"六个老有"为方向，向老年人提供多样化、不同层次的助老服务。

6. 加强法制建设，建立健全老年法律体系

我国已进入老龄社会，老年人问题和人口老龄化问题都将是重大的社会问题，解决这些问题的政策措施，归根结底要体现为法律法规体系的健全和完善。我国已于 1996 年颁布了《老年人权益保障法》，但是，总体来说，有关老年人的法制建设还滞后于老龄化的发展，在处理很多涉老的民事纠纷方面，缺乏专项法律和法规依据。为了切实维护老年人的权益，发展老龄事业，我们应尽快制定养老保险法、医疗保险法、社会救济法、家庭赡养法、社区服务法、老年人住宅法、老年福利法和老龄事业发展法。实践证明，建立健全老年法律法规体系，可以更好地调整老年人与非老年人之间的关系，制裁侵犯老年人合法权益的不法行为，有利于促进家庭和

睦，保证社会经济健康发展。

7. 发展老龄产业，繁荣老年市场

人口老龄化对市场总需求的影响必然导致市场结构的变化。因此，根据市场需求的变化，适时调整产品结构，发展老龄产业，开拓老年市场，已成为保持市场稳定与繁荣的重要途径。

联合国亚太经社理事会在 1998 年《澳门亚太老龄化问题行动计划》中，把老年人与市场列入了地区人口老龄化进程中与老年人密切相关的七大领域之一，吁请各国政府和非政府组织予以重视。1999 年 10 月在上海召开的"99 亚太地区老年消费研讨会"进一步为老年消费研究和市场开拓创造了良好的条件。我国民政部杨衍银副部长在开幕式上致辞指出，老年消费是一个有潜力、有前途的领域，希望全社会给予充分重视。可见老年消费问题不仅有利于提高老年人的生活质量，有利于社会经济发展，而且也是拉动国内经济需求的一个新的增长点。

8. 提倡健康老龄化和积极老龄化，建设成功的老年社会

老年人参与社会发展的前提是要有健康的身体和适应老年型社会发展的知识和技能。为此，1993 年国际老年学大会把"科学地为健康的老龄化服务"作为大会主题。《联合国关于到 2001 年老龄工作的全球目标》强调："开展人人健康老龄化运动，此项运动旨在从整体上促进老年人的健康，从而使老年人在体力方面、智力方面、社会方面、感情方面、脑力和精神方面得到平衡发展。"

2002 年，联合国在马德里召开的第二届世界老龄大会进一步把实现以健康、参与和保障为三大支柱的积极老龄化写进了大会的《政治宣言》和《2002 年马德里老龄问题国际行动计划》，强调老年人参与社会是应对老龄化挑战的需要，有助于把老龄化对社会经济积极的压力转化为促进可持续发展的动力。可持续发展以人为中心，实践证明，实现健康老龄化和积极老龄化可以为社会成功地处理老龄问题奠定必要的人力基础，也是协调老龄化与社会经济可持续发展的一项重要措施。

参考文献

萧振禹：《人口老龄化对社会其他领域的影响》，华龄出版社，2000。

熊必俊：《论 21 世纪中国人口老龄化与经济协调发展》，冯贵山主编《迈向 21 世纪老龄问题国际研讨会论文集》，1998。

熊必俊主编《保障老有所养的理论与实践》，经济管理出版社，1999。

顾鉴塘：《中国为老服务产业政策研究报告》，华龄出版社，2000。

田敬科、张同春：《建立健全老年法律体系》，华龄出版社，2000。

熊必俊：《人口老龄化与可持续发展》，大百科全书出版社，2002。

谢联辉、宋玉华主编《全球行动——迎接人口老龄化 联合国老龄话题文件总汇》，华龄出版社，1998。

社会老年学的探索与构建

——中国社会科学院老年科学研究会成立 20 周年献礼*

社会老年学是人类社会进入人口老龄化阶段所诞生的一门新兴边缘学科，从无到有，经历了初创、兴起和发展等阶段。我院老年科学研究会积极探索和构建社会老年学理论，应对人口老龄化的挑战和压力，在创建中国特色社会老年学学科体系中发挥了重要作用。

一 社会老年学的兴起与发展

（一）国际社会老年学学科诞生

20 世纪 40 年代社会老年学（Social Gerontolgy）在西方兴起，在学科体系方面，社会老年学是老年学的一个重要分支学科；在研究的对象与范畴方面，是一门介于人口科学与社会经济科学之间的边缘交叉学科。

老年学是研究人类个体衰老（又称个体老化）和人口群体老龄化规律的科学。老年学在古代是研究人类个体衰老的机制和规律，从探索健康长寿之道开始，因此人们对当时的老年学称之为古老的"长寿科学"。18 世纪 60 年代产业革命使生产由家庭转向工厂，有史以来作为经济单位和生产单

---

* 本文为纪念中国社会科学院老年科学研究会成立 20 周年（2009 年）而作，这次编入文集时对题目做了修改。2013 年采用原题目发表于中国社会科学院离退休干部工作局编《同心共筑中国梦》。

位的家庭被破坏，以父系父权为中心的家族社会随之解体，老年人在家庭经济中的主导地位逐渐下降。产业革命促进了科学技术和包括老年医学的医疗卫生事业的发展，引起了整个生产方式的重大变革，使原来依附于土地的个体农民纷纷破产，把他们抛进了雇佣劳动大军的队伍，同时也带来了社会生活与家庭生活的变革，引发了就业、退休养老的老龄问题，从而使老年学的研究突破了老年医学和生物学的圈子，扩大了范围，促进了社会老年学的兴起。作为一门新兴学科，社会老年学既要研究如何满足年长者特殊需要的民生问题，又要研究如何使老龄化与社会经济协调发展问题。

国际上社会老年学的创立自 20 世纪 50 年代开始。1950 年国际老年学学会（International Gerontology Association）成立大会在比利时的列日召开，由比利时的布鲁尔任大会主席。布鲁尔在开幕词中提出了发展老年学研究的新构思，指出老年学的研究不仅包括自然科学，而且还应该包括社会科学。大会执行委员会闭幕时发表的《正式声明》强调，有鉴于老年人口日益增多，对老年人有重大影响的社会经济因素进行研究实属必要。同时所有老年问题研究的结论应提供有关政府机关参考，以期付诸实施，增进老年人福利。以此为开端，老年学的研究从医学、生理和心理扩大到社会和经济领域。1960 年，芝加哥大学出版社出版了由克拉克·蒂比茨主编的《社会老年学手册——从社会的角度研究老龄化》一书。这部书的问世标志着社会老年学作为老年学一个分支学科的正式诞生。

（二）中国社会老年学的兴起与发展

社会老年学在我国出现的比较晚，与发达国家相比，我国对老龄问题的研究在 20 世纪 80 年代以前几乎是空白。那时我国没有专门的老年学研究机构，对老龄问题的研究仅散见于少数老年医学方面的刊物和论文中。1981年 10 月，我国政府首次派代表团参加亚洲经社理事会在马尼拉召开的老龄问题国际会议，因当时我们对老龄化和老龄问题认识不足，我国代表在发言中说明我国是社会主义国家，人口不会出现老龄化和老龄问题，这一观点令许多国家大惑不解。直到 1982 年我国代表团参加了联合国在维也纳召开的"老龄问题世界大会"，才引起我国社会各界的重视。同年 4 月，国务院正式批准成立中国老龄问题全国委员会。为了进一步组织和开展老年学研究，1986 年全国召开第一届老年医学、老年生物学、老年心理学、社会老年学等学科的专家学者和老龄工作者共同参加的老年学学术讨论会，会议期间在中国科学院和中国社会科学院的支持下，正式成立了"中国老年学学会"。中国老年学学会的学科体系包括老年人口学、老年社会学、老年经济学、老年生物学、老年心理学、老年医学。前三项为社会老年学，属于中国社会科学院的研究领域；后三项为自然老年科学，属于中国科学院的研究领域。六大分支学科的建立标志着中国老年学研究从自然科学范畴扩展至社会科学范畴。从此，中国社会老年学研究步入了学科建设历程。

（三）组建中国社会科学院老年科学研究会

1986 年中国老年学学会正式成立，经大会推荐和中国社会科学院党组决定，梅益同志担任首届中国老年学学会会长。为开展建设中国社会老年学体系的学术研究，1989 年梅益同志向院领导建议，并经院领导同意，组建"中国社会科学院老年科学研究会"（以下简称"研究会"），并决定由院党组成员赵烽和原政治部王平凡同志负责筹建。研究会于 1989 年 5 月正式成立，梅益和吴介民同志任名誉会长，赵烽同志任会长，由在中国老年学学会学术部副主任协助梅益同志工作的熊必俊任常务副会长，田雪原、陆学艺、朱传一和刘国珍任副会长，张仙桥任秘书长，董之鹰任副秘书长。1990 年赵烽同志逝世后由熊必俊任会长，研究会挂靠在院离退休干部工作局。研究会的成员主要是离退休专家学者和部分在职人员，他们来自 26 个研究所及院直属单位，其中有老年学家、人口学家、社会学家、经济学家、哲学家、法学家和管理学家，形成了多学科专家学者共同研究社会老年学的态势。

研究会的宗旨是组织全体成员开展社会老年学研究，为国家制定有关老龄问题的方针政策提供科学理论依据，并发挥咨询作用。研究领域主要是社会老年学和老龄问题，包括老年人口学、老年社会学、老年经济学、老年哲学、老年法学、老年教育学和老年管理学。

研究会的主要任务有 5 项。第一，接受政府和有关单位的委托，组织老龄问题的课题研究；第二，举办社会老年和老年工作的学术研讨和干部培训；第三，组织老龄问题学术著作的撰写、翻译和出版；第四，组织召开和参加全国性和国际性老龄问题的学术会议；第五，提供有关老龄社会工作和研究的咨询服务。

二　社会老年学理论的探索与构建

国外对社会老年学理论的探索与构建经历了一个较长的发展过程，形成了诸多学术理论。社会老年学的创始人之一克拉克·蒂比茨认为，社会老年学主要研究老化的非身体方面（Nonphysixal Aspects），关注的是壮年期以后的成年人（Matureadults）的发展行为与群体行为，以及引起人口中老年人出现的社会现象和因人口中老年人出现而引发的社会现象，包括老化与经济学、老化与人口学、老化与文化和环境方面、老化与社会组织、老化与政治活动等。

我院研究会的学者们在学习、借鉴国际上社会老年学研究理论的基础上，结合本国国情，对创建中国特色的社会老年学开始了新的探索。

（一）开展有关社会老年学的课题研究

研究会成立后，发挥课题组成员多学科合作的优势，首先从社会上最关心而且急需解决的理论政策和实际课题入手，依次对"要不要老有所为""如何保障老年人权利"和"如何保障老有所养"等专题，继而对老年经济学、老年人口学、老年社会学、老年法学、老年哲学、老年教育学、老年管理学等理论分别进行了系统研究，推动了学科建设。

研究会成立23年来承担课题研究共16项，其中包括"七五"国家社会科学基金课题"老有所为问题的理论与政策的研究"，院课题"老年人权益的法律保障"和"保障老有所养的理论与实践"，以及院老年科研基金课题13项。除此以外，研究会成员还应邀参加了国务院研究室、国家体改委、全国总工会、中国科学院、中国老龄协会、北京市老年学会、北京市教育科学研究院、北京市老年人体育协会等单位课题组，完成了有关人口老龄化、老年社会保障、可持续发展、老年人口收入、退休年龄政策、国外社会保障制度和老年教育7项分课题研究。

（二） 对老年经济学理论的研究

老龄经济学是社会老年学的一个分支学科，是一门介于人口科学与经济科学之间的边缘交叉学科。老龄经济学是在工业化发展和人口老龄化加重的进程中产生的。我国对老龄经济学的研究起步于 20 世纪 80 年代，因我国老龄化发展与经济发展不同步，所以对老龄经济学研究的要求更为迫切。

熊必俊指出，老龄经济学是研究个体老化和人口老龄化进程中所产生的经济问题。在《老龄经济学》一书中，他运用马克思关于劳动力的论述，并参照各国劳动经济学的定义，提出了劳动年龄上限不能一成不变的观点。建议按照人口预期寿命延长的幅度，相应提高劳动年龄上限，使劳动年龄人口比重始终保持在有利于社会经济可持续发展的水平上，延长"人口红利期"。他论述了在老龄社会老年人参与发展的重要意义和作用，对我国开发老年人才资源的历史、现状和未来进行了回顾和展望，并运用人才学和劳动经济学的有关理论，对开发老年人才资源需要澄清的几个问题进行了说明。近年来，国内外学术界用"人口红利""人口机会之窗"审视和预测人口老龄化对社会经济发展的影响，熊必俊提出，用动态人口红利应对人口老龄化的挑战。他强调依靠人的全面发展、充分利用提高人口素质、延长预期寿命、提高劳动年龄上限、提高劳动生产率、转变经济发展方式、发展高科技、开发老年人力资源，健全和完善社会保障制度，不断提高国家、社会和家庭对老龄化的承受力，"动态人口红利"之窗就可以长开不闭。

（三） 对老年哲学理论的研究

老年哲学的理论体系研究是研究会重点研究项目之一。杨友吾教授指出，老年哲学是马克思主义哲学辩证唯物主义与历史唯物主义（又被科学地称之为"彻底唯物主义"）各项基本原理，在老年人这一特定对象和人生老年阶段这一特定领域的具体运用。

1999 年中共中央党校出版社出版了杨友吾著的《老年哲学简论》，创建了老年哲学学科。他阐述了老年哲学的理论体系由四个基本部分组成，一是探索科学的老年观；二是发挥老年人继续为社会做贡献的自觉能动性；三是掌握和运用人生老年阶段的辩证法，研究和揭示人生老年阶段的基本规律与矛盾；四是提倡老年人学哲学用哲学，提高老年人自身哲学素质。这四个基本部分既有分工又相配合，既相互区别又相互渗透，成为一个有机整体。

（四）对老年人口学理论的研究

老年人口学是主要研究老年人口变动及其发展规律的科学，包括的主要内容有：老年人口的规模和分布，总体人口的出生、年龄构成，老年人口的年龄、性别、婚姻、家庭、文化、职业，宗教的社会结构，以及人口老龄化趋势及其对社会经济发展的影响等。

研究会将老年人口学理论与可持续发展理论结合起来进行研究，丰富了人口学理论体系。可持续发展理论是 20 世纪 70 年代正式提出的。进入 20 世纪以后，随着科学技术进步和社会生产力的提高，人类社会在发展物质生产和提高人口平均预期寿命方面取得了长足的发展。但是，人口的过快增长和片面追求经济指标的提高引起了资源过度消耗、环境污染和生态破坏等重大问题，严重制约了经济发展，甚至威胁着人类未来的生存与发展。熊必俊撰写了《人口老龄化与可持续发展》一书，他指出，人口年龄结构是可变的，不同的年龄结构对社会经济发展会产生不同的影响，特别是如何使人口老龄化与社会经济协调发展已成为当今世界共同关心的重要问题。人口老龄化是经济发展与人口自身发展的必然结果，是社会进步的象征。但是人口老龄化的过快发展，可能导致老年人口比重上升，劳动年龄人口比重下降，对老年人的赡养系数加大，给当前的社会经济发展和未来的可持续发展带来压力和制约因素。可持续发展是人类历史上最新、最合理的发展，不仅是经济指标的增长，而且是人口、经济、社会、资源各个系统协同并进的总体发展，以及人的发展。这种发展的新模式把人置于发展的中心位置，可持续发展的前提是发展。为满足包括老年人在内的全体人民的基本需求和日益增长的物质、精神文化需求，必须保持较快的经济发展速度，并逐步改善和提高发展的质量。制订和执行有利于可持续发展的人口政策，为以人为本，营造一个良好的人口环境，其中最为重要的是适量的人口数量、良好的人口素质和包括人口年龄结构在内的合理的人口自然结构和人口社会结构。

（五）对老年社会学理论的研究

最早开始进行老龄化的社会方面研究的学者是列奥·W. 西蒙斯。西方社会学家戴维·B. 布林克霍的社会交换理论，经济学家保罗·萨缪尔森的"生物利率理论"和"代际经济交换理论"进一步为老年人有权享受社会养老保障和社会经济发展成果的论断提供了新的理论依据。在学习和借鉴国际有关老年社会学理论的基础上，宋竹音、王育民著有《老年与社会》，张仙桥、李德滨著有《中国老年社会学》，这两本书系统阐述了老年人口的社会地位、婚姻家庭、健康、教育、社会参与、社区服务、社会保障等热点问题。

研究会在系统研究老有所为理论的基础上，结合国情的需要，确立了老有所养理论作为研究重点。"保障老有所养的理论与实践的研究"是研究会 1996 年承担的中国社会科学院老年科研基金课题，论证了"老年人是自己养自己"的实质尊严，否定了社会上流传的"年轻人养老年人是额外负担"的谬论，维护了老年人合法权益和尊严，有利于建设不分年龄、人人共建、共享、代际和谐的社会。课题组由年届古稀的熊必俊同志负责，课题组成员包括杨友吾、张仙桥、卢婉清、刘鉴农、苏尚智、宋竹音、王育民、刘国珍和董之鹰同志。课题组成员的平均年龄 72 岁，其中年龄最高的杨友吾同志 75 岁。该项研究运用马克思主义"剩余价值"和"六项扣除"理论，儒、墨、道、法诸家尊老、养老、助老的伦理道德观和世界三大宗教——佛教、基督教和伊斯兰教的宗教哲学观论证并提出了"老有所养是老年人的天赋人权"的观点，强调老年人作为家庭的尊长和社会的资深公民，他们是在完成了人口生产和物质生产的任务后进入老年的，国家、社会和家庭不但应该且必须承担赡养老人的责任和义务。1999 年作为课题研究报告出版的《保障老有所养的理论与实践》光荣地被评为中国社会科学院庆祝建国五十周年的献礼图书。这本由我国著名社会学家雷洁琼教授题写书名的理论专著 2005 年荣获"首届中国社会科学院离退休人员优秀科研成果奖"。

研究会开始承担的课题"老有所为问题的理论与政策研究"是"七五"国家社会科学基金课题项目。课题组负责人由经济所当时 62 岁的熊必俊担任，课题组成员有政治部 69 岁的赵烽、研究生院 66 岁的杨友吾和 65 岁的路佳、社会学所 63 岁的张仙桥和周政、工经所 61 岁的冬青、财贸所 61 岁的苏学生和老干部局 54 岁的刘国珍。这个平均年龄超花甲之年的课题组在一无编制，二无经费的情况下，依靠国家社会科学基金的资助和艰苦奋斗的奉献精神，学习运用马克思主义"两种生产"理论和劳动价值观，以及劳动经济学的理论，论证了"具有劳动能力的老年人仍然是劳动力，他们的劳动权应该受到法律维护"的新观点，提出了"人口预期寿命延长是应对老龄化挑战的积极因素，开发老年人力人才资源，促进老龄化与社会经济协调发展"的新思路，结合到 20 多个省市自治区实际调查，查阅大量统计资料和阅读有关的理论著作，从老年学、人口学、经济学、哲学、社会学、行为学的角度，提出了"老有所为"的理论依据，阐述论证了我国实现"老有所为"的必要性、迫切性和可行性，以及有关的政策和建议，有助于澄清社会上流传的"老而无用论"和"老有所为是爷爷与孙子争饭碗"的错误观念，促进老年人参与社会经济发展。课题组历经三年完成了研究报告，于 1993 年出版了学术专著《老有所为的理论与实践》。刘国光同志为这本书题词"老有所为是时代的需要"，吴介民同志题词"老年人是社会宝贵的财富，应当受到社会的重视和珍惜"。梅益同志在为本书所写的"序"中称赞"这本书出版的本身，就是课题组成员'老有所为'的硕果。他们的辛勤劳动，填补了'老有所为'理论研究的空白"。

（六）对老年法学理论的研究

研究会成员参与老年立法研究，注重从两个方面着手。一是研究宏观的问题，即老年立法和社会发展的密切联系，如何使老年立法在我国法律体系中独立存在，立法者对老年立法如何进行预测、决策，应该以一个什么样的理念来制定老年法律，等等。二是研究微观方面的问题，即该法律具体应该解决一些什么样的问题，而这些问题只能由老年法来解决，而不应该由其他什么法来调整。老年立法需要解决的问题应该是具体的，而不能成为一部抽象到不能操作的法律。

曾庆敏教授撰写了专著《老年立法研究》，他认为，根据宏观和微观研究思想，我们尽可能勾勒出一份老年法的框架草案，并对每一条建议从理论上进行必要的阐述。值得注意的是，每一部法律的每一条款的制订都是建立在社会实际需求的基础之上，而这种社会需求都与社会的各种环境，包括政治环境、经济环境、人口环境、社会环境等密切相连。脱离这些环境来研究法律将会是无本之木，在研究老年立法时同样离不开对这些大环境的研究。因此，当我们在说明为什么要制订老年法，以及制订它的某一条法律规范的时候，也必须以这些大环境的研究作为基础。

我院研究会对老年法学理论与实践的研究比较早，"老年人权益的法律保障研究"是研究会 1993 年承担的中国社会科学院的重点课题，课题组负责人由法学所 65 岁的王舜华同志担任，课题组成员包括张仙桥、熊必俊、刘国珍、卢婉清、苏尚智、宋竹音、王育民和董之鹰同志。课题组在查阅古今中外有关保障老年人权益的法律、法规、宣言和公约，深入社区调查研究的基础上，全面系统地论述了我国老年人权益需要法律保障的必要性和迫切性，从法学、经济学、社会学、老年学和伦理学角度，论证了老年人权益的法律保障作用和意义，1994 年完成并通过了课题研究报告，1995 年 2 月出版学术专著《老年人权益的法律保障》。吴介民同志的题词为"保护老年人的合法权益，是利国利民的大事，必须规范化法律化"。汝信同志的题词为"建设具有中国特色的老年权益保障制度"。中国老龄委员会主任王照华的题词为"弘扬尊老敬老养老的传统美德，保护老年人的合法权益"。本书出版后，引起社会关注，全国人大常务委员会内务司法部召开有关制定老年法的座谈会，听取了我院研究会《老年人权益的法律保障》课题组的意见和建议，为 1996 年制订《老年人权益保障法》奠定了基础。

（七）对老年教育学理论的研究

老年教育学是我院研究会针对社会需求而确立的研究重点之一。老年教育学研究提高老年人素质的规律和方法的科学，研究老年教育与人类社会经济持续发展的本质联系，研究老年教育的基本现状和特点，以及对老年群体和个体生活质量和生命质量影响过程，研究老年教育政策对老年教育发展的影响和作用的科学。研究内容包括 5 个方面：基本规律、基本原理、基本特征、基本现象和基本政策。

　　国际上对老年教育学理论的研究是在成人教育和终身教育的理论研究基础上发展起来的。1976 年《教育老年学》杂志在美国创刊，主题为成人教育和终身学习，标志着老年教育学学科形成新的独立学科。

　　董之鹰指出，进入 21 世纪的现代学习型社会，发展老年教育要从弥补老年人生活空虚的低层次向提高老年人素质、开发其潜能价值的高层次转变，对检验老年教育成效的标准层次也需要提高。检验标准大体有 5 个方面：一是义务要素。看老年人对老年教育是否有认同感和归属感，使老年人自觉履行自己受教育的义务。从各级组织"要我学"到"我要学"，是老年教育标准的第一层次。二是快乐要素。看老年人的精神文化生活是否得到满足，增加快乐感和幸福感。从老年人进行义务学习、参与学习到主动学习、快乐学习，是老年教育标准的第二层次。三是和谐要素。看老年人家庭和社会代与代之间、人与人之间关系的和谐程度，在生活中远离孤独感、寂寞感和失落感。从老年人自己学习到影响周围群体，带来环境的和谐，是老年教育标准的第三层次。四是素质要素。看老年人是否具有长者的风范，中年的体魄，第二青春期的活力，德高望重，身心健康。从老年人坚持学习到优化人格素质，是老年教育标准的第四层次。五是价值要素。看老年人是否能够融入社会、参与社会，老年人的自身潜能得到开发，具有生活充实的价值感。从老年人增长知识到运用知识，服务社会，是老年教育标准的第五层次。这些理念的提出，推动老年教育从休闲型向发展型拓展。

（八）对老年管理学理论的研究

　　家庭结构和功能的变化直接受生产力发展和生产关系变化的影响，随着生产社会化、家庭小型化和核心化、人口老龄化和老年家庭空巢化的发展，家庭赡养功能的弱化需要由社会来补充，老年人的赡养、照顾从依附家庭到向社会管理服务过渡，老龄管理研究便应运而生。

　　1982 年《老龄问题国际行动计划》对各国政府提出了 5 项管理目标：一是了解人口老龄化在经济、社会和文化方面对发展进程的影响；二是了解老龄问题所涉及的人道主义问题和发展问题；三是拟订并鼓励面向行动的政策和方案，保证向年长者提供社会和经济保障，以及向他们提供对发展做出贡献和分享发展成果的机会；四是提出符合各国的标准与目标，并符合国际公认的关于人口老化和年长者需要的原则的备择政策和可行办法；五是鼓励发展针对世界人口老化的适当教育、培训和研究，并促进国际上在这个领域的技能与知识交流。其中，前两项是关于老龄社会需求调研，后三项是提供政策、策略和方法，这些目标将老龄管理组织的任务进一步具体化。

刘国珍、董之鹰认为，老龄管理研究是为人口老龄化社会管理提供新思路和新载体。新思路是指认清人口老龄化与个体老化是两个不同的概念。个体老化是自然规律，不以人的意志为转移，人类社会的发展是在世代更替中进行的。人口老龄化则体现社会人口发展规律，需要经济社会协调和可持续发展。因此，作为老年学学科体系的分支学科，老龄管理学不仅要研究老年个体微观管理服务，针对老年人的经济收入、教育、健康、安全、生活照料、社会参与和精神慰藉等特殊需求提供管理与服务，还要研究社会群体宏观管理，涉及年龄分层、代际关系和谐、资源配置、共建与共享等宏观管理与服务。目前《老龄管理学》研究已受到院老年科研基金的资助。

（九）社会老年学学科系列成果问世

我院研究会成立以来，共组织撰写和出版专著和译著 23 部，与外单位合作撰写和出版专著、译著 10 部。研究会成员在《人民日报》《光明日报》《经济日报》《中国老年报》《中国社会科学报》《社会保障近期研究》（英文）《东京新闻》（日文）等国内外 30 多家报刊和国内外 80 多次学术会议上发表论文 200 多篇。

在学科概论方面的研究成果包括《老年学与老龄问题》，熊必俊等著，科学技术文献出版社，1989 年。我国著名历史学家周谷城题写书名，梅益、张友渔和教育部领导董纯才、臧伯平题词。全国老龄问题委员会主任王照华在序言中称赞这本书是一本系统论述老年学与老龄问题的专著，相信这本书的出版既会受到广大中老年人的欢迎，又会受到老年工作者、科研人员、老年大学与大专院校师生以及关注老龄问题的各界人士的欢迎。

在应对人口老龄化对策方面的研究成果包括《国外老龄对策辑要》，朱传一、宋竹音、熊必俊等著，天津教育出版社，1991 年；《老有所为的理论与实践》，熊必俊、张仙桥、杨友吾、冬青、路佳、周政、刘国珍、章丽君、董之鹰著，经济管理出版社，1993 年。该成果在 1996 年荣获中国老年学学会"中国老年学研究十年成果一等奖"。

在老年人口学方面的研究成果包括《人口老龄化与可持续发展》，熊必俊编著，中国大百科全书出版社，2002 年。该成果在 2007 年荣获中国老年学学会"首届中国老年学奖——学术成果奖"。

在老年妇女问题方面的研究成果包括《面对 21 世纪的选择——当代妇女研究最新理论概览》，熊郁主编，天津人民出版社，1993 年；《当代中国妇女家庭地位研究》，沙吉才、熊郁等著，天津人民出版社，1995 年。

在老年住宅问题方面的研究成果包括《住宅社会学概述》，张仙桥等著，社会科学文献出版社，1993 年。

在老年潜能开发方面的研究成果包括《新兴的一代——老年人发挥潜能探索》，熊必俊、董之鹰著，北京经济学院出版社，1993 年。该成果在 1996 年荣获中国老年学学会"中国老年学研究十年成果优秀奖"；《老年资源开发与现代文明社会》，董之鹰著，经济管理出版社，1998 年。该成果在 2007 年荣获中国老年学学会"首届中国老年学奖——学术成果奖"。

在养老保障方面的研究成果包括《人口老化与老年社会保障》，熊必俊等著，陕西人民教育出版社，1993 年；《保障老有所养的理论与实践》，杨友吾、熊必俊、刘国珍、张仙桥、刘鉴农、宋竹音、卢婉清、王育民、苏尚智、董之鹰著，经济管理出版社，1999 年。该成果在 2005 年荣获"首届中国社会科学院离退休人员优秀科研成果三等奖"。

在老年哲学和老年价值观念方面的研究成果包括《老年哲学简论》，杨友吾著，中共中央党校出版社，1999 年；《毛泽东与老年世界》，熊必俊、杨友吾等著，山西高校联合出版社，1994 年。

在老年权益保障问题的研究成果包括《老年人权益与自我保障》，王舜华、宋竹音、苏尚智、王育民著，安徽科技出版社，1998 年；《老年人权益的法律保障》，王舜华、刘国珍、熊必俊、宋竹音、卢婉清、苏尚智、张仙桥、董之鹰、王育民著，经济管理出版社，1995 年。该成果在 1996 年荣获中国老年学学会"中国老年学研究十年成果一等奖";《老年人权益保障与社会发展》，曾庆敏著，社会科学文献出版社，2008 年。该成果在 2011 年荣获"中国社会科学院离退休人员优秀科研成果奖";《老年立法研究》，曾庆敏著，社会科学文献出版社，2011 年。

在老年经济学方面的研究成果包括《老龄经济学》，熊必俊著，中国社会出版社，2009 年。该成果在 2010 年荣获中国老年学学会"第二届中国老年学奖——学术成果奖";《老年经济学》，〔美〕詹姆斯·H. 舒尔茨著，熊必俊等译，华夏出版社，1990 年，该成果荣获"中国社会科学院经济研究所优秀成果二等奖"。

在老年社会学方面的研究成果包括《老年与社会》，宋竹音、王育民著，华龄出版社，1994 年;《人口社会学》，胡伟略著，中国社会科学出版社，2002 年;《俄罗斯社会结构变化和社会分层》（第 2 版），〔俄〕戈连科娃著，宋竹音、王育民译，中国财政经济出版社，2004 年;《中国老年社会学》，张仙桥、李德滨著，社会科学文献出版社，2011 年。

在老年教育学方面的研究成果包括《老年教育学》，董之鹰著，中国社会出版社，2009 年。该成果 2010 年荣获中国老年学学会"第二届中国老年学奖——学术成果奖"。此外，还有一些综合性研究，包括《构建和谐社会：关注老龄化影响》，田雪原、朱传一、朱庆芳、王玉波、董之鹰、胡伟略、李景先、杨友吾、刘英、章丽君、王鉴、王桥著，中国社会科学出版社，2007 年，等等。

此外，研究会成员与外单位合作出版的著作或译著有 10 部，包括《迎接人口老龄化的挑战》，科学技术文献出版社，1991 年;《中国社会保险制度改革》，中国社会科学出版社，1992 年;《社会保障学概论》，北京大学出版社，1992 年;《老龄化中国：问题与对策》，中国协和医科大学出版社，2002 年;《老年学导论》，社会科学文献出版社，1995 年;《老年人的经济生活》，中国经济出版社，1998 年;《全球社会保障制度考察》，广东人民出版社，1998 年;《二十一世纪上半叶中国老龄问题对策研究》，华龄出版社，2000 年;《新世纪老龄工作实用全书》，华龄出版社，2002 年;译著《老龄经济学：退休的前景》，华夏出版社，1989 年;等等。

三　开展国内外学术交流，充实和加强学科建设

（一）组织参加国际学术会议

研究会应联合国、国际老年学会、国际社会保障协会、国际老龄联合会、国际社会学会、世界银行、国际老年人家居与服务协会、亚大地区老年学会和美国退休人员协会、第三年龄学习国际研究组织邀请，推荐并组织河北、湖北、山西、辽宁、福建、上海和北京等省市老龄研究机构的专

家学者参加了在日本、美国、加拿大、澳大利亚、荷兰、匈牙利、芬兰、马德里、莫斯科、巴西、印度尼西亚和中国北京、上海、成都、武汉、杭州、香港召开的老年学与老龄问题国际会议。1991年，会长熊必俊出席在日本召开的国际老年学学会第四届亚大地区老年学大会，因成功完成主持专题学术研讨会的任务，荣获了大会颁发的"杰出贡献奖"。1993年研究会会长熊必俊、副会长朱传一应北京日报社代表团聘请作为顾问出席了在日本召开的"第四届北京－东京社会老龄化学术会议"，熊必俊代表中方在开幕式上作题为"开发老年人力资源，迎接人口老龄化挑战"的基调报告，朱传一在研讨会上做了题为"中国人口老龄化与家庭养老制度变迁"的专题演讲。

（二）组织参加国内学术活动

为了集思广益，深入开展学术研究，研究会先后组织召开了主题为老有所为、老有所养、老年权益法律保障、以德治国、积极老龄化、老年人才开发、建设小康社会与可持续发展的学术研讨会和座谈会。

1993年为纪念毛主席诞生100周年，研究会与湘潭市委联合召开了"毛泽东与老年世界"学术讨论会，会后出版了纪念文集《毛泽东与老年世界》。

研究会协助中央人民广播电台举办《收获在金秋》热线直播栏目；研究会成员应邀为中央和地方电视台和广播电台做嘉宾和特约专家主持人；应聘为北京广播电视大学、东方银龄远程教育中心，中央和省市电视台、广播电台"老年知识讲座"讲课，接受中央和省市电视台、电台，以及《人民日报》《中国日报》《东京新闻》《中国老年报》等国内外40多家新闻媒体的采访，与《中国老年报》联合开辟了"老年学与老龄知识专栏"，为普及社会老年学知识和宣传老年政策，发展老年科研和老龄事业服务。

（三）组织参加培训、讲学、评审和提供咨询活动

研究会先后在黄山、成都、昆明、西安、大连、青岛、杭州、海口、深圳、珠海、丹东、北戴河、哈尔滨、乌鲁木齐等十几个城市举办社会老年学、老年工作干部研讨班和培训班20多个，授课100多场，参加学习的有1500多人。

研究会成员应邀为全国人大、全国政协、全国妇联、全国供销总社、中央国家工委、财政部、文化部、公安部、铁道部、外交部、化工部、农业部、科技部、航天部、核工业部、水利部、司法部、交通部、国家林业局、国家海洋局、国家气象局、国家烟草局、国家体育总局、国家广电总局、国家地震局等 20 多个部委老干部局以及合肥、武汉、襄樊、十堰、太原、运城、大同、郑州、新乡等地举办的老干部学习班和管理干部培训班授课 50 多场次，参加学习的有 3000 多人。

研究会成员分别被北京大学社会学系、北京联合大学，北京实验大学、中华研修大学、北京同颐学院、东方银龄远程教育中心等大专院校和国家培训中心聘请为客座教授、专职教授或担任系主任，从事社会老年学的教学或管理工作。受聘为北京大学、中国人民大学、中国科学院评阅了博士学位论文和硕士学位论文，担任答辩委员会委员和北大社会学系申报博士生导师的校外评议人。受民政部社会进步与社会福利研究所、西南财经大学、南京市老龄协会、青海省老龄协会、广西壮族自治区社科联和中国老龄科学研究中心聘请分别担任中级科研人员职称评审委员会委员、国家社会科学基金项目课题顾问和研究成果鉴定委员会委员。

研究会会长熊必俊先后受聘为中国老年学学会首届学术部副主任、中国社会学会社会保障委员会副秘书长、国际社会保障协会特约研究员、中国社会保障协会学术委员、民政部社会福利与社会进步研究所特约研究员、全国总工会职工互助保险部专家、中国社会保障论坛专家、中国老年保健协会和中国人口文化促进会专家委员会委员，以及中国社工协会老年福利委员会、社区工作委员会、中国老年报和北京市老年人体育协会等部门的顾问等多种社会职务。

在开展社会老年学的学术研究中，研究会获得了多项表彰和奖励，主要包括，1992 年研究会荣获"全国老有所为先进集体创新奖"，会长熊必俊被授予"全国老有所为先进集体创新奖带头人"奖章；2006 年荣获中国老年学学会工作先进个人称号；2010 年荣获中国老年学学会杰出贡献奖、中国老年保健协会突出贡献奖等。

从社会老年学研究的未来发展趋势分析，随着健康老龄化战略、积极

老龄化战略和和谐老龄化战略研究的深入发展，我国社会老年学学科建设
会进一步完善和加强。

参考文献

李宝库主编《新世纪老龄工作实用全书》，华龄出版社，2002。

田雪原：《老年人口学和中国人口老龄化》，《迎接人口老龄化的挑战》，科学技术
文献出版社，1991。

用 "动态人口红利"
应对人口老龄化挑战*

　　当前国内外界定和使用的 "人口红利" 是以一成不变的 15～64 岁劳动年龄人口比重计算总供养比的，并在不考虑其他有关变量的情况下，单以劳动年龄人口比重和总供养比为依据来判定 "人口红利" 和预测未来 "人口红利" 之窗何时关闭，这种 "人口红利"，我称之为 "静态人口红利"。

　　例如，亚洲开发银行 2009 年《人口老龄化对中国社会经济发展的影响》指出，1975～2005 年总供养比（包括 0～14 岁儿童抚养比和 65 岁以上老龄人口赡养比）下降近 50%。然而，2000 年以后，供养比不断上升，预计 2015 年当劳动年龄人口达到顶峰后，人口红利也会开始衰减，劳动力市场将开始面临供给短缺的压力。对于我国的 "人口红利" 能持续多久的问题，我国社会蓝皮书《2006 年中国社会形势分析和预测》的论述是，我国人口有 "红利"，机会之窗开放到 2020 年。结论的依据是，预测 2020 年，中国 15～64 岁的劳动力人口在总人口中所占的比重为 69.5%（总供养比为 44%，低于人口红线 50% 的指标）。

　　然而，劳动年龄人口比重和总供养比只是数量和比例的概念，不能全面反映社会对老龄化的承受力。同等的劳动年龄人口比重和总供养比对于发达国家和发展中国家，对于一个国家不同的发展时期的影响，都是不同

---

　　* 本文发表于《中国社会科学报》2011 年 6 月 9 日。

的。例如，预测我国"人口红利机会之窗"何时关闭时，不是用我国法定退休年龄 60 岁和 15～59 岁为劳动年龄来计算，而是用 65 岁为退休年龄和 15～64 岁为劳动年龄来计算。2015 年我国的总供养比为 51.6%，超过人口红利期 50% 的标准。美国经济学家朱利安·L. 西蒙在《人口增长经济学》中介绍了人口增长经济学研究的一般动态模式，他强调，"一个名副其实的经济学家必须注意到人口影响的规模和重要性，并且，如果几个影响同时起作用，他就必须关心整体的影响，而不是在假定其他变量都不变（实际上它们并不是恒定的）的情况下，只关心某一种变量作用的大小。"

因此，应该用综合了各种变量的"动态人口红利"取代"静态人口红利"。"动态人口红利"认定，依靠人的全面发展、充分利用延长预期寿命、提高人口素质、提高劳动生产率、发展高科技、提高劳动年龄上限、开发老年人力资源，鼓励老年人参与发展。健全和完善社会保障制度，不断提高国家、社会和家庭对老龄化的承受力，"动态人口红利"之窗就可以长开不闭。

"动态人口红利"涵盖了多种变量，即使单从人口学来说，劳动年龄人口的年龄界限也不是永久不变的。

确定劳动年龄范围的主要依据是人口资源状况、社会生产力发展对劳动力数量和质量的要求、人口预期寿命和科学教育发展水平。我国法定劳动年龄上限为 59 岁，如果我们按照"动态人口红利"的内涵，把劳动年龄上限从 2015 年起每 3 年提高 1 岁，到 2030 年提高到 64 岁，届时劳动年龄人口比重就将从 60% 上升到 67.8%，增加 7.8 个百分点；总供养比也会从 66.6% 下降到 47.4%，从而使"人口红利期"延长到 2030 年以后。近年来，不少发达国家都在用延迟退休年龄、增加劳动年龄人口来延长"人口红利期"。国内外理论和实践均表明，用"动态人口红利"取代"静态人口红利"审视和应对老龄化挑战是落实科学发展观和促进老龄化与社会经济协调发展的一项战略措施。

拓宽思路，探索创新，在稳定低生育水平
条件下实现老龄化与经济协调发展

——兼议"动态人口红利"的可持续性*

一　我国面临人口老龄化挑战

联合国人口基金《人口老龄化——潜在的动态变化》（2006）指出，人口老龄化是人口统计学两种潜在趋势的必然结果，即日益下降的总和生育率和日益延长的出生平均预期寿命。这一总结性的论断符合我国的实际情况。随着总和生育率下降和人口预期寿命延长，我国于 2000 年进入老年型社会。统计和预测表明，2005 年我国 60 岁及以上老年人口比重为 11.1%，2020 年和 2050 年将分别达到 17.0% 和 31.3%。《人口发展"十一五"和2020 年规划》指出："全面建设小康社会，实现人均国内生产总值达到3000 美元左右的目标，总和生育率必须稳定在 1.8 左右。"人口学界，特别是老年学界当前的重要任务之一是研究在稳定低生育水平条件下如何应对挑战，实现人口老龄化与经济协调发展。

人口统计学认为老年人口比重上升必然对经济发展产生不利影响，主要表现为：

---

　*　此文为向 2010 年"第五届中国人口学家前沿论坛"提交的论文，并载于《人口与发展：
　　第五届中国人口学家前沿论坛论文集》。

（一）劳动年龄人口比重下降，劳动力资源减少，不利于经济发展

发达国家的史实表明，老龄化已经导致劳动年龄人口比重下降，劳动力资源减少，甚至出现劳动力不足。这一规律在我国也不例外，尽管近年来 0~14 岁少年人口比重下降的幅度大于 60 岁及以上老年人口比重上升的幅度，出现 15~59 岁劳动年龄人口比重上升趋势，但是，在 2010~2020 年，少年人口比重下降的幅度（从 19.0% 到 18.6%，下降 0.4 个百分点）小于老年人口比重上升的幅度（从 12.7% 到 17.0%，上升 4.3 个百分点），从而使劳动年龄人口比重将从 2010 年的 68.3% 下降到 2020 年的 64.4%，减少 3.9 个百分点，2050 年将进一步下降到 53.0%，比 2010 年减少 15.3 个百分点，劳动年龄人口比重下降意味着，劳动力资源减少，影响经济发展。2000 年和 2050 年的中国人口年龄结构金字塔见图 1。

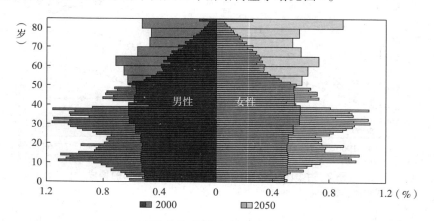

图 1　2000 年和 2050 年的中国人口金字塔
注：深色为 2000 年的金字塔，浅色为 2050 年的金字塔。
资料来源：联合国《2004 年世界人口前景》。

（二）劳动年龄人口比重下降导致社会养老保险基金收支步入困境

老年人口是养老保险基金的支出者，劳动年龄人口是养老保险基金的缴纳者，老年人口比重上升和劳动年龄人口比重下降的结果是养老金支出增多，收入减少，基金入不敷出。原劳动保障部预测，按法定退休年龄计算，我国城镇职工养老保险统筹基金 2010 年收入为 3505.00 亿元，支出为 4300.97 亿元，超支 795.97 亿元；2020 年收入为 7668.96 亿元，支出为 8172.47 亿元，超支 503.51 亿元。基金入不敷出，必然影响养老保险制度可持续发展。

（三）老年赡养比和总供养比上升，劳动力成本提高，不利于贸易方面的国际竞争

老年人口比重上升和劳动年龄人口比重下降，导致我国老年赡养比从2005年的16.3%上升为2020年的26.3%，2050年的58.75%。与此同时，总供养比从2005年的46.5%上升为2020年的55.2%，2050年的87.6%。老年赡养比和总供养比的上升，导致劳动力成本上升，降低我国产品在国际市场上的竞争力，不利于经济发展。中国劳动年龄人口与非劳动年龄人口构成的变化情况见图2。

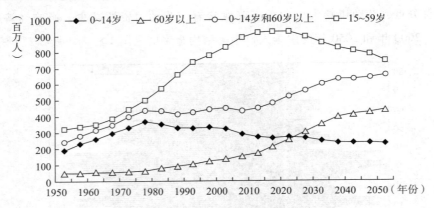

图2　中国劳动年龄人口与非劳动年龄人口的构成

资料来源：联合国《2004年世界人口前景》。

二　用科学发展观审视人口老龄化的挑战和机遇

在导致人口老龄化产生与发展的两个因素中，预期寿命延长是人类共同的理想和追求，还将继续延长，而总和生育率是可以根据需要通过政策来调高或调低的。因此，鼓励生育就成减缓老龄化速度的首选措施。稳定低生育水平是我国既定国策，总和生育率在2020年以前必须稳定在1.8左右，即使计划2025～2050年总和生育率微调到1.9，也仍然处于低生育水平。这意味着我国至少在未来40年内，不可能用较大幅度提高总和生育率来缓解老龄化发展速度。当务之急是拓宽思路，另辟佳径，争取在稳定低生育水平的条件下，实现老龄化与经济协调发展。

（一）全面认识人口老龄化，增强应对老龄化挑战的信心

"人口老龄化既是挑战又是机遇"的论断，已成国际共识，但是在宣传和实际工作中往往是谈挑战多，谈机遇少，甚至只谈挑战，不谈机遇，以致有些人对应对老龄化挑战缺乏信心，甚至"谈老色变"，这种在宣传和认识上有失偏颇的倾向需要改变。

人口老龄化对经济发展确有某些不利影响，但是这种不利影响毕竟是局部的、暂时的和可缓解的。在面临挑战的同时，我们还应看到人口老龄化对经济发展的有利因素，用发展和辩证的观点来认识和宣传人口老龄化的挑战和机遇，充分利用有利因素，应对人口老龄化挑战。

对人口老龄化持悲观态度的人，用孤立、静止和片面的观点看人口老龄化。形而上学的方法论使他们只看到人口老龄化对社会经济发展的不利影响，看不到或不重视人口老龄化对经济发展的积极因素。悲观论者之所以视老龄化为灾难的原因有两个：一是他们得出人口老龄化严重影响的结论是不考虑寿命延长、科技进步、劳动生产率提高和社会经济发展的积极因素，而是把 50 年前制定的劳动年龄上限一成不变地沿用到现在和未来 50 年而得出的。联合国统计和预测表明，我国人口平均寿命 1950～1955 年为 40.8 岁，2000～2005 年为 71.2 岁，2025～2030 年为 76.3 岁，2045～2050 年为 79.0 岁。尽管我国现在的预期寿命比 1950 年延长了 30 多岁，但是仍然用 60 岁为老年人的标准预测未来老年人口比重，2030 年为 24.1%（将近 4 个人中就有 1 个老年人），2050 年为 31.3%。如果按 65 岁为老年人的标准计算，2030 年为 16.3%（6 个人中有 1 个老年人），2050 年为 23.2%。两种预测分别相差 7.8 和 8.1 个百分点，用 60 岁为老年人的标准的预测严重夸大了老年人口数量、比重和人口老龄化的发展速度。二是在评定社会经济承受人口老龄化的能力时没有把科技进步、劳动生产率提高和社会经济不断发展的有利因素考虑进去，而是用当前的社会经济发展水平预测几十年后对人口老龄化的承受能力，其结论当然是不堪重负。

2000 年我国老年人口的比重为 10.4%，预测 2020 年为 17.0%，20 年上升 6.6 个百分点，2000 年老年赡养比为 52.4%，2020 年为 55.2%，上升 2.8 个百分点，可是在这 20 年我国国民总收入要翻两番，经济增长的幅度大大高于人口老龄化和老年赡养比上升的幅度，经济在增长，对人口老龄化的承受能力在不断提高。20 年的实践将使我们有信心实现老龄化与经济协调发展。

（二）要看到稳定低生育水平对人口和经济发展有利的一面

稳定低生育水平不等同于一对夫妇只生一个孩子，更不能认为孩子生得越少越好，而是把总和生育率控制在低于 2.1 的更替水平。我国 2000 ~ 2005 年的总和生育率为 1.8，计划 2025 ~ 2050 年保持为 1.9，比较接近但仍是低于 2.1 的更替水平，从而起到既能控制人口增长，又能适当减缓老龄化发展速度的作用。稳定低生育水平尽管不能缓解老龄化发展的压力，但是也要看到它有利的一面。

（1）尽管总和生育率由 1978 ~ 1980 年的 3.3 下降到 2000 的 1.8，我国提前进入了老年型社会，但是与此同时少生了 4 亿多人口，促进了经济发展，为全面建设小康社会奠定了良好的基础；

（2）少儿抚养比从 2000 年的 36.6% 下降到 2005 年的 30.2%，2020 年的 28.9% 和 2050 年的 28.8%，已经减轻和将继续减轻家庭和社会的负担；

（3）少生优育，有利于提高人口素质和提高劳动生产率；

（4）育儿负担减轻，有利于提高妇女的劳动参与和养老保险基金积累的参与率；

（5）未来育龄妇女减少，有利于继续减缓人口增长速度；

（6）未来人口的数量和比重稳定，年龄结构趋于合理，有利于经济发展和可持续发展。

发达国家的史实表明，适当的低生育水平与经济发展不存在截然对立的矛盾。自 1975 年以来，进入老龄社会的发达国家总和生育率一直保持在 1.5 ~ 1.9，低生育率并没有动摇他们属于世界上高收入国家的地位。2000 ~ 2005 年生育水平最低的是俄罗斯（1.1），意大利（1.2）、德国（1.3）和日本（1.3）紧随其后，尽管这些国家把鼓励生育作为应对老龄化挑战的措施之一，但是他们的目标仍然是维持低生育水平，是在不超过 2.1 更替水平的基础上适当提高。即使在 2045～2050 年 65 岁及以上老年人口比重达到 26.8% 的高峰期，他们的总和生育率也只是提高到 1.9，仍然保持在低生育水平上。

（三）理论和实践表明预期寿命延长有利于经济发展

从经济学的观点看，劳动力资源是最重要和最宝贵的资源，人口是劳动力资源的基础。除了人口总量的变化对劳动力资源量产生影响以外，寿命长短和包括平均健康水平在内的人口质量对劳动力资源量也产生影响。预期寿命的长短，决定人一生中能从事劳动的岁月的长短和社会所拥有劳动力资源量。

预期寿命延长相应地延长了人们能够参与劳动的岁月，这不仅意味着社会劳动力资源的增多，而且使劳动力成本下降，有利于经济发展。

预期寿命延长有利于经济发展的论断已成为国际学术界的共识。苏联人口学家 C.A. 托米林在《人口学与社会卫生学》一书中指出，平均寿命每增加一岁，就是经济发展的一项重大成就，因为这意味着大大节约了国民经济的资金，这种情况是国民经济平衡所估计不到的。另一位人口学家 N.N. 麦奇尼科夫高度评价延长寿命对社会发展的积极作用，他认为："延长寿命与保持劳动的力量和能力应该是协调一致的、并行的。"B.C. 斯捷申科指出："将来取得经济发展与人口发展之间'协调'的根本办法……是延长老年人口的有充分价值的经济和社会积极性。"

美国《未来学家》（1997 年 7～8 月号）的一篇题为《寿命延长将对人类产生重大影响》的文章认为，人的健康寿命延长将延长工作年限，而不会改变固定的童年时间和培训时间，因此，工作年限与寿命的比例将增大，总的劳动力和生产成本会下降。通过降低非生产时间在生命周期中所占的百分比而提高生产力。文章还强调，延长的寿命已经改变了我们。老年的意义将发生改变。较年长的人将因他们的经验、积累的智慧和交际关系而更有价值。长寿的到来意味着人类真正文明的到来。

我国人口预期寿命已从 1950 年的 40 岁延长到 2000 年的 71 岁，预测 2025 年和 2050 年将分别延长到 76 岁和 79 岁（见图 3），充分利用寿命延长这个积极因素，将是我国发展经济，应对老龄化挑战的一项重要战略措施。

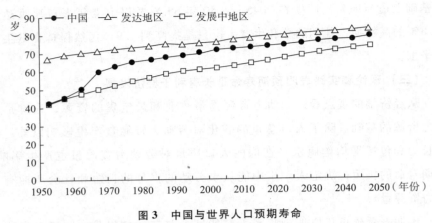

图3 中国与世界人口预期寿命

资料来源：联合国《2004年世界人口前景》。

三 用"动态人口红利"审视和预测人口老龄化对经济发展的影响

"人口红利"（Demographic Dividend）的概念于1997年由梅森·安德洛提出，后被联合国人口基金《世界人口现状（1998）》引用。世界银行和国内外学术界近几年运用"人口红利""人口赢利"和"人口机会之窗"审视和预测人口老龄化对经济发展的影响。

世界银行《2003年世界发展报告》在"人口结构转型的机会"中提出，有些国家"随着生育率的下降，人口的年龄结构正在发生变化，这将在长达数十年中为发展中国家开辟机会之窗，他们可以利用这个窗口来赶上并提高所有人的福利"，但是"当这些劳动者年老之后，赡养率将再次提高，机会之窗就开始关闭"。

2004年9月29日英国《金融时报》题为《透过人口的计划之窗》的文章报道了国际货币基金组织发表的报告《世界经济展望》。报告明确指出，随着人口出生率的下降，会出现劳动年龄人口比重上升，供养比下降的现象，有利于经济发展。对于发达国家，这扇机会之窗正在关闭，但对于大部分发展中国家，窗户还开着。报告呼吁各国积极迎接老龄化挑战，不要让机会之窗关闭。

对于"人口红利"的界定，以及我国的"人口红利"能持续多久的问题，我国社会蓝皮书《2006年中国社会形势分析和预测》的论述是，"人口红利"，也叫"人口机会之窗"，是指劳动力人口在总人口中所占比例较高，老年负担系数和少儿负担系数相对较低，劳动力人口因为负担较轻而可能增加积累以促使经济和社会发展。我们可以将人口转变中迎来的这一历史时期称为人口"红利"时期，或者称为机遇发展时期。文章的结论是，我国人口有"红利"，机会之窗开放到2020年。结论的依据是，中国15~64岁劳动力人口在总人口中所占的比重从2005年到2009年仍然会有一个微小的上升，即从72.4%上升到72.46%。但自2010年始，则会稍稍有所下降——从2010年的72.41%下降到2020年的69.5%。在这一时期，虽然老龄化水平会上升到11.92%，但劳动力人口在总人口中所占的比重会一直维持在70%左右。这正是中国轻装上阵，建设小康社会的最好人口机遇期。

我认同以上国内外文献和专家学者从人口统计方面对于"人口红利"的定义，也不怀疑他们所用数据的真实性。但是在判定我国当前是否处于"人口红利"期和预测"人口红利机会之窗"何时关闭时，不用我国法定退休年龄为60岁和15~59岁为劳动年龄来计算，而用65岁为退休年龄和15~64岁为劳动年龄来计算。这样计算得出我国"人口红利"机会之窗可以开放到2020年，甚至2030年的结论，不符合我国的实际情况。如果我们按法定15~59岁为劳动年龄计算，我国的总供养比到2015年为51.6%，超过人口红利期总供养比为50%的上限。前一种用64岁为劳动年龄上限计算得到的结果，把我国"人口红利期"延长了5年，低估了我国当前和未来人口老龄化不利影响的严重程度。

当然，随着人口预期寿命的延长，我国的法定退休年龄和劳动年龄的上限将来也会相应提高，届时人口红利期也会延长，但是现在不按现行法定退休年龄和劳动年龄上限来判定我国当前是否处于"人口红利期"和预测"人口红利"机会之窗何时关闭的做法，其结果是不能如实反映实际情况的。

"动态人口红利"认定"人口红利期"可以持续延长

《人口增长经济学》强调，"一个名副其实的经济学家必须注意到人口影响的规模和重要性。并且，如果几个影响同时起作用，他就必须关心整体的影响，而不是在假定其他变量都不变（实际上它们并不是恒定的）的情况下，只关心某一种变量作用的大小。这种全面估价，需要研究变量之间的相互作用以及与其它变量的相互作用。"

邬沧萍教授在论人口老龄化与经济发展速度时指出，人口学因素与经济发展之间并不存在一种简单的函数关系，两者之间并不是直接发生作用的，而是要通过很多中间变量才能相互影响，并且这中间变量是比较复杂的。直接影响经济发展速度的除了劳动力数量供给，还有劳动生产率的高低、资金的供给、产业结构、市场需求等。人口年龄结构的变化并不是决定经济发展的主导因素。

我完全赞同邬沧萍教授的观点，并且认为，如果不考虑其他因素，只用"不是决定经济发展的主导因素"的人口年龄结构的变化来判定的"人口红利"，是不科学的。

田雪原教授在《老龄化——从"人口赢利"到"人口亏损"》专著中，归结"人口红利"讲的是年龄结构变动中出现的劳动年龄人口所占比例较高，社会抚养比较低的过程，创造出有利于发展人力资源和劳动力优势的人口年龄结构变动的"黄金时代"。他对于21世纪前半叶中国"人口赢利"和"人口亏损"走势的预测是，如果我们以从属比小于0.50为"人口赢利"期，那么可经历1990～2030年，长达40年左右的"赢利"阶段；如果我们以从属比小于0.45为"人口赢利"期，那么可经历1995～2020年，长达25年左右的"赢利"阶段。田教授在这段话中，既用了"从属比小于0.50为'人口赢利'期"的标准，也用了"从属比小于0.45为'人口赢利'期"的标准，并没有把"从属比小于0.50作为'人口赢利'期"唯一不变的标准。

由此可见，仅仅以64岁为年龄上限和总供养比50%为标准计算现在和预测今后"人口红利期"之窗何时关闭的做法，是在假设其他条件不变的情况下判定的。这种用"静态"方法研究的"人口红利"，我称之为"静态人口红利"。人口老龄化对经济发展产生的影响不仅仅是由劳动年龄人口的比重和总供养比的变化决定的，而且还涉及人口预期寿命、人口素质、科学技术发展、劳动生产率，以及退休年龄和劳动年龄上限等多种可变因素。在假设各种有关因素发生变化的条件下考察的"人口红利"是一种"动态"的"人口红利"，我称之为"动态人口红利"。

人口预期寿命在延长、人口素质在提高、科学技术在发展、劳动生产率在提高、经济在发展、劳动年龄上限在提高、劳动年龄人口对总供养比的承受力在加强，凡此种种使人们有理由认定，"人口红利期"将随着这些积极因素的发展而不断延长。

四 对于在稳定低生育水平条件下实现老龄化与经济协调发展的设想和建议

（一）按照预期寿命延长幅度相应提高劳动年龄上限，延长"人口红利期"

劳动年龄人口的年龄界限不是永久不变的。确定劳动年龄范围的主要依据是人口资源状况、社会生产力发展对劳动力数量和质量的要求、人口预期寿命和科学教育发展水平。随着社会生产力的发展，人口素质提高和预期寿命延长，需要而且有可能相应提高劳动年龄上限，使劳动年龄人口比重保持在有利于社会经济和养老保险可持续发展的水平上。如果我们把劳动年龄上限从 2015 年起每 3 年提高 1 岁，到 2030 年提高到 64 岁，届时的劳动年龄人口比重从 60.0% 上升到 67.8%，增加 7.8 个百分点；总供养比也会从 66.6% 下降到 47.4%，使"人口红利期"延长到 2030 年以后（见表 1）。

表 1 不同劳动年龄上限情况下我国人口年龄结构和总供养比

单位：%

	2000 年	2015 年	2030 年	2050 年
0~14 岁	24.0	18.9	15.9	15.4
15~59 岁	65.6	66.0	60.0	53.3
60 岁及以上	10.4	15.2	24.1	31.3
总供养比	52.4	51.6	66.6	87.6

续表

	2000 年	2015 年	2030 年	2050 年
0~14 岁	24.0	18.9	15.9	15.4
15~64 岁	68.8	71.5	67.8	61.4
65 岁及以上	7.2	9.7	16.3	23.2
总供养比	45.4	42.8	47.4	63.9

资料来源：杜鹏主编《人口老龄化与老龄问题》，中国人口出版社，2006。

（二）提高人口素质，缓解劳动力资源量减少的不利影响

劳动力资源量不仅受劳动力人口数量的制约，而且与劳动力人口的质量高低有密切的关系。在现代化社会，高质量的劳动力资源（如智力资源）在数量上可以折算为成倍的普通劳动力资源。

英国古典政治经济学的创始人威廉·配第认为，一个国家的人口价值不在于其人口的自然数量（即人口数量），而在于人口的社会数量。他所讲的社会数量是指人们创造财富的能量，实际上是人们的文化水平和技术能力。他认为，一个人如果技艺高超，可以和许多人相抗衡。这表明威廉·配第十分重视人口素质在经济发展中的重要作用。

英国经济学家亚当·斯密的价值论认为，决定价值的是生产商品所耗费的劳动；价值量同消耗的劳动量呈正比，并且区别了简单劳动（指在一定的社会条件下，不需要经过任何专门训练的、一般劳动者都能胜任的劳动）和复杂劳动（指经过专门培养和训练、具有一定技术专长的劳动），指出在相同的时间里复杂劳动者比简单劳动者创造更多的价值。这表明，在相同的时间里从事复杂劳动的劳动者所创造的价值比一般劳动者所创造的价值多。

在同样时间内复杂劳动之所以能够创造较多的价值，其原因在于复杂劳动本身需要经过一定时间的学习和训练。马克思说，能够从事复杂劳动的劳动力比普通的劳动力需要较高的教育费用，它的生产要花费更多的劳动时间，因此它具有较高的价值。既然这种劳动力的价值较高，它就表现为较高级的劳动，也就在同样长的时间内物化为较多的价值。

在社会生产力发展的不同时期，对劳动力数量和质量的要求也不同。在以体力劳动为主的农业社会，劳动力数量对于生产的发展具有决定性的

作用，所谓"人财两旺""人多好办事"，就是人们追求劳动力数量的写照。但是在工业社会和信息时代，对劳动力素质的要求越来越高。20世纪50年代美国社会劳动结构中"白领"人数占50.2%，超过"蓝领"人数，80年代和90年代"蓝领"人数分别下降为30%和10%。

邓小平同志十分重视劳动力素质的提高，指出，我们国家，国力的强弱、经济发展后劲的大小，越来越取决于劳动者素质。人才资源是第一资源，人口文化科学素质的提高是生产力高速发展的强大动力。没有文化科学素质的提高就没有人们对生产实践经验的总结，不会有科学知识的积累和发展，也不会有现代的科学技术，从而也就不会有现代化的生产力。要高速发展生产力就要有先进的科学技术，为此就必须提高人口素质。《人口发展"十一五"和2020年规划》要求，"坚持用人的全面发展统筹解决人口数量、素质、结构与分布问题……在稳定低生育水平的前提下，把提高人口素质放在更加突出的位置。"我们要认真贯彻执行这一基本原则。

（三）发展高科技，促进社会经济发展，提高对人口老龄化的承受能力

解决老龄问题的根本出路在于发展经济，发展经济的最大动力是发展高科技。现在是知识经济时代，美国著名管理学家彼德·德鲁克认为，知识生产力已成为生产力、竞争力和经济成就的关键因素。知识已成为最主要的工业，这个工业向经济提供生产所需要的重要核心资源。他还强调，从今以后，知识将是最关键性的因素。世界不再是在向劳动密集型转变，而是在向知识密集型转变。

约翰·奈斯比特在《大趋势－改革我们生活的十个新方向》中指出，在信息社会里价值的增长不是通过劳动获取而是通过提高知识水平实现的。我们不应该总是悲叹旧工业时代的消逝，我们应该做的是，探索新技术的发展前途。

美国《商业周刊》（1994年10月12日）的一篇题为《日趋增多的老年人为何没有拖垮美国》的文章结论认为，信息革命减缓了美国人口老龄化的压力。文章引用了美国全国老龄问题研究所人口统计项目负责人理查德·苏茨曼的观点，即经济增长率问题远比人口老龄化问题重要得多。美国发展高科技所带来的经济高增长率有利于减轻人口老龄化的压力。

（四）健全完善覆盖城乡的老年社会保障体系

建立健全同经济发展水平相适应的老年社会保障体系，是应对人口老龄化挑战的一项战略措施，是社会稳定和国家长治久安的重要保证。"十一五"规划纲要要求"扩大城镇基本养老保险覆盖范围，逐步做实个人账户，逐步提高社会统筹层次，增强统筹调剂的能力……推进机关、事业单位养老保险制度改革……探索建立与农村经济发展水平相适应的、与其他保障措施相配套的农村养老保险制度"。

在完善城镇职工基本养老保险制度方面，要实现职工和各种工薪劳动者的全覆盖；建立和完善国家、用人单位和劳动者多方共担的筹资机制；加强社会养老保险的法制建设和基金保值、增值的运作与管理；尽快实行基金的全国统筹；健全城市居民，特别是老年居民最低生活保障制度，做到"应保尽保"。

农村社会养老保险是社会保障体系建设的重要内容，属于国家基本社会保障的范畴。它既是政府公平分配、消除贫困、保障农民的基本生存权利，又是维护农村社会稳定，构建和谐社会的基本条件。当前首要任务是深入理解社会保障是人的基本权利的真谛，改变过去"农民不是工薪收入者，与社会保障无缘"的观念，以及在建立农村养老保险制度方面，政府只给予政策扶持的措施。不管经济条件如何，要尽快对农村没有养老金收入的老年人实行最低生活保障制度，保障他们维持最低生活水平。对于农民参加社会养老保险，政府要给予他们与城市劳动者同样的经济支持。

（五）鼓励老年人参与发展，变老龄化的压力为动力

科学发展观的本质和核心是"以人为本"。"以人为本"的要义有两点：一是"以人的全面发展为目标"；二是"让发展的成果惠及全体人民"。老年人口是总体人口的一个组成部分，从科学发展观和以人为本来看，他们不仅是全面构建和谐社会的受益者，而且还应该是积极参与者。

在人口老龄化日益加剧的情况下，"老年人必须参与发展"的观点已达成国际共识。1982 年联大在批准《老龄问题国际行动计划》的第 37/51 号

决议中指出"（全世界要）认识到寿命的延长是一项生理上的成就和一种进步的象征，并且认识到老年人是社会的财富而非负担，因为他们可以以其累积的丰富知识和经验做出价值无比的贡献。"

2002年4月联合国召开的第二届世界老龄大会进一步把"老年人与发展"作为主题。大会通过的《2002年马德里老龄问题国际行动计划》强调，"老年人必须充分参与发展进程，也必须享有发展进程的种种好处。""制止基于年龄的歧视以及增进老年人的尊严"。大会吁请各国提倡"积极老龄化"，保证老年人健康和参与发展，为建设不分年龄、人人共享的社会奠定基础。

马克思在论述劳动力时说"我们把劳动力或劳动能力，理解为人的身体即活的人体中存在的、每当生产某种使用价值时就运用的体力和智力的总和"。从唯物主义的观点看，劳动力没有一成不变的年龄上下限，具有劳动能力的人，都是劳动力。劳动经济学认为：

劳动资源 = 劳动年龄人口中有劳动能力的人口
+ 非劳动年龄人口中实际参与劳动的人口

由此可见，参与劳动的老年人口是劳动资源的组成部分。老年人参与发展，既能增加劳动资源，降低老年人实际赡养比，减轻劳动年龄人口的赡养负担，促进代际协调和社会团结，又能增加老年人的收入，提高他们的生活/生命质量，使他们在为社会主义的物质文明、政治文明、精神文明和健全社会保障体系做出贡献。

2000年我国60岁及以上老年人口经济活动参与率为32.99%。这表明有4000多万"银发大军"在从事经济活动，为延长"人口红利期"和发展社会保障体系做贡献，由此可见参与劳动的老年人口，仍然是劳动资源，实现积极老龄化，让健康的老年人参与发展，既能增加劳动资源，降低老年人实际赡养比，减轻劳动年龄人口的赡养负担，促进代际协调和社会团结，而且又能增加老年人的收入，提高他们的生活/生命质量，他们在为社会主义的物质文明、政治文明、精神文明建设和实现人口老龄化与经济协调发展做贡献。

五 结论

以人为本为基础的科学发展观认为人力资源是发展生产力的首要因素，人口老龄化是总和生育率不断下降和出生预期寿命延长的必然结果，既是人类社会的一项重大成就，又是一项挑战。在稳定低生育水平条件下应对人口老龄化挑战，解决老龄化的问题，不能完全寄希望于提高生育率，而是要拓宽思路，探索创新，充分利用稳定低生育水平和人口预期寿命延长的积极因素，大力提高人口素质，发展高科技，适时提高劳动年龄上限，开发包括老年人口在内的人力人才资源，健全和完善社会保障制度，不断提高对人口老龄化的承受能力，凭借创新思维、积极措施和灵活政策，在稳定低生育水平的同时，实现人口老龄化与社会经济协调发展和老龄社会的可持续发展。

最后，让我引用联合国人口基金 2006 年《人口老龄化——应对》的一段话作为本文的结束语："《2002 年马德里老龄问题国际行动计划》呼吁各行业和各阶层改变态度、政策和做法，以便发挥老龄化人口的巨大潜力。作为解决老龄问题的方案，《2002 年马德里老龄问题国际行动计划》并不等同于提高生育率或死亡率。相反，该计划着眼于人力资本——年迈并不一定意味着'依赖'或'没有生产力'。一个人不会在 60 岁时自动从贷方转为借方。健康、就业、生产力在决定人口负担方面同样重要。凭借良好的社会政策，包括养老金和卫生服务，可以将老龄化人口视为第二次人口红利，而不是负担。"

参考文献

《马克思恩格斯全集》（第 23 卷），人民出版社，1973。

联合国《1950~2050 年世界人口老龄化》，2002。

联合国人口基金：《人口老龄化——应对》，2006。

刘铮主编《人口理论教程》，中国人民大学出版社，1985。

刘铮主编《人口学辞典》人民出版社，1986。

许涤新主编《政治经济学辞典》人民出版社，1980。

张纯元主编《人口经济学》北京大学出版社，1983。

邬沧萍主编《社会老年学》中国人民大学出版社，1999。

田雪原等：《老龄化——从"人口赢利"到"人口亏损"》，中国经济出版社，2006。

张一德、袁伦渠主编《劳动经济学概论》，劳动人事出版社，1987。

杜鹏主编《人口老龄化与老龄问题》，中国人口出版社，2006。

彭松建编著《西方人口经济学》，北京大学出版社，1987。

〔美〕约翰·奈斯比特：《大趋势 - 改革我们生活的十个新方向》，中国社会科学出版社，1984。

〔美〕朱利安·L. 西蒙：《人口增长经济学》，彭松建等译，北京大学出版社，1984。

〔美〕B. C. 斯捷申科：《人口再生产的理论与方法》，北京大学出版社，1985。

熊必俊：《人口老龄化与可持续发展》，中国大百科全书出版社，2002。

熊必俊：《老龄经济学》，中国社会出版社，2009。

谢联辉、宋玉华主编《全球行动——迎接人口老龄化 联合国老龄话题文件总汇》，华龄出版社，1998。

落实科学发展观，利用"动态人口红利"促进老龄化与社会经济协调发展[*]

一　我国面临人口老龄化挑战

联合国人口基金《人口老龄化——潜在的动态变化》（2006）指出，人口老龄化是人口统计学两种潜在趋势的必然结果，即日益下降的总和生育率和日益延长的出生平均预期寿命。这一总结性的论断，符合我国的实际情况。随着总和生育率下降和人口预期寿命延长，我国于2000年进入老年型社会。2010年我国60岁及以上老年人口达到1.78亿人，占总人口数的比重为13.26%。预测2020年和2050年老年人口比重将分别达到17.0%和31.3%。联合国2002年的统计和预测表明，我国总人口数2000年为12.75亿人，2025年为14.70亿人，2050年14.62亿人。2000年和2050年的中国人口年龄结构金字塔见图1。

传统的人口统计学着重研究人口年龄构成变化与社会经济发展之间的关系，其中包括在假设其他条件不变的情况下，单一从老年人口比重上升，劳动年龄人口比重下降，总供养比上升的幅度，来审视老龄化对经济发展可能产生的不利影响。

尽管我国近年来0~14岁少年人口比重下降的幅度大于60岁及以上老

＊　此文为向2012年"世界卫生日主题活动暨中国老龄化与健康研讨会"提交的论文。

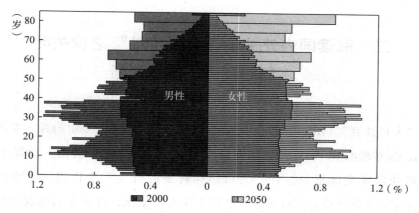

图1　2000年和2050年的中国人口金字塔

注：深色为2000年的金字塔，浅色为2050年的金字塔。

资料来源：联合国《2004年世界人口前景》。

年人口比重上升的幅度，出现了15～59岁劳动年龄人口比重上升的趋势。但是，2010～2020年，少年人口比重下降的幅度（从19.0%到18.6%，下降0.4个百分点）小于老年人口比重上升的幅度（从12.7%到17.0%，上升4.3个百分点），从而使劳动年龄人口比重将从2010年的70.4%下降到2015年的66.0%，低于66.6%的水平；总供养比上升到51%，超过50%的标准，面临着"人口红利"之窗即将关闭的严峻挑战。中国劳动年龄人口与非劳动年龄人口构成的变化情况见图2。

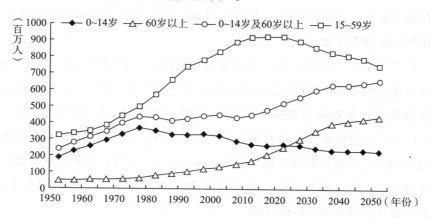

图2　中国劳动年龄人口与非劳动年龄人口的构成

资料来源：联合国《2004年世界人口前景》。

二 解读国内外关于"人口红利"之窗关闭制约经济发展的论断

"人口红利"（Demographic Dividend）的概念于 1997 年由梅森·安德洛提出，后被联合国人口基金《世界人口现状（1998）》引用。世界银行《2003 年世界发展报告》在"人口结构转型的机会"中提出，有些国家"随着生育率的下降，人口的年龄结构正在发生变化，这将在长达数十年中为发展中国家开辟机会之窗，他们可以利用这个窗口来赶上并提高所有人的福利"，但是"当这些劳动者年老之后，赡养率将再次提高，机会之窗就开始关闭"。

亚洲开发银行《观察与建议》2009 年第 1 期发表的《人口老龄化对中国社会经济发展的影响》指出，新中国成立以来，人口预期寿命有极大的提高，人口出生率显著下降，1975～2005 年总抚养比下降到 50%，即"人口红利"的水平，15～64 岁劳动年龄人口由 1978 年的 4.07 亿人增加到 2004 年的 7.86 亿人，年均拉动 GDP 增长 2 个百分点，促进了社会发展和经济增长。然而，随着人口老龄化的发展，总供养比不断上升。预计 2015 年当劳动年龄人口达到顶峰后，人口红利也会开始衰减，劳动力市场将开始面临供给短缺的压力。

对于我国的"人口红利"能持续多久的问题，我国社会蓝皮书《2006 年中国社会形势分析和预测》的结论是，我国人口有"红利"，机会之窗开放到 2020 年。结论的依据是，自 2010 年始，中国 15～64 岁劳动力人口在总人口中所占的比重会稍稍有所下降——从 2010 年的 72.41% 下降到 2020 年的 69.5%。在这一时期，虽然老龄化水平会上升到 11.92%，但劳动力人口在总人口中所占的比重会一直维持在 70% 左右。这正是中国轻装上阵，建设小康社会的最好人口机遇期。

中国老年学学会《老龄参考》在引用"六普关注"中称，所谓的"人口红利"是指一个国家的劳动年龄人口占总人口比重较大，总供养比较低，有利于经济发展的人口条件。文章认为，我国"人口红利"只剩 10 年左右，另有专家认为我国"人口红利"只剩 3 年。

应对人口老龄化挑战的措施是多方面的，其中包括提高人口素质、延长预期寿命、调整退休年龄、提高劳动生产率、发展科学技术、完善老年社会保障制度和实现积极老龄化，等等。劳动年龄人口比重和总供养比只是数量和比例的概念，不能全面反映社会对老龄化的承受能力。同等的劳动年龄人口比重和总供养比对于发达国家和发展中国家，对于一个国家不同的发展时期的影响是不同的。

《人口学词典》指出："人口统计指标按其性质划分，有反映一定时点上人口数及其构成状况（年龄、性别……）的静态指标，还有反映在一定时期内人口自然变动（如出生……）和社会变动过程的动态指标。"以上有关"人口红利"的文献说明，当前国内外界定和使用的"人口红利"只是以劳动年龄人口比重计算总供养比，并在不考虑人口自然变动（人口质量提高、寿命延长）和社会变动（劳动生产率提高、经济发展模式的转变）动态指标的情况下，单以一成不变的 15～64 岁劳动年龄人口比重和总供养比为依据来判定的"人口红利"，我称之为"静态人口红利"。

三 "静态人口红利"的科学性引起学术界质疑

美国经济学家朱利安·L. 西蒙在《人口增长经济学》中介绍了人口增长经济学研究的一般动态模式，他强调，"一个名副其实的经济学家必须注意到人口影响的规模和重要性。并且，如果几个影响同时起作用，他就必须关心整体的影响，而不是在假定其他变量都不变（实际上它们并不是恒定的）的情况下，只关心某一种变量作用的大小。这种全面估价，需要研究变量之间的相互作用以及与其它变量的相互作用。"为此，人们想得到满意的全面估价，只能给需要讨论的经济建立一个综合模式。

美国老年学学会原会长、著名老龄经济学家詹姆斯·H. 舒尔茨 1985 年在其《老龄化经济学》第三版中就不主张单纯用供养比审视老龄化挑战，认为这种分析有片面性，容易使人误解。他在 2001 年出版的《老龄化经济学》第七版中再次进一步指出，目前在有关"人口变化的经济意义"评论中，大多是从人口统计学方面进行解释，对相应情况的经济学分析几乎从未涉及，大部分研究都依赖于劳动力供养比。正如我们所强调的，运用这些比例要非常谨慎，因为大多数公布的供养比都没有考虑到经济增长，而经济增长会降低供养的负担。詹姆斯·H. 舒尔茨及其同人还指出，首先，人口老龄化对经济的影响并不像那些单纯考察供养比就报告坏消息的预言家们想象的那样糟。其次，与其他领域的社会政策一样，哪怕经济增长率仅有较小的提高，也会对其他因素所引起的负面影响起到潜在的重要调整作用。

2009 年"第 19 届国际老年学与老年医学大会"的议题之一是"从'人口红利'到'长寿红利'的持续发展"。大会强调，"人口老龄化是社会进步的最根本体现，如果引导和利用得当，'长寿'将会成为社会经济发展的全新增长引擎。""单纯把老年人口看成经济发展'成本'的做法早已过时，无论是通过调整就业和再就业政策进而推迟实际退休年龄，还是积极发展老龄产业，服务老年人口，延长'健康老龄'阶段的同时拉动内需，创造新的就业机会……让人民长寿和社会财富积累和谐统一，给'人口红利消失'的假说以最有效的反击。"

我国著名老年学家邬沧萍教授在《社会老年学》中论述老龄化与经济发展关系时强调，人口学因素与经济发展之间并不存在一种简单的函数关系，两者之间并不是直接发生作用的，而是要通过很多中间变量才能相互影响，并且这中间变量是比较复杂的。直接影响经济发展速度的除了劳动力数量供给，还有劳动生产率的高低、资金的供给、产业结构、市场需求，等等。人口年龄结构的变化并不是决定经济发展的主导因素。

四　落实科学发展观，利用"动态人口红利"促进老龄化与社会经济协调发展

科学发展观的本质和核心是"以人为本"。坚持以人为本，就是要以实

现人的全面发展为目标，让发展的成果惠及全体人民。本文在科学发展观的指导下，以人的全面发展为中心，综合运用各种有关变量发展条件提出的"动态人口红利"认定：依靠人的全面发展、充分利用提高人口素质、延长预期寿命、提高劳动年龄上限、提高劳动生产率、发展高科技、开发老年人力资源，鼓励老年人参与发展。健全和完善社会保障制度，不断提高国家、社会和家庭对老龄化的承受力，"动态人口红利"之窗就可以长开不闭。

（一）实施科教兴国战略，促进社会经济发展，提高对老龄化的承受能力

应对人口老龄化挑战，解决老龄问题的根本出路在于发展经济。21世纪是知识经济时代，知识经济的基础是知识。以高科技作为基础，科技进步和创新是社会经济的重要推动力。美国著名管理学家彼德·德鲁克认为，知识生产力已成为生产力、竞争力和经济成就的关键因素。知识已成为最主要的工业，这个工业向经济提供生产所需要的重要核心资源。他还强调，从今以后，知识将是最关键性的因素。世界不再是在向劳动密集型转变，而是在向知识密集型转变。

约翰·奈斯比特在《大趋势－改革我们生活的十个新方向》中指出，在信息社会里价值的增长不是通过劳动获取而是通过提高知识水平实现的。我们不应该总是悲叹旧工业时代的消逝，我们应该做的是，探索新技术的发展前途。

知识经济和信息革命已经成为发达国家减缓人口老龄化压力的方式。1994年10月12日美国《商业周刊》一篇题为《日趋增多的老年人为何没有拖垮美国》的文章结论认为，信息革命减缓了美国人口老龄化的压力。文章引用了美国全国老龄问题研究所人口统计项目负责人理查德·苏茨曼的观点，即经济增长率问题远比人口老龄问题重要得多。美国发展高科技所带来的经济高增长率有利于减轻人口老龄化的压力。

教育是培养人才的摇篮，可以说是"第一生产力的生产力"。印度长期从事人力资源研究的达明特尔在评论"人口红利"时说，人口并不会必然成为资源，只有通过教育才能把人口提高为人力资源。如果不能对人口进行健康和教育方面的投入，并在社会经济发展的进程中为日益增长的人口提供就业的机会，那么人口只能成为发展的阻碍，而不是"人口红利"。

（二）提高全民健康水平，延长人口预期寿命，增加劳动力资源

中国有句俗话说"健康是宝，长寿是福"。世界卫生组织为了唤起人们对健康的珍爱，在1953年提出了"健康是金子"的口号。生理学认为，健康是生命的基石和劳动能力的源泉；人口学认为，健康是人口质量的要素；社会学认为，健康是社会的财富；经济学认为，健康是人力资源的重要组成部分；健康社会学认为，人力资本存量和利用，取决于人口受教育水平和健康水平；世界卫生组织把健康作为积极老龄化三大支柱的第一支柱。2002年联合国第二届世界老龄大会《政治宣言》强调，世界许多地区人口预期寿命延长，是人类社会的一项重大成就。

联合国从1990年起使用由预期寿命、接受教育和人均GDP三个要素构成的人类发展指数来衡量各个国家和地区的社会经济发展水平。预期寿命延长是提升人类发展指数的第一要素，1980年我国预期寿命为65.3岁，人类发展指数为0.475，低于0.500的中间水平，属于低水平人类发展国家。1999年我国预期寿命延长到71.2岁，人类发展指数上升到0.718，超过世界平均水平的0.716和中等人类发展国家水平0.684，成为由低水平上升到中水平人类发展的国家。2007年我国预期寿命延长到71.6岁，人类发展指数上升到0.777，在世界排序中由1999年的99位上升到81位。预期寿命延长对于我国人类发展指数的提高和在世界排序中的上升功不可没。

人口是劳动力资源的基础。人口预期寿命延长相应地延长了人们能够参与劳动的岁月，这不仅意味着社会劳动力资源的增多，而且使劳动力成本下降，有利于经济发展。

预期寿命延长有利于经济发展的论断已成为国际学术界的共识。苏联人口学家C. A. 托米林在《人口学与社会卫生学》一书中指出，平均寿命每增加一岁，就是经济发展的一项重大成就，因为这意味着大大节约了国民经济的资金，这种情况是国民经济平衡所估计不到的。

美国《未来学家》（1997年7～8月号）的一篇题为《寿命延长将对人类产生重大影响》的文章认为，人的健康寿命延长将延长工作年限，而不会改变固定的童年时间和培训时间，因此，工作年限与寿命的比例将增大，总的劳动力和生产成本会下降。通过降低非生产时间在生命周期中所占的百分比而提高生产力。

我国人口预期寿命已从 1950 年的 40 岁延长到 2010 年的 73.5 岁，预测 2025 年和 2050 年将分别延长到 76.3 和 79 岁，充分利用寿命延长这个积极因素，将是我国发展经济，应对老龄化挑战的一项重要战略措施。

（三）提高全民素质，弥补劳动年龄人口数量减少

人口是社会的基本生产力，人口的发展变化对经济的发展变化起着促进或延缓的作用。"十二五"规划纲要要求"控制人口数量，提高人口素质，优化人口结构"。《人口发展"十一五"和 2020 年规划》要求"坚持用人的全面发展统筹解决人口数量、素质、结构与分布问题……在稳定低生育水平的前提下，把提高人口素质放在更加突出的位置。"

劳动力资源量不仅受劳动力人口数量的制约，而且与劳动力人口的质量高低有密切的关系。在现代化社会，高质量的劳动力资源（如智力资源）在数量上可以折算为成倍的普通劳动力资源。

英国经济学家亚当·斯密的价值论认为决定价值的是生产商品所耗费的劳动；价值量同消耗的劳动量呈正比，并且区别了简单劳动（指在一定的社会条件下，不需要经过任何专门训练的、一般劳动者都能胜任的劳动）和复杂劳动（指经过专门培养和训练、具有一定技术专长的劳动），指出在相同的时间里复杂劳动者比简单劳动者创造更多的价值。这表明，在相同的时间里从事复杂劳动的人所创造的价值比一般劳动者所创造的价值多。

英国资产阶级古典政治经济学的创始人威廉·配第认为，一个国家的人口价值不在于其人口的自然数量（即人口数量），而在于人口的社会数量。他所讲的社会数量是指人们创造财富的能量，实际上是人们的文化水平和技术能力。他认为，一个人如果技艺高超，可以和许多人相抗衡。

美国著名经济学家詹姆斯·H. 舒尔茨教授在《人力资本投资》中指出，人力资本是社会进步的决定性因素。人力（包括人的知识和人的技能）的形成是投资的结果，并非一切人力资源都是最重要的资源，只有通过一定方式的投资，掌握了知识和技能的人力资源才是一切生产资源中最重要的资源。

我国著名人口学家马寅初先生非常重视人口质量和数量的统一。他指出我国人口的数量与质量不相称，如果不把人口质与量适当地统一起来，很难完成原子能时代的任务。他特别强调在人口问题上我们要赶的是质不是量。

刘铮教授的《人口理论教程》强调，在以手工劳动为基础的农业经济条件下，生产技术变化很慢，发展物质资料生产主要靠增加劳动力数量。产业革命后，随着科学技术的进步、社会生产力的发展，对劳动力数量需求相对减少，对劳动力质量的要求越来越高，没有文化科学素质的提高就没有人们对生产实践经验的总结，不会有科学知识的积累和发展，也不会有现代的科学技术，从而也就不会有现代化的生产力。要高速发展生产力就要有先进的科学技术，为此就必须提高人口素质。

（四）提高劳动年龄上限，延缓退休年龄，延长"人口红利期"

劳动年龄人口的年龄界限和退休年龄不是永久不变的。确定劳动年龄范围和退休年龄的主要依据是人口资源状况、社会生产力发展对劳动力数量和质量的要求、人口预期寿命和科学教育发展水平。随着社会生产力的发展，人口素质提高和预期寿命延长，为了应对老龄化挑战，需要而且有可能相应提高劳动年龄上限和退休年龄，使劳动年龄人口比重和供养比保持在有利于社会经济和养老保险可持续发展的水平上。"十二五"规划提出"人均预期寿命提高1岁，（2015年）达到74.5岁"。如果我们随着预期寿命提高，把劳动年龄上限和退休年龄从"十二五"规划起每个"五年规划"提高1岁，到2035年提高到64岁，届时的劳动年龄人口比重将从58.1%上升到65.3%，增加7.2个百分点；总供养比也会从72.2%下降到53.2%，使"人口红利期"延长到2030年以后（见表1）。

表1 不同劳动年龄上限情况下我国人口年龄结构和总供养比

单位：%

	2000 年	2015 年	2035 年	2050 年
0 ~ 14 岁	24.0	18.9	15.9	15.4
15 ~ 59 岁	65.6	66.0	58.1	53.3
60 岁及以上	10.4	15.2	26.9	31.3
总供养比	52.4	51.6	72.2	87.6

续表

	2000 年	2015 年	2035 年	2050 年
0 ~ 14 岁	24.0	18.9	15.0	15.4
15 ~ 64 岁	68.8	71.5	65.3	61.4
65 岁及以上	7.2	9.7	19.7	23.2
总供养比	45.4	42.8	53.2	63.9

资料来源：杜鹏主编《人口老龄化与老龄问题》，中国人口出版社，2006。

发达国家和地区把提高退休年龄（实质上也是提高劳动年龄上限）作为应对老龄化挑战的一项重要措施。1986 年 6 月 26 日美国《华尔街杂志》用大标题发表了美国总统顾问委员会关于提高领取退休金年龄的建议，强调这项行动是缓解未来退休计划面临困境的一个最简单易行的措施。同年 11 月美国国会经济联合委员会发表的《经济增长与社会保障报告》指出，除非提高退休年龄，否则年度国民生产总值计划将无法完成。美国社会保障咨询委员会顾问小组认为，如果不把在业职工与退休人员之间的年龄界线提高，要在 21 世纪初开始供养老年人口，将是美国可能深感困难的事。2020 年"退休赡养比"将达到 21%，现在（1986 年）仅为 15%，如果将退休年龄提高 3 年，就能使 2020 年的"退休赡养比"保持在 15% 左右的水平，使原来预测的未来养老基金长期亏损额减少一半。

国际劳工局强调，如果把领取养老金的年龄从 60 岁提高到 65 岁，养老金的支出就要减少大约 50%。据我国原劳动保障部法制司和社会保险研究所测算，我国退休年龄每提高 1 年，养老统筹基金可增收 40 亿元，减支 160 亿元。

（五）鼓励老年人参与发展，变老龄化的压力为动力

在人口老龄化日益加剧的情况下，"老年人必须参与发展"的观点已达成国际共识。1982 年联大在批准《老龄问题国际行动计划》的第 37/51 号决议中指出"（全世界要）认识到寿命的延长是一项生理上的成就和一种进步的象征，并且认识到老年人是社会的财富而非负担，因为他们可以以其累积的丰富知识和经验做出价值无比的贡献。"

2002 年第二届世界老龄大会的主题是"老年人与发展"。大会通过的《2002 年马德里老龄问题国际行动计划》强调"老年人必须充分参与发展进程，也必须享有发展进程的种种好处。""制止基于年龄的歧视以及增进老年人的尊严"。大会吁请各国提倡"积极老龄化"，保证老年人健康和参与发展，为建设不分年龄、人人共享的老龄社会做贡献。

参考文献

联合国人口基金：《人口老龄化——应对》，2006。

〔美〕朱利安·L.西蒙：《人口增长经济学》，彭松建等译，北京大学出版社，1984。

〔美〕詹姆斯·H.舒尔茨：《老龄化经济学》（第三版），熊必俊等译，华夏出版社，1990。

〔美〕詹姆斯·H.舒尔茨：《老龄化经济学》（第七版），裴晓梅等译，社会科学文献出版社，2010。

刘铮主编《人口理论教程》，中国人民大学出版社，1985。

刘铮主编《人口学辞典》，人民出版社，1986。

许涤新主编《政治经济学辞典》，人民出版社，1980。

张纯元主编《人口经济学》，北京大学出版社，1983。

邬沧萍主编《社会老年学》，中国人民大学出版社，1999。

郭熙宝主编《经济发展·理论与政策》，中国社会科学出版社，2000。

杜鹏主编《人口老龄化与老龄问题》，中国人口出版社，2006。

熊必俊：《人口老龄化与可持续发展》，中国大百科全书出版社，2002。

熊必俊：《老龄经济学》，中国社会出版社，2009。

熊必俊：《用"动态人口红利"应对老龄化挑战》，《中国社会科学报》2011年6月9日。

谢联辉、宋玉华主编《全球行动——迎接人口老龄化 联合国老龄话题文件总汇》，华龄出版社，1998。

用"动态人口红利"实现老龄化与
经济协调发展*

一 走出仅以劳动年龄人口比重下降判定
"人口红利消失"的误区

马克思主义关于"两种生产"的原理,揭示了经济发展与人口发展的本质联系,指出了经济发展决定人口发展,人口发展反作用于经济发展的辩证关系。劳动力资源是经济发展最重要的资源,劳动力资源量不仅受劳动力人口数量的制约,而且与劳动力人口的素质有密切关系。当前有些"人口红利论"者在假设其他条件不变的情况下,仅以劳动年龄人口比重降低到66.7%以下为判定"人口红利消失"的标准,这种认识掩盖了劳动力资源的真实性。

《人口学词典》指出:"人口统计指标按其性质划分,有反映一定时点上人口数及其构成状况(年龄、性别……)的静态指标,还有反映在一定时期内人口自然变动(如出生……)和社会变动过程的动态指标。"上述"人口红利消失"的判定是在不考虑人口素质提高、寿命延长、劳动生产率提高和经济发展模式转变等动态指标的情况下,单以劳动年龄人口比重为判定标准,只能称之为"静态人口红利消失"。

* 此文发表于《中国社会科学院要报〈领导参阅〉》2012 年 7 月第 19 期。

应对老龄化挑战的措施是多方面的，包括提高人口素质、调整年龄结构、提高劳动生产率、发展科学技术、完善老年社会保障制度、开发老年人力资源等。劳动年龄人口比重和总供养比只是数量和比例的概念，不能全面反映社会对老龄化的承受力。

"十二五"规划纲要明确要求，"控制人口总量，提高人口素质，优化人口结构"。《人口发展"十一五"和2020年规划》同样要求，"坚持用人的全面发展统筹解决人口数量、素质、结构与分布问题……把提高人口素质放在更加突出的位置。"当务之急是引导人们走出"人口红利消失"的误区，落实科学发展观，坚持以人为本，实现人的全面发展，用综合各个有关条件发展的"动态人口红利"实现老龄化与经济协调发展。

二 学术界对"静态人口红利"和
"人口红利消失"的质疑

美国经济学家朱利安·L.西蒙强调，"一个名副其实的经济学家必须注意到人口影响的规模和重要性。如果几个影响同时起作用，就必须关心整体的影响，而不是在假定其他变量不变的情况下，只关心某一种变量作用的大小。"

美国老年学学会原会长、老龄化经济学家詹姆斯·H.舒尔茨反对用单一供养比审视老龄化挑战，因为这种分析有片面性，容易使人误解。他指出，目前在有关"人口变化的经济意义"评论中，大部分都只是片面依赖于劳动力供养比。老龄化对经济的影响并没有想象的那样糟。

2009年"第19届国际老年学与老年医学大会"的议题是"从'人口红利'到'长寿红利'的持续发展"。大会强调，长寿将会成为社会经济发展的全新引擎，通过推迟退休年龄，延长"健康老龄"阶段，发展老龄服务产业，可实现从"人口红利"到"长寿红利"的可持续发展。

新加坡《联合早报》2011年6月17日的评论认为，国内外思潮对中国人口问题的无视、对"人口红利消失"及老龄化危机的渲染，背弃了中国现实情况；对人口红利消失的一系列错算、误判以及盲目重复西方学者观点的情形，中国应有清醒的认识。国内外思潮对中国人口红利消失的判断及对中国社会负担问题的分析也是片面的、站不住脚的。

三 落实科学发展观，用"动态人口红利" 应对老龄化挑战

科学发展观的本质和核心是"以人为本"。坚持以人为本，就是要以实现人的全面发展为目标，让发展的成果惠及全体人民。以人的全面发展为中心，综合运用各种有关变量发展条件提出的"动态人口红利"理论认为，"动态人口红利"持续存在的条件包括依靠人的全面发展提高人口素质、延长预期寿命、提高劳动年龄上限、提高劳动生产率、转变经济发展方式、发展高新技术产业、开发老年人力资源、健全和完善社会保障制度，不断提高国家、社会和家庭对老龄化的承受力。

第一，延长人口预期寿命，增加劳动力资源，弥补劳动力不足。预期寿命延长有利于经济发展的论断已成为国际共识。苏联人口学家 C. A. 托米林指出，寿命每增加一岁，就是经济发展的一项重大成就，这意味着大大节约了国民经济的资金，这种情况是国民经济平衡所估计不到的。

美国《未来学家》（1997 年 7～8 月号）一篇题为《寿命延长将对人类产生重大影响》的文章认为，人的健康寿命延长将延长工作年限，通过降低非生产时间在生命周期中所占的百分比从而提高生产力。

我国人口预期寿命 2010 年达到 73.5 岁，预测 2025 年和 2050 年将分别延长到 76 岁和 79 岁，充分利用寿命延长这个积极因素，将是我国应对老龄化挑战的一项重要战略措施。

第二，提高人口素质，缓解劳动年龄人口比重下降的不利影响。劳动力资源量不仅受劳动力人口数量的制约，而且与劳动力人口的素质有密切关系。现代化科学技术生产对劳动力数量的需求减少，对劳动力质量要求提高。高质量的劳动力在数量上可以折算为成倍的普通劳动力，减小劳动

年龄人口比重下降的影响。

我国著名人口学家马寅初先生指出，我国的人口数量与质量不相称，应把人口质与量尽快适当地统一起来。他强调，在人口问题上我们要赶超的是质而不是量。

第三，逐步提高劳动年龄上限和退休年龄，延长"人口红利期"。劳动年龄人口的年龄界限和退休年龄不能永久不变。随着社会生产力的发展，人口素质提高和预期寿命延长，相应提高劳动年龄上限和退休年龄，可使劳动年龄人口比重保持在有利于可持续发展的水平上。如果把劳动年龄上限和退休年龄每五年提高 1 岁，到 2035 年达到 64 岁，届时劳动年龄人口比重将上升到 65.3%，"人口红利期"就可以延长到 2030 年以后。国际劳工局预测，如果把领取养老金的年龄从 60 岁推迟到 65 岁，养老金的支出将减少 50%。据相关机构测算，我国退休年龄每提高 1 年，养老统筹基金可增收 40 亿元，减支 160 亿元。

第四，实施科教兴国战略，提高对老龄化的承受能力。应对人口老龄化挑战的根本措施是发展经济。21 世纪是知识经济时代，科技进步和创新是社会经济的重要推动力。当前，知识经济和信息革命已成为发达国家减缓人口老龄化压力的有利因素。美国《商业周刊》（1994 年 10 月 12 日）一篇题为《日趋增多的老年人为何没有拖垮美国》的结论是，信息革命减缓了美国人口老龄化的压力。文章引用了美国全国老龄问题研究所理查德·苏茨曼的观点，即经济增长率问题比老龄化问题重要得多，发展高科技所带来的经济高增长率能有效减轻人口老龄化带来的压力。

第五，健全和完善覆盖城乡的社会保障体系，促进城乡统筹发展。完善社会保障制度是完善社会主义市场经济体制的重要组成部分，要落实"十二五"规划，完善社会保障制度，加强社会救助体系建设，积极发展社会福利和慈善事业；加强社会保障的法制建设和基金保值、增值的运作与管理；健全城市居民最低生活保障制度；完善农村社会养老保障，实现公平分配，保障农民的基本生存权利，维护农村稳定。

第六，在稳定低生育水平的范围内适当调高总和生育率，优化人口年龄结构。稳定低生育水平不等同于一对夫妇只生一个孩子，而是把总和生育率控制在略低于 2.1 的更替水平范围之内。我国 2000～2005 年的总和生育率为 1.8，如果我们在稳定低生育水平的范围内，把总和生育率在 2030 年提高到 1.9，2050 年进一步提高到 2.0，其结果既能控制人口增长，又能适当减缓老龄化和劳动年龄人口比重下降速度，有利于优化人口年龄结构。

7. 开发老年人力资源，变老龄化的压力为动力。"老年人必须参与发展"的观点已达成国际共识。1982 年《老龄问题国际行动计划》指出"（全世界要）认识到寿命延长是一项生理上的成就和一种进步的象征，并且认识到老年人是社会的财富而非负担，因为他们可以其积累的丰富知识和经验做出价值无比的贡献。"2002 年第二届世界老龄大会把"老年人与发展"作为主题，强调"要消除年龄歧视，使老年人参与发展"。大会呼吁各国提倡"积极老龄化"，保证老年人参与发展，为建设不分年龄、人人共享的和谐社会奠定基础。

用人的全面发展延长"人口红利"[*]

近年来国内外有些"人口红利"论者在假设其他条件不变的情况下，单一用劳动年龄人口比重降低到 66.6% 以下，总供养比超过 50%，判定为"人口红利消失"，这种评判标准掩盖了劳动力资源量的真实性。劳动力资源量不仅受劳动力人口的数量的制约，而且与劳动力人口的素质有密切关系。老龄化既是挑战又是机遇的论断，已成国际共识。"人口红利消失"论者只谈挑战，不谈机遇，不符合科学发展观的精神。科学发展观的本质和核心是"以人为本"。坚持以人为本，就是要以实现人的全面发展为目标，充分利用提高人口素质、延长预期寿命、提高劳动年龄上限、提高劳动生产率、转变经济发展方式、发展高科技、开发老年人力资源，提高社会和家庭对老龄化的承受力，"人口红利"之窗就可以长开不闭。

一　延长人口预期寿命，增加劳动资源

世界卫生组织强调，寿命延长和节制生育所取得的成果是人类 20 世纪的双重胜利。预期寿命延长相应地延长了人们能够参与劳动的岁月，这不仅意味着社会劳动力资源的增多，而且使劳动力成本下降，有利于经济发展。

我国人口预期寿命已从 1950 年的 40 岁延长到 2010 年的 73.5 岁，预测

＊　此文发表于《中国社会科学报 社科院专刊》2012 年 9 月 14 日。

2025 年和 2050 年将分别延长到 76 岁和 79 岁，充分利用寿命延长这个积极因素，将是我国发展经济，应对老龄化挑战的一项重要战略措施。

二 提高人口素质，缓解劳动年龄人口比重下降的不利影响

"十二五"规划纲要要求"控制人口数量，提高人口素质，优化人口结构"和"积极应对人口老龄化挑战"。《人口发展"十一五"和 2020 年规划》要求"坚持用人的全面发展统筹解决人口数量、素质、结构与分布问题……在稳定低生育水平的前提下，把提高人口素质放在更加突出的位置。"

著名人口学家马寅初先生非常重视人口质量和数量的统一。他指出，我国人口的数量与质量不相称，若不把人口质与量适当地统一起来，很难完成原子能时代的任务。他特别强调，在人口问题上我们要赶的是质不是量。

《人口理论教程》强调，在以手工劳动为基础的农业经济条件下，发展生产主要靠增加劳动力数量。产业革命后，对劳动力数量需求减少，对劳动力质量的要求提高。没有文化、科学素质的提高就没有人们对生产实践经验的总结，也不会有现代化的生产力。要高速发展生产力就要有先进的科学技术，为此就必须提高人口素质。

中国可持续发展研究会牛文元教授认为，如果说培养体能付出是 1 的话，培养技能就要付出 3，培养智能则要付出 9，而三者对国家的贡献之比则是 1:10:100。这就是说，培养出一个教授或科学家的投入是培养一个普通劳动力的 9 倍，而一个教授或科学家的产出则是一个普通劳动力的 100 倍。

三 提高劳动年龄上限，优化年龄结构，延长"人口红利期"

随着我国社会生产力的发展，人口素质提高和预期寿命延长，为了

应对老龄化挑战，需要而且有可能相应提高劳动年龄上限和退休年龄，使劳动年龄人口比重保持在有利于社会经济和养老保险可持续发展的水平上。"十二五"规划提出"人均预期寿命提高 1 岁，（2015 年）达到 74.5 岁"。如果我们随着预期寿命提高，把劳动年龄上限和退休年龄从"十二五"规划起每个"五年规划"提高 1 岁，到 2035 年提高到 64 岁，届时的劳动年龄人口比重从 58.1% 上升到 65.3%，增加 7.2 个百分点；总供养比也会从 72.2% 下降到 53.2%，使"人口红利期"延长到 2030 年以后。

四　实施科教兴国战略，加速经济发展，提高对老龄化的承受能力

应对老龄化挑战的根本出路在于发展经济。21 世纪是知识经济时代，科技进步和创新是社会经济的重要推动力。在现代经济中，科学技术的进步，已经成为经济增长的主要推动力量，技术进步对于发达国家经济增长的贡献率已经从 20 世纪初的 20% 上升的 50 年代的 40%，60 年代的 50% 和当前的 80%。知识经济和信息革命已经成为发达国家减轻老龄化压力的因素。1994 年美国《商业周刊》一篇题为《日趋增多的老年人为何没有拖垮美国》指出，信息革命减缓了美国人口老龄化的压力。文章引用了美国全国老龄问题研究所人口统计项目负责人理查德·苏茨曼的观点，即经济增长率问题远比老龄化问题重要得多。美国发展高科技所带来的经济高增长率有利于减轻人口老龄化的压力。

五　稳定低生育水平的范围内适当调高总和生育率，优化人口年龄结构

稳定低生育水平不等于一对夫妇只生一个孩子，而是把总和生育率控制在略低于 2.1 的更替水平范围之内。我国 2000～2005 年的总和生育率为

1.8，如果我们在稳定低生育水平的范围内，把总和生育率从 2030 年提高到 1.9，2050 年进一步提高到 2.0（比较接近但仍然低于 2.1 的更替水平），其结果既能控制人口增长，又能适当减缓老龄化发展和劳动年龄人口比重下降速度，有利于优化人口年龄结构。

六 试行"弹性退休制度"，逐步提高退休年龄，延长人口红利期

退休制度包括退休模式、退休年龄和退休金。试行弹性退休制度可以最大限度地利用老年人力资源。强制退休制度的退休年龄是以年代年龄为标准的，不能反映个体在生理、心理和社会方面的活动能力。实行弹性退休制度，允许尚未达到法定领取全额退休金年龄而体力不适宜再工作的职工选择提前退休，对于达到退休年龄而体力仍然能够工作而且愿意继续工作的职工延迟退休，这样就能弥补以年代年龄为退休标准的不足，实现《礼记》中的"壮有所用"和人尽其才、才尽其用的理想。

七 鼓励老年人参与发展，变老龄化的压力为动力

"老年人必须参与发展"的观点已达成国际共识。1982 年联大在批准《老龄问题国际行动计划》的决议中指出"（全世界要）认识到寿命延长是一项生理上的成就和一种进步的象征，并且认识到老年人是社会的财富而非负担，因为他们可以以其累积的丰富知识和经验做出价值无比的贡献。"2002 年第二届世界老龄大会把"老年人与发展"作为主题。大会通过的《2002 年马德里老龄问题国际行动计划》强调，"老年人必须充分参与发展进程，也必须享有发展进程的种种好处。""制止基于年龄的歧视以及增进老年人的尊严"。大会吁请各国提倡"积极老龄化"，保证老年人健康和参与发展，为应对老龄化挑战和建设不分年龄、人人共享的社会做贡献。

"动态人口红利"理论与政策建议，走出"人口红利消失"的误区，实现老龄化与经济协调发展[*]

当前国内外有些"静态人口红利"论者在假设其他条件不变的情况下，仅仅把劳动年龄人口比重降低到 66.6% 以下，总供养比超过 50%，判定为"人口红利消失"的做法，不符合马克思主义关于"两种生产"的原理和科学发展观的精神，也违背了"人口统计指标有反映一定时点上人口数量及构成情况的静态指标，还反映在一定时期内的人口自然变动和社会变动的过程的动态指标"的原则，夸大了人口老龄化挑战的严重性，引起了人们对人口老龄化发展趋势的担心。本文提出了学术界对"静态人口红利"和"人口红利消失"的质疑，并认为当务之急是要走出"人口红利消失"的误区，主张用我提出的"动态人口红利"审视和应对人口老龄化的挑战，实现老龄化与经济协调发展。

走出"人口红利消失"误区

联合国人口基金《人口老龄化——潜在的动态变化》（2006）指出，人

---

* 本文发表于《东方早报 上海经济评论》2012 年 9 月 25 日第 24 期。本文荣获"第六届人口科学优秀成果奖"（2014 年）、"中国社会科学院第六届离退休人员优秀科研成果奖三等奖"（2015 年）。

口老龄化是人口统计学两种潜在趋势的必然结果，即日益下降的总和生育率和日益延长的出生平均预期寿命。这一总结性的论断，符合我国的实际情况，随着总和生育率下降和人口预期寿命延长，我国于 2000 年进入老年型社会。

2010 年我国 60 岁及以上老年人口比重为 13.26%，15～59 岁劳动年龄人口比重为 70.14%，总供养比为 48%。预测 2015 年老年人口比重上升为 15.2%，劳动年龄人口比重下降为 66.0%，总供养比达到 51.6%。传统人口统计学认为，劳动年龄人口比重下降，必然导致劳动力资源减少，总供养比上升，不利于经济发展。

近年来国内外有些"人口红利"论者在假设其他条件不变的情况下，仅仅把劳动年龄人口比重降低到 66.6% 以下，总供养比超过 50%，判定为"人口红利消失"，这种做法不符合马克思主义关于"两种生产"的原理和科学发展观的精神，也违背了"人口统计指标有反映一定时点上人口数量及构成情况的静态指标，还反映在一定时期内的人口自然变动和社会变动的过程的动态指标"的原则，对于这种仅仅用一成不变的 15～59 岁为劳动年龄上下限和 60 岁为退休年龄所计算的"人口红利"，我只能称之为"静态人口红利"。这种"静态人口红利"消失的判定夸大了人口老龄化挑战的严重性，从而引起了一些人对人口老龄化发展趋势的担忧。本文提出了对"静态人口红利"和"人口红利消失"的质疑，指出当务之急是贯彻科学发展观的精神，走出"人口红利消失"的误区，建议用我提出的"动态人口红利"新思路，审视和应对人口老龄化的挑战，实现老龄化与经济协调发展和可持续发展。

马克思主义关于"两种生产"的原理，揭示了经济发展与人口发展的本质联系，指出了经济发展决定人口发展，人口发展反作用于经济发展的辩证关系。劳动力资源是经济发展最重要的资源，劳动力资源量不仅受劳动力人口数量的制约，而且与劳动力人口的素质有密切关系。

当前有些"人口红利"论者在假设其他条件不变的情况下，仅以劳动年龄人口比重降低到 66.7% 以下，判定"人口红利消失"的做法，掩盖了劳动力资源的真实性。

《人口学词典》指出："人口统计指标按其性质划分，有反映一定时点上人口数及其构成状况（年龄、性别……）的静态指标，还有反映在一定时期内人口自然变动（如出生……）和社会变动过程的动态指标。"上述"人口红利消失"的判定是在不考虑人口素质提高、寿命延长、劳动生产率提高和经济发展模式转变的动态指标的情况下，单以劳动年龄人口比重判定的，只能称之为"静态人口红利消失"。

"十二五"规划纲要要求"控制人口数量，提高人口素质，优化人口结构"。《人口发展"十一五"和 2020 年规划》要求"坚持用人的全面发展统筹解决人口数量、素质、结构与分布问题……把提高人口素质放在更加突出的位置。"当务之急是引导人们走出"人口红利消失"的误区，落实科学发展观，坚持以人为本，实现人的全面发展，用综合各个有关条件发展的"动态人口红利"实现老龄化与经济协调发展。

"人口红利"的界定

"人口红利"（Demographic Dividend）的概念于 1997 年由梅森·安德洛提出，后被联合国人口基金《世界人口现状（1998）》引用。世界银行和国内外学术界近几年运用"人口红利""人口赢利"和"人口机会之窗"审视和预测人口老龄化对社会经济发展的影响。

世界银行《2003 年世界发展报告》在"人口结构转型的机会"中提出，有些国家"随着生育率的下降，人口的年龄结构正在发生变化，这将在长达数十年中为发展中国家开辟机会之窗，他们可以利用这个窗口来赶上并提高所有人的福利"，但是"当这些劳动者年老之后，赡养率将再次提高，机会之窗就开始关闭"。

亚洲开发银行《观察与建议》2009 年第 1 期发表的《人口老龄化对中国社会经济发展的影响》指出，新中国成立以来，中国人口的预期平均寿命得到极大的提高，从 1949 年的 35 岁提高到 2009 年的 74 岁。同时，得益于计划生育政策的实施，人口出生率显著下降，促进了社会发展和经济增长。1975～2005年总抚养比（包括0～14岁儿童抚养比和65岁以上老龄人口抚养比）下降近50%。

"人口红利"使得劳动年龄人口由1978年的4.07亿人增加到2004年的7.86亿人，年均拉动GDP增长2个百分点。然而，2000年以后，抚养比在不断上升，预计2015年当劳动年龄人口达到顶峰后，人口红利也会开始衰减，劳动力市场将开始面临供给短缺的压力。

英国《金融时报》亚洲版主编说："正如汇丰（SHDC）的范力民（Frederic Neumarrn）指出的那样，亚洲许多国家的'人口红利'已快耗尽。从2017年开始，中国内地的劳动力将开始萎缩，香港也是如此。"

美国波士顿咨询公司（CBCG）和瑞士再保险公司2012年4月24日在北京联合发布了《发掘银发市场的金色机遇：保险公司如何从中国老龄化趋势中获利》的报告。报告指出，数十年来，"人口红利"推动了中国社会经济的长期增长。但是这一"人口红利"时代即将结束，预计16～59岁劳动年龄人口将在2015年以后开始减少。在中国经营的保险公司应该迅速采取行动，大胆出击，发掘"银发人群"的"金色机遇"。

对于"人口红利"的界定，以及我国的"人口红利"能持续多久的问题，我国社会蓝皮书《2006年中国社会形势分析和预测》的论述是，"人口红利"也叫作"人口机会之窗"，是指劳动力人口在总人口中所占比例较高，老年负担系数和少儿负担系数相对较低，劳动力人口因为负担较轻而可能增加积累以促使经济和社会发展。我们可以将人口转变中迎来的这一历史时期称为人口"红利"时期，或者称为机遇发展时期。文章的结论是，我国人口有"红利"，机会之窗开放到2020年。结论的依据是，中国15～64岁劳动力人口在总人口当中所占比重，从2005年到2009年，仍然会有一个微小的上升，即从72.4%上升到72.46%。但自2010年始，则会稍稍有所下降——从2010年的72.41%下降到2020年的69.5%。在这一时期，虽然老龄化水平会上升到11.92%，但劳动力人口在总人口当中所占的比重会一直维持在70%左右。这正是中国轻装上阵，建设小康社会的最好人口机遇期。

2010年5月18日"新华网"报道，国务院参事马力教授在2010年中国人口与发展咨询会上作题为《中国劳动力变动趋势及判断》的报告。他说，中国人口抚养比将在 2013 年出现"拐点"，但 2010 年至 2035 年仍低于 53% 的 "人口红利" 期标准，这将有利于推动经济发展和社会转型。马教授还介绍说，2008 年我国 15～64 岁劳动年龄人口为 9.55 亿人，"十二五" 期间将净增加 2449 万人。

在这里需要指出的是，上述社会蓝皮书和马力教授预测 "人口红利" 可以延长到 2020 年和 2035 年的结论所用的劳动年龄人口年龄的上限是 64 岁，而不是中国法定的 59 岁。如果按 59 岁计算的话，"人口红利" 在 2015 年就要消失了。

中国老年学学会《老龄参考》在引用 "六普关注" 中称，所谓的 "人口红利"，是指各个国家的劳动年龄人口占总人口比重较大，总供养比较低，为经济发展创造了有利的人口条件。文章认为我国 "人口红利" 只剩 10 年左右，另有专家认为我国 "人口红利" 只剩 3 年。

老龄化的矛与盾

应对人口老龄化挑战的措施是多方面的，其中包括提高人口素质、调整年龄结构、提高劳动生产率、发展科学技术、转变经济发展方式、完善老年社会保障制度、开发老年人力人才资源，等等。劳动年龄人口比重和总供养比只是数量和比例的概念，不能全面反映社会对老龄化的承受力。同等的劳动年龄人口比重和总供养比对于发达国家和发展中国家，对于一个国家不同的发展时期的影响是完全不同的。

人口老龄化既是挑战又是机遇的论断，已成为国际共识。"人口红利消失" 论者只谈挑战，避而不谈机遇，也是不符合 "以人为本和以人的全面发展为目标" 的科学发展观的。

劳动力资源是经济发展最重要的资源，劳动力资源量不仅受劳动力人口数量的制约，而且与劳动力人口的素质有密切关系。

"十二五" 规划纲要要求 "控制人口数量，提高人口素质，优化人口结构"。《人口发展"十一五"和 2020 年规划》要求"坚持用人的全面发展统筹解决人口数量、素质、结构与分布问题……把提高人口素质放在更加突出的位置。"当务之急是引导人们走出"人口红利消失"的误区，落实科学发展观，坚持以人为本，实现人的全面发展，用综合各个有关条件发展的"动态人口红利"审视和应对人口老龄化挑战。

美国经济学家朱利安·L. 西蒙强调，"一个名副其实的经济学家必须注意到人口影响的规模和重要性。如果几个影响同时起作用，就必须关心整体的影响，而不是在假定其他变量不变的情况下，只关心某一种变量作用的大小。"

美国老年学学会原会长、老龄化经济学家詹姆斯·H. 舒尔茨反对单一用供养比审视老龄化挑战，因为这种分析有片面性，容易使人误解。他指出，目前在有关"人口变化的经济意义"评论中，大部分都只是片面依赖劳动力供养比。老龄化对经济的影响并不像那些只考察供养比就报告坏消息的预言家们想象的那样糟。

2009 年"第 19 届国际老年学与老年医学大会"的议题之一是"从'人口红利'到'长寿红利'的持续发展"。大会强调，长寿将会成为社会经济发展的全新引擎，通过推迟退休年龄，延长"健康老龄"阶段，发展老龄服务产业，实现从"人口红利"到"长寿红利"的可持续发展，是给"人口红利消失"假说的一个最有效的反击。

新加坡《联合早报》2011 年 6 月 17 日的评论说，国内外思潮对中国人口问题的无视、对"人口红利消失"及老龄化危机的渲染，背弃了中国现实情况；对人口红利消失的一系列错算、误判以及盲目重复西方学者观点的情形，中国应有清醒的认识。国内外思潮对中国人口红利消失的判断及对中国社会负担问题的分析也是片面的、站不住脚的。

"动态人口红利"之窗

科学发展观的本质和核心是"以人为本"。坚持以人为本，就是要以实现人的全面发展为目标，让发展的成果惠及全体人民。本文以人的全面发展为中心，综合运用各种有关变量发展条件提出的"动态人口红利"认定：依靠人的全面发展，提高人口素质、延长预期寿命、提高劳动年龄上限、提高劳动生产率、转变经济发展方式、发展高科技、开发老年人力资源、健全和完善社会保障制度，不断提高国家、社会和家庭对老龄化的承受力，"动态人口红利"之窗就可以长开不闭。

（一）延长人口预期寿命，增加劳动力资源，弥补劳动力不足

预期寿命延长有利于经济发展的论断已成为国际共识。苏联人口学家C. A. 托米林指出，寿命每增加一岁，就是经济发展的一项重大成就，这意味着大大节约了国民经济的资金，这种情况是国民经济平衡所估计不到的。

美国《未来学家》（1997 年 7～8 月号）一篇题为《寿命延长将对人类产生重大影响》的文章认为，人的健康寿命延长将延长工作年限，通过降低非生产时间在生命周期中所占的百分比而提高生产力。

中国人口预期寿命 2010 年达到 73.5 岁，预测 2025 年和 2050 年将分别延长到 76 岁和 79 岁，充分利用寿命延长这个积极因素，将是我国应对老龄化挑战的一项重要战略措施。

（二）提高人口素质，缓解劳动年龄人口比重下降的不利影响

《人口理论教程》强调，在以手工劳动为基础的农业经济条件下，生产技术变化很慢，劳动生产率很低，发展物质资料生产主要靠增加劳动力数量。产业革命后，随着科学技术的进步、社会生产力的发展，资本的技术构成日益提高，对劳动力数量需求相对减少，对劳动力质量的要求提高。文化、科学素质的提高成为生产力高速发展的强大动力。没有文化、科学素质的提高就没有人们对生产实践经验的总结，不会有科学知识的积累和发展，也不会有现代科学技术，从而也就不会有现代化的生产力。要高速发展生产力就要有先进的科学技术，为此就必须提高人口素质。

中国可持续发展研究会牛文元教授认为，人力资源可分为体能、技能和智能，在培养方面国家付出的成本相差很大。如果说培养体能付出是 1 的话，培养技能就要付出 3，培养智能则要付出 9。而三者对国家的贡献之比则是 1：10：100。这就是说，培养出一个教授或科学家的投入是培养一个普

通劳动力的 9 倍，而一个教授或科学家的产出则是一个普通劳动力的 100 倍。

（三）提高劳动年龄上限，延迟退休年龄，延长"人口红利期"

劳动年龄人口的年龄界限和退休年龄不是永久不变的。确定劳动年龄范围和退休年龄的主要依据是人口资源状况、社会生产力发展对劳动力数量和质量的要求、人口预期寿命和科学教育发展水平。随着社会生产力的发展，人口素质提高和预期寿命延长，为了应对老龄化挑战，需要而且有可能相应提高劳动年龄上限和退休年龄，使劳动年龄人口比重和供养比保持在有利于社会经济和养老保险可持续发展的水平上。"十二五"规划提出"人均预期寿命提高 1 岁，（2015 年）达到 74.5 岁"。如果我们随着预期寿命提高，把劳动年龄上限和退休年龄从"十二五"规划起每个"五年规划"提高 1 岁，到 2035 年提高到 64 岁，届时的劳动年龄人口比重将从 58.1% 上升到 65.3%，增加 7.2 个百分点；总供养比也会从 72.2% 下降到 53.2%，使"人口红利期"延长到 2030 年以后（见表 1）。

表 1 不同劳动年龄上限情况下我国人口年龄结构和总供养比

单位：%

	2000 年	2015 年	2035 年	2050 年
0～14 岁	24.0	18.9	15.9	15.4
15～59 岁	65.6	66.0	58.1	53.3
60 岁及以上	10.4	15.2	26.9	31.3
总供养比	52.4	51.6	72.2	87.6
0～14 岁	24.0	18.9	15.0	15.4
15～64 岁	68.8	71.5	65.3	61.4
65 岁及以上	7.2	9.7	19.7	23.2
总供养比	45.4	42.8	53.2	63.9

资料来源：杜鹏主编《人口老龄化与老龄问题》，中国人口出版社，2006。

发达国家和地区实施了提高退休年龄的政策，预测未来养老基金长期亏损额减少一半。

国际劳工局强调，如果把领取养老金的年龄从 60 岁提高到 65 岁，养老金的支出就要减少大约 50%。据我国原劳动保障部法制司和社会保险研究所测算，我国退休年龄每提高 1 年，养老统筹基金可增收 40 亿元，减支 160 亿元。

（四）实施科教兴国战略，促进社会经济发展，提高对老龄化的承受能力

应对人口老龄化挑战，解决老龄问题的根本出路在于发展经济。改革开放以来，我国劳动生产率平均增速 6% ~ 7%，在一定程度上缓解了老龄化的压力。产业技术水平也取得了长足的进步，但从总体来看，仍然处于较低水平，高技术产业增加值仅占国内生产总值的 2% 左右，迫切需要大力推进科技进步，发展高科技产业，为经济发展提供强大的动力。21 世纪是知识经济时代，知识经济的基础是知识。知识经济是开发利用知识资源为生产力的主要特征，以高科技作为基础，科技进步和创新是社会经济的重要推动力。美国著名管理学家彼德·德鲁克认为，知识生产力已成为生产力、竞争力和经济成就的关键因素。知识已成为最主要的工业，这个工业向经济提供生产所需要的重要核心资源。他还强调，从今以后，知识将是最关键性的因素。世界不再是向劳动密集型转变，而是在向知识密集型转变。

约翰·奈斯比特在《大趋势 – 改革我们生活的十个新方向》中指出，在信息社会里价值的增长不是通过劳动获取而是通过提高知识水平实现的。我们不应该总是悲叹旧工业时代的消逝，我们应该做的是，探索新技术的发展前途。

在现代经济中，知识技术对于经济增长的影响日益增大，作为知识的组成部分，科学技术的进步，已经成为经济增长的主要推动力量，技术进步对于发达国家经济增长的贡献率已经从 20 世纪初的 20% 上升到 50 年代的 40%，60 年代的 50% 和当前的 80%。

知识经济和信息革命已经成为发达国家减缓人口老龄化压力的有利因素。1994 年 10 月 12 日美国《商业周刊》一篇题为《日趋增多的老年人为何没有拖垮美国》的文章的结论认为，信息革命减缓了美国人口老龄化的压力。文章引用了美国全国老龄问题研究所人口统计项目负责人理查德·苏茨曼的观点，即经济增长率问题远比人口老龄问题重要得多。美国发展高科技所带来的经济高增长率有利于减轻人口老龄化的压力。

教育是培养人才的摇篮和开发人力资源和人才资源的先导产业，可以说教育是"第一生产力的生产力"。正规学校教授学生基础知识，提供职业教育和职业培训，这可以使他们获得一定劳动部门的技能和技巧，成为具有较高素质的劳动力。

高等教育培养高层次的专业人才，产业技术水平也取得了长足进步，但从总体来看，仍然处于较低水平，高技术产业增加值仅占国内生产总值的2%左右，迫切需要大力推进科技进步，发展高科技产业，为经济发展提供强大的动力。但是无论是基础教育、职业教育或高等教育，都必须具备相应数量和德才兼备的师资。教育工作者作为"人类的灵魂工程师"应当是发展教育不可缺少的人才。

（五）健全和完善覆盖城乡的社会保障体系，促进城乡统筹发展

完善社会养老保险体系是完善社会主义市场经济体制的重要组成部分，也是建设和谐老年社会的重要内容之一。

建立健全同经济发展水平相适应的社会保障体系是社会稳定和国家长治久安的重要保证。我们要落实"十二五"规划，完善社会保险制度，加强社会救助体系建设，积极发展社会福利和慈善事业。加强社会保障的法制建设和基金保值、增值的运作与管理；尽快实行基金的全国统筹；健全城市居民，特别是老年居民最低生活保障制度，做到"应保尽保"。

农村社会养老保障是社会保障体系建设的重要内容，属于国家基本社会保障的范畴。它既是政府公平分配、消除贫困、保障农民的基本生存权利，又是维护农村社会稳定，构建和谐社会的基本条件。当前首要的任务是深入理解社会保障是人的基本权利的真谛，改变过去"农民不是工薪收入者，与社会保障无缘"的观念，以及在建立农村养老保险制度方面政府只给予政策扶持的措施。

不管经济条件如何，要尽快落实对农村老年人实行最低生活保障制度，保障他们维持最低生活水平。对于农民参加社会养老保险，政府要给予他们与城市劳动者同样的经济支持。

（六）在稳定低生育水平的范围内适当调高总和生育率，优化人口年龄结构

随着总和生育率下降，我国劳动年龄人口比重2000年为65.0%，预测

2025 年和 2050 年将分别下降到 62.1% 和 53.8%。2000~2050 年下降 11.2 个百分点（低于发达地区 5.7 个百分点）。我国的总和生育率比发达地区接近于更替水平，因此在 2050 年以前不会像有些发达国家那样出现劳动力严重不足的不利影响。

稳定低生育水平不等同于一对夫妇只生一个孩子，更不能认为孩子生得越少越好，而是把总和生育率控制在略低于 2.1 的更替水平的范围之内。我国 2000~2005 年的总和生育率为 1.8，如果我们在稳定低生育水平的范围内，把总和生育率在 2030 年提高到 1.9，2050 年进一步提高到 2.0（比较接近但仍然低于 2.1 的更替水平），其结果既能控制人口增长，又能适当减缓老龄化发展和劳动年龄人口比重下降速度，有利于优化人口年龄结构。

（七）开发老年人力资源，鼓励老年人参与发展，变老龄化的压力为动力

在人口老龄化日益加剧的情况下，"老年人必须参与发展"的观点已达成国际共识。1982 年联大在批准《老龄问题国际行动计划》的第 37/51 号决议中指出"（全世界要）认识到寿命的延长是一项生理上的成就和一种进步的象征，并且认识到老年人是社会的财富而非负担，因为他们可以以其累积的丰富知识和经验做出价值无比的贡献。"

2002 年 4 月联合国召开的第二届世界老龄大会进一步把"老年人与发展"作为主题。大会通过的《2002 年马德里老龄问题国际行动计划》强调，"老年人必须充分参与发展进程，也必须享有发展进程的种种好处。""制止基于年龄的歧视以及增进老年人的尊严"。大会吁请各国提倡"积极老龄化"，保证老年人健康和参与发展，为建设不分年龄、人人共享的社会奠定基础。

马克思在论述劳动力时说"我们把劳动力或劳动能力，理解为人的身体即活的人体中存在的、每当生产某种使用价值时就运用的体力和智力的总和"。从唯物主义的观点看，劳动力没有一成不变的年龄上下限，具有劳动能力的人，都是劳动力。劳动经济学认为：

劳动力资源 = 劳动年龄人口中有劳动能力的人口

+ 非劳动年龄人口中实际参与劳动的人口

由此可见，参与劳动的老年人口是劳动力资源的组成部分。

2000 年中国 60 岁及以上老年人口经济活动参与率为 32.99%，这表明有 4000 多万"银发大军"在从事经济活动，为延长"人口红利期"做贡献。

参与劳动的老年人口，仍然是劳动资源，实现积极老龄化，让健康的老年人参与发展，既能增加劳动资源，降低老年人实际赡养比，又能减轻劳动年龄人口的赡养负担，促进代际协调和社会团结，为社会主义的物质文明、政治文明、精神文明建设和实现人口老龄化与经济协调发展做出贡献。

参考文献

《马克思恩格斯全集》（第 23 卷），人民出版社，1973。

刘铮主编《人口学辞典》，人民出版社，1986。

张纯元主编《人口经济学》，北京大学出版社，1983。

〔美〕朱利安·L. 西蒙：《人口增长经济学》，彭松建等译，北京大学出版社，1984。

〔美〕詹姆斯·H. 舒尔茨：《老年经济学》（第三版），熊必俊等译，华夏出版社，1990。

彭松建编著《西方人口经济学概论》，北京大学出版社，1987。

熊必俊：《人口老龄化与可持续发展》，中国大百科全书出版社，2002。

熊必俊：《老龄经济学》，中国社会出版社，2009。

熊必俊：《用"动态人口红利"应对老龄化挑战》，《中国社会科学报》2011 年 6 月 9 日。

熊必俊：《用"动态人口红利"实现老龄化与经济协调发展》，《中国社会科学院要报 领导参阅》2012 年 7 月 5 日。

谢联辉、宋玉华主编《全球行动——迎接人口老龄化 联合国老龄话题文件总汇》，华龄出版社，1998。

判定"人口红利消失"
不符合马克思主义"两种生产"原理[*]

　　核心提示：2013 年两会刚刚落幕，两会期间，人口红利作为两会关注的热门话题之一受到社会各界的广泛关注。什么是人口红利？怎样用人口红利来实现老龄化与经济协调发展？带着疑问，中国社会科学网记者于 3 月 20 日采访了中国社会科学院老年科学研究会会长、经济研究所研究员熊必俊先生。

---

　*　2013 年 3 月 20 日，中国社会科学院老年科学研究会会长、经济研究所研究员熊必俊就人口红利问题接受中国社会科学网记者钟义见采访，此文为采访记。文中照片为中国社会科学网记者吕家佐摄。

马克思主义"两种生产"原理
揭示经济发展与人口发展本质联系

记者：熊老您好，感谢您做客中国社会科学网。2013年两会刚刚闭幕，两会期间，人口红利作为两会关注的热门话题之一受到社会各界广泛关注，那么请您谈谈，什么是"人口红利"？有关人士认为，人口红利已经消失，那么您是怎么看待这个问题的？

熊必俊："人口红利"的概念于1997年由梅森·安德洛提出，后被联合国人口基金《世界人口现状（1998）》引用。世界银行《2003年世界发展报告》提出，有些国家"随着生育率的下降，人口的年龄结构正在发生变化，这将在长达数十年中为发展中国家开辟机会之窗"，但是"当这些劳动者年老之后，赡养率将再次提高，机会之窗就开始关闭"。

亚洲开发银行《观察与建议》2009年第1期发表的《人口老龄化对中国社会经济发展的影响》预测，中国2000年以后，抚养比会不断上升，2015年当劳动年龄人口达到顶峰后，人口红利就会开始衰减，劳动力市场将开始面临供给短缺的压力。

英国《金融时报》亚洲版主编说："正如汇丰（SHDC）的范力民指出的那样，亚洲许多国家的'人口红利'已快耗尽。从2017年开始，中国内地的劳动力将开始萎缩，香港也是如此。"

对于"人口红利"的界定，以及我国的"人口红利"能持续多久的问题，国家统计局最近公布的数据表示，2012年我国15～59岁劳动年龄人口在相当长时期里第一次出现了绝对下降，比上年减少345万人。

近年来国内外有些"人口红利"论者在假设其他条件不变的情况下，仅仅把劳动年龄人口比重降低到66.6%以下，总供养比超过50%判定为"人口红利消失"，这不符合马克思主义关于"两种生产"的原理和科学发展观的精神。马克思主义关于"两种生产"的原理，揭示了经济发展与人口发展的本质联系，指出了经济发展决定人口发展，人口发展反作用于经济发展的辩证关系。

劳动力资源是经济发展最重要的资源,劳动力资源量不仅受劳动力人口数量的制约,而且与劳动力人口的素质有密切关系。《人口学词典》指出:"人口统计指标按其性质划分,有反映一定时点上人口数及其构成状况(年龄、性别……)的静态指标,还有反映在一定时期内人口自然变动(如出生……)和社会变动过程的动态指标。"上述"人口红利消失"的判定是在不考虑人口素质提高、寿命延长、劳动生产率提高和经济发展模式转变的动态指标的情况下,单以劳动年龄人口比重为判定标准,只能称之为"静态人口红利消失"。这种判定,夸大了老龄化挑战的严重性,加重了人们对老龄化发展趋势的担忧。当务之急是走出"人口红利消失"的误区,落实科学发展观,坚持以人为本,实现人的全面发展,我提出用综合各个有关条件发展的"动态人口红利"实现老龄化与经济协调发展。

长寿将成为社会经济发展全新引擎

记者:您能否谈谈国外学术界对人口红利消失持怎样的态度?

熊必俊:美国经济学家朱利安·L.西蒙强调,"一个名副其实的经济学家必须注意到人口影响的规模和重要性。如果几个影响同时起作用,就必须关心整体的影响,而不是在假定其他变量不变的情况下,只关心某一种变量作用的大小。"

美国老龄化经济学家詹姆斯·H.舒尔茨反对单一用供养比审视老龄化挑战,因为这种分析有片面性,容易使人误解。他指出,目前在有关"人口变化的经济意义"评论中,大部分都只是片面依赖于劳动力供养比。老龄化对经济的影响并不像那些只考察供养比就报告坏消息的预言家们想象的那样糟。

2009年"第19届国际老年学与老年医学大会"的议题是"从'人口红利'到'长寿红利'的持续发展"。大会强调,长寿将会成为社会经济发展的全新引擎,通过推迟退休年龄,延长"健康老龄"阶段,发展老龄服务产业，实现从"人口红利"到"长寿红利"的可持续发展。

新加坡《联合早报》2011年6月17日的评论认为，国内外思潮对中国人口问题的无视、对"人口红利消失"及老龄化危机的渲染，背弃了中国现实情况；对人口红利消失的一系列错算、误判以及盲目重复西方学者观点的情形，中国应有清醒的认识。国内外思潮对中国人口红利消失的判断及对中国社会负担问题的分析也是片面的、站不住脚的。

用"动态人口红利"
实现人口老龄化与经济协调发展

记者：您是"动态人口红利"的提出者，您主张用"动态人口红利"促进人口老龄化与经济协调发展，那么怎样才能实现？

熊必俊：科学发展观的本质和核心是"以人为本"。坚持以人为本，就是要以实现人的全面发展为目标，让发展的成果惠及全体人民。我以人的全面发展为中心，综合运用各种有关变量发展条件提出的"动态人口红利"认定：依靠人的全面发展，提高人口素质、延长预期寿命、提高劳动年龄上限、提高劳动生产率、转变经济发展方式、发展高科技、提高就业率、开发老年人力资源，健全和完善社会保障制度，不断提高国家、社会和家庭对老龄化的承受力，"动态人口红利"之窗就可以长开不闭。对此我提出以下8项具体建议。

（一）延长人口预期寿命，增加劳动力资源，弥补劳动力不足

预期寿命延长有利于经济发展的论断已成为国际共识。苏联人口学家C. A. 托米林指出，寿命每增加一岁，就是经济发展的一项重大成就，这意味着大大节约了国民经济的资金，这种情况是国民经济平衡所估计不到的。

美国《未来学家》（1997年7~8月号）一篇题为《寿命延长将对人类产生重大影响》的文章认为，人的健康寿命延长，将延长工作年限，通过降低非生产时间在生命周期中所占的百分比而提高生产力。我国人口预期寿命2010年达到73.5岁，预测2025年和2050年将分别延长到76岁和79

岁，充分利用寿命延长这个积极因素，将是我国应对老龄化挑战的一项重要战略措施。

（二）提高人口素质，缓解劳动年龄人口比重下降的不利影响

"十二五"规划纲要要求"控制人口数量，提高人口素质，优化人口结构"和"积极应对人口老龄化挑战"。《人口发展"十一五"和2020年规划》要求"坚持用人的全面发展统筹解决人口数量、素质、结构与分布问题……把提高人口素质放在更加突出的位置。"劳动力资源量不仅受劳动力人口数量的制约，而且与劳动力人口的素质有密切关系。在现代化科学技术生产中，劳动力数量的需求减少，对劳动力质量要求提高。高质量的劳动力在数量上可以折算为成倍的普通劳动力，缓解劳动年龄人口比重下降的影响。

人口学家马寅初先生指出我国人口的数量与质量不相称，若不把人口质与量适当地统一起来，就很难完成原子能时代的任务。他强调，在人口问题上我们要赶的是质不是量。

（三）提高劳动年龄上限，延迟退休年龄，延长"人口红利期"

劳动年龄人口的年龄界限和退休年龄不是永久不变的。确定劳动年龄范围和退休年龄的主要依据是人口资源状况、社会生产力发展对劳动力数量和质量的要求、人口预期寿命和科学教育发展水平。随着社会生产力的发展，人口素质提高和预期寿命延长，为了应对老龄化挑战，需要而且有可能相应提高劳动年龄上限和退休年龄。如果我们随着预期寿命提高，把劳动年龄上限和退休年龄从"十二五"规划起每个"五年规划"提高1岁，到2035年提高到64岁，届时的劳动年龄人口比重将从58.1%上升到65.3%，增加7.2个百分点；总供养比也会从72.2%下降到53.2%，使"人口红利期"延长到2030年以后。

（四）实施科教兴国战略，促进社会经济发展，增强国力，扭转"未富先老"的局面

应对人口老龄化挑战，解决老龄问题的根本出路在于发展经济。改革开放以来，我国在产业技术水平取得了长足的进步，但从总体来看，仍然处于较低水平，迫切需要大力推进科技进步，发展高科技产业，为经济发展提供强大的动力。

（五）试行弹性退休制度，逐步提高法定领取退休金年龄

退休制度包括退休模式。退休模式有必须按法定退休年龄退休的强制退休制度和可以按法定领取全额退休金年龄选择提前和延迟退休的弹性退休制度。弹性退休可以最大限度地利用人力人才资源，实现人尽其才、才尽其用和《礼记》中"壮有所用"的理想。

（六）健全和完善覆盖城乡的社会保障体系，提高全社会对老龄化的承受力

完善社会保障体系是完善社会主义市场经济体制的重要组成部分，我们要落实"十二五"规划，完善社会保障制度，加强社会救助体系建设，积极发展社会福利和慈善事业。

（七）在稳定低生育水平的范围内适当调高总和生育率，优化人口年龄结构

稳定低生育水平不等同于一对夫妇只生一个孩子，更不能认为孩子生得越少越好，而是把总和生育率控制在略低于 2.1 的更替水平的范围之内。我国 2000～2005 年的总和生育率为 1.8，如果我们在稳定低生育水平的范围内，把总和生育率在 2030 年提高到 1.9，2050 年进一步提高到 2.0（比较接近但仍然低于 2.1 的更替水平），其结果既能控制人口增长，又能适当减缓老龄化发展和劳动年龄人口比重下降速度，有利于优化人口年龄结构。

（八）开发老年人力资源，鼓励老年人参与发展，变老龄化的压力为动力

"老年人必须参与发展"的观点已达成国际共识，1982 年联大在批准《老龄问题国际行动计划》的决议中指出："寿命延长是一项生理上的成就和一种进步的象征，要认识到老年人是社会的财富而非负担，因为他们可以其累积的丰富知识和经验做出价值无比的贡献"。

在稳定低生育水平条件下，用"动态人口红利"促进人口长期均衡发展，实现老龄化与经济协调发展[*]

一　我国面临人口老龄化挑战

联合国人口基金《人口老龄化——潜在的动态变化》（2006）指出，人口老龄化是人口统计学两种潜在趋势的必然结果，即日益下降的总和生育率和日益延长的出生平均预期寿命。这一总结性的论断，符合我国的实际情况，随着总和生育率下降和人口预期寿命延长，我国于 2000 年进入老年型社会。统计和预测表明，2005 年我国 60 岁及以上老年人口比重为 11.1%，2020 年和 2050 年将分别达到 17.0% 和 31.3%。《人口发展"十一五"和 2020 年规划》指出："全面建设小康社会，实现人均国内生产总值达到 3000 美元左右的目标，总和生育率必须稳定在 1.8 左右。"人口学界，特别是老年学界当前的重要任务之一是研究在稳定低生育水平条件下如何应对挑战，实现人口老龄化与经济协调发展。

人口统计学认为老年人口比重上升必然对经济发展产生不利影响，主

---

* 此文为向 2014 年"促进人口长期均衡发展学术研讨会暨中国人口学会换届大会"提交的论文，载于《中国人口学会年会（2014）论文摘要》。

要表现为以下几点。

（一）劳动年龄人口比重下降，劳动力资源减少，不利于经济发展

发达国家的史实表明，老龄化已经导致劳动年龄人口比重下降，劳动力资源减少，甚至出现劳动力不足现象。这一规律在我国也不例外，尽管近年来0~14岁少年人口比重下降的幅度大于60岁及以上老年人口比重上升的幅度，出现15~59岁劳动年龄人口比重上升趋势，但是，2010~2020年，少年人口比重下降的幅度（从19.0%到18.6%，下降0.4个百分点）小于老年人口比重上升的幅度（从12.7%到17.0%，上升4.3个百分点），从而使劳动年龄人口比重将从2010年的68.3%下降到2020年的64.4%，减少3.9个百分点，2050年将进一步下降到53.0%，比2010年减少15.3个百分点，劳动年龄人口比重下降意味着劳动力资源减少，影响经济发展。

（二）劳动年龄人口比重下降导致社会养老保险基金收支步入困境

老年人口是养老基金的支出者，劳动年龄人口是养老保险基金的缴纳者，老年人口比重上升和劳动年龄人口比重下降的结果是养老金支出增多，收入减少，基金入不敷出。

（三）老年赡养比和总供养比上升，劳动力成本提高，不利于贸易方面的国际竞争

老年人口比重上升和劳动年龄人口比重下降，导致我国老年赡养比从2005年的16.3%上升为2020年的26.30%，2050年的58.75%。与此同时，总供养比从2005年的46.5%上升为2020年的55.2%和2050年的87.6%。老年赡养比和总供养比的上升，导致劳动力成本上升，降低了我国产品在国际市场上的竞争力，不利于经济发展。

二 用科学发展观审视人口老龄化的挑战和机遇

在导致人口老龄化产生与发展的两个因素中，预期寿命延长是人类共同的理想和追求，而总和生育率是可以根据需要通过政策来调高或调低的。因此，鼓励生育就成为减缓老龄化速度的首选措施。稳定低生育水平是我

国既定国策，总和生育率在 2020 年以前必须稳定在 1.8 左右，即使计划在 2025～2050 年总和生育率微调到 1.9，也仍然处于低生育水平。这意味着我国至少在未来 40 年内，不可能用较大幅度提高总和生育率来缓解老龄化发展速度。当务之急是拓宽思路，另辟佳径，争取在稳定低生育水平的条件下，实现老龄化与经济协调发展。

（一）全面认识人口老龄化，增强应对老龄化挑战的信心

"人口老龄化既是挑战又是机遇"的论断已成为国际共识，但是在宣传和实际工作中往往是谈挑战多，谈机遇少，甚至只谈挑战，不谈机遇，以致有些人对应对老龄化挑战缺乏信心，甚至"谈老色变"，这种在宣传和认识上有失偏颇的倾向需要改变。

人口老龄化对经济发展确有某些不利影响，但是这种不利影响毕竟是局部的、暂时的和可以缓解的。在面临挑战的同时，我们还应看到人口老龄化对经济发展的有利因素，用发展和辩证的观点来认识和宣传人口老龄化的挑战和机遇，充分利用有利因素，应对人口老龄化挑战。

对人口老龄化持悲观态度的人，用孤立、静止和片面的观点看待人口老龄化。静态人口红利论者使他们只看到人口老龄化对社会经济发展的不利影响，看不到或不重视人口老龄化对经济发展的积极因素，他们视老龄化为灾难的原因有两个，一是他们得出人口老龄化严重影响社会经济发展的结论是在不考虑寿命延长、科技进步、劳动生产率提高和社会经济发展的积极因素，而是把 50 年前制定的劳动年龄上限一成不变地沿用到现在和未来 50 年而得出的。联合国统计和预测表明，我国人口平均寿命 1950～1955 年为 40.8 岁，2000～2005 年为 71.2 岁，2025～2030 年为 76.3 岁，2045～2050 年为 79.0 岁。尽管我国现在的预期寿命比 1950 年延长了 30 多岁，但是仍然用 60 岁为老年人的标准预测未来老年人口比重，2030 年为 24.1%（将近 4 个人中就有 1 个老年人），2050 年为 31.3%。如果按 65 岁为老年人的标准计算，2030 年为 16.3%（6 个人中有 1 个老年人），2050 年为 23.2%。两种预测分别相差 7.8 或 8.1 个百分点，用 60 岁为老年人的标准的预测严重夸大了老年人口数量、比重和人口老龄化的发展速度。二是在评定社会经济承受人口老龄化的能力时没有把科技进步、劳动生产率提高

和社会经济不断发展的有利因素考虑进去，而是用当前的社会经济发展水平预测几十年后对人口老龄化的承受能力，其结论当然是不堪重负。

2000 年我国老年人口的比重为 10.4%，预测 2020 年为 17.0%，20 年上升 6.6 个百分点；2000 年老年赡养比为 52.4%，2020 年为 55.2%，上升2.8 个百分点，可是 20 年我国国民总收入要翻两番，经济增长的幅度大大高于人口老龄化和老年赡养比上升的幅度，经济在增长，对人口老龄化的承受能力在不断提高。20 年的实践将使我们有信心实现老龄化与经济协调发展。

（二） 理论和实践表明预期寿命延长有利于经济发展

从经济学的观点看，劳动力资源是最重要和最宝贵的资源，人口是劳动力资源的基础。除了人口总量的变化对劳动力资源量产生影响以外，寿命长短和包括平均健康水平在内的人口质量对劳动力资源量也产生影响。预期寿命的长短，决定人一生中能从事劳动的岁月的长短和社会所拥有的劳动力资源量。

预期寿命延长相应延长了人们能够参与劳动的岁月，这不仅意味着社会劳动力资源的增多，而且使劳动力成本下降，有利于经济发展。

我国人口预期寿命已从 1950 年的 40 岁延长到 2000 年的 71 岁，预测2025 年和 2050 年将分别延长到 76 岁和 79 岁，充分利用寿命延长这个积极因素，将是我国发展经济，应对老龄化挑战的一项重要战略措施。

三 用"动态人口红利"促进人口长期均衡发展，实现老龄化与经济协调发展

"动态人口红利"认定"人口红利期"可以持续延长，其内涵包括：

（一） 用人类发展指数替代唯一用 GDP 衡量人口与社会经济发展的指标；

（二） 延长人口预期寿命，增加劳动力资源；

（三） 提高人口质量，弥补劳动力数量的下降；

（四）转变经济发展模式，发展高科技；

（五）提高劳动年龄上限，优化人口年龄结构；

（六）提高劳动生产率，促进经济发展；

（七）实行弹性退休制度，实行渐进式延迟退休年龄，鼓励老年人参与发展；

（八）实行男女同工、同酬、同龄退休。

四　结论

以人为本为基础的科学发展观认为，人力资源是发展生产力的首要因素，人口老龄化是总和生育率不断下降和出生预期寿命延长的必然结果，既是人类社会的一项重大成就，又是一项挑战。在稳定低生育水平条件下应对人口老龄化挑战，解决老龄化的问题，不能完全寄希望于提高生育率，而是要拓宽思路、探索创新，充分利用稳定低生育水平和人口预期寿命延长的积极因素。

最后，让我引用联合国人口基金 2006 年《人口老龄化——应对》的一段话作为本文的结束语："《2002 年马德里老龄问题国际行动计划》呼吁各行业和各阶层改变态度、政策和做法，以便发挥老龄化人口的巨大潜力。作为解决老龄问题的方案，《2002 年马德里老龄问题国际行动计划》并不等同于提高生育率或死亡率。相反，该计划着眼于人力资本——年迈并不一定意味着'依赖'或'没有生产力'。一个人不会在 60 岁时自动从贷方转为借方。健康、就业、生产力在决定人口负担方面同样重要。凭借良好的社会政策，包括养老金和卫生服务，可以将老龄化人口视为第二次人口红利，而不是负担。"

落实科学发展观，用"动态人口红利"实现人口老龄化与经济协调发展

——兼议"判定人口红利消失"的非科学性[*]

摘　要：当前国内外有些"静态人口红利"论者在假设其他条件不变的情况下，仅仅把劳动年龄人口比重降低到 66.6% 以下，总供养比超过 50%，判定为"人口红利消失"的做法，不符合马克思主义关于"两种生产"原理、科学发展观和人口老龄化既是挑战又是机遇的精神，也违背了人口统计指标有反映一定时点上人口数量及构成情况的静态指标，还反映在一定时期内的人口自然变动和社会变动的过程的动态指标的原则，在一定程度上渲染和夸大了人口老龄化挑战的严重性，引起了人们对人口老龄化发展趋势的担心。本文介绍了学术界对"静态人口红利"和"人口红利消失"的质疑，并提出当务之急是要走出"人口红利消失"的误区，主张用"动态人口红利"审视老龄化的挑战和机遇，开发老年人力才资源，实现老龄化与经济协调发展的建议。

关键词：人口老龄化　人口红利　老年人力资源

---

*　此文为向 2015 年"老龄社会公共政策挑战与治理创新国际论坛"提交的论文，在其分论坛"老龄化与宏观经济"上宣读发表，并收入论文集。

一 我国面临人口老龄化挑战

联合国人口基金《人口老龄化——潜在的动态变化》（2006）指出，人口老龄化是人口统计学两种潜在趋势的必然结果，即日益下降的总和生育率和日益延长的出生平均预期寿命。这一总结性的论断，也符合我国的实际，随着总和生育率下降和人口预期寿命延长，我国于 2000 年进入老年型社会。2010 年我国 60 岁及以上老年人口比重为 13.26%，劳动年龄人口比重为 70.14%，总供养比为 48%。预测 2015 年老年人口比重上升为 15.2%，劳动年龄人口比重下降为 66.0%，总供养比达到 51.6%。人口统计学认为，劳动年龄人口比重下降，必然导致劳动力资源减少，总供养比上升，"人口红利"之窗关闭，不利于经济发展。"十二五"规划在第三十六章中要求"控制人口总量，提高人口质量，优化人口结构，促进人口长期均衡发展"。在第六节"积极应对人口老龄化挑战"中指出要"开发老年人力资源"。"人口老龄化既是挑战又是机遇"的论断已成为国际共识。当前人口学界，特别是老年学界重要任务之一是，研究在控制人口总量的条件下，如何审视和运用机遇去应对老龄化挑战，实现人口老龄化与经济协调发展。

二 解读国内外界定和使用的"人口红利"

"人口红利"（Demographic Dividend）的概念于 1997 年由梅森·安德洛提出，后被联合国人口基金《世界人口现状（1998）》引用。世界银行和国内外学术界近几年运用"人口红利""人口赢利"和"人口机会之窗"审视和预测人口老龄化对社会经济发展的影响。

世界银行《2003 年世界发展报告》在"人口结构转型的机会"中提出，有些国家"随着生育率的下降，人口的年龄结构正在发生变化，这将在长达数十年中为发展中国家开辟机会之窗，他们可以利用这个窗口来赶上并提高所有人的福利"，但是"当这些劳动者年老之后，赡养率将再次提高，机会之窗就开始关闭"。

亚洲开发银行《观察与建议》2009年第1期发表的《人口老龄化对中国社会经济发展的影响》指出，新中国成立以来，中国人口的预期平均寿命得到极大的提高，从1949年的35岁提高到2009年的74岁。同时，得益于计划生育政策的实施。人口出生率显著下降，促进了社会发展和经济增长。1975～2005年总抚养比（包括0～14岁儿童抚养比和65岁以上老龄人口抚养）下降近50%。"人口红利"指某一阶段儿童人口数下降快于老年人口增加，从而导致15～64岁劳动年龄人口的比重上升使得劳动年龄人口由1978年的4.07亿人增加到2004年的7.86亿人，年均拉动GDP增长2个百分点。然而，2000年以后，抚养比在不断上升，预计2015年当劳动年龄人口达到顶峰后，人口红利也会开始衰减，劳动力市场将开始面临供给短缺的压力。

中国老年学学会《老龄参考》在引用"六普关注"中称，所谓的"人口红利"，是指一个国家的劳动年龄人口占总人口比重较大，总供养比较低，为经济发展创造了有利于的人口条件。文章认为我国"人口红利"只剩10年左右，另有专家认为我国"人口红利"只剩3年。

2010年5月18日"新华网"报道，国务院参事马力教授在2010年中国人口与发展咨询会上作题为《中国劳动力变动趋势及判断》的报告。他说，中国人口抚养比将在2013年出现"拐点"，但2010年至2035年仍低于53%的"人口红利期"标准，这有利于推动经济发展和社会转型。马教授还介绍说，2008年我国15～64岁劳动年龄人口为9.55亿人，"十二五"期间将净增加2449万人。

应对人口老龄化挑战的措施是多方面的，其中包括提高人口素质、调整年龄结构、提高劳动生产率、发展科学技术、完善老年社会保障制度、开发老年人力人才资源，等等。劳动年龄人口比重和总供养比只是数量和比例的概念，不能全面反映社会对老龄化的承受力。同等的劳动年龄人口比重和总供养比对于发达国家和发展中国家，对于一个国家不同的发展时期的影响是不同的。

《人口学词典》指出："人口统计指标按其性质划分，有反映一定时点上人口数及其构成状况（年龄、性别……）的静态指标，还有反映在一定时期内人口自然变动（如出生……）和社会变动过程的动态指标。"以上有关"人口红利"的文献说明，当前国内外界定和使用的"人口红利"只是以15～64岁劳动年龄人口比重计算总供养比，并在不考虑人口自然变动（人口质量提高、寿命延长）和社会变动（劳动生产率提高、经济发展模式的转变）动态指标的情况下，单以一成不变的15～64岁劳动年龄人口比重和总供养比为依据来判定的"人口红利"，称之为"静态人口红利"。

三 "静态人口红利"的科学性引起学术界质疑

美国经济学家朱利安·L.西蒙在《人口增长经济学》中介绍了人口增长经济学研究的一般动态模式，他强调，"一个名副其实的经济学家必须注意到人口影响的规模和重要性。并且，如果几个影响同时起作用，他就必须关心整体的影响，而不是在假定其他变量都不变（实际上它们并不是恒定的）的情况下，只关心某一种变量作用的大小。这种全面估价，需要研究变量之间的相互作用以及与其它变量的相互作用。"为此，人们想得到满意的全面估价，只能给需要讨论的经济建立一个综合模式。

美国老年学学会原会长、著名老龄化经济学家詹姆斯·H.舒尔茨1985年在其名著《老龄化经济学》第三版中就不主张单纯用供养比审视老龄化挑战，认为这种分析有片面性，容易使人误解。他在2001年出版的《老龄化经济学》第七版中进一步指出，目前在有关"人口变化的经济意义"评论中，大多是从人口统计学方面进行解释，对相应情况的经济学分析几乎从未涉及，大部分研究都依赖于劳动力供养比。正如我们所强调的，运用这些比例要非常谨慎，因为大多数公布的供养比都没有考虑到经济增长，而经济增长会降低供养的负担。詹姆斯·H.舒尔茨及其同人还指出，首先，人口老龄化对经济的影响并不像那些单纯考察供养比就报告坏消息的预言家们想象的那样糟。其次，与其他领域的社会政策一样，哪怕经济增长率仅有较小的提高，也会对其他因素所引起的负面影响起到潜在的重要调整作用。

联合国人口基金 2006 年《人口老龄化——应对》指出，《2002 年马德里老龄问题国际行动计划》（以下简称《行动计划》）呼吁"各行业和各阶层改变态度、政策和做法，以便在 21 世纪发挥老龄化人口的巨大潜力"。《行动计划》着眼于人力资本，年迈并不意味着"依赖"或"没有生产力"。一个人不会在 60 岁时自动从贷方转为借方。健康、就业、生产力在决定人口负担方面同样重要。凭借良好的社会政策，包括养老金和卫生服务，可以将老龄化人口视为人口红利，而不是负担。

2009 年"第 19 届国际老年学与老年医学大会"的议题之一是"从'人口红利'到'长寿红利'的持续发展"。大会强调，"人口老龄化是社会进步的最根本体现，如果引导和利用得当，'长寿'将会成为社会经济发展的全新增长引擎。""单纯把老年人口看成经济发展'成本'的做法早已过时，无论是通过调整就业和再就业政策进而推迟退休年龄，还是积极发展老龄产业，服务老年人口，延长'健康老龄'阶段的同时拉动内需、创造新的就业机会……让人民长寿和社会财富积累和谐统一，给'人口红利消失'的假说以最有效的反击。"

新加坡《联合早报》2011 年 6 月 17 日的评论说，国内外思潮对中国人口问题的无视、对"人口红利消失"及老龄化危机的渲染，背弃了中国现实情况；对人口红利消失的一系列错算、误判以及盲目重复西方学者观点的情形，中国应有清醒的认识。国内外思潮对中国人口红利消失的判断及对中国社会负担问题的分析也是片面的、站不住脚的。

我国著名老年学家邬沧萍教授在《社会老年学》中论述老龄化与经济发展关系时强调，人口学因素与经济发展之间并不存在一种简单的函数关系，两者之间并不是直接发生作用的，而是要通过很多中间变量才能相互影响，并且这中间变量是比较复杂的。直接影响经济发展速度的除了劳动力数量供给，还有劳动生产率的高低、资金的供给、产业结构、市场需求，等等。人口年龄结构的变化并不是决定经济发展的主导因素。

四 落实科学发展观，用"动态人口红利"
实现人口老龄与经济协调发展

科学发展观的本质和核心是"以人为本"。坚持以人为本，就是要以实现人的全面发展为目标，让发展的成果惠及全体人民。本文在科学发展观的指导下，以人的全面发展为中心，综合运用各种有关变量发展条件提出的"动态人口红利"认定：依靠人的全面发展，充分利用提高人口素质、延长预期寿命、提高劳动年龄上限、提高劳动生产率、发展高科技、开发老年人力资源，鼓励老年人参与发展。健全和完善社会保障制度，不断提高国家、社会和家庭对老龄化的承受力，"动态人口红利"之窗就可以长开不闭。

（一）延长人口预期寿命，增加劳动资源，弥补老龄社会的劳动力不足

世界卫生组织在一项声明中强调，寿命延长和节制生育所取得的成果是人类20世纪的双重胜利。联合国从1990年起使用由预期寿命、接受教育和人均GDP三个要素构成的"人类发展指数"来衡量各个国家和地区的社会经济发展水平。预期寿命延长是提升人类发展指数的第一要素，1980年我国预期寿命为65.3岁，人类发展指数为0.475，低于0.500的中间水平，属于低水平人类发展国家。1999年我国预期寿命延长到71.2岁，人类发展指数上升到0.718，超过世界平均水平（0.716）和中水平人类发展国家水平（0.684），成为由低水平人类发展国家上升到中水平人类发展的国家。2007年我国预期寿命延长到71.6，人类发展指数上升到0.777，在世界排序中由1999年的99位上升到81位。

从经济学的观点看，劳动力资源是最重要和最宝贵的资源，人口是劳动力资源的基础。人口预期寿命延长相应延长了人们能够参与劳动的岁月，这不仅意味着社会劳动力资源的增多，而且使劳动力成本下降，有利于经济发展。

预期寿命延长有利于经济发展的论断已成为国际学术界的共识。苏联

人口学家 C. A. 托米林在《人口学与社会卫生学》一书中指出，平均寿命每增加一岁，就是经济发展的一项重大成就，因为这意味着大大节约了国民经济的资金，这种情况是国民经济平衡所估计不到的。

另一位人口学家 N. N. 麦奇尼科夫高度评价延长寿命对社会发展的积极作用，他认为："延长寿命与保持劳动的力量和能力应该是协调一致的、并行的。"B. C. 斯捷申科指出："将来取得经济发展与人口发展之间'协调'的根本办法……是延长老年人口的有充分价值的经济和社会积极性。"

美国《未来学家》（1997 年 7 ~ 8 月号）的一篇题为《寿命延长将对人类产生重大影响》的文章认为，人的健康寿命延长将延长工作年限，而不会改变固定的童年时间和培训时间，因此，工作年限与寿命的比例将增大，总的劳动力和生产成本会下降。通过降低非生产时间在生命周期中所占的百分比而提高生产力。

2009 年 9 月，"第 19 届国际老年学与老年医学大会"在巴黎召开，大会的主题为"长寿、健康、财富"。大会强调，人口老龄化是社会进步最根本的表现，长寿将会成为社会经济发展的全新引擎。让健康长寿和社会财富积累和谐统一，实现从"人口红利"到"长寿红利"的可持续发展是给"人口红利消失"假说最有效的反击之一。

我国人口预期寿命已从 1950 年的 40 岁延长到 2010 年的 73.5 岁，预测 2025 年和 2050 年将分别延长到 76 岁和 79 岁，充分利用寿命延长这个积极因素，将是我国发展经济，应对老龄化挑战的一项重要战略措施。

（二）加快发展终身教育，提高全民素质，为中老年人参与发展和构建"充满活力和积极参与的老龄社会"创造条件

人口是社会的基本生产力，人口的发展变化对经济的发展变化起着促进或延缓的影响作用。"十二五"规划纲要要求"控制人口总量，提高人口素质，优化人口结构"。《人口发展"十一五"和 2020 年规划》要求"坚持用人的全面发展统筹解决人口数量、素质、结构与分布问题……在稳定低生育水平的前提下，把提高人口素质放在更加突出的位置。"

劳动力资源量不仅受劳动力人口数量的制约，而且与劳动力人口的质量的高低有密切的关系。在现代化社会，高质量的劳动力资源（如智力资源）在数量上可以折算为成倍的普通劳动力资源。

英国经济学家亚当·斯密的价值论认为，决定价值的是生产商品所耗费的劳动；价值量同消耗的劳动量呈正比，并且区别了简单劳动（指在一定的社会条件下，不需要经过任何专门训练的、一般劳动者都能胜任的劳动）和复杂劳动（指经过专门培养和训练、具有一定技术专长的劳动），指出在相同的时间里复杂劳动者比简单劳动者创造更多的价值。这表明，在相同的时间里从事复杂劳动的人才所创造的价值比一般劳动者所创造的价值多。

英国古典政治经济学的创始人威廉·配第十分重视人口的价值，他认为，一个国家的人口价值不在于其人口的自然数量（即人口数量），而在于人口的社会数量。他所讲的社会数量是指人们创造财富的能量，实际上是人们的文化水平和技术能力。他认为，一个人如果技艺高超，可以和许多人相抗衡。由此可见，配第是从人口的社会数量来评价人口的价值的。

马克思主义认为，在同样时间内复杂劳动之所以能够创造较多的价值，其原因在于复杂劳动本身需要经过一定时间的学习和训练。马克思说，能够从事复杂劳动的劳动者比普通的劳动者需要更高的教育费用，它的生产要花费较多的劳动时间，因此它具有较高的价值。既然这种劳动力的价值较高，它就表现为较高级的劳动，也就在同样长的时间内物化为较多的价值。

美国著名经济学家詹姆斯·H. 舒尔茨教授在《人力资本投资》中指出，人力资本是社会进步的决定性因素。人力（包括人的知识和人的技能）的形成是投资的结果，并非一切人力资源都是最重要的资源，只有通过一定方式的投资，掌握了知识和技能的人力资源才是一切生产资源中最重要的资源。

我国著名人口学家马寅初先生非常重视人口质量和数量的统一。他指出，我国人口的数量与质量不相称，若不把人口质与量适当地统一起来，很难完成原子能时代的任务。他特别强调，在人口问题上我们要赶超的是质不是量。

刘铮教授的《人口理论教程》强调，在以手工劳动为基础的农业经济条件下，生产技术变化很慢，发展物质资料生产主要靠增加劳动力数量。产业革命后，随着科学技术的进步、社会生产力的发展，对劳动力数量需求相对减少，对劳动力质量的要求越来越高。没有文化、科学素质的提高就没有人们对生产实践经验的总结，不会有科学知识的积累和发展，也不会有现代科学技术，从而也就不会有现代化的生产力。要高速发展生产力就要有先进的科学技术，为此就必须提高人口素质。

（三）提高劳动年龄上限，通过立法开发老年人力资源，延长"人口红利期"

劳动年龄人口的年龄界限不是永久不变的。确定劳动年龄范围的主要依据是人口资源状况、社会生产力发展对劳动力数量和质量的要求、人口预期寿命和科学教育发展水平。随着社会生产力的发展，人口素质提高和预期寿命延长，为了应对老龄化挑战，需要而且有可能相应提高劳动年龄上限，使劳动年龄人口比重保持在有利于社会经济和养老保险可持续发展的水平上。"十二五"规划提出"人均预期寿命提高 1 岁，（2015 年）达到74.5 岁"。如果我们随着预期寿命提高，把劳动年龄上限从"十二五"规划起每个"五年规划"提高 1 岁，到 2035 年提高到 64 岁，届时的劳动年龄人口比重从 58.1% 上升到 65.3%，增加 7.2 个百分点；总供养比也会从72.2% 下降到 53.2%，使"人口红利期"延长到 2030 年以后（见表 1）。

表 1　不同劳动年龄上限情况下我国人口年龄结构和总供养比

单位：%

	2000 年	2015 年	2035 年	2050 年
0～14 岁	24.0	18.9	15.9	15.4
15～59 岁	65.6	66.0	58.1	53.3
60 岁及以上	10.4	15.2	26.9	31.3
总供养比	52.4	51.6	72.2	87.6
0～14 岁	24.0	18.9	15.0	15.4
15～64 岁	68.8	71.5	65.3	61.4
65 岁及以上	7.2	9.7	19.7	23.2
总供养比	45.4	42.8	53.2	63.9

资料来源：杜鹏主编《人口老龄化与老龄问题》，中国人口出版社，2006。

发达国家和地区把提高退休年龄（实质上也是提高劳动年龄上限）作为应对老龄化挑战的一项重要措施。1986 年 6 月 26 日美国《华尔街杂志》用大标题发表了美国总统顾问委员会关于提高领取退休金年龄的建议。委员会强调，这项行动是缓解未来退休计划面临困境的一个最简单易行的措施。同年 11 月美国国会经济联合委员会发表的《经济增长与社会保障报告》指出，除非提高退休年龄，否则年度国民生产总值计划将无法完成。美国社会保障咨询委员会顾问小组认为，如果不把在业职工与退休人员之间的年龄界限提高，要在 21 世纪初开始供养老年人口，将是美国可能深感困难的事。2020 年"退休赡养比"将达到 21%，现在（1986年）仅为 15%，如果将退休年龄提高 3 年，就能使 2020 年的"退休赡养比"保持在 15% 左右的水平，使原来预测未来养老基金长期亏损额减少一半。

国际劳工局强调，如果把领取养老金的年龄从 60 岁提高到 65 岁，养老金的支出就要减少大约 50%。据我国原劳动保障部法制司和社会保险研究所测算，我国退休年龄每提高 1 年，养老统筹基金可增收 40 亿元，减支160 亿元。

（四）鼓励老年人参与发展，变老龄化的压力为动力

在人口老龄化日益加剧的情况下，"老年人必须参与发展"的观点已达成国际共识，1982 年联大在批准《老龄问题国际行动计划》的第 37/51 号决议中指出"（全世界要）认识到寿命的延长是一项生理上的成就和一种进步的象征，并且认识到老年人是社会的财富而非负担，因为他们可以以其累积的丰富知识和经验做出价值无比的贡献。"

2002 年 4 月联合国召开的第二届世界老龄大会进一步把"老年人与发展"作为主题。大会通过的《2002 年马德里老龄问题国际行动计划》强调，"老年人必须充分参与发展进程，也必须享有发展进程的种种好处。""制止基于年龄的歧视以及增进老年人的尊严"。大会吁请各国提倡"积极老龄化"，保证老年人健康和参与发展，为建设不分年龄、人人共享的社会奠定基础。

马克思在论述劳动力时说"我们把劳动力或劳动能力，理解为人的身体即活的人体中存在的、每当生产某种使用价值时就运用的体力和智力的总和"。从唯物主义的观点看，劳动力没有一成不变的年龄上下限，具有劳动能力的人，都是劳动力。劳动经济学认为：

劳动资源 = 劳动年龄人口中有劳动能力的人口

+ 非劳动年龄人口中实际参与劳动的人口

由此可见，参与劳动的老年人口是劳动资源的组成部分。老年人参与发展，既能增加劳动资源，降低老年人实际赡养比，减轻劳动年龄人口的赡养负担，促进代际协调和社会团结，而且又能增加老年人的收入，提高他们的生活/生命质量，使他们在为社会主义的物质文明、政治文明、精神文明和健全社会保障体系做出贡献。2000 年我国 60 岁及以上老年人口经济活动参与率为 32.99%，这表明有 4000 多万"银发大军"在从事经济活动，为延长"人口红利期"做贡献。

参考文献

联合国人口基金：《人口老龄化——应对》，2006。

《马克思恩格斯全集》（第 23 卷），人民出版社，1973。

刘铮主编《人口理论教程》，中国人民大学出版社，1985。

刘铮主编《人口学辞典》，人民出版社，1986。

许涤新主编《政治经济学辞典》，人民出版社，1980。

张纯元主编《人口经济学》，北京大学出版社，1983。

邬沧萍主编《社会老年学》，中国人民大学出版社，1999。

田雪原等：《老龄化—从"人口赢利"到"人口亏损"》，中国经济出版社，2006。

杜鹏主编《人口老龄化与老龄问题》，中国人口出版社，2006。

〔美〕朱利安·L. 西蒙：《人口增长经济学》，彭松建等译，北京大学出版社，1984。

〔美〕詹姆斯·H. 舒尔茨：《老年经济学》（第三版），熊必俊等译，华夏出版社，1990。

〔美〕詹姆斯·H. 舒尔茨：《老龄化经济学》（第七版），裴晓梅等译，社会科学文献出版社，2010。

〔美〕约翰·奈斯比特：《大趋势 – 改革我们生活的十个新方向》，梅艳译，中国社会科学出版社，1984。

〔美〕B. C. 斯捷申科:《人口再生产的理论与方法》,北京大学出版社,1985。

熊必俊:《人口老龄化与可持续发展》,中国大百科全书出版社,2002。

熊必俊:《老龄经济学》,中国社会出版社,2009。

谢联辉、宋玉华主编《全球行动——迎接人口老龄化 联合国老龄话题文件总汇》,华龄出版社,1998。

关于申报用"动态人口红利"
促进老龄化与经济协调发展
理论创新的报告[*]

尊敬的所领导：

近年来国内外的"静态人口红利"论者在假设其他条件不变的情况下，仅仅把劳动年龄人口比重降低，总供养比超过50%，判定为"人口红利消失"的做法，不符合马克思主义关于"两种生产"的原理和科学发展观的精神，也违背了"人口统计指标有反映一定时点上人口数量及构成情况的静态指标，还反映在一定时期内的人口自然变动和社会变动的过程的动态指标"的原则，夸大了人口老龄化挑战的严重性，引起了人们对人口老龄化发展趋势的担心。

我是1978年调入经济所的，当时安排在《经济学译丛》编辑部工作，受1982年维也纳召开的联合国"老龄问题世界大会"的启发，开始研究老年学，特别是老年经济学。1986年任中国老年学会学术部副主任，1987年离休，1989年任中国社会科学院老年科学研究会常务副会长，1991年任会长至今。同年受聘为北京大学社会学系教授。先后应聘为民政部、劳动部、全国总工会、中国人口学会、中国保健协会等十几个单位的专家或顾问。

---

* 此报告于2016年9月5日上报后，2016年9月20日由科研处长陆华、人事处长张凡通知本人，经过所领导（"智库"的常务副理事长、"智库"的副理事长）批准，决定把全部材料（包括获奖专著《老龄经济学》）纳入"当代中国马克思主义政治经济学创新智库"。

三十多年来，一直进行老年学与老年经济学的研究，承担并完成了国家社科基金、社科院老年科研基金和国务院研究室、中科院、北京大学有关老年问题的课题研究。出版十五部专著和译著，其中有 9 部得奖。参加联合国、国际老年学会、国际社会学会、国际社会保障协会等机构在十一个国家召开的二十多次国际会议。参加了在国内召开的一百多次学术会议。通过三十多年的研究，深深感觉到应对老龄化挑战是一项多学科、多专业的系统工程，需要用多种因素包括提高人口素质、延长健康预期寿命、提高劳动年龄上限、提高劳动生产率、发展科学技术、转变经济发展方式、健全和完善社会保障制度、开发老年人力人才资源，等等，由上述各因素组合的动态人口红利来实现老龄化与经济协调发展。

作为一个九十岁高龄的老科研人员，响应十八大关于"大众创业，万众创新"的号召，提出"动态人口红利"的创新理论，希望这次申报能够在老同志中起到抛砖引玉的作用。

中国社会科学院经济研究所　熊必俊

2016 年 9 月 5 日

第二篇

开发老年人力人才资源，延长动态人口红利，变老龄化的压力为动力

开发利用老年人力资源，迎接老龄化挑战*

我国 60 岁以上老年人口已达到 1 亿人，预计 2000 年将增加到 1.32 亿人，超过总人口的 10%，进入人口老年型社会。人口老龄化是人类社会全面发展的标志，是社会进步的一种象征。但是，我国是一个发展中国家，在经济尚不发达的情况下迎来人口老龄化，实际上是一次挑战。迎接这一挑战需要做多方面的工作，开发利用老年人力资源就是其中一项重要战略措施。

一般来说，人口老龄化会给社会经济发展带来一些制约因素。诸如导致劳动力不足，国家用于老年的支出增多，对老年人的赡养系数上升，储蓄率下降以及用于生产的投资相应减少，等等。但是老龄化与经济发展并不存在对抗性矛盾，只要我们正确认识二者之间的辩证关系，采取适当的措施，就能使之在对立统一的矛盾运动中走向良性循环。老龄化在给社会经济发展带来不利影响的同时，也带来了有利因素，那就是人口平均预期寿命延长所带来的有效劳动岁月的延长。它不仅意味着潜在劳动力资源的增多，而且使劳动力成本下降，二者都是发展经济的有利因素。充分利用上述有利因素，就能减轻人口老龄化带来的不利影响。

劳动经济学认为，具有劳动能力的人是劳动力，那么，具有劳动能力

---

* 此文荣获《北京日报》1993 年"人口老龄战略问题研究"征文特别奖。同年，携此论文参加 1993 年"第四届北京、东京城市问题学术研讨会"，并在会上做了以此文为基础的基调报告。

的退休人员和老年人也不例外。第 4 次人口普查结果表明，我国老年人口中 60~69 岁的低龄老人占 60%，健康状况良好和一般的约占 70%，这是一批重要的人力资源。解决老龄问题的根本出路在于发展经济，增强综合国力。我国劳动年龄上限偏低，导致很多具有劳动能力的老年人过早地从生产人口转变为消费人口。尽管他们还具有劳动能力，属于劳动力资源，但不能与生产资料相结合，就难以形成现实的生产力。发展生产力和繁荣经济的关键在于充分合理地开发利用包括有劳动能力的老年人在内的劳动力资源。只要把老年人力资源开发利用起来就能把一部分消费人口转变为生产人口，这样既能减轻国家负担，又能为社会创造财富。孔子有句名言："生财有大道。生之者众，食之者寡……则财恒足矣！"让有劳动能力的老年人参加劳动不正是使"生之者"增多，"食之者"减少的"生财大道"吗？

老龄化导致对老年人的赡养系数上升，但如果我们在人口平均寿命延长的情况下适当提高劳动年龄上限，或让退休人员参加劳动，就能相应减缓上升的速度，降低实际赡养系数。我国人口的平均预期寿命由新中国成立前的 35 岁提高到现在的 70 岁，而我国的劳动年龄上限是 20 世纪 50 年代按当时的情况确定的，目前看来显然偏低。以北京市为例，如果让 60 岁的人再工作 1 年，对老年人的赡养系数就能从原来的 12.6 下降到 11.5；如果让 60 岁的人再工作 5 年（相当于发达国家通用的劳动年龄上限 65 岁），赡养系数将下降到 8。北京市人口平均预期寿命为 73 岁，让 60 岁的老年人延长 5 年的劳动时间是完全可行的。

保障"老有所养"是老龄化过程中要解决的首要问题。目前我国社会养老保险的覆盖面有限，城市老年人口中享受养老保险的将近 60%，农村不到 5%。"老有所养"，说到底是一个经济问题，在经济尚不发达而老年人口不断增多的情况下，完全靠国家和社会来解决养老问题是不现实的。开发利用老年人力资源，让一部分有劳动能力的老年人参加劳动，增强其自养能力或取得补充收入，就能缓解这一矛盾。还要在此基础上逐步建立和健全城乡社会养老保险制度。

人的储蓄行为主要取决于生命周期各阶段的收入与支出。所谓老龄化使储蓄率下降，其理由是依靠退休金生活的人增多了，他们不但不储蓄，而且还要逐年地把存款取出以弥补生活费不足。让一部分老年人参加劳动，实质上是延长其有储蓄能力的岁月，使他们推迟由"储蓄人口"向"非储蓄人口"的过渡。1982 年维也纳"老龄问题世界大会"认为，在任何情况下，老龄化对储蓄率的不利影响，都可以通过提高退休年龄来减轻。由此可见，开发利用老年人力资源可以缓解老龄化对储蓄率和投资的不利影响。

联合国"老龄问题世界大会"秘书长特别顾问艾文德·海坦曾经说过，老龄化不仅仅是一个问题，它还是一种积极的挑战，我们应该充分利用它。我国的老龄化超前于经济发展确实是一个需要认真对待的问题，但如果我们充分开发利用老年人力资源，就能化消极因素为积极因素，把挑战转化为促进经济发展的契机，从而使老龄化与经济发展协调起来。

参考文献

李志敏主编《四书五经》（第一卷），中国言实出版社，2002。

科技进步、人口老化与老年人再就业[*]

一 中国人口老龄化的特点加大了
老年人再就业的必要性

与发达国家相比，中国人口老龄化具有速度快、程度高和与经济发展不同步的特点。目前，中国 60 岁以上的老年人口已经超过 9000 万人，占总人口的 9% 左右。据预测，在今后的 40 年中，中国的老年人口将以年均 3% 的速度递增，大大超过总人口的增长速度。到 2000 年，预计老年人口将增加到 1.32 亿人，占总人口的 10.6%，达到"老年型"国家的水平。到 2025 年，老年人口将增加到 2.81 亿人，占总人口的 19.8%。到 2050 年，老年人口将增加到 3.73 亿人，占总人口的 26.2%，这意味着届时在 4 个人中就有 1 个老年人。

中国人口老化速度大大高于西欧和北美各国，据美国人口普查局的统计和预测，65 岁以上人口比重从占总人口的 7% 增加到 14% 所经历的时间，法国为 115 年（1865~1980 年），瑞典为 85 年（1890~1975 年），美国为 66 年（1944~2010 年），英国为 45 年（1930~1975 年），日本为 26 年（1970~1996 年），中国大致与日本相近（2005 年为 7.4%，2025 年为 12.8%）。中

---

[*] 此文为向 1998 年"中日老龄化社会对策学术讨论会"（中国社会科学院日本研究所、日本生命保险公司和日生基础研究所联合主办）提供的论文，并在会上做了宣讲。论文载于《中日老龄化社会发展与对策》，东方出版社，1990。

国和日本是增速最快的两个国家。

需要特别指出的是，发达国家的人口老化是在经济发达时期出现的，因而承受力强，加之速度较慢，允许有一段适应的时间。中国现在处于社会主义初级阶段，1986 年的人均国民总收入在世界各国中列第 113 位。即使到 20 世纪末达到小康水平，人均国民总收入也不过 800 美元，仍处于世界后进行列，而那时中国已进入老年型社会。这说明中国的人口老龄化进程与经济发展不同步，面临着的是发展中国家型经济与接近发达国家型人口的尖锐矛盾。解决这一矛盾的根本出路在于发展生产力，提高国家和社会对人口老化的承受能力。

（一） 老年人再就业有利于发展生产力

劳动力是发展生产最主要的因素，劳动力资源是最重要的和最宝贵的资源。一个国家劳动力资源的多寡和劳动资源率的高低，是衡量这个国家经济实力强弱的一项重要标准。劳动力指的是具有劳动能力的人，判断一个人是否是劳动力的唯一标准是看他是否具有劳动能力，一般不存在年龄的限制。联合国关于经济活动人口的释义是，凡以劳力参与或准备参与生产经济或提供服务，即可直接或间接满足人类之需要者，均为经济活动人口。这里也没有附加年龄条件。我认为具有劳动能力的老年人也是劳动力和潜在的劳动力资源，那种把老年人统统排除在劳动力之外，忽视老年人再就业的作用，甚至歧视和反对老年人再就业的观点和做法是不对的。

发达国家所经历的史实已经证明人口老化必然导致劳动力不足、劳动资源减少和劳动资源率降低，不利于经济发展。美国和日本延长退休年龄，苏联和东欧一些国家鼓励人们推迟退休或退休后再就业，正是开发和利用老年人力资源来缓解人口老化造成劳动力不足的例证。

经济是人类社会存在和发展的基础，老年人再就业有利于发展生产还可以从下列公式中得到证明：

$$潜在劳动力资源 = 劳动年龄人口中具有劳动能力的人口$$
$$+ 未达到劳动年龄人口中实际从事劳动的人口$$
$$+ 超过劳动年龄人口中实际从事劳动的人口$$

在上式中，假定等号右侧的第 1 项和第 2 项不变，则第 3 项（即超过劳动年龄人口中实际从事劳动的人口）增大，必然使等号左侧的潜在劳动力资源增大。这就是说，老年人再就业可以增加劳动力资源，缓解劳动资源下降和劳动力不足给经济发展所带来的不利影响。尽管中国在 2000 年以前人力资源处于供过于求的局面，但是，"文化大革命" 10 年所造成的科技界人才青黄不接和断层，需要由以老年人再就业的形式来弥补。1987 年全国 60 岁以上老年人口抽样调查表明，目前，市和镇离、退休人员中因 "工作需要" 而再就业的，分别占再就业动机中的 28.07% 和 36.55%；再就业动机为 "发挥专长" 的分别占 19.97% 和 9.64%。这一调查结果正是老年人再就业是发展生产力的需要的有力印证。

尽管中国在短期内劳动年龄人口所占比重还比较高，但是从长期看，人口老化导致劳动力不足，仍然是不可避免的。据预测，2000 年以后，北京市进入劳动年龄的人口将逐年减少，退出劳动年龄的人口逐年增多，形成出大于进的局面，而且差额越来越大。预计 2000 年进入劳动年龄的人口为 17 万人，到 2020 年仅为 9 万人，而同期退出劳动年龄的人口分别为 10 万人和 20 万人。2020 年出大于进达 11 万人之多。就全国来说，劳动年龄人口在总人口中所占比重，也将从 2000 年开始下降，老年人再就业无论从近期或远期看，对于发展生产力都具有重大意义。

（二）老年人再就业是保证 "老有所养" 的一项重大措施

保证 "老有所养" 是人口老龄化过程中必须解决的首要问题。"老有所养" 说到底是一个经济问题，在当前以及整个社会主义初级阶段，老年人再就业也就是开发和利用老年人力资源，这是我国解决养老和建立与完善老年人社会保障制度的一项战略措施。

中国 11 亿人口，8 亿人在农村，但是到目前为止，绝大部分农村还没有建立退休养老制度，老年人基本上靠子女赡养和靠自己劳动来维持生活。1987 年全国 60 岁以上老年人口抽样调查表明，农村老年人收入偏低，月平均收入 26 元以下者占 36.1%，46 元以下者占 80.7%。农村老年人靠本人劳动收入维持生活的占 26.2%，有将近 50% 的农村老年人在家庭经济中处于从属地位，靠子女供养的占 67.5%。

家庭养老在中国具有悠久历史。旧中国长期处于农业社会，在生产落后的自然经济中，家庭既是人口生产与再生产的基本单位，又是物质生产和再生产的基本单位。作为一家之长的老年人，在生产上有指挥权，在家庭财产上有支配权，因之受子女赡养是天经地义的，同时也受到法律保护。在今天，随着工业化和商品经济的发展，农村家庭的养老功能弱化，在旧的家庭养老方式出现衰退而新的老年人社会保障制度尚未建立的过渡阶段，不少老年人不得不以自食其力的方式实行自我供养。抽样调查表明，农村老年人口的就业率为 31%（男子为 53%，妇女为 12.4%），其就业的主要动机是"经济需要"。

在市和镇的老年人口中，以退休金为主要生活来源的分别占 56.1% 和 47.5%，这意味着另外有将近 50% 的城市老年人口在不同程度上需要由子女或配偶供养，或再就业，自食其力。

国以民为本，民以食为天。在传统大家庭逐渐为核心家庭取代、家庭养老功能弱化、老年人经济地位下降而老年人社会保障制度尚未普遍建立的现阶段，老年人以再就业或继续劳动去取得生活补充和保障，就显得特别突出和重要，是保证"老有所养"的一项重大措施。

（三）老年人再就业可以降低对老年人的赡养系数，减少国家用于老年人的开支，促进经济发展

人口老龄化会导致劳动年龄人口比重下降，老年人口的赡养系数上升，国家用于老年人口的支出增多，社会负担加重，影响生产投资与发展。1982年，中国的老年人口赡养系数为 13，预计 2000 年将上升为 16，2025 年为 31，2050 年为 45。让有劳动能力的老年人再就业，就能把他们从被供养者转变为供养者，从消费人口转变为生产人口，这样既可以减轻社会负担，又可以为国家创造财富，实际上是降低了对老年人的赡养系数。目前我国大约是 7 个劳动年龄人口供养 1 个老年人，按 1982 年第 3 次人口普查的数字推算，如果让到达退休年龄的人退休后继续工作 5 年，就会变成由 12 个劳动年龄人口供养 1 个老年人，这样无论对国家、社会、家庭和个人都有利。孔子有句名言："生财有大道。生之者众，食之者寡……则财恒足矣！"让更多的老年人再就业，使他们从消费人口转变为生产人口，从而使"生之者"增多,"食之者"减少,这正是发展生产力和繁荣经济的"生财大道"。

二 科技进步与老年人再就业的相互关系

作为生产力要素的人是科技进步与社会生产行为甚至全部社会经济活动的主体。从根本上讲,经济发展与科技发展有关,而科技的发展又取决于是否具备足够的科技人才。科技进步对于人口发展的重要作用之一是延长了人类的平均寿命,为老年人再就业创造条件;知识丰富的老年人特别是老年脑力劳动者参与社会,又转而促进了科技的发展。

(一) 科技进步延长了老年人的有效工作年限

人类的平均寿命是在物质生活条件改善和科学技术特别是医疗技术的不断进步中逐步延长的。据史料记载,上古时代希腊人的平均寿命仅为 20 岁,中国猿人能活到 14 岁的仅占 30%。我国人口的平均寿命,周朝为 18 岁,清乾隆时期为 28 岁,新中国成立前夕为 35 岁,20 世纪 70 年代中期为 65 岁,80 年代末期为 70 岁。平均寿命的延长,相应地延长了人们的有效工作年限,中国人口 60 岁的平均余年为 10 岁。1980 年,美国和日本 65 岁人口的平均余年分别为男 14.1 岁、女 18.3 岁和男 14.6 岁、女 17.7 岁。1988 年,世界人口平均寿命为 63 岁。美国医学联合会顾问戈斯曼认为,高技术在医学上的应用,将会使一般人的寿命在 20 世纪末延长到 90 岁。据耶鲁医学院预测,由于技术进步与发展,今天危害人类的许多疾病如癌症、动脉硬化、关节炎和糖尿病等,都将在 20 年后得到有效治疗,特别是神经细胞再生构造的发现,将会有效地治愈多种老年病,健康长寿使老年人有更长的时间参与社会发展,使再就业的岁月延长。

(二) 科技进步为老年人带来再就业的机会

老年人的再就业只有在总就业机会增多时才易于实现,因此解决老年人再就业的根本途径在于依靠科技进步发展经济,创造更多的就业机会。从第一次产业革命起,人们就担心科技进步会导致失业率上升,史实证明这种想法是"杞人忧天"。实际上，科技进步能引起社会生产能力的扩大，诱发新的产业和职业。科技进步和新产品的出现刺激了消费水平的提高，扩大了就业容量。美国《经济影响》杂志的一篇文章指出，科学技术进步，只会引起就业结构的变化，不会使就业总人数减少。为了正确评价科技进步对就业机会、劳动生产率以及劳动生命质量的影响，1985年由美国全国科学院、美国全国工程学会和医学研究所联合组成了技术与就业专题研究委员会。1987年，这个由专家学者组成的高水平研究机构得出的结论是，科技进步不会使失业人数增加，只会对提高工资、增加就业和改善生活水平做出贡献。法国计划总署署长纪尧姆在1987年1月的一篇报告中指出，随着科技进步与高技术的发展，法国的总就业人数从1988年起到1994年将以每年40万人的速度增加，然后每年以23.5万人的速度增加到2000年。

科学技术进步，提高了劳动生产率，创造了新的就业机会，从而也为老年人再就业创造了条件。

（三）科技进步带来产业结构与就业结构的变化，有利于老年人再就业

当前，以发展高技术为代表的科技进步，有利于老年人再就业。这是因为高技术是知识、技术和资金密集的新兴技术，高技术的发展必然引起产业结构和就业结构的变化。近年来，发达国家的钢铁、冶金、汽车、造船等传统重工业的规模不断缩小，就业人数逐年减少，美国大钢铁公司的平均就业总人数已从1953年的65万人下降为1983年3月的24万人。

与此同时，高技术领域的信息技术、电子工业、计算机工业、新材料技术、生物技术、宇宙航空技术、海洋开发技术以及服务业正方兴未艾，蓬勃发展。据美国商务部估计，1985年全世界生物技术产品市场规模约为15亿美元，到2000年至少可以达到150亿美元。日本经济研究中心会长金森久雄预测，世界经济总产值将从1985年的15万亿美元增加到2000年的56万亿美元，其中微电子工业的产值将近9万亿美元。日本《东洋经济》预测，美国的电子计算机工业和日本的微电子工业，都将在20世纪90年代成为各自的最大产业。法国总统密特朗预言，到1990年，高技术产业的产值将占7个工业发达国家工业总产值的三分之一。

产业结构的变化带来了就业的职业结构的变化。从美国的就业方向看，在部门间的就业人口从"大烟囱工业"向"朝阳工业"和服务业转移，在职工间的就业人口由蓝领工人向白领工人转移。1957 年以前，美国蓝领工人的比重一直高于白领工人，从 1957 年开始，白领工人跃居首位，1981 年提高到 52.7%，其中就业增长幅度最大的是与高技术密切相关的专业。法国计划总署预计，随着技术的进步，法国的社会结构和职业状况将发生重大变化，普通工人在就业人数中所占比重，将从 1975 年的 36% 下降到 2000 年的 15%～20%。

高技术对脑力劳动的要求高于对体力劳动的要求，即使在蓝领工人中，技工和类似工种的比重也在增加，从而有利于老年人再就业。老年工人经验丰富的长处能弥补速度与耐力的不足。高技术需要高水平的劳动力，这种高水平的劳动力应能够储备知识，并具备把这种知识传授给他人的能力。这一方面，老年工人具有明显的优势。

高技术要求一般青年工人具有高中以上的文化专业水平，这一要求延长了青年人就业前的学习时间，使就业年龄从过去的 15～16 岁推迟到 20 岁左右，甚至更晚一些。由此而产生的空余岗位需要由老年人推迟退休或再就业来顶替，改变了过去那种要老年工人提前退休为青年人让位的局面。

科技进步还带来非全日制工作岗位的增加，特别是办公自动化和家用电子计算机的推广，使老年人可以在家里上班，不因年老而不能再就业。

中国的经济建设肩负着既要着重推进传统产业革命，又要迎头赶上世界新技术革命的双重任务，中国的振兴一方面要寄希望于改革，另一方面要寄希望于科技进步，特别是高技术产业。党的十三大报告中提出要"把发展科学技术和教育事业放在首要位置，使经济建设转到依靠科技进步和提高劳动者素质的轨道上来"，还提出"要组织精干力量不失时机地开展高技术研究，特别是微电子技术、信息技术、生物工程技术和新材料技术的研究与开发"。北京市近年来把调整第一产业、改造第二产业和大力发展第三产业作为城市建设的主要任务。其中改造第二产业的重点之一是由劳动密集型向技术密集型和知识密集型转化，着重发展高精尖工业和高技术产业。在发展第三产业中，发展信息产业，重视智力产业，开辟了高技术开发区。北京的产业结构逐步趋向合理，从事第三产业的劳动力所占的比重已由 1980 年的 30.8% 上升到 1986 年的 37.3%，预计 1990 年将达到 42%，其中很大一部分是从事高技术工作的。第三产业是老年人就业的最佳岗位之一，中国的科技进步也为老年人的再就业创造了有利条件。

（四）老年人再就业有利于科技的进步

科技进步依靠的是知识，老年人正是人类知识和生产经验的创造者、继承者和传播者。科技进步使知识更新的周期缩短，从人类知识的连续性、继承性和综合性来看，老年人对知识的积累和储存最丰富，老年人对于知识的加工与传播的责任也相对增大，老年人再就业有利于科技发展。1984 年 6 月美国《未来学家》杂志发表了一篇题为《重新考虑退休问题》的评论文章，文章强调，不让经验丰富的老年工人继续工作而鼓励他们提前退出劳动力队伍是不明智的。文章还提到卡特总统在任期内曾经组织人员研究过这个问题，研究报告的结论是，现在被浪费的老年人的技能，正是美国提高生产能力的关键所在。

日本大学人口研究所名誉所长黑田俊夫先生在谈到老年人的就业问题时指出，日本和中国都有法定的退休年限，但是现在人口的平均寿命有了明显的延长，而且老年人的健康水平也提高了，因此，有必要对日本和中国人为地规定 60 岁退休的制度进行再讨论。现在，日本的男性，退休以后重新再工作的很多，许多老年人到了退休年龄后仍然希望继续工作，而且他们的健康状况也确实允许，尤其是具有丰富知识、技术和经验的老年劳动力再就业，更是整个社会和个人都期望的，是很有意义的。

1987 年全国 60 岁以上人口抽样调查表明，我国 60 岁以上人口的年龄中位数为 67.6 岁，而且老年人口中年龄组越低，所占的比例越大，呈典型的金字塔形。老年人口中健康情况"良好"和"较好"的占 45% 左右，加上情况"一般"的合计大约占 70%，这说明中国的老年人口中蕴藏着丰富的潜在劳动力资源。

中国的老年人再就业已经为经济建设和科技发展做出了显著的成绩。北京市离、退休的科技工作者离、退休后应原单位返聘的占再就业总数的 12%，被外单位聘用从事科研工作的占 55.8%。1984 年天津市离、退休职工重新工作以后直接参加生产的占 50.79%，其中不少人面向乡镇，为乡镇企业输送了一批技术骨干，有力地推动了乡镇企业的发展。重庆建立了离退休工程师协会；上海市卢湾区老年医学研究会组织退休医师办起了老年病门诊所；中国社会科学院离、退休干部组成老年科学研究会，承担了国家社会科学基金研究课题"老有所为问题的理论与政策研究"的研究工作。此外，各地老年人还以业务咨询、执教育人、参与决策等多种形式，继续参与社会发展。在一部分青年外流的农村，很多老年人承担农业耕作重担，继续参加农业生产。

人口老龄化已成为当前世界各国普遍注意的一个社会经济问题。日本正急速向老龄化和长寿化方向发展，在 21 世纪初将迎来长寿社会。为了提高国民毕生的积极性，保持经济社会的活力，持续稳定地提高国民生活水平，缓解人口老化的影响，1986 年日本阁僚会议决定制定的《长寿社会对策大纲》的第二项"雇用、收入保障体系"中强调指出："为了发挥老年人长期积累起来的知识、经验和能力，要确保老人的雇用、就业机会，即使在他们退休之后，也要在本地区提供临时或短期的就业机会。"日本劳动省职业安定局老年人对策部长清水传雄先生在"老年人口的雇用与就业"一文中强调指出，虽然老龄化本身证明了日本经济发展的成熟，但老化速度之快，程度之高，不能不说是个很大的问题。为了使养老金领取人与支付者负担合理、平衡，要尽可能地使老年人在力所能及的范围内参加生产劳动，为社会创造价值，这是今后国民经济中的一个重要课题。我个人认为，日本的对策和措施对缓解人口老龄化影响将起积极作用。

人口老龄化是科技进步和经济发展的必然趋势，人口老龄化对社会经济发展所带来的不利影响可以通过科技进步和老年人再就业予以缓解。第 14 届国际老年学大会的议题为"新世界的老年人"，副题为"新一代老年人创造一个新世界"和"技术与经济发展与人口老龄化"，这充分说明科技进步、人口老化与老年人再就业的问题受到了各国社会与公众的关注，需要理论界、学术界、决策者与老龄机构进一步进行研究和探讨。

参考文献

美国人口普查局：《一个人口老龄化的世界》，1987。

美国人口情报资料社：《1988 年世界人口资料表》。

康国瑞：《人力资源发展及运用与退休》，台湾编译馆，1982。

张一德、袁伦渠主编《劳动经济学概论》，劳动人事出版社，1987。

田雪原：《中国老年人口宏观——1987 年全国 60 岁以上老年人口抽样调查分析》，《中国人口科学》1988 年第 5 期。

李志敏主编《四书五经》（第一卷），中国言实出版社，2002。

朱传一主编《科学技术与美国就业问题》，劳动人事出版社，1985。

〔法〕亨利·纪尧姆：《未来方向报告〈使法国取胜〉中的几个主要观点》，《国际经济评论》1987 年第 5 期。

《华尔街日报》1983 年 5 月 2 日。

〔美〕理查德·弗里曼：《劳动经济学》，普伦蒂斯—霍尔公司，1979。

《沿着有中国特色的社会主义道路前进》，《中国共产党第十三次全国代表大会文件汇编》，人民出版社，1987。

〔日〕黑田俊夫：《人口老龄化对策的方向与战略》，在 1988 年日本老龄化问题专家会议上的演讲。

日本《长寿社会对策大纲》，1986。

〔日〕清水传雄：《老年人口的雇用与就业》，《经济学人》1986 年第 2 期。

谢联辉、宋玉华主编《全球行动——迎接人口老龄化 联合国老龄话题文件总汇》，华龄出版社，1998。

老有所为与老年人才资源开发的研究[*]

一 关于老有所为

老有所为是我国老龄工作争取实现的六大目标之一，也是我国迎接人口老龄化挑战的一项重要战略措施。党和政府十分重视在两个文明建设中发挥老年人的作用。近 20 年来，我国广大老年人群体通过老有所为在社会稳定和社会主义物质文明建设及精神文明建设中发挥了应有的作用，做出了贡献，受到全社会的欢迎和肯定。我国已于 1999 年进入老年型社会，再过 20 多年，将迎来老龄化的高峰期。在老年人口越来越多，人口预期寿命越来越长和老年人口比重越来越大的情况下，进一步发展和实现老有所为，不仅关系着老龄社会的繁荣和可持续发展，而且还关系着老年人的生命质量和生活质量的改善和提高，这需要政府、社会和全体人民的关注和促进。

（一）老有所为的基本内涵

老有所为是 20 世纪 80 年代初期提出的，当时与老有所养、老有所医、老有所学和老有所乐并列为五个"老有"。关于老有所为的内涵，开始时社会上的认识和理解不尽一致，经过一段时间的社会实践和理论探讨，学术界和政府有关部门取得了共识，把老有所为大致界定为"老年人在自愿、

* 本文载于《老龄化中国：问题与对策》，协和医科大学出版社，2002。该书是中国科学院生物学部 2001 年"中国人口老龄化及其对策"咨询课题报告，本人应邀参与该课题的研究并负责撰写"老年人力人才资源开发"有关内容。

量力的前提下，为国家的稳定和发展，为社会主义的两个文明建设做贡献"。这一界定与国际接轨又可表述为"老年人参与社会发展"。

就内容来说，广义的老有所为既包括达到和超过退休年龄的职工继续在业、退休后接受原单位返聘或进入劳动力市场再就业，也包括从事社会公益事业和无偿的志愿服务。简而言之，凡是老年人直接或间接参与有利于社会主义两个文明建设的一切活动，都属于老有所为的范围。

1996 年颁布施行的《老年人权益保障法》提出："国家和社会应当重视、珍惜老年人的知识、技能、经验和优良品德，发挥老年人的专长和作用。"

《老年人权益保障法》强调："国家应当为老年人参与社会发展创造条件。"根据社会需要和可能，鼓励老年人在自愿和量力的情况下，从事下列活动：

（1）对青少年和儿童进行社会主义、爱国主义、集体主义教育和艰苦奋斗等优良传统教育。

（2）传授文化和科技知识。

（3）提供咨询服务。

（4）依法参与科技开发和应用。

（5）依法从事经营和生产活动。

（6）参加志愿服务、兴办社会公益事业。

（7）参与维护社会治安、协调调解民间纠纷。

（8）参加其他社会活动。

《老年人权益保障法》把参与社会发展列为老年人的合法权益之一，并提出："国家和社会应当采取措施……实现老有所养、老有所医、老有所为、老有所学、老有所乐。"从而使实现老有所为有了法律保障。

（二）老有所为的发展与现状

老有所为涵盖广泛，很多项目难以收集和统计，所以在论述老有所为的规模时，多以老年人在业或再就业的统计来表述，本文也沿用此例。

老有所为是根据我国的国情提出的。我国人口老龄化的最大特点是超前于经济发展。一方面，需要通过老有所为，特别是老年人再就业让一部分有劳动能力的老年人从消费人口转化为生产人口，继续为社会创造财富，促进经济发展；另一方面，没有退休金的老年人可以通过老有所为实现自养，退休金收入低的老年人通过继续参与发展，取得合理的劳动报酬，补充老有所养。但是受传统观念的影响，这项有利于国计民生的善举，一开始就遇到不少困难，举步维艰。有人认为退休就应该休息，老有所为是自找罪受；有人说老有所为是抢年轻人的饭碗，激化代际矛盾；有人认为退休人员再就业拿"双份工资"会造成收入分配不公；有的部门聘用退休人员要经过多级审批；有的部门明令禁止聘用退休人员；甚至有一个地方政府正式发文规定各单位经批准后聘用的退休人员，除支付劳动报酬外，还要承担应聘人员的退休生活费和医药费。

为了统一认识，促进老有所为健康发展，20 世纪 80 年代下半叶，全国和部分省市召开了老有所为的学术研讨会，老年报刊就老有所为展开了讨论，"七五"国家社会科学基金把老有所为列为课题项目，进行专题研究，并出版了《论老有所为》和《老有所为的理论与实践》等专著；中国老龄问题全国委员会召开了全国老有所为精英奖获得者表彰大会，党和国家领导人接见了受奖人员。这些活动从正面肯定了老有所为的作用和意义，从而使老有所为得以健康发展。

关于我国老有所为的发展情况，从以下几项调查中可见一个大概。

老年人就业（包括达到和超过退休年龄继续在业和离退休后返聘与再就业）直接参与发展经济是老有所为的一个重要组成部分。《中国 1987 年 60 岁以上老年人口抽样调查资料》表明，1987 年我国 60 岁及以上老年人口的总就业率，市为 15.0%，镇为 11.6%，县为 31.5%（见表 1）。市、镇 60 岁以上离退休人员的再就业率，市为 18%，镇为 13.2%（见表 2）。

表 1 我国 60 岁及以上老年人口总就业率

单位：%

市			镇			县		
男女合	男	女	男女合	男	女	男女合	男	女
15.0	20.4	10.2	11.6	17.9	6.0	31.5	53.0	12.4

资料来源：中国社会科学院人口研究所编《中国 1987 年 60 岁以上老年人口抽样调查资料》，《中国人口科学》专刊（1）1988 年 1 月。

表 2　市、镇 60 岁及以上退休人员再就业率

单位：%

市			镇		
男女合	男	女	男女合	男	女
18.0	22.6	8.2	13.2	16.0	5.1

资料来源：中国社会科学院人口研究所编《中国 1987 年 60 岁以上老年人口抽样调查资料》，《中国人口科学》专刊（1）1988 年 1 月。

　　另据城市抽样调查推算，1988 年年底，我国 2067 万离退休人员中再就业的达 360 万人，占离退休人员总数的 17.25%，其中上海的再就业率最高，为 47.8%，以下依次为：浙江 41.2%，天津 39.6%，安徽 31.9%，北京 25.1%，湖北 22.7%，江苏 22.1%，贵州 6.5%，青海 3.3%，新疆 1.6%。调查还表明，在一些大中城市，离退休人员的再就业率呈上升趋势。

　　1988 年，北京、天津、哈尔滨、上海、武汉、西安、成都、贵阳、兰州九大城市 60 岁及以上老年人口抽样调查表明，这些城市的老年人口中，仍然在职和离退休后再就业的平均率为 17.8%，其中武汉市最高为 24.2%，兰州市最低为 15.2%。

　　我国中型城市老有所为和离退休人员的再就业率也呈上升趋势。1988 年湖北省八个省辖市（武汉、黄石、襄樊、宜昌、沙市、荆门、十堰和鄂州市）城区老年人口社会经济作用抽样调查表明，老年人在业和再就业的占老年人口总数的 24.28%。

　　1990 年中国老龄问题全国委员会对上海、江苏、四川、山西、甘肃等省市的调查表明，这些地区老年人参与老有所为的比例为 20%~60%，全国平均在 30% 左右（不含家务劳动）。由各省市自行调查的老年人参与率，陕西为 44.4%，贵州为 40%，湖北为 35%，广西为 30%。这意味着当时我国有一支 3000 万人的老年大军正在两个文明建设中发挥着作用，每 3 个老年人中就有 1 个参与了老有所为。

　　全国第四次人口普查资料表明，1990 年我国 60 岁及以上老年人口的在业率，全国为 28.5%，市（不含市辖县）为 16.7%，镇为 15.6%，县（不含县辖镇）为 32.6%（见表 3）。

表 3　1990 年我国市、镇、县 60 岁及以上老年人口在业比例

单位：%

性别	全国	市（不含市辖县）	镇	县（不含县辖镇）
男性	44.3	27.2	25.6	50.2
女性	14.3	6.7	5.9	16.8
合计	28.5	16.7	15.6	32.6

资料来源：张文范等《二十一世纪上半叶中国老龄问题对策研究》，华龄出版社，2000。

1994 年中国老龄科学研究中心中国老年人供养体系课题组对北京、天津、上海、浙江、江苏、黑龙江、山西、陕西、四川、广西、贵州、湖北 12 个省、自治区、直辖市抽样调查的数据表明，城市老年人的在业率为 13.3%，农村为 49.3%。

1995 年国家统计局对全国 1010 万人口抽样调查数据表明，我国 60 岁及以上老年人口的在业率，全国为 26.2%，比 1990 年的 28.5% 下降了 2.3 个百分点。同期上海市和北京市老年人的再就业率分别为 13.5% 和 15.2%，比 1990 年都有所下降。

（三）实现老有所为的意义和作用

人口老龄化是社会经济发展的必然结果，我国也不例外。但是在老龄化发展速度上，我国远远超过发达国家。发达国家成为老年型国家时，人均国民总收入一般都在 5000 美元左右，我国 1999 年进入老龄社会时，人均国民总收入仅为 780 美元，不到中等收入国家平均水平（2000 美元）的一半。即使到 2050 年，我国的老龄化程度（60 岁及以上人口比重为 21.9%，65 岁及以上人口比重为 14.4%）接近和超过发达国家 2025 年的老龄化程度（60 岁及以上人口比重为 19.3%，65 岁及以上人口比重为 14.2%）时，我国的人均国民总收入也只能达到当前中等发达国家的水平。这表明，我国老龄化超前于经济发展的尖锐矛盾还将持续半个世纪之久。

1. 老有所为是推进物质文明建设的需要

我国正处于社会主义初级阶段，当前和近期的主要矛盾是人民日益增长的物质文化需要同落后的社会生产之间的矛盾。与此同时，我国又面临着经济发展滞后于人口老龄化的矛盾。解决两大矛盾的根本出路在于发展

社会生产力。国家兴亡，匹夫有责。我国老年人深知提倡老有所为是发展社会生产力的需要，责无旁贷地愿为此而尽力。

（1）参加社会生产，繁荣经济

继续参加生产劳动是老有所为的主战场，如果说在农村商品经济发展导致大批青壮年外出务工经商的情况下，有将近半数的老年人（4000万人左右）挑起了农业生产的重担的话，那么兴办老年经济实体，则是城市老年人有组织从事生产活动的集中表现。据全国总工会不完全统计，截至1993年年底，全国各地退休职工兴办老年经济实体3万多家，经营总额达150亿元以上。

上海是兴办老年经济实体的先进城市，1983～1992年是创业阶段，由39家企业发展到近3000家企业。据不完全统计，1992年老年经济实体创造经营总值近18亿元，缴纳税金近8000万元，有85万退休职工受益。1992～1996年是发展时期，最多达到3500家企业，总收入达48亿元；1996年到现在是调整巩固时期。截至2000年年底，上海老年经济实体调整为1059个，全年经营销售总收入完成19.5亿元，实现利润1.3亿元，上缴各类税金8041万元，用于退休职工福利费6446万元。从主要经济指标户均创利数看，2000年户均创利12.5万元，年用于额100万元以上的大户，占全市总数大概39%，其经营额占到全市经营额总数的70%以上，盈利能力在增强。一些已具备科技创新和品牌经营能力的老年经济实体正在向股份制企业和社会化管理转变。

兴办老年经济实体在各个省市也很流行。安徽省30万离退休职工，参与社会发展的有6.5万人，占离退休职工总数的21.6%，1994年有一万多老年人领办经济实体1885个，创产值19113.7万元，实现利税1421.32万元，安排下岗失业人员一万多人就业。1995年江西省经办老年经济实体160多个，有13000多名退休人员参加，累计产值3500万元，创利税360万元，用于补助退休职工福利经费500多万元。广东省1994年有老年经济实体近200个，注册资金3000多万元，从业人员4500多人，营业额6000多万元，实现利润300多万元。福建省1994年共有老年经济实体181个，营业额4910万元，实现税金166.7万元，利润261.8万元。天津市兴办老年经济实体 400 余个，4000 多名退休职工，安排富余人员 1000 多人就业，实现产值 2.1 亿元，实现利润 1185 万元，为退休职工提高福利费 95.3 万元。唐山市兴办经济实体 116 个，固定资产 1100 多万元，实现利润 110 万元，参加经营的退休职工 780 人。无锡市 1994 年老年经济实体经营总额 5.086 亿元，实现利税 2842 万元，其中用于老年活动费用 1200 万元，参与人员 8 万人，有 26 个实体，人均得益 1200 元。

除了地区兴办老年经济实体外，有些国有大中型企业也组织本单位离退休职工兴办经济实体。太原钢铁公司的太钢老龄企业总公司就是一个典型的实例。该公司成立于 1988 年，经过十几年的艰苦努力，现在已发展成有 400 余万元固定资产，2300 多名职工，跨行业的综合性老年经济实体。该公司到 2000 年累计产值 1.43 亿元，实现利税 875 万元，资助太钢离退休职工和老年公益事业 208 万元，参加经营的离退休职工月收入增加 500 元，直接为太钢增收节支 5000 余万元。该公司发展了经济，为退休职工增加福利收入效果显著，荣获"全国老有所为集体创新奖"。

以上实例和事迹表明，在社会主义市场经济蓬勃发展的今天，中国的老年人是一支有精神、有智慧、有实力的生力军，他们参与生产对国家的经济发展和提高退休职工生活所做的贡献是不容忽视的。

（2）老有所为是解决老有所养的需要

1982 年维也纳"老龄世界问题大会"强调，对于老年人来说，关于老龄问题的任何其他问题都不如保障、维持收入方面的问题更重要。老有所养是人口老龄化过程中必须解决的首要问题，保障老有所养最有效的措施是建立和完善社会养老保险制度。现在我国社会养老保险的覆盖面仅为老年人口的 30%，低于低收入国家的 47%，中等收入国家的 75% 和发达国家的 90%。还有 9000 万人左右的农村老年人和城市无业的社会老年人没有养老金收入，他们的养老问题需要靠家庭和自食其力来解决。开发老年人力资源为老年人提供再就业机会，是保证和补充老有所养的需要。

《"九五"计划和 2010 年远景目标纲要》强调"农村养老以家庭保障为主，坚持政府引导和农民自愿，发展多种形式的养老保险"。

家庭养老是指老年人的经济来源和生活安排依靠老年人自己和家庭其

他成员解决。这种传统的家庭养老模式是农村最主要的养老模式。目前在我国一亿多老年人中，农村老年人占80%左右，其中享受养老金和"五保"待遇的不到3%。这意味着有将近8000万农村老年人现在仍然由家庭供养，靠子女亲属提供赡养费或靠自己的劳动收入维持晚年生活。

我国农村的社会养老保险前几年曾经在一些地区开始试点，但是在短期内不可能改变以家庭养老为主的格局。从理论和实践上看，农村的社会养老保险的发展必然要以农村的经济发展和农业人口比重的下降为前提。我国除大城市的近郊区外，广大农村在近期内还不具备这些条件。目前农村人口的比重占总人口的70%，预计2000年为66%，2010年为57%，2020年为48%，2030年为40%，2040年为32%，2050年为24.6%。这表明，农村人口的比重下降到50%大约还需要20年。另外，从我国劳动力在产业结构分配的比重来看，1990年以农业为主体的第一产业的劳动力比重为60%，预计2000年为50%，2010年为40%，要达到国际现代化水平所规定的不超过30%的标准，同样大约还需要20年。社会养老保险覆盖面的扩大是以城市化的发展和从事农业劳动力的比重下降为前提。以上统计表明，农村家庭养老在今后20～30年内仍将起着重要的作用。

农村老年人养老的经济来源有子女和配偶提供的赡养费，还有个人的劳动收入。抽样调查表明，我国农村老年人口靠子女供养的占第一位（67.45%），自食其力的占第二位（26.20%）。而在60～65岁年龄组中，靠子女和靠本人基本相等，前者为45.20%，后者为45.04%。在农村老年人口的收入来源中，劳动所得为主要收入者的占50.70%，为次要收入者的占16.94%，没有劳动收入的人仅占10.47%。

1994年《中国老年人供养体系调查数据汇编》表明，农村老年人的全部经济供养来源的构成为，个人收入占52.0%；来自家庭的经济帮助占41.5%；来自村委会的经济帮助占6.5%。在分性别的老年人经济供养构成中，个人收入男性老年人为68.2%，女性老年人为28.0%；来自家庭的经济帮助，男性老年人为26.6%，女性老年人为63.9%；来自村委会的经济帮助，男性老年人为5.2%，女性老年人为8.1%。1995年北京市老年人的主要经济来源见表4。

表4 1995年北京市老年人的主要经济来源构成

单位：%

范围 \ 经济来源	离退休金	子女提供	配偶提供	劳动收入	其他收入
总体	68	20	3	6	3
城镇	85	7.5	3	2.5	2
远郊区	40.5	39.5	7	7	6
远郊县	6	67	8	5	14

资料来源：杜鹏主编《北京市人口老龄化发展图集》，中国人口出版社，2000。

上述几项统计数字表明，我国农村老年人由子女赡养是有法律保障的，但是，在家庭结构核心化和养老功能弱化的情况下，老年人自愿通过老有所为取得补充收入，有助于养老问题的解决。即使在北京市，农村老年人的老有所为也是取得生活来源的途径之一，以"为"助"养"是农村在近期内解决养老问题的一项重要措施。

（3）老有所为是推进科技进步的需要

离退休科技工作者、老教授和有技术专长的退休职工是我国老年人口中的一支智力大军，以他们为主体通过老有所为所提供的技术咨询服务，对促进我国科技进步、发展和经济建设发挥了重要作用。

据不完全统计，中国老科技工作者协会（以下简称"老科协"）及地方各级老科协团体建立的科技咨询、技术开发和设计、监理机构已达421个，在促进企业技术创新、产品升级换代、帮助企业脱困中发挥了积极作用。

上海市退（离）休高级专家协会，把协会的主体功能定位于紧紧把握以"老有所为"为工作重点，注重发挥老专家的智囊参谋作用。该协会从1991年开始编发的《老专家建议》是落实协会主体功能的一个标志性项目。协会通过这个项目对上海市改革开放和现代化建设中的重大问题撰写建议书，供市领导和有关部门做决策参考，诸如《建设下沉式过江便道》《开发浦东与频率资源的合理利用》《要让高压电缆过宁浦大桥》等十项建议书，受到市领导和有关部门的重视和采纳，咨询对决策起到了重要的作用，被新闻媒体誉为"老专家金点子再结硕果"。

此外，安徽省老科协关于长途光缆传输网发展策略的研究，河北省老科协组织对热、电、冷联产联供新技术的研究与推广，四川省老科协对西部大开发的献计献策，中国科学院老科协对城市生活垃圾无害化综合处理技术可行性研究，中国核动力院组织医用同位素生产堆（MTPZ）工程研究，广西老科协关于西江星火合力（扶贫开发）工程，中国辐射防护研究院老科协组织亚洲参考人解部生理参数的研究等项目对新技术发展和现代化起到一定作用。

积极开展科学研究和科技咨询、开发工作是中国老教授协会及各省市老教授协会（以下简称"老教协"）的一项重点任务。据不完全统计，该协会成立 15 年来，共完成各类学科学术研究成果 1000 多项，其中有 400 多项获科技进步一、二等奖或特别奖。为企事业、地方工农业和政府部门提供咨询项目 243 个，已取得成果 200 多项，为他们创造了较好的社会效益和经济效益。老教协下设的国杰老教授科技咨询开发研究院（以下简称"研究院"）下设 44 个研究机构，有来自高等院校、科研单位的各学科教授专家 249 人，具有"学科全、人才多、效益高"的独特优势。研究院成立一年来，有效地为焦作市、唐山市、清华紫光（集团）工程中心等地方和企业提供了咨询服务，研究院及下属研究所承担了青岛市黄海大桥技术咨询、北戴河生态示范区农业园区建设、矿山用钢球耐磨性处理技术的开发利用、常州市汽车轮胎厂模具设计和促进五指山小型猪研究、综合利用和转化为社会生产力等项目，并取得了较好的效果。

2. 老有所为是推动精神文明建设的需要

中共中央在《关于社会主义精神文明建设指导方针的决议》中指出，以马克思主义为指导的社会主义精神文明是社会主义社会的重要特征……社会主义精神文明建设，是关系社会主义兴衰成败的大事。社会主义精神文明建设的根本任务，是培养有理想、有道德、有文化、有纪律的社会主义公民，提高整个中华民族的思想道德素质和科学文化素质。

加强精神文明建设需要全社会的关注与努力，而老干部、老工人、老农民、老知识分子更是责无旁贷。他们经历了新旧两个社会，对党和国家的历史与优良传统了解较多，具有热爱党、热爱社会主义的坚强信念，无时不在关心着党和国家的命运。他们所具有的政治优势、经验优势、威望优势和时空优势，正是在精神文明建设中发挥作用的有利条件。

（1）兴教育人和传授科技知识

实施可持续发展战略需要有良好的人口素质。"十年树木，百年树人"，教育是提高人口素质，培养人才的基础。从表5可看出我国公共教育支出占国民总收入的百分比低于低收入国家和世界平均水平，但是同期我国小学和中学的净入学率高于低收入国家和世界平均水平，我国教育投入虽少但效益较大的原因之一是我国有大量的民办学校，其中包括老教育工作者和老专家兴办的民办学校和培训班。

表5　我国公共教育支出、中小学净入学率的国际比较

单位：%

	公共教育支出占国民总收入百分比		小学净入学率		中学净入学率	
	1980 年	1997 年	1980 年	1997 年	1980 年	1997 年
中国	2.5	2.3	84	100	63	70
低收入国家	3.4	3.3	66	76	38	51
世界平均	3.9	4.8	81	90	60	68

资料来源：世界银行《2000/2001 年世界发展报告》。

中国老教授协会的前身"北京教授讲学团"从1985年建团起就把繁荣我国教育、科技、文化事业，作为协会宗旨之一。16年来，协会系统所兴办的民办高校24所，在校生3万多人，累计毕业生5万余人。协会主办的中华研修大学经过8年努力，现在成为一所培养博士、硕士研修生和本科生的多层次、多学科的民办高等学校，在校学生人数已超过1700人。1997年被中国成人教育协会民办高等教育委员会评为民办高校先进单位。1998年被北京市社会办学评估领导小组评为"优良学校"并被批准为高等教育学历文凭考试试点学校。

开展多种形式的技术培训和民办教育，也是离退休老科技工作者发挥知识和经验优势的一个重要领域。据江苏、陕西、辽宁等8个省市对老有所为的10729位老科技工作者的调查，其中有2117人参与社会培养教育活动。江苏省社会办学2500多所，其中三分之二的教师是离退休科教人员。由离退休科教人员创办的民办大学就有40多所，受聘教师80%以上是老年科教人员。

此外，中国老科协理科与技术科学分会还组织老专家在北京 40 多所中学建立了"大手拉小手"的经常性联系。1998、1999 年作科普报告 158 次，听讲人数达 5 万多人次，社会反应良好。上海市、北京市和湖南省等老科协以及老科协卫生分会组成的老专家科普讲师团在当地举办的科普讲座和科技知识宣讲活动受到了社会普遍欢迎。据不完全统计，我国近 200 万离退休教师继续在教育战线上执教育人的占 25%，南京市离退休教育工作者协会 7000 多名会员参与办学；重庆市退休教师协会兴办各类业余学校 165 所，在校学生 34000 余人。职业教育和技术培训，更是老科技工作者的用武之地，他们在办学方面从正规学校到职业培训，从面授到函授，从夜校到全日制，从自办、合办到联办，应有尽有，成为社会办学的一支重要力量。

（2）关心教育下一代

"十五"计划纲要第二十章"加强思想道德建设"中提出"加强青少年的思想政治、道德品质、心理健康和法制教育，努力建立适应社会主义市场经济发展的思想道德体系，创造青少年健康成长的社会环境"。培养有理想、有道德、有文化、有纪律的社会主义公民，需要从对广大青少年的教育做起，除了正规的学校教育外，社会教育是一个重要方面。关心教育下一代是历史赋予老年人的职责。

中国关心下一代工作委员会（以下简称"关工委"）自 1990 年成立以来，为培养"四有"新人，在广大青少年中开展了大量卓有成效的工作。目前，全国到县一级的关心下一代工作组织已发展到 70 多万个，从事关心下一代工作的老同志有 600 多万人。他们积极主动地配合当地党委和政府，为青少年的健康成长发挥余热、无私贡献，在学校、厂矿、社区、农村、监狱、少管所、戒毒所都留下了他们的足迹。关工委开展的工作有以下几方面。

1）对广大青少年开展以理想、信念为核心的思想品德教育和以爱国主义、集体主义、社会主义为基本内容的主旋律教育。用马列主义、毛泽东思想、邓小平理论武装青少年的头脑，使他们能够树立坚定的理想和信念，能够坚持正确的政治方向。

2）对广大青少年进行科学文化教育，提高青少年学习科学技术的积极性和科学文化素质，让他们在"科教兴国"中发挥作用。各地关工委利用讲座、展览、影视等形式，对青少年进行科普知识的宣传。在企业中开展传、帮、带活动，促进青年工人提高基本技能和树立良好的职业道德。在农村以科技咨询服务、举办科技讲座、科技培训班、典型示范、成果推广等多种形式，培养总结宣传了一大批热心推广先进农业技术，脱贫致富的典型青年农民。

3）进行法制教育，不断提高广大青少年法律意识和法制观念。各地关工委对学习宣传、贯彻《预防未成年人犯罪法》和《未成年人保护法》做了许多工作。有的地区关工委积极配合政法部门编写教材，深入到学校、社区向青少年进行宣讲；有的采取一帮一、结对子、办法律学习班等形式，深入大墙内对服刑青少年进行耐心帮教，对后进的青少年进行预防性帮教，对刑满释放和解除劳教的青少年进行接茬帮教；有的积极配合有关部门创造良好的育人环境，对青少年生活、学习的周边环境进行整治，组织中小学生开展"告别两室一厅（台球室、电子游艺室、录像厅）"的活动；特别是对青少年的吸毒问题，很多地区关工委进行了大量的社会调查，对吸毒青少年的生活环境及对他们产生的吸毒影响进行分析，积极向当地党委和政府提出建议，许多建议被采纳。近几年来，各地写出了一些很有分量的预防青少年犯罪的调查报告，在当地起到很大作用。通过这些深入细致的工作，广大青少年增强了法律意识和法制观念，在社会上转化了一大批有劣迹的青少年，防止了一大批被挽救的失足青少年再犯罪，对维护社会安定发挥了很好的作用。

（3）编史修志，著书立说

老年人是历史的见证人，又是人类文化知识和生产经验的继承者、创造者、发展者和传播者。作为社会的资深公民，他们拥有丰富的生活经验，对世事人情有广泛的阅历和深刻的体会，以及在人生道路上经受过多方面的磨炼。老年是人生最成熟的阶段，是出成果的最佳时期，俗话说"不过五十不写书"，很多老学者、老专家、老将军、老工人，离退休后积极参加编史修志，著书立说，写回忆录，把自己的知识、革命经历和经验留给后代。

中国社会科学院的离退休专家学者，在职时以研究社会为对象，他们参与社会实践，调查社会各阶层，了解各层次人们的思想状况，对专业研究有继承、有发展。不少人从科研岗位退下来以后，利用自己的时空优势，笔耕不辍，著书立说。据不完全统计，全院离退休科研人员中，离退休以后撰写的专著近 2000 部，论文和研究报告 3400 余篇，译著 480 余部，学术工具书等近 90 部。有些作品荣获了国家级、省部级以及各类专项奖。

社会老年学是一门新兴学科，我国在 20 世纪 80 年代初对此还鲜为人知。为了填补这项空白，中国社会科学院老年科学研究会的离退休老专家，主动请缨，承担和参加国家社会科学基金有关课题研究，撰写了我国第一批关于老年学、老年法、老有所为和老有所养的专著，翻译了第一部老年经济学。在 20 多个省、市、自治区举办老年科学与老龄工作研修班，接受中央和地方电视台、电台和 20 多个部委的离退休人员管理机构邀请讲学，为发展有我国特色的老年科学和促进老龄工作做出了贡献。

中国老教授协会会员、内蒙古大学 85 岁的老教授林干撰写了四部民族通史；山东老教授协会副会长杨纪明撰写的《海洋技术政策》解决了海洋生态一系列的问题；中国人民大学 73 岁老教授承担国家档案局下达的任务，主编《中国档案修裱技术》一书为国内首创；中国工程物理研究院科协负责编写院史和国家重点试验总结，整理科技档案，不仅抢救了一批珍贵的国防科技史料，也为培养教育中青年科技工作者提供了教材。"学海无涯书为舟"，著书立说的老专家、老学者的老有所为的重要意义在于启迪当代，教育后人。

3. 老有所为是迎接老龄化挑战的需要

马克思主义认为人口是社会的基本生产力，是社会经济活动的主体。劳动力是发展生产力最主要的因素，劳动力资源是最重要和最宝贵的资源。从经济学的观点看，一个国家和地区的劳动力资源量的多少，是反映这个国家和地区经济实力的重要指标。人口老龄化是老年人口在总人口中所占比重上升的过程。人口老龄化发展对劳动力和劳动力资源的影响程度是最受人们关注的问题。

劳动年龄人口是劳动力来源的基地，在总体人口中处于核心地位，劳动年龄人口数量的多寡及其在总人口所占比重的大小，是一个国家或地区经济发展至关重要的因素。人口老龄化发展从总体来说，会导致劳动年龄人口比重相对下降。尽管在老龄化的初期，少年儿童人口比重下降的幅度较大，而老年人口比重上升的幅度较小，甚至小于少年儿童人口比重下降的幅度时，会出现劳动年龄人口比重上升的现象。但是，一旦总和生育率达到更替水平，少年儿童人口比重回升，而老年人口比重只升不降时，劳动年龄人口比重就会立即下降。

劳动年龄人口比重下降是人口老龄化制约经济发展的首要因素。它一方面导致劳动力资源减少和劳动力不足，另一方面使老年人赡养比上升，劳动力成本加大，两者都不利于经济发展和可持续发展。我国 15～59 岁劳动年龄人口比重，从现在到 2010 年呈上升趋势，但是随着人口老龄化发展，到 2010 年以后，将出现递减的不利局面。尽管从全国来说，近期内劳动力供大于求，但是早期进入老年型社会的上海在前几年已出现了"青年人赤字"现象，北京到 2010 年也将出现劳动年龄人口出大于进的局面。如果说，劳动年龄人口比重下降目前和近期只会在一些大城市和发达地区出现的话，那么在十几年以后，这一现象将会逐渐扩大到内地和全国（见表6）。

表6 我国人口年龄结构变化情况

单位：百万人，%

年份	年龄段	0～14 岁	15～59 岁	15～64 岁	60 岁及以上	65 岁及以上
1950	人数	192.0	321.2	337.9	41.6	25.0
	比重	34.6	57.9	60.9	7.5	4.5
1970	人数	329.8	444.4	465.2	56.5	35.7
	比重	39.7	53.5	56.0	6.8	4.3
1975	人数	366.5	479.5	520.5	64.0	40.8
	比重	39.5	53.6	56.1	6.9	4.4
1990	人数	317.7	738.2	772.9	99.4	64.7
	比重	27.5	63.9	66.9	8.6	5.6
2000	人数	317.8	830.9	873.0	127.6	85.5
	比重	24.9	65.1	68.4	10.0	6.7

续表

年份	年龄段	0～14 岁	15～59 岁	15～64 岁	60 岁及以上	65 岁及以上
2010	人数	267.5	926.8	982.8	161.1	105.1
	比重	19.6	67.9	72.0	11.8	7.7
2015	人数	277.6	931.4	1007.5	200.1	124.0
	比重	19.7	66.1	71.5	14.2	8.8
2020	人数	284.0	934.5	1008.4	230.4	156.5
	比重	19.6	64.5	69.6	15.9	10.8
2030	人数	283.5	887.9	1000.4	328.5	216.0
	比重	18.9	59.2	66.7	21.9	14.4
2040	人数	276.3	865.4	951.9	376.5	290.0
	比重	18.2	57.0	62.7	24.8	19.1
2050	人数	283.6	835.7	941.9	397.4	291.2
	比重	18.7	55.1	62.1	26.2	19.2

资料来源：田雪原、战捷、赵天明《人口老龄化与经济发展》，张文范等《二十一世纪上半叶中国老龄问题对策研究》，华龄出版社，2000。

老年人口比重上升和劳动年龄人口比重下降，导致老年赡养比加大。我国老年赡养比 1975 年为 12.5，1999 年为 13.5，预测 2010 年为 17.4，2030 年为 37.0，2050 年进一步上升为 47.5 时，劳动年龄人口与老年人口之比接近 2∶1。如此沉重的养老负担，必然要加大劳动力成本，影响未来的经济发展（见表 7）。

表 7　我国 1950～2050 年供养系数变化情况

系数

年份	1950	1970	1975	1990	2000	2010	2015	2020	2030	2040	2050
0～14 岁/15～59 岁	59.8	74.2	73.7	43.0	38.2	29.9	29.8	30.4	31.9	31.9	33.9
60 岁及以上/15～59 岁	13.0	12.7	12.9	13.5	15.4	17.4	21.5	24.7	37.0	43.5	47.5
0～14 岁和 60 岁及以上/15～59 岁	72.7	86.9	86.6	56.5	53.6	47.3	51.3	55.0	68.9	75.4	81.5

资料来源：田雪原、战捷、赵天明《人口老龄化与经济发展》，张文范等《二十一世纪上半叶中国老龄问题对策研究》，华龄出版社，2000。

劳动年龄人口比重下降和劳动力不足，早已成为发达国家的难题。他们采取缓解的措施有三条：鼓励生育、提高退休年龄和吸收国外年轻移民。三条都不符合近期我国国情的需要。

提倡老有所为是我国缓解这一难题的良策。从劳动经济学的观点看，一个国家或地区的劳动力资源的绝对量，是这个国家或地区具有劳动能力的总人数，它既包括劳动年龄人口中有劳动能力的人数，也包括劳动年龄人口中实际参加劳动的人数。这一界定可以用等式表述为：

$$劳动资源 = 劳动适龄人口有劳动能力的人口$$
$$+ 未达到劳动年龄而从事社会劳动的人口$$
$$+ 超过劳动年龄而参加社会劳动的人口$$

等式右侧的总量是三项的总和。在第一项劳动适龄人口有劳动能力的人口和第二项未达到劳动年龄而从事社会劳动的人口的数量不变时，如果第三项超过劳动年龄而参加社会劳动的人口数量加大，左侧的"劳动资源"就相应加大。也就是说，超过劳动年龄而参加社会劳动的人口数量越多，劳动资源就越多。在人口统计上，老年赡养比是老年人数与劳动年龄人数之比，从整个社会来看，是每 100 名劳动年龄人口赡养多少老年人。计算公式为：

$$老年赡养比 = 60 \ 岁及以上人数 / 15 \sim 59 \ 岁人数$$

实际老年赡养比不同于统计上的老年赡养比，它是实际不劳动的老年人数与包括参加社会劳动的老年人在内的劳动人数之比。计算公式为：

$$实际老年赡养比 = （60 \ 岁及以上老年人数 - 60 \ 岁及以上参加社会劳动的人数）$$
$$/ （15 \sim 59 \ 岁人数 + 60 \ 岁及以上参加社会劳动的人数）$$

以上两个计算公式表明，当 60 岁及以上老年人数和 15 ~ 59 岁人数不变时，如果没有人参加社会劳动，则老年赡养比与实际老年赡养比相等；如果有老年人参加社会劳动，实际老年人赡养比就低于老年赡养比，参加社会劳动的老年人越多，实际老年人赡养比越低。由此可见，老年人参与社会劳动是降低实际老年人赡养比，缓解老龄化不利影响的一项有效措施。

有劳动能力的老年人参加社会生产者为"生产人口"，否则为"消费人口"。提倡老有所为，让更多的老年人参与社会发展，使生产人口增多，消费人口减少是增加劳动力资源促进经济发展和迎接老龄化挑战的战略措施。孔子说："生财有大道。生之者众，食至者寡……则财恒足矣！"正是这个道理。

二　关于老年人才资源开发

《关于国民经济和社会发展"九五"计划和 2010 年远景目标纲要》把实施科教兴国战略和可持续发展战略作为两项重要任务。实施这两大战略，对于今后的发展乃至整个现代化的实现，都具有重要意义。江泽民同志在十五大报告中再次强调实施这两大战略的重要意义。加速科学技术进步，优先发展教育使经济建设真正转到依靠科技进步和提高劳动者素质的轨道上来，最终实现可持续发展，需要大量的专门人才。江泽民同志在庆祝中国共产党成立 80 周年大会上的讲话强调，时代在前进，事业在发展，党和国家对各方面人才的需求必然越来越大。我国人才资源的现状如何，老年人才资源的开发利用在实施两大战略中可能起到的作用如何，都是需要认真研究的重要问题。

（一）可持续发展与老年人才资源开发

1. 可持续发展问题的中心是人

可持续发展是国际社会在工业文明和现代化道路反思的基础上，提出的一种理论和战略，涉及人口、资源、环境、经济和社会等方面。人口是人类社会活动的主体，1994 年在开罗召开的联合国国际人口与经济会议所通过的《行动纲领》指出，可持续发展问题的中心是人。

人口是社会的基本生产力，包括有劳动能力的老年人在内的人力资源，特别是人才资源对社会生活和经济发展以及环境等方面都有深刻影响。邓小平同志说人才人事理论是新时期党和国家人才人事工作的理论依据和行动指南。胡锦涛同志在学习邓小平人才人事理论座谈会上的讲话中说，在改革开放和现代化建设过程中，邓小平同志始终十分重视人才问题，特别是在推进经济体制改革、科技体制改革和教育体制改革的重要时刻，他都强调最关心的是人才。他总是把能否解决好人才的发现、培养和使用问题，提到事关社会主义现代化事业成败的高度来认识，提出我们最终不仅要在经济上赶上发达的资本主义国家，在政治上创造比这些国家更高更切实的民主，而且要造就比这些国家更多更优秀的人才。邓小平同志精辟地指出："有了人才优势，再加上先进的社会主义制度，我们的目标就有把握达到。"

历史证明，经济发展不仅要求人才数量与发展的规模相适应、人才质量符合发展的客观需要，而且还要求人才增长速度与发展速度相适应。

现代经济发展说明，对于一个国家或地区的经济增长而言，物质资本的多寡固然重要，但是人的素质的高低更为重要。因为一方面人才资源不仅能开发自然资源，而且能够提高资源的利用率，创造新的物质资源。另一方面，高质量的人才资源对经济增长可以发挥倍数效应。据美国经济学家测算，1900~1957年物质资本增加4.5倍，利润只增加3.55倍，而人力资本投资增加3.5倍，利润可增加17.55倍，比前者利润高4倍。

2. 实现可持续发展必须优先开发包括老年人在内的人才资源

"加强人力资源建设"是2001年亚太经合组织会议最热的话题之一。人力资源能力或称人的能力，主要是指个人拥有的知识、技巧和态度，个人特有的能够产生绩效所具备的知识、技巧和行为。从20世纪80年代开始，人力资本在经济发展中起了决定性的作用。这次与会各方进一步认识到人才在国民经济发展中的重要作用。江泽民同志在宣读"领导人宣言"时指出，加强人力资源能力建设，既是长远的考虑，又是现实的需要。人才开发已成为发展经济的核心动力。

可持续发展是一种高水平的发展模式，因此它对人的素质要求更高。当今世界经济发展一方面是从粗放型向集约型的转变，另一方面是从以物力资源开发为中心向以人才资源开发为中心转变。合理开发人力特别是人才资源，人口负担就会转变成为人力和人才资源，提高劳动生产力，促进经济增长。第二次世界大战后，作为战败国的德国和日本，能够迅速恢复经济，成为世界经济强国的最主要原因是他们重视教育培训，具有充足的、高素质的人才资源，并在经济发展过程中，把开发利用人才资源放在重要地位。过去新加坡和韩国的经济起飞，也是依靠优先开发人才资源取得的，尽管美国和加拿大科技人才较多，但是仍然十分注意吸收国外的人才。美国朝野对留美博士生和硕士生提供奖学金；加拿大大量接收技术移民，他们并非出于人道主义的济世助人，而是为了广罗人才，为自己的经济发展注入更多的活力。

我国人力资源供大于求，低素质人员比重大，人才资源不足，严重制约了经济发展。从根本上说，科技进步，经济振兴，以及整个社会的进步都在于劳动者素质的提高和大量合格人才的培养使用。因此，我们要实现可持续性发展和在综合国力的国际竞争中取胜，就必须把开发人才资源作为一项极为重要的战略任务。

3. 老年人才资源开发对我国的特殊意义

（1）开发老年人才的必要性

《关于国民经济和社会发展"九五"计划和 2010 年远景目标纲要》要求"保持国民经济持续快速发展"。"十五"期间国民经济和社会发展的主要目标是要求国民经济保持较快的发展速度。邓小平同志早就强调"经济发展得快一点，必须依靠科学和教育"。江泽民同志在同政协科技界委员座谈会上的讲话中指出，科技和经济的大发展，人才是最关键、最根本的因素。科技进步与发展需要有相应数量的科技人员，我国科技人员不足，严重地制约着社会经济的发展，从以下几项统计中可以看到我国科技力量不足的严重程度。

联合国开发计划署《1994 年人类发展报告》在"人力资本构成"的统计中表明，1986～1991 年每千人中所拥有的科技人员数分别为：全世界平均 25.0 人，工业化国家 84.9 人，所有发展中国家 8.8 人，我国 8.1 人。这意味着我国的人力资本构成中，科技人员的比重不仅低于工业国家和世界的平均水平，即使在发展中国家也只是接近平均水平。统计还表明，中等发展水平包括中国在内的平均水平为 10.7 人，如果不把中国计算在内，则上升为 15.4 人。在被调查的 25 个中等发展国家的排位中，我国居第 12 位。

就国家对比而论，日本（110 人）是我们的 14 倍，美国（55 人）是我们的 6.1 倍，巴西（32 人）是我们的 3.6 倍。

从联合国开发计划署《2001 年人类发展报告》中我们可以看到，我国在总体发展方面与国外的差距。1999 年我国人类发展指数为 0.718，低于世界平均水平 0.740、中水平发展国家的 0.820 和高水平发展国家的 0.970。在 162 个国家和地区的人类发展指数的排位中，我国位列第 87 位；在 78 个中水平发展国家和地区中，我国居中，在马来西亚、墨西哥、泰国和菲律宾等国之后。

在知识经济和信息社会时代，通信、信息的发展水平是代表一个国家实力的重要标志。世界银行《2000/2001 年世界发展报告》公布的通信、信息和科学与技术的发展统计中，我国的水平也分别低于中等收入国家和高收入国家的水平。

1998 年我国每千人拥有个人电脑 8.9 台，低于菲律宾 15.1 台、泰国 21.6 台、巴西 30.1 台。中等收入国家为 22.9 台，高收入国家为 777.22 台。韩国为 156.8 台，日本为 237 台，美国为 458.6 台。

2000 年 1 月，每万人因特网主机，我国为 0.57 台，低于菲律宾 1.58 台、泰国 6.46 台、巴西 26.22 台。世界平均为 120 台，中等收入国家为 9.96 台，韩国为 60.03 台，日本为 208.06 台，美国为 1939.97 台。

在科技人员拥有量的统计中，1987～1997 年每百万人中从事研究与开发的工程师人数，我国为 454 人，中等收入国家为 668 人，高收入国家为 3100 人。同期，蒙古为 910 人，韩国为 2193 人，日本为 4909 人，分别是我国的 2 倍、4.8 倍和 10.8 倍。由此可见，我国科技发展落后和现有科技人员不足的严重程度。

截至 1995 年，我国有大学专科毕业生 1193 万人，本科毕业生 767 万人，硕士学位获得者 31.1 万人，博士学位获得者 2.3 万人，并有 3000 名博士后研究人员出站，合计 1993.7 万人，占人力资源总量（适龄人口）的 2.4%。与发达国家的 10%～30% 比较，仍有很大差距。据预测我国人力资源中，大专以上所占比例要到 2030 年才能达到 10%，接近当前发达国家的最低水平。我国人力资源文化结构的现状及演化趋势见表 8。

表 8　我国人力资源文化结构的现状及演化趋势

单位：%

文化程度＼年份	1990	2000	2010	2020	2030	2040	2050
大专以上	2	3	5	7	10	12	15
高中毕业	12	17	23	30	35	40	45
初中毕业	33	35	37	38	40	38	35
初中以下	53	45	35	25	15	10	5

《1994 年人类发展报告》在人类发展趋势一栏对 6～23 岁各层次入学率的统计中表明，1996 年所有发展中国家为 46%，高发展水平的发展中国家为 66%，中等发展水平的为 56%。我国为 53%，低于韩国 74%、巴西60%、印度尼西亚 58% 和蒙古 56%。在被统计的 41 个中等水平国家中，我国位居倒数第 9。与 1980 年相比，所有发展中国家提高 5 个百分点，中等水平发展中国家提高 5 个百分点，印度尼西亚提高 7 个百分点，巴西提高 6个百分点，我国仅提高 3 个百分点。这表明，不仅我国的入学率在中等水平发展中国家中位于后列，提高速度也比平均提高速度低。

解决人才不足有四个途径，一是在校培养，二是在职培训提高，三是起用已退出劳动力队伍的（中）老年人才，四是从国外引进人才。四者相比，以开发老年人才的成本最低，收效最快。

（2）开发老年人才资源的紧迫性

根据我国人口老龄化发展趋势，2000 年进入老年型社会时，老年供养比系数为 13.9，少儿系数为 39.3，总供养系数为 53，此后老年供养系数上升低于少儿供养系数下降的幅度，因而在 2010 年、2020 年总供养系数仍保持在 56.9 以内。但是到 2030 年，老龄化进入高峰，老年供养系数上升为39，总供养系数将高达 70，到 2050 年将达到 85.5。这就是说，从现在起到2020 年的 20 多年中，总供养系数较低，即 55 左右，是发展经济的黄金年代，等进入 21 世纪 30 年代以后，高达 70 以上的总供养系数只升不降，社会将不堪重负，发展经济就会受到老龄化的极大影响。

紧迫感还表现在我们面临的人才不足和断档上。我国高级人才也面临严重短缺的威胁。据国家人事部与相关人才研究所调查显示，目前，我国高级人才资源，大专以上学历者 127.8 万人，占高级人才资源总量的 87.63%，而这一比率比 1980 年的 93.88% 低了 6.25 个百分点。据 1998 年中国教育部对部属高校博士生导师年龄结构进行的分析看，年龄超过 56 岁以上的占 88%，其中北京大学 400 多名博士生导师的年龄超过了 62 岁，中国科学院在首都高校的 29 名院士中，年龄普遍超过了 70 岁，我国两院院士平均年龄为 65 岁，我国高级专业人才，年龄在 55 岁以上的占 41.38%。而据原中国老龄委的一项调查报告显示，到 2000 年我国有 42% 以上的高级职称人才退休。这份报告还显示，我国 100 多万高级职称的人才中，45 岁以下的占 6.3%，35 岁以下的仅占 1.1%。高级人才出成果有其最佳的年龄期，文学领域 45 岁是最佳年龄期，社会哲学领域 40 岁是思想开始成熟、思维最活跃的年龄期。到 21 世纪初期，我国以上这些领域人才绝对量和相对比例都将跌至新中国成立 50 年来的最低点。

据 1993 年年底统计，当时，全国具有高级专业技术职称的共 117.6 万人，其中 45 岁以下的 7.4 万人，占总人数的 6.25%，35 岁以下的 1.4 万人，占 1.19%，而 50 岁以上的高达 70%。1996 年全国 56 岁以上的教授占教授总数的 72%，51 岁的副教授占副教授总数的 69.3%，目前我国高级人才已进入退休高潮，几年后，"文化大革命"前毕业的大学生将全部退休。文革 10 年大部分大学处于停顿状态，没有毕业生，因此，我国已进入科教人才断层的低谷。如不及时补充，势必影响科教兴国和可持续发展战略的实现，开发老年人才资源已是刻不容缓。

（3）开发老年人才资源的可行性

马克思认为劳动生产力是由多种情况决定的，其中包括工人的平均熟练程度，科学的发展水平和它在工艺上应用的程度。工人的平均熟练程度与工人的年龄、工龄呈正比。老年技术人员的技术优势和经验优势，老教授、老专家的知识优势和专业特长，使他们拥有能够最大限度发挥其潜能的可能性。

据统计，1996 年我国离退休专业技术人员 340 多万人，其中高级专业技术人员 57 万多人。他们中的大多数，在职时曾是业务骨干，有的还是学科、技术带头人。

据中国老科学技术工作者协会统计，我国现有科技工作者 2900 多万人，而离退休科技工作者有 500 多万人，占在职科技工作者的 20% 左右。其中具有高级技术职称的占 40%～50%，70 岁以下者占 70%，约 350 万人。目前已参加发展的仅仅占 10%～20%，还有将近 300 万人待聘。

在高教和科研方面，全国有离退休正副教授、正副研究员 7 万人，从1995 年起，每年有 1.2 万人退休，到 2000 年达到 13 万人。在年龄构成上，69 岁以下的低龄老人约占 80%，其中大多数人身体健康，有继续工作的能力和愿望。

中国老教授协会目前有会员 27000 余人，其中包括有突出贡献的专家学者，70 岁以下的大约占 70%，身体基本健康的占 70%。他们参加协会的目的就是继续为科教兴国做贡献，但是除一部分受聘或在协会支持下自谋发展外，还有 70% 左右的会员未能如愿，他们是一支亟待开发的优秀人才大军。

可行性的另一个有利因素是我国人口的平均预期寿命在延长，相应地，老年人才能够工作的岁月也在延长。特别是一些工业部门严格执行女性高级工程师 55 岁退休政策，甚至提前内退，这又为老年人才资源增添了年轻的生力军，增强了老年人才资源开发的可行性。

家用电脑在知识分子家庭的普及、通讯传真技术的发展，以及互联网的运用，更为老年脑力劳动者继续在家里上班创造了条件。如果说过去老年人因体力衰退挤车上班有困难而不得不在家闲居的话，现在他们就不存在这些困难，可以在网上查资料，用电脑、电话和传真参与课题研究和从事科研工作，从而为自己才能的使用和开发增添了机会与可能。

三　有关老年人才开发的几个理论与认识问题

我国自古以来就有敬老尊贤的优良传统，"人尽其才，才尽其用"更是广为人知的训言。

关于在科技发展的信息时代，老年人才是否还能发挥作用，在社会上有不同的看法。

（一）关于"老年人才现在还是不是人才"的讨论

《辞海》对人才的释义是："有才能的人。"《现代汉语词典》的释义是："德才兼备的人；有某种特长的人。"在《最新牛津现代高级英汉双解词典》中，"人才"为"有才能的人；有资格的人"。尽管中外的表述不尽完全一样，但是其实质意义可以概括为"有才能和专长的人"，按照马克思主义的观点，劳动力是"人的身体即活的人体中存在的、每当人生产某种使用价值时就运用的体力和脑力的总和"。这表明，我们常说的劳动力应该是具有劳动能力的人，不受年龄限制。如果说人才是有才能和专长的人，那么作为以脑力劳动为主的人才，就更不应该有年龄的限制了。根据这一解释，我们说具有才能和专长的老年人也是人才，老年人才是整体人才的一个组成部分，人才资源的开发利用当然包括老年人才在内。

世界各国从事社会科学和自然科学研究的学者专家中，很多人进入老年后，仍然在科研和教学岗位上继续工作，做出突出贡献的大有人在。据不完全统计，全世界 83 名诺贝尔文学奖获得者中，在 60 岁以后获奖的有53 人，占获奖总人数的 64%。在 32 名诺贝尔经济学奖获得者中，获奖时的平均年龄 71 岁，年龄最高的 81 岁，这些实例进一步说明老年人才在各自的专业上是仍然可以再创伟业的。

我国历来主张"人尽其才，才尽其用"。我国的老年人，甚至年逾古稀的老教授、老专家，退休后继续工作并获得优异成绩和做出重大贡献的，大有人在。2000 年中国老教授协会"老教授科教兴国贡献奖"10 位获得者的平均年龄为 78.7 岁，其中年龄最高的 89 岁，最低的 72 岁。"老教授科学与技术工作优秀奖"，26 位获得者的平均年龄为 71.2 岁，其中年龄最高的85 岁，最低的 58 岁。"老教授民办高等教育工作优秀奖"，23 位获得者的平均年龄为 68.3 岁，其中年龄最高的 78 岁，最低的 56 岁。以上 59 位获奖者的平均年龄为 72.7 岁，称得上"宝刀不老"。

（二）人才资源与劳动力资源、老年人才与老年人的异同

按照国际公认的说法，劳动力资源（又称人力资源）是指一个国家或地区在其所规定的劳动年龄范围之内的劳动者，而人才资源是指劳动力资源中具有才能和专长的人。也可以说，人才是人力资本中的精华。对于我国来说，在近一段时间内劳动力资源供大于求，而人才资源严重不足，那种以待业和下岗人员多为理由而极力反对开发利用老年人才资源的人，就在于他们把劳动力资源和人才资源混为一谈，把老年人和老年人才混为一谈。

老年人才是指老年人中有才能和专长的一部分人，是经济学和人才学的概念，所强调的是才能和专长，而老年人只是根据老年人起点年龄来确定的。两者的相同之处在于按出生年龄计算都已进入老年，但是否属于老年人才，则是由是否具有才能和专长来界定的。我们不能把开发老年人才资源和开发老年人力资源混为一谈。

（三）老年人才与中青年人才的关系

老年人才与中青年人才是整体人才的两大组成部分，它们是从年龄角度划分的。前者绝大多数已退休，后者为在职。尽管两者同属于人才范畴，都具备人才条件，但是老年人才在体力和精力各方面处于衰退时期，因此活动范围受到一定限制。老年人才的优势是经验丰富，阅历较深，仍能发挥作用，特别是在中青年人才不足时，可以作为补充，缓解人才供需矛盾。科学技术的发展本来就是后人在前人的基础上继承和发展的，而且很多发明创造是几代人共同努力的成果。牛顿在伽利略等人成就的基础上建立了成为经典力学的运动规律。但是牛顿没有数典忘祖，而是推崇前人的贡献和对他的启示，他说，我之所以比笛卡儿看得远些，是因为我站在巨人的肩上。自然科学如此，社会科学也不例外，马克思和恩格斯曾经不止一次地强调他们的思想发展，有很多地方得益于德国的大哲学家，尤其是黑格尔。科学无止境，老年人才和中青年人才的合作可以得到优势互补和承前启后的整合效应，彼此之间不存在"抢饭碗"的矛盾。

（四）老年人才与"知识老化"问题

社会上有一种说法认为，老年人知识老化，不能适应科技进步和社会发展的需要了。如果说这不是对老年人的歧视和偏见的话，那至少也是对知识的无知。

知识是人们在社会实践中积累起来的经验。从本质上说，知识属于认识的范畴。毛泽东说："什么是知识？自从有阶级的社会存在以来，世界上的知识只有两门，一门叫做生产斗争知识，一门叫做阶级斗争知识。自然科学、社会科学，就是这两门知识的结晶，哲学则是关于自然知识和社会知识的概括和总结。"经验是知识的初步形态，系统的科学理论才是比较完备的知识形态。马克思主义把知识看成是全人类的认识结晶，无论什么知识，只要是经过实践检验，证明是科学地反映了客观事物的，就是正确可靠的知识。这样的知识是不会老化的。马克思的《资本论》、黑格尔的《逻辑学》、伽利略的"落体规律"、爱因斯坦的"相对论"、哥白尼的"地动说"、祖冲之的《大明历》、李时珍的《本草纲目》，等等，不都是垂范后世而不朽的专著和学说吗？

当然，随着科技发展，人类的认识也在拓宽、深化和发展，知识也在不断地丰富，要求人们不要满足于已有的知识，应该不断地补充新的知识。但是这不等于说已有的知识过时了，古语说，"温故而知新"，只有在原有的基础上继续学习，才能增加新的知识和技能，适应时代发展的需要。这也是联合国在 20 世纪 80 年代推出"终身教育"的主旨。增加新知识对于老年人和对中青年人同样重要，单纯强调老年人知识老化是不科学的。如果以此而否定老年人才的作用，那就错上加错了。

四　国外老年人力人才资源开发的动向

在发达国家，人口的素质较高，加之自动化和高技术的发展，脑力劳动者和体力劳动者的界限日趋缩小，白领员工的比重越来越大，人力资源与人才资源很难划分，所以在论述老年人力资源的开发与否时，通常用提前退休和推迟退休来表达。近年来的动向如下。

（一）　由鼓励提前退休向推迟退休转变

发达国家在 20 世纪 40 年代制定的法定退休年龄一般在 60～67 岁，就当时而言还是比较高的，后来资本主义世界的经济危机导致失业率上升，于是一些国家采用鼓励提前退休的办法，让不到退休年龄的人退休，为失业的中青年让岗位。1962 年美国领头允许男性工人可以提前在 62 岁退休，当时的肯尼迪总统把这一措施鼓吹为经济衰退时期解决失业和恢复经济的良策，在此之后一些国家相继仿效，直到 90 年代，仍有个别类似现象继续发生。应该看到这项措施在开始时确实在一定程度上缓解了失业压力，但其负面效应则是纳税人减少，领退休金的人增多，加重了社会负担，提高了劳动力成本，降低了产品在国际市场上的竞争力，制约了经济发展。进入 90 年代以后，建议停止鼓励提前退休，让老年人参与发展的呼吁已由一些国际组织正式提出。1997 年 2 月联合国社会发展委员会建议，要求制订新政策，使老年人能够参与发展。同年 5 月，经合组织理事会提请其成员国建立能够充分发挥老年人作用的就业制度。经合组织应 1997 年西方七大国丹佛会议和成员国财政部长会议的委托，对老龄化进行了研究，并在 1998 年 6 月提出了研究报告。报告建议在维持老龄化社会繁荣的建设中停止鼓励提前退休。

（二） 反对在就业方面的年龄歧视

美国于 1967 年制订了《禁止歧视老年人法》，禁止雇主以年龄为条件不雇用任何人。1975 年的修订法案规定，"禁止在获得联邦财政资助的项目和活动中，对老年人毫无理由的歧视"。1978 年加拿大制定的《人权法》把"在雇用年龄上的歧视"列为违法行为。日本 1971 年公布的《促进雇用中高年龄者特别措施法》规定，所有企业雇用的老年工人不得少于工人总数的 6%。法国禁止在招工广告中提出年龄限制。

（三） 提倡"就业老龄化"，鼓励老年人在 65 岁后继续工作

经合组织的报告指出，在 1960 年每个可以活到 68 岁的人大约工作 50 年（占一生的 73.5%），而现在能活到 76 岁的人只工作 38 年（占一生的 50%），报告建议实行弹性退休制度和非全日工作制，使老年人按照自己的意愿选择工作、学习和休息的安排，继续为社会和经济繁荣做贡献。

（四） 延长法定领取退休金年龄

科技进步和人口预期寿命延长，特别是电子、电讯等高科技的发展，延长了老年人可以继续工作的岁月。适应这一客观情况，延长退休年龄又成为 20 世纪 90 年代开发老年人力资源和缓解退休金储备紧张的一项有效措施。据国际社会保障协会统计，1993～1995 年，延长法定退休年龄的国家有 15 个，其中有发达国家、东欧国家，也有拉丁美洲的发展中国家。

五　对促进老有所为和开发老年人力人才资源的建议

（一）肯定老有所为的作用和意义，制定相应的政策和立法

老有所为对于我国所处的社会主义初级阶段来说，是发展经济、解决和补充老有所养和缓解人口老龄化不利影响的一项重要措施，也是加强社会主义精神文明建设，使老年人晚年生活充实而有意义的一个重要途径，它不是目的，而是富国利民的手段。这项涉及面很广、政策性很强的工作，需要有相应的政策和法规来加以保证。

（1）在政策上对老有所为要给予促进和鼓励，在登记、集资、税收等方面开绿灯。国外把老年人与残疾人一视同仁。我国对老年人参与社会发展也应像对残疾人一样，给予同等的优惠和辅助，如减免税收、简化手续、优先提供原料和设备等。

（2）以立法形式，保护退休人员参与劳动的合法权益和所取得的合理报酬。退休人员所享受的退休金，是他（她）们在劳动时期所创造价值的延期支付，受到法律保护。他们退休后按照社会需要重新参加劳动所收取的合理报酬，是现阶段的劳动所得，也应该受到保护。如果二者相加超过缴纳个人所得税的收入标准，其超过部分应照章纳税，不能因有劳动报酬而减发或扣发退休金。

（3）鼓励老年人在自愿量力的前提下参与社会发展，禁止以年龄为条件歧视老年人。对于退休后继续从事科研而取得成绩者，应像对在职人员一样给予表扬和奖励。

（二）把开发利用老年人力人才资源纳入经济社会发展规划

人口老龄化在我国已成定局，开发利用老年人力人才资源是协调人口老龄化与经济发展和实施可持续发展的一项重要措施，应该纳入经济和社

会发展规划和国家人力人才开发利用的总体规划。

（1）建立官方、半官方或群众性的老年人才交流中心，定期举行老年人才交流大会，为求职的老年人与用人单位牵线搭桥。北京离退休人才开发中心成立于 1986 年，中心通过日常登记介绍和定期举办老年人才交流市场，在 1996 年先后为 13 万多名老年人提供了参与发展的机会，为 7700 多个企事业单位解决了急需专业人才 40000 多名。2001 年 1～5 月举办老年人才洽谈会 4 次，参会单位 289 个，参会人数 13400 人，达成招聘意向 2723人。1987 年北京、洛阳、恩施、石家庄、包头、大连发起成立了老年人才协作网。建议在此基础上扩大联网范围和覆盖面，为开发老年人力人才资源开发工作开创新局面。

（2）按行业组建各系统的老年工作者协会，筹集老年科研基金，为协会会员参与本系统的专业工作和社会发展牵线搭桥，为老年人从事的课题研究提供经费资助。

（三）适时提高退休年龄和实施弹性工作时间制

我国的法定退休年龄是 20 世纪 50 年代根据当时的生产力和经济发展水平、人口预期寿命和健康状况制定的，对现在来说显然偏低，应该适时提高。考虑到在 2010 年以前，我国劳动力供大于求，所以从 2010 年开始，逐年提高退休年龄，到 2030 年即可达到当前发达国家的退休年龄。

目前我国女性退休年龄低于男性的规定，应改为男女同等，一视同仁。对于脑力劳动者，建议试行弹性退休和非全日的弹性工作时间制。

参考文献

滕一龙：《在全国离退休人员管理服务工作研讨暨表彰会上的讲话》，《神州夕阳红》，吉林人民出版社，1995。

李立新：《为退管企业保驾护航》，《中国老年报》2001 年 6 月 26 日。

蔡勇卿、安春蓓：《21 世纪老年学——老龄问题》，中国劳动社会保障出版社，2000。

熊必俊：《建立社会养老、家庭养老与社区助老服务相结合的养老保障体系》，《中国的养老之路》，中国劳动出版社，1998。

熊必俊：《发挥特长优势培养栋梁之材》，《中国老年报》2001 年 10 月 8 日。

熊必俊主编《老有所为的理论与实践》，经济管理出版社，1993。

邓小平文选（第三卷），人民出版社，1993。

崔建国：《可持续发展与人才资源开发》，《广东行政学院学报》1998年第1期。

吴畏：《21世纪：中国人才危机》，《苏南科技开发》1999年第6期。

熊必俊：《老年人才资源开发与可持续发展》，《老人与发展研讨会文集》，上海科学技术文献出版社，1999。

《毛泽东选集》（第三卷），人民出版社，1996。

落实科学发展观，开发老年人才资源，促进人口老龄化与经济协调发展[*]

摘　要："重才尚贤"是中华民族的优良传统，早在春秋时期，诸侯争雄就有"争天下者必先争人"之说。管仲提出"树人百获"的用人思想，强调培养和使用人才对于社会经济发展的重要性。《礼记·礼运》在论述如何实现"大同"和"小康"时强调要"选贤与能"和"以贤勇知"。儒、道、墨、法诸家无不重视人才对治国的重要作用。

新中国成立以来，党和政府十分重视人才工作，邓小平同志把能为解决好人才的发现、培养和使用问题提到事关社会主义现代化事业成败的高度来认识，他精辟地指出，有了人才优势，再加上先进的社会主义制度，我们的目标就有把握达到。

科学技术是第一生产力，人才是科学技术的载体，实施科教兴国战略和可持续发展战略需要人才。我国有人才6000多万人，但是有关信息表明，17个部门合计人才缺口大约为3600万人，相当于现有人才的60%，从联合国开发计划署《2001年人类发展报告》可以看到我国与国外的差距之大。在2001年68个国家技术成就指标的排名中，我国位列第45名，在韩国、泰国、巴拿马之后。1999年我国人类发展指数为0.718，低于世界平均水平的0.740，在162个国家和地区的人类发展指数的排位中，我国列第87位；在78个中水平发展国家和地区中，

* 此文为向2006年"老年学学术高峰论坛"提交的论文。本文荣获"2006年老年学学术高峰论坛优秀论文一等奖"。

我国居中，在马来西亚、墨西哥、泰国和菲律宾等国之后。

我国人才不足严重制约着社会经济的发展。解决的措施有四，一是扩大学校培养，二是加强在职培训，三是从国外吸收，四是开发老年人才资源。其中，以开发利用老年人才资源的成本最低，收效最快。我们要充分认识到当前老年人才资源开发的必要性、紧迫性和可行性，从理论上澄清几个认识问题，落实科学发展观，认真贯彻《关于进一步加强人才工作的决定》和《关于进一步发挥离退休专业技术人员作用的意见》，切实做好开发利用老年人才资源的工作，促进老龄化与经济协调发展。

关键字：老年　人才　科教兴国　可持续发展

一 "重才尚贤"是中华民族的优良传统

早在春秋时期，诸侯争雄就有"争天下者必先争人"之说。齐桓公爱才，尊称管仲为"仲父"。管仲首先提出"树人百获"的用人思想。他认为："一年之计，莫如树谷；十年之计，莫如树木；终身之计，莫如树人。一树一获者，谷也；一树十获者，木也；一树百获者，人也。"管仲用"树人百获"以及后来衍化的"百年树人"来阐发培养和使用人才对于社会经济发展的重要性，可以说是人才观长久不衰的命题。

《礼记·礼运》在论述如何实现"大同"和"小康"时强调要"选贤与能"和"以贤勇知"。儒、道、墨、法诸家重视人才对治国的作用。孔子说："其人存，则其政举；其人亡，则其政息。故为政在人。"老子提出"善用人者，为之下"，强调善于用人才的人，会谦恭地尊重人才。墨子的"尚贤"强调："是故国有贤良之士众，则国家之治厚；贤良之士寡，则国家之治薄。故大人之务，将在于众贤而已。"荀子主张法治，同时强调人才的重要性。他强调："法不能独立，类不能自行。得其人则存，失其人则亡。"他认为人才不是天生的，积学才能成才。他说："尧、禹者，非生而具者也，夫起于变故，成于修。"

二 实施科教兴国和可持续发展战略需要人才

《关于国民经济和社会发展"九五"计划和 2010 年远景目标纲要》把实施科教兴国战略和可持续发展战略作为两项重要任务。十六大报告强调全面建设小康社会要走新型工业化道路，大力实施科教兴国战略和可持续发展战略。人口是社会的基本生产力，其中人力资源特别是人才资源对社会生活和经济发展以及环境等方面都有深刻影响。邓小平同志说人才人事理论是新时期党和国家人才人事工作的理论依据和行动指南，胡锦涛同志在学习邓小平人才人事理论座谈会上的讲话中说："在改革开放和现代化建设过程中，邓小平同志始终十分重视人才问题，特别是在推进经济体制改革、科技体制改革和教育体制改革的重要时刻，他都强调最关心的是人才。他总是把能为解决好人才的发现、培养和使用问题，提到事关社会主义现代化事业成败的高度来认识，提出我们最终不仅要在经济上赶上发达的资本主义国家，在政治上创造比这些国家更加切实的民主，而且要造就比这些国家更多更优秀的人才。他精辟地指出，有了人才优势，再加上先进的社会主义制度，我们的目标就有把握达到。"

科学技术是第一生产力，人才是科学技术的载体，实施科教兴国战略和可持续发展战略需要人才。

教育是培养人才的先导产业，是"第一生产力的生产力"。十六大报告指出，教育是发展科学技术和培养人才的基础，在现代化建设中具有先导性、全局性作用，必须摆在优先发展的战略地位。

英国著名经济学家、剑桥学派的创始人阿弗里德·马歇尔在《经济学原理》中强调要加强教育投资。他认为，人的智慧、才能与其他种类的资本是并列的，是生产力提高的动力，而且随着生产的发展，对人的才能的要求也越来越高。

发展教育必须具备相应数量德才兼备的师资。教育工作者作为"人类的灵魂工程师"是发展教育不可缺少的人才。

可持续发展是一种高水平的发展模式，对人的素质要求更高。当今世界经济发展一方面是从粗放型向集约型的转变，另一方面是从以物力资源开发为中心向以人才资源开发为中心转变。合理开发人力特别是人才资源，人口负担就会转变成为人力和人才资源，提高劳动生产率，促进经济增长。第二次世界大战后，作为战败国的德国和日本，能够迅速恢复经济，成为世界经济强国的最主要原因是他们重视教育培训，具有充足的、高素质的人才资源，并在经济发展过程中，把开发利用人才资源放在重要地位。过去新加坡和韩国的经济起飞，也是依靠优先开发人才资源取得的，美国和加拿大，尽管科技人才较多，但是仍然十分注意吸收国外的人才。

从根本上说，科技进步、经济振兴，以及整个社会的进步都在于劳动者素质的提高和大量合格人才的培养使用上。我们要实现科教兴国、可持续性发展并且在综合国力的国际竞争中取胜，就必须把开发人才资源作为一项极为重要的战略任务。

三　我国面临人才缺口的挑战

我国有 6000 多万人才，但是高层次人才十分短缺。截至 2001 年年底，全国享受政府特殊津贴的专家约为 14.3 万人，但将近 11 万人已达到退休年龄，目前在岗的高智力人才总数也不过 5 万人。

在全国 29 个专业技术系列中，具有高级职称以上的高智力人才共157.3 万人，仅占专业技术人员总数的 5.5%；全国具有本科以上学历的专业技术人员仅占全部专业技术人员的 17.5%。

1999 年，经济合作与发展组织（OECD）各国每万个劳动力中有研究人员 61.5 人，我国仅为 9.7 人，不到 OECD 各国的六分之一。

有关信息表明，我国部分领域和部门人才缺口情况如下：

IT 人才年缺口 100 万人　　　　　　IC 卡设计人才缺口 25 万人

技工人才缺口 1000 万人　　　　　　奇缺条码人才 300 万人

保险经济人才缺口几十万人　　　　　企业情报人才缺口在 10 万人以上

外贸人才缺口超过 100 万人　　软件测试人才缺口 30 ~ 40 万人

数字媒体人才缺口 15 万人　　汽车人才缺口 80 万人

心理咨询人才缺口 20 万人　　电子商务人才缺口 200 多万人

制造业技术人才缺口 30 万人　　物流人才缺口 600 万人

"绿色人才"缺口 1000 万人　　护士人才缺口 100 余万人

精算人才缺口 5000 人

合计人才缺口大约为 3600 万人，相当于现有人才的 60% 。高教人才补充速度缓慢，高教人才不足直接表现在师生之比上。1978 年高校的师生比为 1：4.15，1991 年为 1：5.23，2002 年达到 1：14.61；1991 年研究生导师与研究生之比为 1：1.85，2002 年达到 1：4.34。

四　老年人才资源开发对我国的特殊意义

（一）必要性

实施可持续发展和科教兴国是我国社会经济发展的唯一选择，是一种高水平的发展模式，对人的素质要求更高。当今世界经济发展一方面是从粗放型向集约型的转变，另一方面是从以物力资源开发为中心向以人才资源开发为中心转变。合理开发人力特别是人才资源，人口负担就会转变成为人力和人才资源，提高劳动生产力，促进经济增长。

从联合国开发计划署《2001 年人类发展报告》中我们可以看到，我国在总体发展方面与国外的差距。1999 年我国人类发展指数为 0.718，低于世界平均水平 0.740、中水平发展国家的 0.820 和高水平发展国家的 0.970。在 162 个国家和地区的人类发展指数的排位中，我国列第 87 位；在 78 个中水平发展国家和地区中，我国居中，在马来西亚、墨西哥、泰国和菲律宾等国之后。

急需人才缺口严重制约着社会经济的发展。解决人才不足的措施有四个，一是扩大学校培养，二是加强在职培训，三是从国外吸收，四是开发老年人才资源。其中，以开发利用老年人才资源的成本最低，收效最快。

（二）紧迫性

（1）紧迫感首先表现在时间上。21 世纪头 20 年是我国人口年龄结构比较有利于发展经济的时期。特别是在前 15 年，少年抚养比下降的幅度大于老年赡养比上升的幅度，从而使总供养比下降到 50% 左右，是发展经济的"黄金时期"。"机不可失，时不再来"，从 2020 年往后老龄化进入高峰期，就再不会有这样的良机了。

（2）紧迫感还表现在我们的人才断档上。我国高级人才面临退休高潮，"文化大革命"造成 10 年人才断档。这几年退休的科教人员，目前还处于低龄老人阶段，还可以开发。但是，从人的自然属性来说，人才资源有生命周期的限制，如不被及时开发，就会随着时间的流逝而消失。正因为如此，开发老年人才资源有刻不容缓的紧迫感。

（三）可行性

（1）我国人口的健康水平提高，平均预期寿命不断延长，老年人才参与发展的岁月相应延长。

（2）家用电脑的普及和通讯传真技术的发展，以及互联网的运用，为老年脑力劳动者在家里继续工作创造了条件。

（3）老年人才参与发展受到社会的欢迎和支持，有不少单位在开发老年人才资源方面取得了可喜的成果。

（4）老年人才开发受到学术界和有关单位的重视，仅全国性的老年人才资源开发学术研讨会就召开过 5 次，在人事部门、科研团体，特别是在老年学界从理论上取得了共识。

（5）有关组织相继成立，诸如全国和各地的老科协、老教协，北京市离退休人才开发中心、河北省第二次人才资源开发协会、中国老年学学会人才开发委员会和哈尔滨市人事局老专家咨询团，等等。

（6）中办〔2005〕9 号文转发中组部等部委《关于进一步发挥离退休专业技术人员作用的意见》，这对老年人才开发是一个强有力的促进。

五 关于老年人才有待澄清的几个问题

在党中央和国务院的领导下，通过学术界的理论研究，政府部门的支持，有关群众组织的安排，特别是老年科教技术人员的积极参与，我国老年人才资源开发工作逐步开展，取得了一些可喜的经济和社会效果。但是，尽管开发利用老年人才资源可以缓解中青年人才不足的论点已经在学术界取得了共识，但是在我国要想顺利实施，还需要进一步解决社会上有待澄清的以下几个理论和认识问题。

（一）老年人还是不是劳动力资源

确定一个老年人还是不是劳动力资源，首先要确定他还是不是劳动力。马克思在论述劳动力时说："我们把劳动力或劳动能力，理解为人的身体即活的人体中存在的、每当生产某种使用价值时就运用的体力与智力的总和。"文章对劳动力没有提出年龄的限制。这表明具有劳动能力的老年人仍然是劳动力。

《老年人权益保障法》第40条规定："国家和社会应当重视、珍惜老年人的知识、技能、经验和优良品德，发挥老年人的专长和作用。"《老年人权益保障法》鼓励老年人参与发展，实际是承认有劳动能力的老年人是劳动力。

《宪法》第42条规定"中华人民共和国公民有劳动的权利和义务……劳动是一切有劳动能力的公民的光荣职责"。《宪法》规定也没有年龄限制，有劳动能力的老年人仍然是劳动力资源，劳动仍然是他们的光荣职责，他们的劳动权应该受到法律保护。

（二）关于"老年人才还是不是人才"

我们认为人才没有年龄限制，老年人才是总体人才的一个重要组成部分。人才是指有才能和专长的人，如果说劳动力没有年龄限制的话，那么作为以脑力劳动为主的人才，就更不应该有年龄的限制了。根据这一解释，我们说具有才能和专长的老年人才仍然是人才，人才资源的开发利用当然包括老年人才在内。

马克思认为劳动生产力是由多种情况决定的，其中包括工人的平均熟练程度、科学的发展水平和它在工艺上应用的程度。工人的平均熟练程度和工艺水平与年龄、工龄呈正比。老年技术人员的技术优势和经验优势，老教授、老专家的知识优势和专业特长，使他们能够最大限度地发挥潜能。

胡锦涛同志在全国人才工作会议上强调，要牢固树立人才资源是第一资源的观念，把品德、知识、能力和业绩作为衡量人才的主要标准。要树立科学的人才观，只要具有一定知识或技能，能够进行创造性劳动，为推进社会主义物质文明、政治文明、精神文明建设，在建设中国特色社会主义伟大事业中做出积极贡献，都是党和国家需要的人才。

中共中央、国务院《关于进一步加强人才工作的决定》要求"注意发挥老专家、老教授的作用"，《关于进一步发挥离退休专业技术人员作用的意见》更加明确表明了党和政府对于开发老年人才资源的高度重视和决心。

2004年中共中央组织部在"全国老干部先进个人和先进离退休干部党支部表彰大会"上授予400名老干部"全国老干部先进个人"和150个离退休老干部党支部为"全国先进离退休干部党支部"称号。胡锦涛总书记在给大会的批示和曾庆红同志代表党中央、国务院在表彰大会上的讲话中，强调老干部是党和国家的宝贵财富，称赞老干部为我国革命、建设、改革做出了重大贡献，建立了卓越功勋，并希望广大老干部大力弘扬党的优良传统，为党和人民的事业继续发挥积极作用。殷切期望老干部在建设学习型政党、学习型社会中发挥参与和促进作用，在经济建设和科技进步中发挥服务和推动作用，在弘扬党的优良传统、培养教育下一代上发挥示范和教育作用，在建设社会主义和谐社会中发挥党和政府的参谋和助手作用。

新中国成立之后，中国科学院第一批学部委员共有233名，社会科学的学部委员共有61名。到2003年年底，我国共有中国科学院院士688人，中国工程院院士663人。尽管前者平均年龄已超过74岁，后者已超过64岁，但是这些年逾花甲和年过古稀的学科带头人，仍然在各自的学科领域里继续为实施可持续发展和科教兴国做贡献。

我国历来主张"人尽其才，才尽其用"。我国的老年人，甚至年逾古稀的老教授、老专家，退休后继续工作并获得优异成绩。2000年中国老教授协会"老教授科教兴国贡献奖"，10位获得者的平均年龄为78.7岁，其中年龄最高的89，最低的72岁。"老教授科学与技术工作优秀奖"，26位获得者的平均年龄为71.2岁，其中年龄最高的85岁，最低的58岁。23位"老教授民办高等教育工作优秀奖"的获得者平均年龄为68.3岁，其中年龄最高的 78 岁，最低的 56 岁，59 位获奖者的平均年龄为 72.7 岁，称得上"老当益壮"和"宝刀不老"。

（三）开发老年人才资源会不会影响年轻人就业

这个问题首先要区别人力和人才的不同。劳动力资源中有主要从事简单劳动的体力劳动者和主要从事复杂劳动的脑力劳动者，作为具有才能和专长的人才一般都是脑力劳动者。按照国际共识，人才资源是劳动力资源中具有才能和专长的人，也可以说人才是人力资本中的精华。

英国经济学家亚当·斯密的价值论认为决定价值的是生产商品所耗费的劳动；价值量同消耗的劳动量呈正比，并且区别了简单劳动（指在一定的社会条件下，不需要经过任何专门训练的、一般劳动者都能胜任的劳动）和复杂劳动（指经过专门培养和训练、具有一定技术专长的劳动），指出在相同的时间里复杂劳动比简单劳动能创造更多的价值。这表明，在相同的时间里从事复杂劳动的人才所创造的价值比一般劳动者所创造的价值多。

在同样时间内复杂劳动之所以能够创造较多的价值，其原因在于复杂劳动本身需要经过一定时间的学习和训练。马克思说，能够从事复杂劳动的劳动力比普通的劳动力需要较高的教育费用，它的生产要花费较多的劳动时间，因此它具有较高的价值。既然这种劳动力的价值较高，它就表现为较高级的劳动，也就在同样长的时间内物化为较多的价值。

关于人才资源与劳动力资源的异同，美国著名经济学家詹姆斯·H. 舒尔茨教授在《人力资本投资》中指出，人力资本是社会进步的决定性因素。人力（包括人的知识和人的技能）的形成是投资的结果，并非一切人力资源都是最重要的资源，只有通过一定方式的投资，掌握了知识和技能的人力资源才是一切生产资源中最重要的资源。这表明，人才是掌握了知识和技能的人力资源，不同于从事简单劳动的一般人力资源。

牛文元教授认为，人力资源可分为体能、技能和智能，在培养方面国家付出的成本相差很大。如果说培养体能付出是 1 的话，培养技能就要付出 3，培养智能则要付出 9。而三者对国家的贡献则会达到 1：10：100。这就是说，培养出一个教授或科学家的投入是培养一个普通劳动力的 9 倍，而一个教授或科学家的产出则是一个普通劳动力的 100 倍。开发老年人才资源的目的是发展经济，解决年轻人的就业问题，如果以当前劳动力供大于求为理由，为了普通劳动者就业而反对开发老年人才资源的话，岂不是"捡了芝麻，丢了西瓜"。

解决年轻人就业或失业的根本出路在于发展经济，创造更多新的工作岗位。发展经济的首要条件，是提高劳动力的质量，拥有较多的技术工人和相关人才。在当前我国人才缺口严重的情况下，开发利用老年人才资源有利于发展经济，有利于年轻人就业。目前我国劳动力供大于求的主要是缺乏技术从事简单劳动的劳动力。如果我们为了解决他们的就业而反对开发利用能够从事复杂劳动而创造更高价值的老年人才资源，只能是适得其反，既不利于经济发展，又无补于就业。

（四）老年人才与中青年人才的关系

老年人才与中青年人才是整体人才的两大组成部分，尽管两者同属于人才范畴，都具备人才条件，但是老年人才在体力和精力各方面处于衰退期，活动范围受到一定限制。老年人才的优势是经验丰富，阅历较深，仍能发挥作用，特别是在中青年人才不足时可以作为补充，以缓解人才供需矛盾。

科学技术的发展本来就是后人在前人的基础上继承和发展的，很多发明创造是几代人共同努力的成果。牛顿在伽利略等人成就的基础上建立了成为经典力学的运动规律。牛顿没有"数典忘祖"，他说："我之所以比笛卡儿看得远些，是因为我站在巨人的肩上。"

马克思和恩格斯曾经不止一次地强调他们的思想发展，有很多地方得益于德国的大哲学家，尤其是黑格尔。科学无止境，老年人才和中青年人才的合作可以得到优势互补和承前启后的整合效应，彼此之间不存在"抢课题"的矛盾。

（五）老年人才与"知识老化"问题

社会上有一种说法："老年人才知识老化，不能适应科技进步和社会发展的需要了。"如果说这不是对老年人才的歧视和偏见的话，那至少也是对知识的无知。

知识是人类认识成果，是人类从事各种活动的历史经验的总结。从本质上说，知识属于人类的认识的范畴。哲学则是关于自然知识和社会知识的概括和总结。经验是知识的初步形态，系统的科学理论才是比较完备的知识形态。马克思主义把知识看成是全人类的认识结晶，无论什么知识，只要是经过实践检验，证明是科学地反映了客观事物的，就是正确可靠的知识。

夏先良先生在《知识论》中认为，知识是指导以一切形式表现的人类智力劳动的创新成果或产品，知识是由科学家、工程技术专家、艺术家、教授、政治家、军事家、管理专家、银行家、法学家、医学家、文学家等发明革新和创造的脑力劳动成果。知识的存量不仅仅包括新知识而且包括人类所掌握的一切知识。由此可见，尽管知识有新知识和旧知识之分，但是不论是新知识还是旧知识，作为人类认识的结晶都是不会老化的。马克思的《资本论》、黑格尔的《逻辑学》、伽利略的"落体定律"、爱因斯坦的"相对论"、哥白尼的"地动说"、祖冲之的《大明历》、李时珍的《本草纲目》，等等，不都是垂范后世而不朽的专著和学说吗？

当然，随着科技发展，人类的认识也在不断拓宽、深化和发展，知识也在不断地丰富，要求人们不要满足于已有的知识，应该不断地补充新知识。但是这不等于说已有的知识老化了，古语说，"温故而知新"，只有在原有知识的基础上继续学习，也就是现在说的"继续充电"，才能增加新的知识和技能，适应时代发展的需要。这也是联合国在 20 世纪 80 年代推出"终身教育"的主旨。

增加新知识对于老年人和中青年人同样重要。强调老年人知识老化是不科学的，如果以此而否定老年人才的作用，那就错上加错了。

六　认真学习《关于进一步加强人才工作的决定》和《关于进一步发挥离退休专业技术人员作用的意见》，开发利用老年人才资源

党和政府一贯重视发挥包括老年人才在内的人才的作用，中共中央、国务院 2003 年 12 月 19～20 日在北京召开的全国人才会议上，胡锦涛同志

发表了重要讲话。他强调指出，人才问题是关系党和国家事业发展的关键问题。全党同志必须从全局和战略的高度出发，以高度的政治责任感和历史使命感，把实施人才强国战略作为党和国家一项重大而急迫的任务抓紧抓好，充分发挥各类人才的积极性和创造性，开创人才辈出、人尽其才的新局面。

胡锦涛同志强调，要牢固树立以人为本的观念，把促进人才健康成长和充分发挥人才作用放在首要位置，最大限度地发挥现有人才资源的潜能。如果我没有理解错的话，我认为"人尽其才"和"发挥现有人才资源的潜力"包括老年人才在内。

2003年12月26日中共中央、国务院《关于进一步加强人才工作的决定》（以下简称《决定》）强调必须把人才工作纳入国家经济和社会发展的总体规划，大力开发人才资源，走人才强国之路。《决定》强调，树立科学的人才观，人才存在于人民群众之中。只要具有一定的知识和技能，能够进行创造性劳动，为推进社会主义物质文明、政治文明、精神文明建设，在建设中国特色社会主义伟大事业中做出积极贡献，都是党和国家需要的人才。这里所说的"人民群众"当然包括老年人在内。

《决定》在"突出重点、切实加强高层次人才队伍建设"的论述中提出要"注意发挥老专家、老教授的作用"，接着在"推进人才资源整体开发，实现人才工作协调发展"的论述中再次强调要"注意发挥离退休人才的作用"。

为了进一步发挥离退休专业技术人员的作用，2005年2月23日，中共中央办公厅、国务院办公厅下发了中办〔2005〕9号文，转发了中央组织部、中央宣传部、中央统战部、人事部、科技部、劳动保障部、解放军总政治部、中国科协《关于进一步发挥离退休专业技术人员作用的意见》（以下简称《意见》）。《意见》首先突出强调了发挥离退休专业技术人员作用的重要性，要求各级党委、政府和有关部门把离退休专业技术人才资源纳入人才队伍建设的整体规划之中，并努力在全社会营造重视、关心、支持离退休专业技术人员特别是老专家发挥作用的良好环境，使他们继续为全面建设小康社会做贡献。《意见》对做好这项工作提出总体要求，明确"政府引导支持、市场主导配置、单位按需聘请、个人自愿量力的原则"。强调要积极为他们发挥作用构建服务平台，开拓多种渠道，采取多种形式努力提供必要条件，充分听取他们的意见和建议，切实维护他们的合法权益，高度重视发挥离退休专业技术人员社团组织的作用，鼓励企事业单位和个人对这些社团组织开展工作提供资金支持。

《决定》要求各级党委、政府和有关部门要从实施人才强国战略的高度出发，重视发挥离退休专业技术人员特别是专家的作用，并努力在全社会营造重视、关心、支持离退休专业技术人员发挥作用的良好环境，使他们继续为全面建设小康社会做出贡献。要把离退休专业技术人才资源的开发纳入人才队伍的整体规划之中，积极探索新形势下离退休专业技术人才资源开发的新思路、新机制，完善政策措施，创新服务方式，做好引导支持工作。由人事部牵头，中央组织部、中央宣传部、中央统战部、科技部、教育部、财政部、劳动保障部、解放军总政治部、中国科协、中国老科技工作者协会、中国老教授协会共同建立离退休专业技术人员发挥作用的联席会议制度，负责沟通工作情况，研究政策建议、加强协调协作，在支持离退休专业技术人员发挥作用方面形成合力。

老有所为是我国老龄工作争取实现的六大目标之一，也是我国迎接人口老龄化挑战的一项重要战略措施。党和政府十分重视在两个文明建设中发挥老年人才的作用。近20年来，我国广大老年人才群体在社会稳定和社会主义物质文明建设及精神文明建设中，发挥了应有的作用，做出了贡献，受到全社会的欢迎和认定。我国已于1999年进入老年型社会，再过20多年，将迎来老龄化的高峰期。在老年人口越来越多、人口预期寿命越来越长和老年人口比重越来越大的情况下，进一步开发老年人才资源，不仅关系老龄社会的繁荣和可持续发展，而且还关系老年人的生命质量和生活质量的改善和提高，这需要政府、社会和全体人民的共同关注。

参考文献

《马克思恩格斯全集》（第 23 卷），人民出版社，1973。

马克思：《机器、自然力和科学的应用》（1861～1863），人民出版社，1978。

《邓小平文选》（第三卷），人民出版社，1993。

胡锦涛：《以邓小平理论为指导做好面向新世纪的人才人事工作》，1998年2月13日在学习邓小平人才人事理论座谈会上的讲话，《人民日报》1998年2月17日第3版。

潘晨光主编《中国人才发展报告》（第1卷），社会科学文献出版社，2004。

苗枫林：《中国用人史》，中华书局，2004。

陆学艺主编《21世纪的中国社会》，云南人民出版社，1996。

熊必俊主编《老有所为的理论与实践》，经济管理出版社，1993。

熊必俊：《人口老龄化与可持续发展》，中国大百科全书出版社，2002。

崔建国：《可持续发展与人才资源开发》，《劳动经济与人力资源管理》1998年第2期。

无畏：《21世纪：中国人才危机》，《苏南乡镇企业》1999年第11期。

陈至立：《全面建设小康社会的两大重要支柱》，《求实》2004年第1期。

《诸子百家名篇鉴赏辞典》，《尚贤（上）》，上海辞书出版社，2003。

《诸子百家名句鉴赏辞典》，《君道篇》，内蒙古人民出版社，1999。

改革开放 30 年是老年人才资源开发
从起步到发展的 30 年[*]

一 我国老年人才资源开发的起始阶段
（1978～1985 年）

我国老年人才资源开发起步于改革开放。

1978 年中国共产党十一届三中全会的召开，拉开了我国改革开放的序幕，开辟了集中力量进行社会主义现代化建设的历史新时期。十一届五中全会提出了废除干部领导职务终身制，邓小平同志在《党和国家领导制度的改革》讲话中，进一步指出，对各级各类领导干部职务的任期，以及离休、退休，要按照不同情况，做出适当的、明确的规定。从而使在 1966～1976 年处于停顿和受到破坏的退休制度得以恢复，走上制度化的轨道，其中包括发挥离退休老干部作用，这是我国老年人才资源开发的起步。

1980 年 10 月 7 日，《国务院关于老干部离职休养的暂行规定》进一步提出，注意发挥离休干部的作用。凡是能写革命回忆录的，要为他们口述或撰写提供必要的条件。鼓励他们发扬革命传统，关心国家大事，关心人民生活，反映情况，提出建议，做些力所能及的工作。

1982 年 1 月 4 日，《国务院、中央军委关于军队干部离职休养的暂行规

* 本文载于《亲历与见证》，世界知识出版社，2008。

定》提出，要发挥离休干部的作用，鼓励他们总结部队建设、作战、训练、政治工作、后勤工作等方面的经验，撰写革命回忆录，进行革命传统教育等。离休干部要发扬革命传统，关心国家大事，关心军队建设，积极反映情况，提出建议，做些力所能及的工作。

1982年2月20日，《中共中央关于建立老干部退休制度的决定》提出，老干部离休退休以后，一定要很好地安排照顾——并注意很好地发挥他们的作用，这应当成为我们党和国家坚定不移的政策原则之一。对于一切已经和即将离休退休的老干部，中央寄予殷切的期望——中央希望他们，继续关心党的事业，关心国家和人民的命运，并在力所能及的范围内为党为人民做出新的贡献。

1982年6月2日，《中央组织部关于妥善安排退出现职的老干部的意见》进一步强调，要妥善安排退出现职的老干部，在健康状况允许的条件下，继续发挥他们的作用，是党的一项具有重要政治意义的任务。

1982年9月，中国共产党第12次全国代表大会决定成立并选举产生了中央顾问委员会，邓小平同志当选为主任。邓小平同志在中顾委第一次全体会议上的讲话中，提出中顾委的任务有四条：一是对党的方针政策的制定和执行提出建议，接受咨询；二是协助中央委员会调查处理某些重要问题；三是在党内外宣传党的重大方针政策；四是承担中央委员会委托的其他任务。

1982年10月11日，《中央组织部关于发挥中央、国家机关离休老干部的作用的意见》指出，当前国家建设社会主义物质文明和精神文明的任务十分繁重，不仅需要在职干部努力工作，也殷切期望离休老干部中身体还好、能够做一定工作的同志继续发挥作用。希望各部委采取多种方式，组织离休老干部继续发挥作用，安排他们做些力所能及的工作。

1985年10月4日，《中共中央关于进一步加强青少年教育 预防青少年违法犯罪的通知》强调，充分发挥离休退休老干部、老工人、老教师的作用，精心培育青少年。

1980~1985年，以中共中央、国务院、中央组织部和中央军委发布有关的《暂行规定》《决定》《意见》来看，我国在老年人才资源开发起始阶段的特点有五个。

（1）从中央（包括中央顾问委员会）到基层都十分重视老年人才资源的开发，而且各有具体的任务和规定；

（2）除中央顾问委员会外，有关老年人才资源开发的文件和决定都是由中共中央和国务院签发，负责领导和贯彻执行的主要是中共中央组织部；

（3）开发的对象主要是离退休和离职的老干部；

（4）发挥作用的内容主要是政治文明建设和精神文明建设，包括方针政策、国家大事、总结经验、撰写回忆录、发扬革命传统和关心下一代；

（5）除中央顾问委员会的委员外，其他老同志发挥作用的方式主要是个体的、分散的和临时性的。

二 老年人才资源开发的对象和内容的扩展阶段
（1986～1990 年）

1986 年以前，老年人才资源开发的对象主要为离退休老干部，所从事的活动主要是社会主义精神文明建设和政治文明建设。1986 年以后向人才培养、科学技术和物质文明建设方面扩展。

邓小平同志历来重视教育和人才在社会经济发展中的重要作用。1985 年 5 月 19 日他在全国教育工作会议上的讲话中说："我们多次说过，我国的经济，到建国一百周年时，可能接近发达国家的水平。我们这样说，根据之一，就是在这段时间里，我们完全有能力把教育搞上去，提高我国科学技术水平，培养出数以亿计的各级人才。我们国家国力的强弱，经济发展后劲的大小，越来越取决于劳动者的素质，取决于知识分子的数量和质量。"

1986 年开始的《第七个五年计划（1986－1990 年）》要求大力加强重点建设、技术改造和智力开发，在物质、技术和人才方面为 90 年代经济和社会的继续发展准备必要的后续能力，从而为老年人才扩大了用武之地。

9 月 19 日中组部等七部委发布的《关于发挥离休退休专业技术人员作用的暂行规定》（以下简称《规定》）提出，"支持和帮助离休、退休专业技术人员继续发挥作用……各单位因工作需要，可以聘请离休、退休专业技术人员从事讲学、翻译、指导研究、人才培训、技术开发和技术咨询服务等专业技术活动……离休、退休专业技术人员应聘从事专业技术活动，可以取得报酬……对于离休、退休专业技术人员在工作上做出显著贡献的，应当给予表彰和奖励。科技成果符合国家自然科学奖、发明奖、技术进步奖等条例规定标准或有关奖励标准的，由聘请单位申报。"

《规定》第六条还提出，支持人民政协、民主党派、有关人民团体和各种学术团体充分利用各自的有利条件，积极开展对离休、退休专业技术人员的工作，以多种方式，组织他们在四化建设和促进祖国统一大业中继续发挥作用。第七条要求：各级党的组织、宣传、统战部门和各级科委、劳动人事部门以及科协应加强协作，研究解决有关的政策问题和实际问题，为离、退休专业技术人员继续发挥作用创造条件。

1990 年，《中央组织部关于进一步加强老干部工作的通知》（中组发〔1990〕5 号文）（以下简称《通知》）进一步扩大了离退休专业技术人员可以从事的工作项目。《通知》提出，对原来从事科技、文教、卫生等专业技术的老同志，可以组织他们开展科学研究、技术开发、技术咨询、讲学授业、人才培训、艺术创作、行医治病等活动。对安置在农村的老同志，可以组织他们按政策规定从事种植业和养殖业，帮助群众脱贫致富。

以上通知大大丰富了老同志发挥作用的内容，促进了老年人才资源开发事业的全方位的发展，为我国老干部和离退休专业技术人员继续发挥作用开辟了广阔的天地，也为我国社会主义物质文明建设、政治文明建设和精神文明建设，应对老龄化挑战增添了一支老有所为的银色智力大军。

三 由个体行为向有组织行为发展的转变阶段
（1991～1993 年）

1991 年以前老年人才参与发展的形式，基本上是自发性的个体行为，随着时代的发展，这种自发性的参与形式已不能满足社会主义市场经济发展的需要，需要通过人才市场来开发和调剂，以及单位和地区领导上给予必要的组织和支持。

为了满足客观的需要，1990 年 9 月 30 日中央组织部下发通知，要求各单位和部门"有组织有领导地发挥老干部的作用"。《通知》强调，老干部是党和国家的宝贵财富。他们在长期的革命斗争和社会主义建设事业中，积累了丰富的经验，保持着优良传统和作风，具有独特的优势。发挥老同志的这些优势，对密切党群关系，搞好社会主义物质文明和精神文明建设，都具有重要的意义。有关部门应当从工作需要出发，根据老干部身体状况和专业特长，因人制宜地做好组织工作。

响应"有组织有领导地发挥老干部作用"的号召，中国社会科学院老年科学研究会、中国老教授协会、中国老科技工作者协会、中国关心下一代协会和中国老年保健协会相继成立，组织本系统和本部门的老干部和老年科技、教育和医疗专家学者继续为国家做贡献。

四　老年人才资源开发步入正规化和法制化阶段
（1994～1996 年）

老年人才资源开发工作在党和政府的重视下，随着改革开放的发展，经过 17 年的奋斗与演变，终于在 1994 年开始进入正规化和法制化阶段。在 1994 年 10 月全国社会保险工作会议上，国家人事部宋德福部长第一次提出"第二次人才资源开发问题"，并建议把老年人才资源开发纳入整体人才资源开发的系统工程。所谓第二次人才资源开发，是在开发在职人才资源的同时，按照组织和自愿相结合的原则，通过政策导向和市场机制，开发有专业技术特长，特别是兼有专业技术特长和管理经验的高级离退休人才资源，以充分挖掘我国智力资源的潜力，为经济建设和社会发展服务。第二次人才开发是整体人才资源开发的重要组成部分，它不是一般意义上的发挥老年人的作用，而是提高到人才资源的高度来研究和运用。

第二次人才资源开发的提出，得到了中央领导的大力支持和高度重视，国家人事部作为主管部门，始终把这项工作作为一项重要工作来抓。在1995年全国人事厅局长会议上提出了要把传统的人事管理调整到整体人才资源开发上来，在开发在职人才资源的同时，积极探索第二次人才资源开发工作。

在1996年"全国整体性人才资源开发会议"上，第二次人才资源开发作为整体性人才资源开发的一个重要组成部分，被提上会议议程。宋德福部长明确指出，要以第二次人才资源开发为呼应，形成整体性人才资源开发的气势。会议讨论并提出了关于加强第二次人才资源开发的意见。

同年，在"全国人事系统为经济建设服务工作会议"上进一步充分肯定了第二次人才资源开发在经济建设中的重要作用。会后河北、福建、湖南、甘肃、大连、北京、天津和哈尔滨等省市相继建立了开发老年人才资源的机构，建立了老年人才档案，出台了有关的政策和规定，开设了老年人才交流市场，为有组织地开发本系统、本单位、本地区和跨地区的老年人才资源，创造了必要和有利的条件。

在第二次人才资源开发工作走向正规化的同时，1996年颁布的《老年人权益保障法》规定："国家和社会应当重视、珍惜老年人的知识、技能、经验和优良品德，发挥老年人的专长和作用。"国家应当为老年人参与社会主义物质文明和精神文明建设创造条件。从而使老年人才资源开发开始有了法律的依据和保障。

五　老年人才资源开发的良好机遇时期
（1997～2007 年）

《关于国民经济和社会发展"九五"计划和2010年远景目标纲要》把实施科教兴国战略和可持续发展战略作为两项重要任务。党的十五大报告再次强调实施科教兴国战略和可持续发展战略的重要意义。要求加速科学技术进步，优先发展教育，使经济建设真正转到依靠科技进步和提高劳动者素质的轨道上来。

1998 年 2 月 13 日胡锦涛同志在学习邓小平同志人事人才理论座谈会上的讲话中，高度评价了邓小平同志人事人才理论是新时期党和国家人才人事工作的理论依据和行动指南。强调在改革开放和现代化建设过程中，邓小平同志始终十分重视人才问题，认为有了人才优势，再加上先进的社会主义制度，我们的目标就有把握达到。

胡锦涛同志指出，人才是科技进步和社会经济发展最重要的资源。21 世纪是一个充满机遇与挑战的世纪，人才资源的有效开发，培养社会主义现代化建设要求相适应的数以亿计高素质的劳动者和数以亿计专门人才是关系 21 世纪社会主义事业发展全局的大事。我们一定要坚定不移地以邓小平同志人才人事理论为指导，做好人才人事工作，建设一支包括党政人才、经济管理人才和科技人才在内的人才大军。有了这样一个人才辈出、群英荟萃的局面，我们的伟大事业就更有把握取得成功。

2002 年，党的十六大报告突出强调了发展科技和教育的重要性，进一步明确必须发挥科学技术作为第一生产力的重要作用，大力实施科教兴国和可持续发展的战略。必须尊重劳动、尊重知识、尊重人才、尊重创造，这要作为党和国家的一项重大方针在全社会认真贯彻。

2003 年 12 月 19～20 日，在北京召开的全国人才会议上，胡锦涛同志发表了重要讲话。他强调指出，人才问题是关系党和国家事业发展的关键问题。全党同志必须从全局和战略的高度出发，以高度的政治责任感和历史使命感，把实施人才强国战略作为党和国家一项重大而急迫的任务抓紧抓好，充分发挥各类人才的积极性和创造性，开创人才辈出、人尽其才的新局面。

2006 年公布的"十一五"规划纲要第七篇"实施科教兴国战略和人才强国战略"要求把科技进步和创新作为经济社会发展的重要动力，把发展教育和培养德才兼备的高素质人才摆在更加突出的战略位置。第 29 章"推进人才强国战略"强调，要坚持党管人才，牢固树立科学人才观，壮大人才队伍，提高人才素质，优化人才结构，完善用人机制，发挥人才作用，促进人口大国向人力资本强国转变。

21 世纪是知识经济时代，美国著名管理学家德鲁克说："在 21 世纪的管理挑战中，知识工作者的生产率是最大的挑战。""十一五"规划纲要有关重视人才培养和使用的规划，反映了时代的要求，党和政府这种尊重知识、尊重人才的战略，使老年人才资源开发处于良好时期。

六 在老龄社会和知识经济时代，仍然需要开发老年人才资源

过去人们谈论开发老年人才资源，着重在弥补年轻人才不足。现在大学毕业生就业已发生困难，还有没有必要去开发老年人才资源，我的答案是，不但有必要，而且老年人才资源开发的事业方兴未艾，需要我们继续努力。理由如下。

（1）我国20年以后将进入老龄化的高峰期，应对老龄化挑战的战略之一是用有知识的老年人弥补劳动力不足。

（2）21世纪的核心产业是知识产业，21世纪的社会将是一个以知识经济为主导的知识型社会。知识经济时代，知识将是发展生产力最关键的因素，世界在向知识密集型发展，我国也不例外。老年人拥有丰富的知识和经验，开发老年人才资源，有利于建设知识型社会。

（3）科学发展观的本质和核心是"以人为本"。"以人为本"的要义有二，一是"以人的全面发展为目标"；二是"让发展的成果惠及全体人民"。老年人口是总体人口的一个组成部分，从科学发展观和"以人为本"来看，他们不仅是全面构建知识经济社会的受益者，而且还应该是积极参与者。开发老年人才资源，为老年人提供参与社会的机会，不但能够实现老年人的全面发展，而且还可以满足老年人实现自我，提高生活质量和生命质量，为实现老龄化与社会经济协调发展构建和谐社会做贡献。

参考资料

胡锦涛：《以邓小平理论为指导做好面向新世纪的人才人事工作》，1998年2月13

日在学习邓小平人才人事理论座谈会上的讲话,《人民日报》1998 年 2 月 17 日第 3 版。

熊必俊:《中国老年人才资源开发的回顾与展望》（第 3 卷），《中国人才发展报告》，社会科学文献出版社，2006。

陈至立:《全面建设小康社会的两大重要支柱》,《求是》杂志 2004 年第 1 期。

张屹山等:《知识经济与科教兴国》，社会科学文献出版社，2000。

〔美〕彼得·德鲁克:《21 世纪的管理挑战》（珍藏版），朱雁斌译，机械工业出版社，2009。

开发老年人力资源，
实现"生产性老龄化"，
促进人口老龄化与经济协调发展

——兼议"动态人口红利"的可持续性[*]

  摘　要： 科学发展观的本质和核心是"以人为本"。"以人为本"的要义有二，一是"以人的全面发展为目标"；二是"让发展的成果惠及全体人民"。这说明，老年人口不仅是构建和谐社会的受益者，而且还是积极参与者。"老年人必须参与发展"的观点已成国际共识。1982年联合国在批准《老龄问题国际行动计划》的决议中指出"（全世界要）认识到寿命的延长是一项生理上的成就和一种进步的象征，老年人是社会的财富而非负担，他们可以以其累积的丰富知识和经验做出价值无比的贡献"。《2002年马德里老龄问题国际行动计划》强调"制止基于年龄的歧视以及增进老年人的尊严"。我国面临老龄化挑战，预测劳动年龄人口比重将从2010年的68.3%下降到2015年的66.0%，总供养比上升到51.6%，超过人口统计学界定的"人口红利"50%的标准，"人口红利"之窗将关闭。

  实现"老有所为"是我国老龄工作六大目标之一，开发老年人力人才资源是我国应对老龄化挑战的一项战略措施。本文质疑"人口红

---

 * 此文为向2011年"生产性老龄化：在亚洲创造出一个充满活力和积极参与的老龄社会国际学术研讨会"提交的论文。作者应大会学术委员会的聘请为大会做主题报告。

利"审视老龄化挑战的科学性，提出"动态人口红利"有可持续性的新观点，认为，提高劳动年龄上限和人口素质，开发老年人力人才资源，既能增加劳动资源，降低老年人实际赡养比和总供养比，减轻赡养负担，变老龄化的压力为动力，延长"人口红利"期，又能使老年人增加收入，提高生活/生命质量，实现自我价值，继续为老龄化与社会经济协调发展做贡献。

联合国人口基金《人口老龄化——潜在的动态变化（2006）》指出，人口老龄化是人口统计学两种潜在趋势的必然结果，即日益下降的总和生育率和日益延长的出生平均预期寿命。当前有些学者和机构以劳动年龄人口比重下降和总供养比上升为依据，提出了"人口红利"之窗在发达国家已经关闭，在发展中国家即将关闭的警告，受到国际社会的普遍关注。今天环太平洋联盟 2011 年度以"生产性老龄化：在亚洲创造出一个充满活力和积极参与的老龄社会"为主题的学术研讨会的召开，是对"人口红利"之窗已经关闭或即将关闭的警告的积极回应，也是学术界在研究方面从健康老龄化和积极老龄化进一步向生产性老龄化的深入发展。我国面临老龄化挑战，预测劳动年龄人口比重将从 2010 年的 68.3% 下降到 2015 年的 66.0%，总供养比上升到 51.6%，超过人口统计学界定的"人口红利"50% 的标准，"人口红利"之窗将关闭。

实现"老有所为"是我国老龄工作六大目标之一，开发老年人力资源是我国应对老龄化挑战的一项战略措施。本文质疑"人口红利"审视老龄化挑战的科学性，提出"动态人口红利"有可持续性的新观点并认为，提高劳动年龄上限和人口素质，开发老年人力人才资源，既能增加劳动资源，降低老年人实际赡养比和总供养比，减轻赡养负担，变老龄化的压力为动力，延长"人口红利"期，又能使老年人增加收入，提高生活/生命质量，实现自我价值，继续为老龄化与社会经济协调发展做贡献。"人口红利"和"老年人力资源开发"是笔者研究的课题，6 月 9 日《中国社会科学报》发表了《用"动态人口红利"应对老龄化挑战》的评论，10 月 9 日，本人在"纪念中国人口学会成立 30 周年暨 2011 年年会"宣读的论文为《落实科学发展观，用"动态人口红利"取代"人口红利"审视和应对老龄化挑战》。

一 解读当前国内外使用的"人口红利"

"人口红利"（Demographic Dividend）的概念于 1997 年由梅森·安德洛提出，后被联合国人口基金《世界人口现状（1998）》引用。世界银行和国内外学术界近几年运用"人口红利""人口赢利"和"人口机会之窗"审视和预测人口老龄化对社会经济发展的影响。

世界银行《2003 年世界发展报告》在"人口结构转型的机会"中提出，有些国家"随着生育率的下降，人口的年龄结构正在发生变化，这将在长达数十年中为发展中国家开辟机会之窗，他们可以利用这个窗口来赶上并提高所有人的福利"，但是"当这些劳动者年老之后，赡养率将再次提高，机会之窗就开始关闭"。

2004 年 9 月 29 日英国《金融时报》题为《透过人口的计划之窗》的文章报道了国际货币基金组织发表的报告《世界经济展望》。报告明确指出，随着人口出生率的下降，会出现劳动年龄人口比重上升，供养比下降的现象，有利于经济发展。对于发达国家，这扇机会之窗正在关闭，但对于大部分发展中国家，窗户还开着。报告呼吁各国积极迎接老龄化挑战，不要让机会之窗关闭。

亚洲开发银行《观察与建议》2009 年第 1 期发表的《人口老龄化对中国社会经济发展的影响》指出，新中国成立以来，中国人口的预期平均寿命得到极大的提高，从 1949 年的 35 岁提高到 2009 年的 74 岁。同时，得益于计划生育政策的实施。人口出生率显著下降，促进了社会发展和经济增长。1975～2005 年总抚养比（包括 0～14 岁儿童抚养比和 65 岁以上老龄人口抚养比）下降近 50%。"人口红利"指某一阶段儿童人口数下降快于老年人口增加，从而导致 15～64 岁劳动年龄人口的比重上升，使得劳动年龄人口由 1978 年 4.07 亿人增加到 2004 年的 7.86 亿人，年均拉动 GDP 增长 2 个百分点。然而，2000 年以后，抚养比在不断上升，预计 2015 年当劳动年龄人口达到顶峰后，人口红利也会开始衰减，劳动力市场将开始面临供给短缺的压力。

对于"人口红利"的界定，以及我国的"人口红利"能持续多久的问题，我国社会蓝皮书《2006年中国社会形势分析和预测》的论述是，"人口红利"，也叫"人口机会之窗"，是指劳动力人口在总人口中所占比例较高，老年负担系数和少儿负担系数相对较低，劳动力人口因为负担较轻而可能增加积累以促使经济和社会发展。我们可以将人口转变中迎来的这一历史时期称为人口"红利"时期，或者称为机遇发展时期。文章的结论是，我国人口有"红利"，机会之窗开放到2020年。结论的依据是，中国15～64岁劳动力人口在总人口中所占的比重从2005年到2009年仍然会有一个微小的上升，即从72.4%上升到72.46%。但自2010年始，则会稍稍有所下降——从2010年的72.41%下降到2020年的69.5%。在这一时期，虽然老龄化水平会上升到11.92%，但劳动力人口在总人口中所占的比重会一直维持在70%左右。这正是中国轻装上阵，建设小康社会的最好人口机遇期。

田雪原教授在《老龄化——从"人口赢利"到"人口亏损"》中对于21世纪前半叶中国"人口赢利"和"人口亏损"走势的预测是，如果我们以从属比小于0.50为"人口赢利"期，那么可经历1990～2030年，长达40年左右的"赢利"阶段；如果我们以从属比小于0.45为"人口赢利"期，那么可经历1995～2020年，长达25年左右的"赢利"阶段。田教授这段话中，并没有把"从属比小于0.50作为'人口赢利'期"唯一不变的标准。

中国老年学学会《老龄参考》在引用"六普关注"中称，所谓的"人口红利"，是指一个国家的劳动年龄人口占总人口比重较大，总供养比较低，为经济发展创造了有利的人口条件。文章认为我国"人口红利"只剩10年左右，另有专家认为我国"人口红利"只剩3年。

2010年5月18日"新华网"报道，国务院参事马力教授在2010年中国人口与发展咨询会上作题为《中国劳动力变动趋势及判断》的报告。他说，中国人口抚养比将在2013年出现"拐点"，但2010～2035年仍低于53%的"人口红利"期标准，这有利于推动经济发展和社会转型。马教授还介绍说，2008 年我国 15～64 岁劳动年龄人口为 9.55 亿人，"十二五"期间将净增加 2449 万人。

应对人口老龄化挑战的措施是多方面的，其中包括提高人口素质、调整年龄结构、提高劳动生产率、发展科学技术、开发老年人力人才资源、完善老年社会保障制度，等等。劳动年龄人口比重和总供养比只是数量和比例的概念，不能全面反映社会对老龄化的承受力。同等的劳动年龄人口比重和总供养比对于发达国家和发展中国家，对于一个国家不同的发展时期的影响是不同的。

《人口学词典》指出："人口统计指标按其性质划分，有反映一定时点上人口数及其构成状况（年龄、性别……）的静态指标，还有反映在一定时期内人口自然变动（如出生……）和社会变动过程的动态指标。"以上有关"人口红利"的文献说明，当前国内外界定和使用的"人口红利"是在不考虑人口自然变动（人口质量提高、寿命延长）和社会变动（劳动生产率提高、经济发展模式的转变）动态指标的情况下，单以一成不变的 15～64 岁劳动年龄人口比重和总供养比为依据来判定的"人口红利"，称之为"静态人口红利"。

二　用"静态人口红利"审视老龄化挑战的
科学性的观点引起学术界质疑

美国经济学家朱利安·L. 西蒙在《人口增长经济学》中介绍了人口增长经济学研究的一般动态模式，他强调，"一个名副其实的经济学家必须注意到人口影响的规模和重要性。并且，如果几个影响同时起作用，他就必须关心整体的影响，而不是在假定其他变量都不变（实际上它们并不是恒定的）的情况下，只关心某一种变量作用的大小。这种全面估价，需要研究变量之间的相互作用以及与其它变量的相互作用。"为此，人们想得到满意的全面估价，只能给需要讨论的经济建立一个综合模式。

美国老年学学会原会长、著名老龄化经济学家詹姆斯·H. 舒尔茨 1985

年在其名著《老龄化经济学》第三版中就不主张单纯用供养比审视老龄化挑战，认为这种分析有片面性，容易使人误解。他在 2001 年出版的《老龄化经济学》第七版中进一步指出，目前在有关"人口变化的经济意义"评论中，大多是从人口统计学方面进行解释，对相应情况的经济学分析几乎从未涉及，大部分研究都依赖于劳动力供养比。正如我们所强调的，运用这些比例要非常谨慎，因为大多数公布的供养比都没有考虑到经济增长，而经济增长会降低供养的负担。詹姆斯·H. 舒尔茨及其同人还指出，首先，人口老龄化对经济的影响并不像那些单纯考察供养比就报告坏消息的预言家们想象的那样糟。其次，与其他领域的社会政策一样，哪怕经济增长率仅有较小的提高，也会对其他因素所引起的负面影响起到潜在的重要调整作用。

联合国人口基金 2006 年《人口老龄化——应对》指出，《2002 年马德里老龄问题国际行动计划》（以下简称《行动计划》）呼吁各行业和各阶层改变态度、政策和做法，以便发挥老龄化人口的巨大潜力。《行动计划》着眼于人力资本，年迈并不意味着"依赖"或"没有生产力"。一个人不会在 60 岁时自动从贷方转为借方。健康、就业、生产力在决定人口负担方面同样重要。凭借良好的社会政策，包括养老金和卫生服务，老龄化人口可视为第二次人口红利，而不是负担。

2009 年"第 19 届国际老年学与老年医学大会"的议题之一是"从'人口红利'到'长寿红利'的持续发展"。大会强调"人口老龄化是社会进步的最根本体现，如果引导和利用得当，'长寿'将会成为社会经济发展的全新增长引擎。""单纯把老年人口看成经济发展'成本'的做法早已过时，无论是通过调整就业和再就业政策，进而推迟实际退休年龄，还是积极发展老龄产业，服务老年人口，延长'健康老龄'阶段的同时拉动内需，创造新的就业机会……让人民长寿和社会财富积累和谐统一，给'人口红利消失'的假说以最有效的反击。"

我国著名老年学家邬沧萍教授在《社会老年学》论述老龄化与经济发展关系时强调，人口学因素与经济发展之间并不存在一种简单的函数关系，两者之间并不是直接发生作用的，而是要通过很多中间变量才能相互影响，并且这中间变量是比较复杂的。直接影响经济发展速度的除了劳动力数量供给，还有劳动生产率的高低、资金的供给、产业结构、市场需求，等等。人口年龄结构的变化并不是决定经济发展的主导因素。

三 落实科学发展观，用"动态人口红利"促进生产性老龄化，实现老龄化与经济协调发展

科学发展观的本质和核心是"以人为本"。坚持以人为本，就是要以实现人的全面发展为目标，让发展的成果惠及全体人民。本文在科学发展观的指导下，以人的全面发展为中心，综合运用各种有关变量发展条件提出的"动态人口红利"认定，依靠人的全面发展，充分利用提高人口素质，延长预期寿命，提高劳动年龄上限，提高劳动生产率，发展高科技，开发老年人力资源，鼓励老年人参与发展。健全和完善社会保障制度，不断提高国家、社会和家庭对老龄化的承受力，"动态人口红利"之窗就可以长开不闭。

（一）延长人口预期寿命为实现生产性老龄化创造条件

世界卫生组织在一项声明中强调："寿命延长和节制生育所取得的成果是人类 20 世纪的双重胜利"。联合国从 1990 年起使用由预期寿命、接受教育和人均 GDP 三个要素构成的"人类发展指数"来衡量各个国家和地区的社会经济发展水平。预期寿命延长是提升人类发展指数的第一要素，1980年我国预期寿命为 65.3 岁，人类发展指数为 0.475，低于 0.500 的中间水平，属于低水平人类发展国家。1999 年我国预期寿命延长到 71.2 岁，人类发展指数上升到 0.718，超过世界平均水平的 0.716 和中等人类发展国家水平的 0.684，成为由低水平上升到中水平人类发展的国家。2007 年我国预期寿命延长到 71.6，人类发展指数上升到 0.777，在世界排序中由 1999 年的99 位上升到 81 位。

从经济学的观点看，劳动力资源是最重要和最宝贵的资源，人口是劳动力资源的基础。人口预期寿命延长相应地延长了人们能够参与劳动的岁

月，这不仅意味着社会劳动力资源的增多，而且使劳动力成本下降，有利于经济发展。

预期寿命延长有利于经济发展的论断已成为国际学术界的共识。苏联人口学家 C. A. 托米林在《人口学与社会卫生学》一书中指出，平均寿命每增加一岁，就是经济发展的一项重大成就，因为这意味着大大节约了国民经济的资金，这种情况是国民经济平衡所估计不到的。

另一位人口学家 N. N. 麦奇尼科夫高度评价延长寿命对社会发展的积极作用，他认为："延长寿命与保持劳动的力量和能力应该是协调一致的、并行的。" B. C. 斯捷申科指出："将来取得经济发展与人口发展之间'协调'的根本办法……是延长老年人口的有充分价值的经济和社会积极性。"

美国《未来学家》（1997 年 7 ~ 8 月号）的一篇题为《寿命延长将对人类产生重大影响》的文章认为，人的健康寿命延长将延长工作年限，而不会改变固定的童年时间和培训时间，因此，工作年限与寿命的比例将增大，总的劳动力和生产成本会下降。通过降低非生产时间在生命周期中所占的百分比而提高生产力。

2009 年 9 月在巴黎召开的"第 19 届国际老年学与老年医学大会"的主题为"长寿、健康、财富"。大会强调，人口老龄化是社会进步的最根本体现，长寿将会成为社会经济发展的全新引擎。让健康长寿和社会财富积累和谐统一，是给"人口红利消失"假说以最有效的反击，从而实现从"人口红利"到"长寿红利"的可持续发展。

我国人口预期寿命已从 1950 年的 40 岁延长到 2010 年的 73.5 岁，预测 2025 年和 2050 年将分别延长到 76 岁和 79 岁，充分利用寿命延长这个积极因素，将是我国发展经济，应对老龄化挑战的一项重要战略措施。

（二）提高法定劳动年龄上限，开发老年人力资源，增加劳动年龄人口比重，降低总供养比，延长"人口红利期"

劳动年龄人口的年龄界限不是永久不变的。确定劳动年龄范围的主要依据是人口资源状况、社会生产力发展对劳动力数量和质量的要求、人口预期寿命和科学教育发展水平。随着社会生产力的发展，人口素质提高和预期寿命延长，为了应对老龄化挑战，需要而且有可能相应提高劳动年龄上限，使劳动年龄人口比重保持在有利于社会经济和养老保险可持续发展的水平上。"十二五"规划提出"人均预期寿命提高1岁，（2015年）达到74.5岁"。如果我们随着预期寿命提高，把劳动年龄上限从"十二五"规划起每个"五年规划"提高1岁，到2035年提高到64岁，届时的劳动年龄人口比重将从58.1%上升到65.3%，增加7.2个百分点；总供养比也会从72.2%下降到53.2%，使"人口红利期"延长到2030年以后（见表1）。

表1 不同劳动年龄上限情况下我国人口年龄结构和总供养比

单位：%

	2000 年	2015 年	2035 年	2050 年
0～14 岁	24.0	18.9	15.9	15.4
15～59 岁	65.6	66.0	58.1	53.3
60 岁及以上	10.4	15.2	26.9	31.3
总供养比	52.4	51.6	72.2	87.6
0～14 岁	24.0	18.9	15.0	15.4
15～64 岁	68.8	71.5	65.3	61.4
65 岁及以上	7.2	9.7	19.7	23.2
总供养比	45.4	42.8	53.2	63.9

资料来源：杜鹏主编《人口老龄化与老龄问题》，中国人口出版社，2006。

发达国家和地区把提高退休年龄（实质上也是提高劳动年龄上限）作为应对老龄化挑战的一项重要措施。1986年6月26日美国《华尔街杂志》用大标题发表了美国总统顾问委员会关于提高领取退休金年龄的建议，强调这项行动是缓解未来退休计划面临困境的一个最简单易行的措施。同年11月美国国会经济联合委员会发表的《经济增长与社会保障报告》指出，除非提高退休年龄，否则年度国民生产总值计划将无法完成。美国社会保障咨询委员会顾问小组认为，如果不把在职员工与退休人员之间的年龄界限提高，要在21世纪初开始供养老年人口，将是美国可能深感困难的事，2020年"退休赡养比"将达到21%，现在（1986年）仅为15%，如果将退休年龄提高3年，就能使2020年的"退休赡养比"保持在接近现在15%的水平，使原来预测的未来养老基金长期亏损额减少一半。

国际劳工局强调，如果把领取养老金的年龄从 60 岁提高到 65 岁，养老金的支出就要减少大约 50%。据我国原劳动保障部法制司和社会保险研究所测算，我国退休年龄每提高 1 年，养老统筹基金可增收 40 亿元，减支 160 亿元。

（三）鼓励老年人参与发展，变被赡养人口为生产性人口，增加劳动力资源

在人口老龄化日益加剧的情况下，"老年人必须参与发展"的观点已达成国际共识。1982 年联大在批准《老龄问题国际行动计划》的第 37/51 号决议中指出"（全世界要）认识到寿命的延长是一项生理上的成就和一种进步的象征，并且认识到老年人是社会的财富而非负担，因为他们可以以其累积的丰富知识和经验做出价值无比的贡献。"

2002 年联合国召开的第二届世界老龄大会进一步把"老年人与发展"作为主题。大会通过的《2002 年马德里老龄问题国际行动计划》强调"老年人必须充分参与发展进程，也必须享有发展进程的种种好处。""制止基于年龄的歧视以及增进老年人的尊严"。大会吁请各国提倡"积极老龄化"，保证老年人健康和参与发展，为建设不分年龄、人人共享的社会奠定基础。

从唯物主义的观点看，劳动力没有一成不变的年龄上下限，具有劳动能力的人，都是劳动力。劳动经济学认为：

劳动资源 = 劳动年龄人口中有劳动能力的人口

+ 非劳动年龄人口中实际参与劳动的人口

由此可见，参与劳动的老年人口，是劳动资源的组成部分。老年人参与发展，既能增加劳动资源，降低老年人实际赡养比，减轻劳动年龄人口的赡养负担，促进代际协调和社会团结，而且又能增加老年人的收入，提高他们的生活/生命质量。

2000 年我国 60 岁及以上老年人口经济活动参与率为 32.99%，这表明有 4000 多万"银发大军"在从事经济活动，为延长"人口红利期"、实现"生产性老龄化"、促进老龄化与经济协调发展和构建充满活力和积极参与的老龄社会做贡献。

最后，我用 2006 年联合国人口基金《人口老龄化——应对》的一段话作为本文结束语："《2002 年马德里老龄问题国际行动计划》呼吁各行业和各阶层改变态度、政策和做法，以便发挥老龄化人口的巨大潜力。《行动计划》着眼于人力资本——年迈并不一定意味着'依赖'或'没有生产力'。一个人不会在 60 岁时自动从贷方转为借方。健康、就业、生产力在决定人口负担方面同样重要。凭借良好的社会政策，包括养老金和卫生服务，可以将老龄化人口视为第二次人口红利，而不是负担。"

参考文献

联合国人口基金：《人口老龄化——应对》，2006。

刘铮主编《人口学辞典》，人民出版社，1986。

许涤新主编《政治经济学辞典》，人民出版社，1980。

张纯元主编《人口经济学》，北京大学出版社，1983。

邬沧萍主编《社会老年学》，中国人民大学出版社，1999。

郭熙宝主编《经济发展 理论与政策》，中国社会科学出版社，2000。

杜鹏主编《人口老龄化与老龄问题》，中国人口出版社，2006。

〔美〕朱利安·L. 西蒙：《人口增长经济学》，彭松建等译，北京大学出版社，1984。

〔美〕詹姆斯·H. 舒尔茨：《老年经济学》（第三版），熊必俊等译，华夏出版社，1990。

〔美〕詹姆斯·H. 舒尔茨：《老龄化经济学》（第七版），裴晓梅等译，社会科学文献出版社，2010。

〔美〕B. C. 斯捷申科：《人口再生产的理论与方法》，北京大学出版社，1985。

熊必俊：《人口老龄化与可持续发展》，中国大百科全书出版社，2002。

熊必俊：《老龄经济学》，中国社会出版社，2009。

谢联辉、宋玉华主编《全球行动——迎接人口老龄化 联合国老龄话题文件总汇》，华龄出版社，1998。

走出"人口红利消失"的误区，
开发老年人力资源，
促进老龄化与经济协调发展[*]

摘　要：近年来，国内外有些"人口红利"论者在假设其他条件不变的情况下，仅仅把劳动年龄人口比重降低到 66.6% 以下，总供养比超过 50%，判定为"人口红利消失"，并且断定我国的人口红利已经消失。这种做法，不符合马克思主义关于"两种生产"的原理和科学发展观，夸大了老龄化挑战的严重性，引起了人们的担忧。本文运用"两种生产"原理、科学发展观、老龄经济学理论和联合国的有关文献对"人口红利消失论"提出了质疑，指出当务之急是走出"人口红利消失"的误区，用我提出的"动态人口红利"新思路，开发老年人力资源，弥补劳动年龄人口比重下降的不足，变老龄化的压力为动力，实现积极老龄化，促进老龄化与经济协调发展。

一　解读国内外对"人口红利"和
"人口红利消失"的界定

1997 年，梅森·安德洛提出"人口红利"的概念，后被联合国人口基

---

*　此文为向 2014 年"中国老年学和老年医学学会年会"提交的论文，载于《2014 学会论文集》并转载于《孝行天下》2015 年第 4 期。本文荣获"全国老年权益、尊严与责任高峰论坛（2014 年）优秀论文奖"。

金《世界人口现状（1998）》引用。世界银行《2003 年世界发展报告》提出，有些国家"随着生育率的下降，人口的年龄结构正在发生变化，这将在长达数十年中为发展中国家开辟机会之窗"，但是"当这些劳动者年老之后，赡养率将再次提高，机会之窗就开始关闭"。

亚洲开发银行《观察与建议》2009 年第 1 期发表的《人口老龄化对中国社会经济发展的影响》预测，中国 2000 年以后，抚养比会不断上升，2015 年当劳动年龄人口达到顶峰后，人口红利就会开始衰减，劳动力市场将开始面临供给短缺的压力。

英国《金融时报》亚洲版主编说："正如汇丰（SHDC）的范力民指出的那样，亚洲许多国家的'人口红利'已快耗尽，从 2017 年开始，中国内地的劳动力将开始萎缩，香港也是如此。"

对于"人口红利"的界定，以及我国的"人口红利"能持续多久的问题，国家统计局公布的数据表明，2012 年我国 15～59 岁劳动年龄人口在相当长时期里第一次出现了绝对下降，比上年减少 345 万人。局长马建堂在新闻发布会上提醒记者要高度重视这个事情。中国社会科学院人口与劳动经济研究所所长蔡昉在接受专访时表示，这意味着中国人口红利消失的拐点已在 2012 年出现，这将对经济再增长产生显著影响，我们应当在心理和政策做好足够准备。他还说，判断一个国家是否拥有人口红利，要看两个指标，一是劳动年龄人口作为分母，其他年龄组如年幼、年老者作为分子得到的人口抚养比，如果劳动年龄人口增长，人口抚养比下降就会带来人口红利，反之就没有人口红利。

关于我国人口红利是否已经消失，2012 年 11 月《北京青年报》"重点关注"一文中说，11 月 21 日李克强同志主持召开全国综合配套改革试点工作座谈会，当谈到人口红利时，他不完全赞成人口红利已经消失的说法，他说到，2030 年中国的劳动力还有 9 亿人。

二　走出"人口红利消失"的误区

近年来国内外有些"人口红利"论者在假设其他条件不变，仅仅把劳动年龄人口比重降低到 66.6% 以下，总供养比超过 50%，判定为"人口红利消失"，这种判定不符合马克思主义关于"两种生产"的原理和科学发展观。马克思主义关于"两种生产"的原理，揭示了经济发展与人口发展的本质联系，指出了经济发展决定人口发展，人口发展反作用于经济发展的辩证关系。

劳动力资源是经济发展最重要的资源，劳动力资源量不仅受劳动力人口的数量的制约，而且与劳动力人口的素质有密切关系。《人口学词典》指出："人口统计指标按其性质划分，有反映一定时点上人口数及其构成状况（年龄、性别……）的静态指标，还有反映在一定时期内人口自然变动（如出生……）和社会变动过程的动态指标。"上述"人口红利消失"的判定是在不考虑人口素质提高、寿命延长、劳动生产率提高和经济发展模式转变的动态指标的情况下，单以劳动年龄人口比重判定的，只能称之为"静态人口红利消失"。这种判定，夸大了老龄化挑战的严重性，加重了人们对老龄化发展趋势的担忧。当务之急是走出"人口红利消失"的误区，落实科学发展观，坚持以人为本，实现人的全面发展，用综合各个有关条件发展的"动态人口红利"促进老龄化与经济协调发展，建立公平、可持续发展的养老保险制度。

三 国外学术界对"静态人口红利"和 "人口红利消失"的质疑

美国经济学家朱利安·L. 西蒙强调，"一个名副其实的经济学家必须注意到人口影响的规模和重要性。如果几个影响同时起作用，就必须关心整体的影响，而不是在假定其他变量不变的情况下，只关心某一种变量作用的大小。"

美国老龄经济学家詹姆斯·H. 舒尔茨反对单一用供养比审视老龄化挑战，因为这种分析有片面性，容易使人误解。他指出，目前在有关"人口变化的经济意义"评论中，大部分都是片面依赖于劳动力供养比。老龄化对经济的影响并不像那些只考察供养比就报告坏消息的预言家们想象的那样糟。

2009 年"第 19 届世界老年学与老年医学大会"的议题是"从'人口红利'到'长寿红利'的持续发展"。大会强调,长寿将会成为社会经济发展的全新引擎,通过推迟退休年龄,延长"健康老龄"阶段,发展老龄服务产业,实现从"人口红利"到"长寿红利"的可持续发展,这就是给"人口红利消失"假说的一个最有效的反击。

新加坡《联合早报》2011 年 6 月 17 日的评论说,国内外思潮对中国人口问题的无视,对"人口红利消失"及老龄化危机的渲染,背弃了中国现实情况;对人口红利消失的一系列错算、误判以及盲目重复西方学者观点的情形,中国应有清醒的认识。国内外思潮对中国人口红利消失的判断及对中国社会负担问题的分析也是片面的、站不住脚的。

四 开发老年人力资源,增添动态人口红利

一般来说,人口老龄化会给社会经济发展带来一些制约因素,诸如劳动力不足,国家用于老年的支出增多,对老年人的赡养系数上升,储蓄率下降以及用于生产的投资相应减少,等等。但是老龄化与经济发展并不存在对抗性矛盾,只要我们正确认识二者之间的辩证关系,采取适当的措施,就能使之在对立统一的矛盾运动中走向良性循环。老龄化在给社会经济发展带来不利影响的同时,也带来了有利因素,那就是人口平均预期寿命延长所带来的有效劳动岁月的延长。它不仅意味着潜在劳动力资源的增多,而且使劳动力成本下降,二者都是发展经济的有利因素。充分利用上述有利因素,就能减轻人口老龄化带来的不利影响。

劳动经济学认为,具有劳动能力的人是劳动力,那么,具有劳动能力的退休人员和老年人也不例外。这是一批重要的人力资源。解决老龄问题的根本出路在于发展经济,增强综合国力。我国劳动年龄上限偏低,因此很多具有劳动能力的老年人过早地从生产人口转变为消费人口。尽管他们

还具有劳动能力，属于劳动力资源，但因不能与生产资料相结合，难以形成现实的生产力。发展生产力和繁荣经济的关键在于充分合理地开发利用包括有劳动能力的老年人在内的劳动力资源。只要把老年人力资源开发利用起来就能把一部分消费人口转变为生产人口，这样既能减轻国家负担，又能为社会创造财富。孔子有句名言："生财有大道。生之者众，食之者寡……则财恒足矣！"让有劳动能力的老年人参加劳动不正是使"生之者"增多，"食之者"减少的"生财大道"吗？

（一）提高劳动年龄上限和延迟退休年龄

劳动年龄人口的年龄界限和退休年龄不是永久不变的。确定劳动年龄范围和退休年龄的主要依据是人口资源状况、社会生产力发展对劳动力数量和质量的要求、人口预期寿命和科学教育发展水平。随着社会生产力的发展、人口素质提高和预期寿命延长，为了应对老龄化挑战，需要而且有可能相应提高劳动年龄上限和退休年龄。如果我们随着预期寿命提高，把劳动年龄上限和退休年龄从"十三五"规划的 2016 年起每个"五年规划"提高 1 岁，到 2035 年提高到 64 岁和 65 岁，届时的劳动年龄人口比重将从58.1%上升到 65.3%，增加 7.2 个百分点；总供养比也会从 72.2%下降到53.2%，使"人口红利期"延长到 2030 年以后（见表 1），与此同时，也将女性的退休年龄提高到与男性相等。

表 1　不同劳动年龄上限情况下我国人口年龄结构和总供养比

单位：%

	2000 年	2015 年	2035 年	2050 年
0~14 岁	24.0	18.9	15.9	15.4
15~59 岁	65.6	66.0	58.1	53.3
60 岁及以上	10.4	15.2	26.9	31.3
总供养比	52.4	51.6	72.2	87.6
0~14 岁	24.0	18.9	15.0	15.4
15~64 岁	68.8	71.5	65.3	61.4
65 岁及以上	7.2	9.7	19.7	23.2
总供养比	45.4	42.8	53.2	63.9

资料来源：杜鹏主编《人口老龄化与老龄问题》，中国人口出版社，2006。

（二）改革退休制度，试行弹性退休模式

退休制度的退休模式有两种，一种是必须按法定退休年龄退休的"强制退休"，另一种是可以按法定领取退休金年龄选择提前和延迟退休的"弹性退休"。强制退休的法定退休年龄是以年代年龄为标准决定的，尽管这样做有便于统计和计算的长处，但不能反映个体在生理、心理和社会方面的活动能力，有失公平和人性化。弹性退休允许尚未达到法定领取全额退休金年龄而体力不适宜再工作的职工选择提前退休，适当减少退休金；对于达到退休年龄而体力仍能工作并愿意继续工作的职工可以延迟退休，还适当增加退休金，是一种既公平又人性化的退休模式。为了应对老龄化挑战，实行弹性退休已成为欧美各国的重要社会政策选项。美国 1935 年规定 65 岁为法定退休年龄，实行强制退休制度，1956 年修定为"法定领取全额退休金年龄"的"弹性退休"，62~64 岁可以提前退休，每提前 1 个月，退休金减少 0.56%；65 岁可以延迟退休，每延迟 1 年退休，增加退休金 8%。根据不完全统计，已经实行弹性退休的国家还有德国、法国、捷克、日本、瑞士和澳大利亚等国。

（三）鼓励老年人参与发展，变老龄化的压力为动力

在人口老龄化日益加剧的情况下，"老年人必须参与发展"的观点已达成国际共识。1982 年联大在批准《老龄问题国际行动计划》的第 37/51 号决议中指出"（全世界要）认识到寿命的延长是一项生理上的成就和一种进步的象征，并且认识到老年人是社会的财富而非负担，因为他们可以以其累积的丰富知识和经验做出价值无比的贡献。"

2002 年 4 月联合国召开的第二届世界老龄大会进一步把"老年人与发展"作为主题。大会通过的《2002 年马德里老龄问题国际行动计划》强调，"老年人必须充分参与发展进程，也必须享有发展进程的种种好处。""制止基于年龄的歧视以及增进老年人的尊严"。大会吁请各国提倡"积极老龄化"，保证老年人健康和参与发展，为建设不分年龄、人人共享的社会奠定基础。

劳动经济学认为：

$$劳动资源 = 劳动年龄人口中有劳动能力的人口$$

$$+ 非劳动年龄人口中实际参与劳动的人口$$

由此可见，参与劳动的老年人口是劳动资源的组成部分。老年人参与发展，既能增加劳动资源，降低老年人实际赡养比，减轻劳动年龄人口的赡养负担，促进代际协调和社会团结，而且又能增加老年人的收入，提高他们的生活／生命质量，使他们为社会主义的物质文明、政治文明、精神文明做贡献。

参考文献

张纯元主编《人口经济学》，北京大学出版社，1983。

〔美〕朱利安·L. 西蒙：《人口增长经济学》，彭松建等译，北京大学出版社，1984。

〔美〕詹姆斯·H. 舒尔茨：《老年经济学》（第三版），熊必俊等译，华夏出版社，1990。

熊必俊：《人口老龄化与可持续发展》，中国大百科全书出版社，2002。

熊必俊：《老龄经济学》，中国社会出版社，2009。

熊必俊：《"动态人口红利"理论与政策建议——走出"人口红利消失"的误区》，《东方早报"上海经济评论"》2012 年 9 月 25 日。

田俊荣：《劳动年龄人口第一次出现绝对下降人口红利拐点已现》，《老年文摘》2013 年 1 月 31 日。

杜鹏主编《人口老龄化与老龄问题》，中国人口出版社，2006。

刘铮主编《人口学辞典》，人民出版社，1986。

谢联辉、宋玉华主编《全球行动——迎接人口老龄化 联合国老龄话题文件总汇》，华龄出版社，1998。

老年人在儿童家庭教育及
社区教育中的作用[*]

一 老年人在家庭和社会中的地位

老年人在教育中的作用，是由它们在家庭与社会中的地位与作用决定的。家庭是在婚姻或血缘基础上由共同生活和相互责任联系的人的结合。作为社会的细胞，家庭具有很多社会职能，在社会发展中起重要作用。"人有祖，树有根"，老年人作为家庭尊长，不仅在家庭中具有伦理道德方面的权威，而且作为社会中的长者，它们对社会发展、文化建设等方面，承担着继往开来的作用。

恩格斯在《家庭、私有制和国家的起源》第一版序言中写道："一定历史时代和一定地区的人们生活于其下的社会制度，受着两种生产的制约。一方面受劳动的发展阶段的制约，另一方面受家庭的发展阶段的制约。"人类通过家庭更替人的世代而不断发展，在家庭中表现为，实行人类自身的

---

* 此文为应 1991 年"老年人参与儿童家庭及社区教育培训班"的邀请撰写的第三讲讲稿。（培训班由联合国儿童基金会驻华办事处、全国妇联国际部、中国老年大学协会、中国老年杂志社合作举办）

生产，即种的繁衍。老年人在人生旅途中履行了发展人口再生产和物质再生产职责，在改造客观世界和社会实践中，为家庭和社会做出了奉献，创造了自己的价值。

老年人在家庭中，养儿育女，保证了人类社会的繁衍。他们在劳动阶段以自己的劳动为发展和扩大再生产创造了财富，促进社会经济发展，大家知道，创造物质财富要有"劳动资料"，而"劳动资料"正是一代人又一代人接力创造的。上代人打下了基础，下代人在上代人所打下的基础上继续创造发展生产所需要的、更大的基础。生产是如此，科学技术的发展也不例外，也是后人在前人的基础上发展的。任何一项发明创造，都离不开前人的努力，而经常是几代人努力的结果，其中凝聚着前人的心血、经验和教训。由此可见，老年人是人类文化知识和生产经验的创造者、继承者、发展者和传播者。"不听老人言，吃亏在眼前""前人种树，后人乘凉"，这些大实话都表明了老年人为家庭与社会所做的贡献受到了社会的公认与推崇，并逐渐形成尊老敬贤的传统美德。

我国历代思想家对敬老、爱老、养老有诸多论述，例如，儒家的"朝廷莫如爵，乡党莫如齿，辅世长民莫如德"；庄子的"宗庙尚亲，朝廷尚尊，乡党尚齿，行事尚贤"，这都表明了老年人在社会上之所以受到尊敬，正是因为他们为人类社会的发展做出了贡献。

老年人在社会与家庭的地位和作用，也得到历代朝政的认可。我国从周朝开始，每年举行全国性的敬老大典"乡饮酒礼"，历代相传沿用，直到清朝，其目的在于"正齿位，序人伦，敬老尊贤，敦睦乡里"。国家对于敬老、爱老还有成文的礼法制度。《礼记·王制》篇载："五十杖于家，六十杖于乡，七十杖于国，八十杖于朝。九十者，天子欲有问焉，则就其室，以珍从"。这种高龄老人可以扶杖上朝以及皇帝向老臣请教须亲自登门的规定，证明了敬老就是尊重历史，推崇文明。

基督教的《圣经》也提倡敬老。《旧约全书箴言》第16章称"白发是荣耀的冠冕"，要求年轻人"在白发人面前，你要站起来，也要尊敬老人"。

老年人在家庭和社会中受尊重正是他们在家庭教育与社区教育中发挥作用的重要因素与前提。

二　老年人在儿童家庭教育中的作用

《三字经》上有句话叫作"子不教，父之过"。这句话开门见山地表明长辈对子孙教育负有不可推卸的责任。我国《婚姻法》规定："父母对子女有抚养教育的义务"。

家庭功能指的是家庭对于人类的功能或作用。家庭的功能是多方面的，尽管在不同的社会发展阶段，家庭的功能不尽一致，但是生育这一基本功能是在任何时候都会存在的。我国学者有的把家庭的功能概括为生物的、生理的、经济的、政治的、教育的、娱乐的，也有人把它归纳为生育、养老、抚幼等。随着生产力的发展，家庭的结构和规模发生变化，家庭的某些功能也会随之弱化或增强。人口再生产是社会延续的基础，而实现人口再生产的生育功能，既包括"生殖"又包括"抚育"。"生育"是新生命的产生，而"抚育"是对新生命的抚养和教育。一个新生儿从出生到成长为一个合格的社会成员，需要十几年的时间，因此家庭的抚育、教育非常重要，而这一责任的承担者主要是作为父祖的老年人。

在传统的农业社会里，生产力落后，家庭既是生产单位，又是消费单位，它具有生育、生产、消费、抚幼与养老等功能。老年人作为一家之长，特别是在对子孙的生产技术的传教士，具有绝对权威。产业革命带来了劳动方式、交往方式、分配方式、消费方式的变化，同时也使家庭结构和规模发生了变化。在城市化和工业化过程中，农业劳动力流向城市，家庭趋向核心化，义务教育普及化，家庭的教育功能弱化。正如恩格斯所说："随着生产资料转归社会所有，个体家庭不再是社会的经济单位。私人的家庭经济变为社会的劳动部门，孩子的抚养和教育成为公共的事业。"

不过，抚养和教育等公共事业的发展，并不能完全替代家庭教育，家庭作为人类繁衍后代的唯一社会单位，不可能对子女的教育放任不管，青少年在家庭中所受到的抚养与关怀仍然需要。家庭教育、社会教育与学校教育三者缺一不可，长辈对子辈的教育仍然责无旁贷。

高技术发展和医疗进步提高了老年人的健康水平，延长了老年人的有效劳动岁月，现在大多数祖父母已不再是步履艰难、老态龙钟的弱者了。这一变化使得老年人在家庭中的作用与地位提高，从而带来了"祖父母的春天"。从发达国家来看，"高龄社会祖孙亲"已成为社会发展的一种趋势，其中包括老年人在家庭教育中作用的增强。

据统计，美国 70% 的老年人有孙（外孙）子（女），法国 40% 的儿童的祖父母或外祖父母健在，苏联祖孙同住的平均年限由 19 世纪的 12 年提高到 20 世纪 70 年代的 24 年。这些祖（外）父母经济独立，身体健康，有时间也有精力去照顾和教育孙（外孙）子（女）。他们正从"含饴弄孙"的"天伦型"向"代替父母型"发展。人口老龄化带来的劳动力不足，把大批家庭妇女推进了劳动大军，原来由她们承担对子女的抚养教育工作，逐渐转由祖（外祖）父母承担。从 20 世纪 60 年代初到 80 年代末，法国的双职工家庭增加了一倍，现在每 3 个上班的母亲中就有 1 个人把孩子交给奶奶或姥姥照看。目前 55 岁老年人中与孙辈共度假日的占 80% 以上。美国一项民意测验表明，70% 的学生认为祖（外祖）父母在他们的学习生活中占有非常重要的地位，90% 的孩子认为没有祖（外祖）父母是重大的损失。

祖（外祖）父母在家庭教育中的作用已得到社会的承认，法国把每年 10 月的最后一周定为敬老周。美国确定劳动节后的第一个星期日为祖（外祖）父母节。美国为了帮助老年人做好儿童家庭教育，还由亚纳桑那州立大学开办了祖父母班，帮助他们了解儿童心理和学习抚养教育知识。

三　老年人在精神文明建设和社区教育中的作用

《中共中央关于社会主义精神文明建设指导方针的决议》中指出："以马克思主义为指导的社会主义精神文明，是社会主义社会的重要特征……社会主义精神文明建设，是关系社会主义兴衰成败的大事"。"八五"计划要求社会主义精神文明建设达到新的水平，并且再次明确指出，社会主义精神文明建设的根本任务，是培养有理想、有道德、有文化、有纪律的社会主义公民，提高整个中华民族的思想道德素质和科学文化素质。

加强精神文明建设和社区教育需要全社会的关注与努力，而老干部、老工人、老农民、老知识分子更是责无旁贷。他们经历了新旧两个社会，对党和国家历史与优良传统了解较多，具有热爱党、热爱社会主义的坚强信念，无时不在关心着党和国家的命运。他们所具有的政治优势、经验优势、威望优势和时空优势，正是在精神文明建设中发挥作用的重要有利条件。

培养有理想、有道德、有文化、有纪律的社会主义公民，需要从对广大青少年的教育做起，除了正规的学校教育外，社会教育是一个重要方面。关心教育下一代是历史赋予老年人的职责，全国各地关心下一代协会的几十万名成员，是一支政治教育大军，不少人在对青少年进行爱国主义、共产主义、革命传统，引导他们建立正确人生观和树立远大理想和抱负方面，做出了成绩和贡献，在全国老干部双先表彰会议上受表彰的"安阳市老干部关心下一代协会"先后举办各种报告会 1500 多场，办夏令营 1200 多次，受教育的青少年 120 万人次。解放军老将军孙毅离休后担任 30 多所大、中、小学的校外辅导员，义务对青少年做革命传统报告 450 多场，直接听众达 20 万人次。

在社会主义思想教育战线上，返乡定居的离退休人员和本地区的老干部、老工人、老战士、老知识分子和老贫农是骨干力量，他们以亲身经历宣传党的政策和社会主义制度的优越性，并通过忘年交、宣讲团、撰写革命回忆录教育青少年，把宝贵的精神财富留给后人。"不抓工业没有钢，不抓农业没有粮，不抓下一代没有希望"，这句在关心下一代老艺术家委员会座谈会上为大家所赞赏的一句话，道出了老年人在精神文明建设、培养革命接班人方面的任重道远。

参考文献

《马克思恩格斯全集》（第四卷），人民出版社，1973。

李旭初、刘兴策主编《新编老年学词典》，武汉大学出版社，2009。

李志敏主编《四书五经》（卷四），中国言实出版社，2002。

制定新世纪老龄行动计划，
应对全球老龄化挑战

——第二届世界老龄大会启示[*]

联合国从 20 世纪 70 年代起关注老龄问题，1982 年 7 月在维也纳召开了"老龄问题世界大会"，从而正式把老龄问题提上了国际事务日程。

维也纳大会通过并经联合国大会批准的《老龄问题国际行动计划》，成为 20 年来老龄问题的思维和行动的指南，在诸如老年人就业和收入保障、保健、住房、教育和社会福利，维护老年人权益和满足老年人需求等方面发挥了重要作用。

1982 年以来，世界人口老龄化发展很快，60 岁及以上的老年人口比重已从 8.7% 上升到 2000 年的 9.9%，全球即将成为人口老年型的世界。为了适应新形势的需要和应对世界人口严重老龄化的挑战，2000 年 5 月，联合国大会决定于 2002 年在西班牙马德里召开第二届世界老龄大会。

一　第二届世界老龄大会的任务与特点

2002 年 4 月 8 日，第二届世界老龄大会在西班牙首都马德里市政大厅开幕。联合国秘书长安南和西班牙首相阿斯纳尔共同主持开幕式并发表了

---

　*　本文载于《老龄问题研究》2002 年第 6 期。

讲话。参加这次大会的有 160 多个国家的 5000 多名代表。我国由国务委员、全国老龄工作委员会常务副主任司马义·艾买提率领的中国政府代表团出席了大会，司马义·艾买提被推选为大会主席团副主席。这次大会的主题是"老年人与发展"，主要任务是根据 20 世纪世界人口老龄化迅速发展的新形势，以及由此引发的新问题，修改 1982 年"老龄问题世界大会"通过的《老龄问题国际行动计划》，把新世纪的社会、文化、经济和人口方面的实情考虑进去，制定面向 21 世纪的《2002 年马德里老龄问题国际行动计划》。确保国际及国内的所有政策议程，以及促进社会权利、经济权利和人权发展的其他重要文件，都要把老龄问题摆在主要的位置上。

会前，大会秘书处发布大会要集中讨论的议题包括：

（1）各国社会为回应人口老龄化进程而要采取的行动和措施；

（2）老龄问题与发展的关系，尤其是就发展中国家而言；

（3）把老龄问题纳入当前各种全球发展议程主流的措施；

（4）为建设不分年龄人人共享的社会，建立公共和私营部门之间，包括同非政府组织的伙伴关系的形式；

（5）使代与代之间更加和衷共济的措施。

中国代表团团长司马义·艾买提和副团长李宝库分别在大会和圆桌会议上做了题为《我们对未来充满信心》和《为使全世界老年人生活得更美好而共同努力》的发言，受到与会代表的热烈欢迎。

这次大会的特点是：规模大、范围广、任务重、准备足。

规模大：1982 年参加第一届世界老龄大会的有 124 个国家的代表团，这次参加大会的有 160 多个国家的 5000 多名代表。1982 年我国参加大会的代表为 12 人，参加这次大会以及非政府组织论坛和国际老年学论坛的有 70 多人。

范围广：1982 年参加第一届世界老龄大会的主要是政府代表团，这次参加大会和相关论坛的除政府代表团外，还有非政府组织代表团和学术界代表团，具有广泛的代表性。

任务重：21 世纪是全球老龄化的世纪，正如联合国秘书长安南在开幕式上所说，老龄化已经不再仅仅是"第一世界的问题"了。这个 20 世纪的说法正在为"21世纪突出的主题"所代替。这意味着大会不仅要考虑发达国家劳动力不足、老年人赡养比上升以及对高龄老年人的照料问题，而且还要应对发展中国家老有所养、消除老年人贫困，以及社会经济的发展与可持续发展问题。

准备足：这次大会有第一届大会以来的文献资料和历届联合国有关老龄问题的决定做基础，联合国2002年向各国发送了《国际老龄行动计划修改稿》，向学术界征集论文，并在大会之前连续举行了国际老年学论坛和非政府组织论坛。国际老年学论坛在4月1~4日举行，由国际老年学学会会长克利亚·格特曼教授主持，收到论文摘要554篇，有600多位专家学者和实际工作者出席。我国提交论文摘要50多篇，是提交论文最多的国家之一。论坛从学术理论研究和政策实践方面为大会提出了设想和建议。会前的充分准备为大会成功召开奠定了基础。非政府组织论坛于4月4~9日举行，论坛使非政府组织有机会交流经验，中国代表在"老年人与发展"和"中国论坛"上与各国代表进行了交流。大会在通过《政治宣言》《2002年马德里老龄问题国际行动计划》和完成全部议程后于4月12日胜利闭幕。

二　行动计划着眼于老龄社会的可持续发展

第二届世界老龄大会通过的《政治宣言》把"老年人与发展"放在采取行动三个优先位置的首位。宣言一开始说："作为参加在西班牙马德里召开的第二届世界老龄大会的政府代表，我们决定制定一个《2002年马德里老龄问题国际行动计划》，应对21世纪人口老龄化挑战和机遇，促进不分年龄、人人共享的社会发展。我们在这个行动计划中，责成包括国家和国际的各级机构采取行动，并对以下三个方面给予优先：老年人与发展、老年人的健康与福利、保证给予老年人有切实可行的支持环境。"

大会制定的《2002年马德里老龄问题国际行动计划》在关于老龄化世界中的可持续发展的论述中指出，整个社会都感受到老年人口持续增长的冲击及其对经济、社会关系和文化的意义。但是，直到最近，社会政策和计划还趋向于集中在青年和其他人口结构学影响上，很少有针对持续增长中老龄化人口的认识或政策调整。大多数发展中国家仍旧有足够的时间余地来准备面对人口老龄化和长寿的挑战。社会的可持续发展，甚至加快发展，都需要整合老年人并使他们享有权力，以便既对发展做出贡献，又从发展中获益。

行动计划还认为，当前在各发展阶段的社会，都面临着重新评价老年人作用的问题。在发展中国家和许多向市场经济过渡的国家中，一个足以令人困惑的障碍是继续把老年人排除在发展进程之外。如果持续增长的老年人口没有融入和参与发展的机会，就注定会造成人力资源的流失。发展是硬道理，没有可持续发展就不可能有老龄社会的繁荣。

世界卫生组织的代表在巴伦西亚国际老年学论坛上强调，世界的各个地区，人们越来越认识到需要支持那些能够和正在从事正规、非正规工作，以及在无报酬活动中、在家庭和在志愿工作岗位上，做出积极贡献的老年人。在发达国家中，鼓励老年人工作时间长一些的愿望还没有实现。在失业率高时，经常会采用裁减老年工人的办法为年轻人腾出岗位。但是，经验表明，用提前退休为失业人员提供工作岗位并不是有效的办法。在发展中国家，老年人更需要保持经济上的积极性。但是工业化、采用新技术以及劳动力市场的流动性威胁着老年人的许多传统工作，特别在农业地区。发展的项目要保证老年人能获得信贷支持和充分参与提高收入的工作机会。

三 确认老年人不仅是财富，而且是可持续发展的资源

联合国秘书长安南和西班牙首相阿斯纳尔在第二届世界老龄大会开幕式上发表了讲话，安南说全世界正在经历前所未有的人口转变，从现在到2050年，全球老年人口将从大约6亿人增加到20亿人。在今后50年内，人类历史上将第一次出现60岁以上老年人口超过15岁以下少儿人口的现象。安南指出，为了应对全球性的老龄化挑战，必须设计一个老龄问题行

动计划，通过提高老年人的社会参与率，更好地发挥他们无价的才能和经验。通过建立赡养网络和帮扶环境，加强代与代之间的牢固关系，以及提供医疗照顾，帮助老年人尽可能长久地保持独立性。安南强调，21 世纪仍然需要老年人。我们需要认识到，由于许多人受过良好教育、寿命延长，而且能较长时间保持健康，现在的老年人能够对社会做出比以往更大的贡献。通过鼓励他们积极参与社会和发展，可以保证他们的宝贵才能和经验得到充分运用。

阿斯纳尔首相在讲话中强调各国政府应该充分发挥老年人在社会政治、经济和文化生活中的作用。

世界卫生组织在为应对老龄化挑战向大会提出的"实现积极老龄化"建议中，把"积极老龄化"界定为"参与""健康"和"保障"，并建议重申，健康的老年人仍然是家庭、社区和发展经济的资源，要为他们提供参与社会经济发展的机会。

在巴伦西亚国际老年学论坛上，有 6 位学者分别运用老年学、人口学、经济学和社会学的理论和老年人在发达地区和发展中地区发挥作用的实例，提交了论证"老年人是资源"的论文。大会发布的新闻提出，大会将通过"进行政策规划，确保老年人继续各尽所能为社会做出有益贡献"。

大会最后通过的《政治宣言》认定，老年人的潜力是未来发展的强有力的基础。社会依靠老年人的技能、经验和智慧，不但能首先改善他们自己的条件，而且还能积极参与全社会条件的改善，从而使"老年人是资源"的观点获得国际社会的正式认同。

四　提倡积极老龄化，促进可持续发展

《积极老龄化的政策框架》是世界卫生组织为了介绍有关促进健康和积极老龄化的讨论和行动计划的形成过程而撰写的，是世界卫生组织提出的一个书面建议。提供讨论用的初稿题为《健康与老龄化》，于 2001 年刊印，经过世界卫生组织卫生发展中心组织召开的，来自 21 个国家的 29 名代表参加的专家小组会议讨论修订，并于 2002 年 4 月 1～4 日，经巴伦西亚国际老年学论坛讨论后报送联合国第二届世界老龄大会。大会接受了有关建议，并把积极老龄化的内涵写进了《政治宣言》。

人口老龄化是人类社会最重大的成就之一，同时又是我们面临的最严峻的挑战之一。进入 21 世纪以后，全球老龄化将会给所有的国家带来更多的社会经济需求。与此同时，老年人群体又是一个宝贵但又往往被忽视的资源，他们为我们的社会做出了重大的贡献。

世界卫生组织认为，如果政府、国际组织和民间社团制定"积极老龄化"的政策和计划，促进老年人的健康、参与和保障，国家就能够应对老龄化的挑战。在所有国家，特别是发展中国家，帮助老年人保持健康和积极性是一种需要，而不是奢华。

"积极老龄化"对个人和群体两者都适用。它容许人们在一生中能够发挥自己在物质、社会和精神方面的潜力，按照自己的需要、愿望和能力参与社会，在需要帮助时，提高充分的保护、安全和照料。

"积极"强调的是继续参与社会、经济、文化、精神和公益事务，而不仅仅是体力活动的能力或参加劳动队伍。从工作中退休下来的老年人和那些患病或有残疾的人，能够仍然是他们的家属、亲友、社区和国家的积极贡献者。

"积极老龄化"是世界卫生组织在 20 世纪 90 年代后期采用的。它意味着传达一个比健康老龄化内涵更为广泛的启示，并且认识到健康照料之外的因素如何影响个体老年人和老年人群体。

"积极老龄化"是以承认老年人的人权和联合国关于独立、参与、尊严、照料和自我实现的原则为基础的。它把一个战略计划，从"以需要为基础"转变为"以权利为基础"，承认人们在增龄过程中，在生活的各个方面都享有机会平等的权利。

实现"积极老龄化"的政策是所有国家都能使有技术和有经验的老年人继续参与工厂、学校、科研部门、社区、宗教机构以及商业、卫生和政治机构的工作，把老龄化对社会经济的压力转化为促进可持续发展的动力。

五 启示

第一，我国是世界上的第一人口大国，在经济尚不发达的情况下进入老龄社会，面临老龄化和发展的双重压力。大会把"老年人与发展"列为首要议题对我们来说是非常切合实际的，我们要认真研究和领会会议的精神，制定我们的老龄工作行动计划。

第二，我国老龄化的首要特点是老龄化超前于经济发展，解决这一矛盾的首要措施是调动一切积极因素，包括为老年人提供参与社会发展的条件，促进经济发展。

第三，实施可持续发展战略需要有合理的人口年龄结构，目前我国劳动年龄人口比重较高，老年赡养系数较低，是发展经济的有利条件。但是随着老龄化发展，十几年后这一优势将不复存在，大会在今后50年内，人类历史上将第一次出现60岁及以上人口超过0～14岁人口，这一现象我国将在2030年出现，由此而产生的劳动资源持续不足将会严重影响可持续发展。如果我们从2015年开始逐步提高劳动年龄上限，2030年提高到64岁，我们就能把老年人口超过少儿人口的现象推迟10年出现，为发展经济赢得时间。

第四，实行"积极老龄化"符合我国的国情和需要，建议全国老龄工作委员会建立相应机构开展宣传和普及工作。

第五，我国一向视老年人为财富，政府鼓励和倡导老年人参与发展，为了避免在市场经济冲击下出现就业年龄歧视，建议把开发老年人力人才资源纳入社会经济发展规划，维护有劳动能力的老年人的劳动权。

积极老龄化是发展中国家和地区
应对老龄化挑战的一项有效措施*
——以中国为例

一 发展中国家和地区面临
人口老龄化挑战

人口老龄化是伴随着科技进步和经济发展出现的，因此在 20 世纪 70 年代以前，65 岁及以上人口比重达到 7% 进入老年型社会的，基本是经济发达的国家和地区。70 年代以后，有些发展中国家和地区人口出生率下降，相继进入老年型社会。美国人口咨询局统计表明，2002 年全球老年型国家和地区共 82 个，其中按购买力平价换算人均国民收入最高的前 3 名为卢森堡（53290 美元）、挪威（36690 美元）和美国（36110 美元）；不超过10000 美元的国家和地区 24 个，占总数的 30%。这些经济发达国家和地区应对老龄化挑战大多采用鼓励生育、吸收移民、提高保险费率和降低福利标准等措施，但是对于老龄化超前于经济发展的发展中国家和地区来说，就无力仿行，只能另觅佳径，近年来的经验表明积极老龄化是发展中国家

---

* 此文为向 2005 年 "第 18 届国际老年学与老年医学大会" 提交的论文。

应对老龄化挑战的一项有效措施。

在 24 个初入老年型社会而人均国民收入不超过 10000 美元的国家和地区中，中国的人均国民收入为 4520 美元，位居倒数第 7；在这些国家和地区中，出生预期寿命最高的 76 岁，最低的 64 岁，中国为 71 岁；总和生育率最高的为 3.2，最低的为 1.2，中国为 1.7；从以上 3 项指标来看，中国具有一定的代表性。以中国为例探讨积极老龄化应对老龄化挑战的作用，可供其他发展中国家和地区参考。

二 发展中国家和地区呼唤"积极老龄化"

"积极老龄化"是世界卫生组织为应对全球老龄化挑战而提出的，2002年第二届世界老龄大会把提倡积极老龄化写进了《政治宣言》。

劳动力是发展生产力最主要的因素，劳动资源是最重要和最宝贵的资源。发达国家的史实表明，人口老龄化已经导致劳动年龄人口比重下降，劳动资源减少，甚至出现劳动力不足而不利于经济发展的情况。这一现象不久的将来也会在发展中国家和地区出现。现阶段我们都处于老年型社会的初期，少年人口比重下降的幅度大于老年人口比重上升的幅度，劳动年龄人口比重上升趋势，但是一旦总和生育率接近替代水平和少年儿童人口比例趋于稳定时，老年人口比重上升就必然导致劳动年龄人口比重下降。2010～2020 年，中国少年人口比重保持在 19.6% 的左右，而老年人口比重从 11.8% 上升到 15.9%，从而使劳动年龄人口比重将从 2010 年的 67.9% 下降到 2020 年的 64.5%，减少 3.4 个百分点（见表 1）。劳动年龄人口比重下降在其他发展中国家和地区迟早也会出现，联合国的预测表明，发展中国家的劳动年龄人口比重将由 2025 年的 61.4% 下降到 2050 年的 59.0%，其中已经进入老年型社会的智利、韩国、泰国和斯里兰卡的劳动年龄人口比重从 2000 年到 2025 年将分别下降 1.8、2.3、1.9 和 2.4 个百分点。

表1 2000～2020年中国人口年龄结构和总供养比变动预测

单位：百万人，%

	2000 年		2010 年		2020 年	
	人口数	总供养比	人口数	总供养比	人口数	总供养比
0～14 岁	317.8	24.9	267.5	19.6	284.0	19.6
15～59 岁	830.9	65.1	926.8	67.9	934.5	64.5
60 岁及以上	127.6	10.0	161.1	11.8	230.4	15.9
少年抚养比		38.2		29.9		30.4
老年赡养比		15.4		17.4		24.7
总供养比		53.6		47.3		55.0

资料来源：张文范等《二十一世纪上半叶中国老龄问题对策研究》，华龄出版社，2000。

老年人口因超过劳动年龄而被排除于劳动力人口之外。但是，劳动经济学认为，一个国家的劳动力资源的绝对量是这个国家具有劳动能力的总人数。它既包括劳动年龄人口中有劳动能力的人数，也包括劳动年龄以外实际从事社会劳动的人数。联合国的统计和预测表明，发展中国家65岁及以上老年人口的劳动参与率1990年为28.4%，2000年为25.9%，下降2.5个百分点；同期中国分别为19.3%和16.9%，下降2.4个百分点，而且都有持续下降的趋势。下降的原因是多方面的，其中包括因医疗条件不好，老年人预期健康寿命有限，缺乏参与的能力；政府和非政府组织对老年人参与发展的支持和服务欠缺；老年人的参与意识不强。由此可见，积极老龄化把"健康""参与"和"保障"融为一体，对于发展中国家和地区发展经济是十分必要的。

第二届世界老龄大会《政治宣言》强调："老年人的潜力是未来发展的强有力的基础。社会依靠老年人的技能、经验和智慧，不但能首先改善他们自己的条件，而且还能积极参与全社会条件的改善。"这段话完全适用于发展中国家的老年人，因为他们既需要改善自己的条件，又需要通过积极参与来改善全社会的条件。老年人的期望和社会的经济需要，都要求老年人能够参与他们所在社会的经济、政治、社会和文化生活。老年人应该有机会能够从事令人满意和生产性的工作，希望干多长时间就干多长时间。老年人应该有继续受教育和受培训的计划。对老年人的认可和对他们充分参与的促进，是积极老龄化的主要内容。对老年人必须提供适当和可持续的社会支持。

三 中国提倡积极老龄化应对老龄化挑战的实例分析

中国和其他发展中国家一样是在经济尚不发达的情况下进入老年型社会的，为了应对"老龄人口比重上升"和"社会保障压力增大"的挑战，我们通过提倡积极老龄化来提高老年人的健康水平，鼓励老年人积极参与发展。这样做对于发展经济和全面建设小康社会将会产生以下的作用和效益。

（一）缓解劳动年龄人口比重下降，劳动资源减少的需要

根据预测，2010～2020 年，中国老年人口比重从 11.8% 上升到 15.9%，从而使劳动年龄人口比重将从 67.9% 下降到 64.5%，劳动资源相应减少，制约小康社会的建设与发展。实现积极老龄化可以提高老年人的健康水平，使老年人继续参与社会发展，推迟由生产人口转变为受赡养的消费人口，实际上是缓解劳动人口比重下降，增加劳动资源，有利于全面建设小康社会。2000 年中国 60 岁及以上老年人口的经济活动参与率为 32.99%，这意味着中国有将近三分之一的老年人仍然在参与劳动，他们为国家发展生产力增添了 4288 万劳动力资源。

（二）降低老年赡养比幅度和减轻劳动年龄人口负担的需要

老龄人口比重上升和劳动年龄人口比重下降，导致老年赡养比将由 2000 年的 15.4% 上升到 2020 年的 24.7%，这意味着 2000 年由 6.5 个劳动者赡养 1 个老年人，到 2020 年则 4 个人就要赡养 1 个老年人。如果实现积极老龄化，让老年人 2020 年劳动到 64 岁，那时老年赡养比就能从 24.7% 下降到 15.5%，还略低于 2000 年的水平。劳动人口负担低可以保持劳动力成本低的优势，有利于产品在国际市场上的竞争。

（三）降低养老金支出加大的幅度，保持养老基金收支平衡的需要

随着退休人员的增加，中国企业养老保险基金的缺口已由 1998 年的

100 多亿元加到 2003 年的 400 多亿元。城镇职工养老保险统筹基金的缺口 2010 年将达到 800 多亿元。根据测算,退休年龄每提高 1 年,养老统筹基金可增加收入 40 亿元,减支 160 亿元,减少基金缺口 200 亿元。实现积极老龄化为提高退休年龄创造了条件,如果我们从 2010 年起逐步部分提高退休年龄,到 2020 年实现男女一律 60 岁退休,其结果将使 2020 年养老统筹基金收大于支,由缺口 503.51 亿元转变为节余 2622 亿元(见表 2)。

表 2 2005～2020 年中国城镇职工养老保险统筹基金收支预测

单位:亿元

	按法定退休年龄计算			按提高退休年龄计算		
	收入	支出	节余	收入	支出	节余
2005 年	2373.52	3342.83	- 969.31	2373.52	3342.83	- 969.31
2010 年	3505.00	4340.97	- 835.97	3629.85	3982.37	- 352.52
2020 年	7668.96	8172.47	- 503.51	8625.81	6003.81	2622.00

资料来源:劳动保障部法制司和社会保险研究所《中国养老保险基金测算与管理》,经济科学出版社,2001。

四 结论

人口老龄化是人类社会最重大的成就之一,同时又是面临的一个最严峻的挑战,对于发展中国家和地区来说,更需要认真思考和积极应对。21世纪的全球老龄化将会给所有的国家带来更多的社会经济需求和挑战。与此同时,21 世纪又是人类长寿的时代,在老年型社会里,健康长寿的老年人群体是一个十分宝贵但又往往被忽视的重要资源。我们认为如果政府和社会及时制定和执行"积极老龄化"的政策和计划,通过促进老年人的健康、参与和保障,充分开发利用老年人才人力资源,国家就能够成功地应对老龄化的挑战,实现人口老龄化与社会经济的协调发展和可持续发展。

通过以上简要的论证和中国实例的分析,我们可以初步得出这样一个简单的结论,实现积极老龄化,提高老年人健康水平,减轻老年人的养老、医疗和护理负担,使老年人延长劳动岁月,鼓励老年人参与发展,不但能增加劳动力资源，变老龄化的压力为动力，促进经济发展，而且有利于提高老年人的生活质量和建设不分年龄、人人共享的和谐社会。

参考文献

张文范等《二十一世纪上半叶中国老龄问题对策研究》，华龄出版社，2000。

劳动保障部法制司和社会保险研究所：《中国养老保险基金测算与管理》，经济科学出版社，2001。

熊必俊：《人口老龄化与可持续发展》，中国大百科全书出版社，2002。

UN Economic & Social Affairs：*World Population Aging 1950~2050*，2002.

积极老龄化与构建和谐的老龄社会[*]

摘　要：中国于 1999 年进入老年型社会，在老龄化超前于经济发展的情况下构建和谐的老龄社会，面临"老龄人口比重上升"和"社会保障压力增大"的严峻挑战。老龄化迅速发展必然导致劳动年龄人口比重下降，老年赡养比上升，老年社会保障支出增加。从科学发展观和以人为本来看，老年人不仅是构建和谐社会的受益者，而且是不可或缺的参与者。"老年人必须参与发展"的观点已达成国际共识。"积极老龄化"由"健康、参与、保障"组成。积极老龄化强调"健康"使老年人由弱者变为强者，减少老年社会保障支出；强调"参与"使老年人从受赡养者变为生产者，增加劳动力资源；强调"保障"使老年人的"健康"和"参与"得到了有利条件和保障，其最终结果是变老龄化的压力为动力，为老龄社会的可持续发展开源节流，实现不分年龄、人人共建共享的和谐社会，为构建和谐的老龄社会奠定坚实的经济和社会基础。

关键词：积极老龄化　老年人口　健康　参与　和谐的老龄社会

一　构建和谐的老龄社会面临老龄化挑战

实现科学发展观和构建社会主义和谐社会是党十六大以来提出的两项

---

* 本文为向 2007 年"第二届老年学家前沿论坛"提交的论文，载于《市场与人口分析》2007 增刊。本文荣获"第四届中国社会科学院离退休人员优秀科研成果奖三等奖"。

战略思想。科学发展观是对发展认识的深化，也表明政策调整的方向。发展是硬道理，科学发展是实现可持续发展和全面建设小康社会的必由之路。推进社会主义和谐社会建设要全面贯彻落实科学发展观，用科学发展观统领全面构建和谐社会的全局。我国在人口老龄化超前于经济发展的情况下构建和谐的老龄社会，面临"老龄人口比重上升"和"社会保障压力增大"的严峻挑战。全国老龄工作委员会办公室的研究报告表明，2004 年我国 60 岁及以上老年人口为 1.43 亿人，占总人口的 10.97%。预测 2020 年和 2050 年老年人口将分别达到 2.48 亿人和超过 4 亿人，老年人口比重分别为 17.17% 和 30% 以上；其中 80 岁及以上高龄老人分别占老年人口的 12.37% 和 21.78%。老龄化的迅速发展对于构建和谐社会特别是构建和谐的老龄社会有以下几个方面不利影响。

（一）劳动年龄人口比重下降，劳动资源减少，不利于经济发展

经济发展是构建和谐社会的基础，劳动力是发展生产力最主要的因素，劳动资源是最重要和最宝贵的资源，劳动资源的多寡是反映经济实力强弱的重要指标。人口老龄化会导致劳动年龄人口比重下降，劳动资源减少，甚至出现劳动力不足。这一规律在我国也不例外，尽管现阶段 0~14 岁少年人口比重下降的幅度大于 60 岁及以上老年人口比重上升的幅度，出现 15~59 岁劳动年龄人口比重上升趋势，劳动力供大于求，但是，2010~2020 年，由于少年人口比重保持在 19.6% 左右，而老年人口比重从 11.8% 上升到 15.9%，从而使劳动年龄人口比重将从 2010 年的 67.9% 下降到 2020 年的 64.5%，减少 3.4 个百分点。2050 年劳动年龄人口将进一步下降到 55.1%，与 2000 年的 65.1% 相比，减少 10 个百分点。劳动年龄人口减少，非劳动年龄人口增多，不利于经济发展。

（二）老年赡养比上升，劳动人口负担加重，不利于代际关系协调与社会和睦

代际关系协调是构建和谐社会的基本原则，老龄人口比重上升和劳动年龄人口比重下降，将导致老年赡养比从 2000 年的 15.4% 分别上升为 2010 年的 17.4%，2020 年的 24.7% 和 2050 年的 47.5%，劳动年龄人口与老年人口之比接近 2∶1。老年赡养比上升，一方面会提高劳动力成本，降低我国产品在国际市场上的竞争力，另一方面劳动人口赡养老人的负担加重，不利于代际关系协调与社会和睦。

（三）老年社会保障不能满足老龄化发展的需求，老年人收入下降，甚至陷入贫困，不利于社会稳定

社会稳定是构建和谐社会的基本条件，老年社会保障是国家向老年人提供的医疗和收入保障，是实现人类尊严、平等和社会公正的途径。由于"未富先老"，所以我国老年社会保障制度的发展不能满足日益增加的老年人人口及其需求。《中国城乡老年人口状况一次性抽调查样调查》表明，2000 年我国城市老年人口中，享受退休金的占 72.2%，农村享受退休金的老年人不到 6%。享受公费医疗的老年人城市为 60.8%，农村仅为 3%。一方面不享受老年社会保障的老年人生活困难，甚至陷入贫困。另一方面老年人口迅速增加导致老年社会保障支出大幅度增加。以养老金为例，我国社会保险制度转型过程中，已经产生了巨大的隐性债务。2004 年我国在退休人员每年以 6% 的速度递增的情况下，全国企业养老保险基金缺口已经从 1998 年的 100 多亿元增加到 2003 年的 400 多亿元左右。预测城镇职工养老保险基金统筹部分 2010 年收入 3342 亿元，支出 4455 亿元，缺口 1113 亿元。2020 年收入 7251 亿元，支出 8248 亿元，缺口 997 亿元。老龄化导致老年社会保障制度陷入困境，一部分老年人的养老和医疗缺乏保障，大部分老年人与非老年人收入差距扩大，这种有失社会公平和公正的现实不利于代际关系和社会稳定。

二 老年人是构建和谐的老龄社会的资源

科学发展观的本质和核心是"以人为本"。"以人为本"的要义有二，一是"以人的全面发展为目标"；二是"让发展的成果惠及全体人民"。老年人口是总体人口的一个组成部分，是家庭的尊长和社会的资深公民，从科学发展观和以人为本来看，他们不仅是全面构建和谐社会的受益者，而且还应该是建设的积极参与者。

在人口老龄化日益加剧的情况下，"老年人必须参与发展"的观点已达成国际共识。1982年联大在批准《老龄问题国际行动计划》的第37/51号决议中指出"（全世界要）认识到寿命的延长是一项生理上的成就和一种进步的象征，并且认识到老年人是社会的财富而非负担，因为他们可以以其累积的丰富知识和经验做出价值无比的贡献。"

2002年4月联合国召开的第二届世界老龄大会进一步把"老年人与发展"作为主题。大会通过的《2002年马德里老龄问题国际行动计划》强调，"老年人必须充分参与发展进程，也必须享有发展进程的种种好处。""制止基于年龄的歧视以及增进老年人的尊严"。大会吁请各国提倡"积极老龄化"，保证老年人健康和参与发展，为建设不分年龄、人人共享的社会奠定基础。

"积极老龄化"是世界卫生组织为应对老龄化挑战向大会提出的建议，大会接受了这项建议，写进了大会的《政治宣言》。

三　实现积极老龄化为构建和谐的老龄社会服务

社会的存在与发展离不开一定的条件，其中包括自然环境、人口、文化、物质生产方式等。马克思主义关于两种生产的理论，揭示了社会经济发展与人口发展之间的本质联系，论述了社会经济发展决定人口发展，人口发展反作用于社会经济发展的辩证关系。老龄化对社会经济发展确有某些不利影响，但是这种不利影响毕竟是局部的、暂时的和可以缓解的。以人为本的人类发展必须有助于包括老年人在内的所有人最充分地增长才干，并且最大限度地发挥其潜能，并用于经济、社会、文化和政治各个领域。用辩证与发展的观点来认识和充分利用老年人的有利因素，才是对待人口老龄化挑战的正确态度。

既然社会财富是人创造的，那么人口老龄化与社会经济发展之间的矛盾，也得靠人来解决。人口预期寿命延长所带来有效劳动岁月的延长，是缓解老龄化不利影响的积极因素。它不仅意味着劳动力资源的增多，而且也会使劳动力成本下降。苏联人口学家 N. N. 麦奇尼科夫高度评价延长寿命对社会发展的积极作用，他认为："延长寿命与保持劳动的力量和能力应该是协调一致的、并行的。" B. C. 斯捷申科指出："取得经济发展与人口发展之间'协调'的根本办法……是延长老年人口的有充分价值的经济和社会积极性。"

胡锦涛同志指出："坚持以人为本，就是要以实现人的全面发展为目标，从人民群众的根本利益出发谋发展、促发展，不断满足人民群众日益增长的物质文化需要，切实保障人民群众的经济、政治和文化利益，让发展的成果惠及全体人民。"马克思主义认为，人民群众是历史的创造者，"以人为本"既强调为最广大人民的利益谋发展，又强调依靠最广大人民的力量谋发展。坚持以人为本，实现积极老龄化，就是调动广大健康的老年人参与发展，应对老龄化挑战，为构建惠及包括老年人在内的全民的和谐社会服务。

马克思在论述劳动力时说"我们把劳动力或劳动能力，理解为人的身体即活的人体中存在的、每当生产某种使用价值时就运用的体力和智力的总和"。从唯物主义的观点看，劳动力没有一成不变的年龄上下限，具有劳动能力的人，都是劳动力。劳动经济学认为：

$$劳动资源 = 劳动年龄人口有劳动能力的人口$$
$$+ 非劳动年龄人口中实际参与劳动的人口$$

由此可见，参与劳动的老年人口，仍然是劳动资源，实现积极老龄化，让健康的老年人参与发展，既能增加劳动资源，降低老年人实际赡养比，减轻劳动年龄人口的赡养负担，促进代际协调和社会团结，而且又能增加老年人的收入，提高他们的生活/生命质量，他们在为社会主义的物质文明、政治文明、精神文明和构建和谐的老龄社会做贡献的同时，实现自我价值。2000 年我国 60 岁及以上老年人口经济活动参与率为 32.99%，这表明有 4000 多万"银发大军"在从事经济活动，继续为社会增创财富。如此众多受赡养的老年人去从事生产，正符合孔子"生财有大道。生之者众，食之者寡……则财恒足矣！"的名言。

参考文献

《马克思恩格斯全集》（第 23 卷），人民出版社，1973。

《联合国第二届世界老龄大会政治宣言》，2002。

熊必俊：《人口老龄化与可持续发展》，中国大百科全书出版社，2002。

世界卫生组织：《积极老龄化——政策框架》，2002。

杜鹏主编《人口老龄化与老龄问题》，中国人口出版社，2006。

中共中央文献的研究室：《科学发展观重要论述摘编》，中央文献出版社，2008。

加强法制建设，促进社会性别平等[*]

一 国际组织关注性别平等问题

无论是从基本人权和社会公正来看，还是从社会进步和经济发展来看，实现社会性别平等都是亟待解决的问题。近 10 年来，一些有关国际组织对于实现社会性别平等给予了关注，"他山之石，可以攻玉"，让我们看看他们的经验和教训，为我们修订《老年人权益保障法》做借鉴和参考。

1997 年联合国经社理事会通过一致结论，认为将社会性别观点纳入主流工作是一个过程，拟采取的行动包括立法、政策或计划，并对女性和男性产生的影响进行分析。社会性别平等主流化是一个战略，把女性和男性的关注和经历作为政治、经济和社会各领域中设计、执行、跟踪评估政策和项目计划中不可分割的一部分来考虑，以使女性和男性平等受益，不平等现象不再延续下去，最终目的是实现社会性别平等。

国际劳工组织在 1999 年发表一项政策声明，明确承诺国际劳工组织将积极推行性别平等主流化的战略，并且制定了行动计划，以推动性别平等主流化战略的有效实施，实现性别平等。国际劳工组织的性别平等计划涵盖以下几个方面。

（1）各级领导的坚定明确的承诺；

---

* 此文为提交 2007 年"老年女性权益保障专题学术研讨会"的论文。

（2）将性别平等的关注融入劳工组织的各个环节和过程中；

（3）加强性别平等主动化能力建设；

（4）加强网络建设，发挥催化和协调作用；

（5）推动人力资源开发，促进社会性别平等。

国际社会保障协会也十分关注性别平等问题。在 2004 年第 28 届全球大会上，该协会的老年、伤残和遗嘱保险技术委员会发布关于《男性与女性的退休收入保障》的报告，提出为了预防老年妇女陷入贫困，建议在社会保障方面做到：

（1）扩大妇女养老保险的覆盖面；

（2）男女领取退休金的法定年龄一致；

（3）对于在非正规部门工作的退休女职工给予补贴；

（4）为不享受退休待遇的配偶提供共享年金和遗属年金；

（5）允许离婚时分享积累起来的年金。

联合国《2002 年马德里老龄问题国际行动计划》要求通过消除性别歧视来确保老年人的性别平等，一方面扩大妇女的就业率，借此减少他们在晚年被排除在社会保障之外的风险；另一方面要采取适当的社会保障措施解决贫困老年妇女的生活问题。

二　当前还存在的性别不平等问题

第一，因男女同工不同酬、女性退休年龄低于男性、女性缺少受教育和培训的机会、就业率低、照顾子女和老人而中断工作等因素，女性的工资收入和退休金收入都少于男性，经合组织的一项统计表明，2002 年法国女性年收入为男性的 78%，瑞典为 91%，墨西哥为 70%，中国为 54%。

第二，因很多女性从事非正规的临时工作或无报酬的家务劳动，不能享受退休待遇，养老没有保障和安全感。

第三，女性的预期寿命比男性长，寡居率高，寡居期长，容易陷入贫困。

第四，女性的特殊情况和需要（生育保护、适合女性的工作场所、性骚扰、暴力伤害）缺乏照顾和保障。

三　我国老年妇女的特点和权益保障问题

2000 年，我国 60 岁及以上老年人有 13028 万人，其中男性 6338 万人，占全部老年人口的 48.65%，女性 6690 万人，占 51.35%。

我国女性老年人口突出问题之一是寡居率高和寡居期长，特别是不享受退休金的遗属，晚年陷入贫困，生活没有保障。女性老年人口寡居率高和寡居期长的原因是女性老年人口的平均余寿（29.1 岁）比男性（16.3 岁）长、有配偶率（57.75%）低于男性（77.39%）、丧偶率（41.68%）高于男性（8.45%），

女性老年人口在性别平等方面存在的问题包括：

（1）女性老年人口的文盲、半文盲率（65.73%）高于男性（28.43%）。女性老年人口经济活动参与率（23.72%）低于男性（32.99%）；

（2）女性老年人口的收入比男性低。城市老年人口月平均收入男性为 1030.5 元，女性为 475.6 元，女性为男性的 46.1%；农村老年人口月平均收入男性为 214.5 元，女性为 144.46 元，女性为男性的 67.3%；

（3）过去女性老年人口就业率低，享受社会养老保险的比男性少。城市男性老年人口中退休人员占 88.6%，女性老年人口中退休人员占 54.7%；农村男性老年人口中退休人员占 9.0%，女性老年人口中退休人员占 2.2%；

（4）女性退休人员由于退休年龄比男性低，因此退休金收入比男性少，城市退休人员的平均月退休金收入男性为 745.7 元，女性为 528.6 元，女性为男性的 70.9%。

四　对实现性别平等，保障老年妇女
权益的建议

第一，在法制建设中引入社会性别平等的概念，消除法律条文上平等

而事实上不平等的矛盾。

在贯彻"依法治国"的方针下，我国的法制建设取得了长足的进步和可喜发展。但法律中主体概念的"人"、《宪法》中的"公民"、《老年人权益保障法》中的"老年人"，以及人们对于"在法律面前人人平等"理解的"人人"都是"自然人"，没有男女性别之分。尽管在有的法律条文中明确规定了男女权利平等，似乎具有社会性别意识，但是对如何落实，还缺乏实践，往往在执法和社会舆论中还存在性别偏见的现象，因此必须在加强法制中引入社会性别平等的概念，为实现男女平等制定明确的条文。

第二，扩大社会保障对妇女的覆盖面，使她们进入老年后老有所养。

第三，提高女性领取退休金的法定年龄，达到与男性一样的水平，从法律和实际上保证男女同工同酬。

第四，《老年人权益保障法》要把"保障老年妇女权益"作为重点条文独立列项，在论述老年妇女为社会人口再生产和物质再生产所做的贡献的基础上，呼吁全社会和政府各部门，特别是立法和执法部门，把对维护老年妇女权益纳入到各自的法规和行动计划中去，从法律和实际上保证男女同工同酬。

第五，提高妇女的就业能力，保证她们与男性一样享有培训和就业的机会。扩大妇女的社会养老覆盖面，要建立老年遗属保险制度，对于不享受退休金的老年妇女提供共享年金和遗孀年金。

第六，提倡夫妻平均分担家庭责任，并使妇女参与有报酬的工作。

第七，在招工中除特殊行业外，禁止性别歧视。

参考文献

中国社会科学院法学所课题组：《法制建设中的性别平等问题》，《中国社会科学院院报》2007 年 2 月 13 日。

国际劳工局：《社会保障：新共识》，中国劳动社会保障出版社，2004。

熊必俊：《关于我国老年人口收入的研究》，《市场与人口分析》2005 增刊。

第三篇

老有所养和老有所居

老有所养是老年人的天赋人权[*]

一　生存权是老年人最根本的人权

任何人类历史的第一个前提，无疑是有生命的个人的存在。因为人口是人类社会活动的主体。没有人口，就不可能有任何社会物质资料的生产和社会物质生活。但是，人口作为一个生物群体，首先必须具备赖以生存的生活条件，正如马克思和恩格斯在《德意志意识形态》一书中所指出的，"我们首先应当确定一切人类生存的第一个前提也就是一切历史的第一个前提，这个前提就是，人们为了能够'创造历史'，必须能够生活。"这段话明确肯定生活是人们生存的第一需要。生存权是最基本的人权，老年人也不例外。

老年人作为社会的资深公民和家庭的尊长，是在完成了国家、社会和家庭赋予他们的生产和生育的责任后进入老年的。按照代际交换的经济观，"老有所终，壮有所用，幼有所长"的大同思想和"老者安之，朋友信之，少者怀之"的伦理道德观，国家、社会和家庭理当为他们提供维持生存的物质和劳务帮助，保障他们"老有所养"。

"老有所养是老年人的天赋人权"这一观点为国际社会认同，在联合

---

　　*　本文摘自熊必俊主编《保障老有所养的理论与实践》（第一版），经济管理出版社，1999。

国、国际劳工组织、其他涉老机构以及一些国家所颁布的有关宣言、公约和宪法中，都有保障生存权和维护老年人经济权益的具体内容。

1948 年 12 月 10 日经联合国大会通过的《世界人权宣言》第三条规定："人人有权享有生命、自由与人身安全"。第二十二条规定："每个人，作为社会的一员，有权享受社会保障，并有权享受他的个人尊严和人格的自由发展所必需的经济、社会及文化方面各种权利的实现，这种实现是通过国家努力和国际合作并依照各国的组织和资源情况"。第二十五条规定："人人有权享受本人和家属的健康和福利所需的生活水准，包括食物、衣着、住房、医疗和必要的社会服务；在遭到失业、疾病、残废、守寡、衰老或在其他不能控制的情况下丧失谋生能力时，有权享受保障。"

1966 年 12 月 9 日签订的《经济、社会和文化权利国际盟约》第 11 条规定："本盟约缔约国确认人人有权享受其本人及家属所需之适当生活程度，包括适当之衣食住及不断改善之生活环境。"

把保障生存权纳入地区性人权公约和国家级宣言的有：

1950 年 11 月 4 日在罗马签订的《欧洲人权公约》第一章第 2 条规定："任何人的生存权应当受到法律的保护"。

1969 年 11 月 22 日在哥斯达黎加的圣约瑟城签订的《美洲人权公约》在第一章第四条"生命的权利"里规定："每一个人都有使其生命受到尊重的权利。这种权利一般从胚胎时起就应受到法律保护"。

1776 年《美国独立宣言》强调，人人生而平等，造物主赋予他们若干不可让与的权利，其中包括生存权、自由权和追求幸福的权利。

1789 年 8 月颁布的法国《人权宣言》提出，"人类生来是而且始终是自由平等的……一切政治结合的目的都在于保护人的天赋和不可侵犯的权利；这些权利是：自由、财产、安全以及反抗压迫。"

1919 年德国《魏玛宪法》规定："经济生活之秩序，以使各人获得人类应得之生活为目的，并须适合正义之原则。"

法兰西第四共和国宪法在序言中宣称："对于全体人民，尤其对于孩童、母亲及老年劳动者，国家应保障其健康、物质上之享用、休息及闲暇。凡因年龄、身体或精神状态、经济状况不能劳动者，有向国家获得适当生活方式的权利"。

除此以外，有些国家还把保障包括老年人在内的生存权写入宪法，例如《日本国宪法》第二十五条规定："全体国民都享有健康和文化的最低限度的生活的权利。"中国《宪法》第四十五条规定："中华人民共和国公民在年老、疾病或者丧失劳动能力的情况下，有从国家和社会获得物质帮助的权利。"

二　保障老年人生存权的首要条件
是保障老有所养

保障老年人生存权的第一个前提是对维持其生存所必需的经济收入的保障。1950 年国际老年学学会成立公报宣称，鉴于老年人口日益增多，对于老年人有重大影响的社会经济因素进行研究，实属必要，同时所有关于老年问题的研究结论，应提供有关政府参考，以期付诸实施而增进老年人福利。

1952 年由国际劳工组织召开的第 35 届国际劳工大会通过了《社会保障最低标准公约》，公约第五部分"养老补助金"规定，要使受保护者获得养老补助金而无虞。养老补助金应予以计算和定期支付，而且应在全部老年生涯中予以支付。

1982 年在维也纳召开的"老龄问题世界大会"把保障老年人的经济收入列为重要议题，会议提出必须确保老年人有足够的收入以维持最低标准的生活费用。

1991 年联合国第 46 届大会通过了旨在使长寿者颐养天年的《联合国老年人原则》。原则的第一条首先强调的是保障老年人的收入。具体条文为："老年人应能在有收入、有家庭和社区的帮助以及自助的情况下，获得足够的食物、水、住房、衣着和保健。"

大会注意到国家与国家之间老年人的处境差别很大，为了使低收入的老年人能够获得补充收入以维持生活，原则的第二条规定："老年人应该得到工作机会，或有机会参加其他创造收入的活动"。

1992 年联合国第 47 届大会期间召开了"老龄问题特别会议"，通过了《联合国老龄问题宣言》（以下简称《宣言》），提出了《联合国关于到 2001 年解决人口老龄化问题的全球目标》（以下简称《目标》）。《宣言》和《目标》再次强调"通过立法，确保老年人获得公平的社会福利"，"制定、加强和执行为所有老年人提供适合国家经济和社会基础设施的收入保障计划"。

鉴于发展中国家社会保障制度还不够完善，甚至有些国家和地区还没有建立，因此《目标》要求在没有退休金和其他收入保障体系或这种体系比较脆弱的地区建立"安全网"。

《目标》还要求"制定促进老年人老有所为的国家计划"并"根据国家和社会基础设施及资源的状况，采取灵活和渐进的办法，使老年工人从正式就业岗位上退下来，或延长正式就业的时间"。

1982 年维也纳"老龄问题世界大会"所制订的《老龄问题国际行动计划》针对老年人所存在的收入保障问题向各国政府提出了建议，建议具体要求："各国政府应采取适当行动保证所有年龄较长人士能有适当的最低收入，并应发展国家经济以造福全体居民"。

为了达到上述目的，行动计划还要求各国政府在以下五个方面做出努力。

（1）根据向所有老年人都提供保险的原则建立或指定社会保险制度。如果这一办法不可行，则应试用其他办法，例如以实物提供补助，或向家庭和地方合作社机构直接提供协助。

（2）确保所提供的最低补助能够满足年长者的基本需要，并能保证他们独立生活。不论社会保险金额是否根据以往的收入情况计算，都应做出努力来维持其购买力，应设法防止年长者的储蓄受通货膨胀的影响。

（3）各种社会保险制度应使妇女和男子同样获得其权利。

（4）在社会保险的范围之内，而且在必要时，也以其他方式满足失业的或无工作能力的年龄较长工人对收入保障的特殊要求。

（5）应探讨其他机会，提供退休后的收入补助和奖励，为年长者谋求新的个人储蓄办法。

1997 年 2 月联合国社会发展委员会第 35 届会议把 1999 年"国际老年人年"的主题定为"建立不分年龄人人共享的社会",并请各国在国家、区域和地方各级制定综合战略,以满足老年人在其家庭、社区和社会公共机构内个别得到照顾和供养的更多需要。

以上情况说明,保障老有所养就是保障老年人生存权,这已成为世界各国的共识。

三 儒、墨、道、法诸家有关敬老养老的论述选介

我国历代思想家、政治家对保障老有所养从伦理、道德、文化、礼法等方面有诸多论述。

儒家伦理思想的创始人孔丘是我国封建道德理论的奠基人。孔子伦理道德的核心是"仁"。涉及敬老养老方面他对"仁"的解释为:"仁"是一种"爱人"的意识,首先是孝亲,其次是扩展到对社会上一般人的爱。

孔子认为行"仁"的基础是"孝弟"。《论语·学而》中说:"弟子入则孝,出则弟,谨而信,泛爱众",有子曰:"君子务本,本立而道生。孝弟也者,其为仁之本与!"南宋哲学家朱熹对此的注释是"善事父母为孝,善事兄长为弟"。

孔子就"何以为孝"还在《论语》中有更多的论述。如孟懿子问孝。子曰:"无违。"樊迟御。子告之曰:"孟孙问孝于我,我对曰无违。"樊迟曰:"何谓也。"子曰:"生,事之以礼;死,葬之以礼,祭之以礼。"

孔子主张养老为本,敬老为先。他在回答子游问孝时说:"今之孝者,是谓能养。至于犬马,皆能有养,不敬,何以别乎?"这里强调的是养老是天经地义的,但是若能养其亲而敬不至,与养犬马又有什么区别呢?

子夏问孝。孔子的答复是:"色难。有事,弟子服其劳;有酒食,先生馔,曾是以为孝乎。"意思是,子孙不仅要服务奉亲,而且要承顺父母之

意，重视精神赡养，这正是难以做到的。

子路曰："愿闻子之志。"子曰："老者安之，朋友信之，少者怀之。"

孟子发展了孔子的伦理思想，他把孔子主张的"仁"发展为同"义"的概念结合起来，以"仁义"为最高道德。孟子说"仁之实，事亲是也；义之实，从兄是也"，"亲亲仁也，敬长义也"。他强调"事孰为大？事亲为大"，"未有仁而遗其亲者也"，"孝子之至，莫大乎尊亲，尊亲之至，莫大乎以天下养"。他还说"朝廷莫如爵，乡党莫如齿，辅世长民莫如德"，提倡"老吾老，以及人之老"，强调尊老尊贤的重要性。并认为"人人亲其亲，长其长，而天下平"。

荀子是战国时代后期的大儒，他继承了孔子的学说，认为"礼"是最高的道德，在《荀子·大略》中说："夫行也者，行礼之谓也。礼也者，贵者敬焉，老者孝焉，长者弟焉，幼者慈焉，贱者惠焉。"

作为儒家经典著作的《孝经》和《礼记》对敬老养老也多有论述。《孝经》中说"教民亲爱莫善于孝，教民礼顺莫善于悌"。又说"夫孝，德之本也，教之所由生也"。《礼记·礼运》中说"大道之行也，天下为公。选贤与能，讲信修睦，故人不独亲其亲，不独子其子，使老有所终，壮有所用，幼有所长"。

墨家的伦理思想主张"兼爱"，反对"自爱"，墨家的代表人物墨翟在《墨子·非乐上》中说"天下兼相爱则治，交相恶则乱"。他所说的"兼爱"，就是爱人犹己，他强调父子、兄弟不能只重自爱而轻互爱，他在《墨子·尚贤下》中说"有力者疾以助人，有道者劝以教人"，也是在一定意义上提倡尊老敬贤和济困助贫的体现。

道家的伦理思想不同于儒家和墨家，主张"小国寡民，无为而治"。尽管其代表人物老子对道德持怀疑和否定的态度，但是他在《老子》一书中仍对孝慈在家庭和睦中所起的作用加以认定。《老子》第18章的"六亲不和，有孝慈"和第19章的"绝仁弃义，民复孝慈"就是对孝慈的肯定。

道家的庄子对人生持悲观厌世的态度，他所追求的是一种个人精神绝对自由的境界。但是尽管如此，他也不否认养老是天经地义的道理，他在《庄子·杂篇·天下》中强调："以衣食为主，蕃息蓄藏，老弱孤寡为意，皆有以养，民之理也。"

法家的伦理思想认为法制高于道德。法家不否定道德规范及其作用，但是强调最高的行为准则应当是法而不是道德。法家的创始人管仲在被齐桓公任命为卿时，首行九惠之政，《入国篇》载："入国四旬，行九惠之政，一曰老老……所谓老老者，凡国、都皆有掌老（掌管老人福利的官员），年七十已上，一子无征，三月有馈肉；八十已上，二子无征，月有馈肉；九十已上，尽家无征，日有酒肉。死，上共棺椁，劝子弟：精膳食，问所欲，求所嗜。此之谓老老。"由此可见，管仲是以法和政令来保障老有所养的。

以上儒、墨、道、法各家的伦理思想，及其代表人物对有关敬老养老的主张和论述，都是由其所在时代的经济关系决定的，其中有些部分与当前我们所提倡的社会主义道德原则和规范，具有原则性的区别。根据"古为今用"的精神，在敬老养老方面弃其糟粕，取其精华，吸收一些有益的东西，作为参考，还是很有必要的。

参考文献

《马克思恩格斯选集》（第三卷），人民出版社，1972。

《马克思恩格斯选集》（第一卷），人民出版社，1972。

王德禄、蒋世和：《人权宣言》，求实出版社，1989。

曲阜市文物管理委员会编《论语》，山东友谊出版社，1990。

朱熹注《孟子》，上海古籍出版社，1987。

李志敏主编《四书五经》，中国言实出版社，2002。

《诸子百家名篇鉴赏辞典》，上海辞书出版社，2003。

国外社会养老保险制度的比较研究[*]

一 国外社会养老保险制度的由来与发展

国外的退休养老保障最早起源于法国。早在 1669 年法国制定的《年金法典》中就明确规定，对不能继续从事海上工作的老年海员发放养老金。尽管这一规定为养老保障立法化开了先河，但是在当时这一制度不可能在较大范围内推行，也很难为其他国家所仿效。17 世纪的法国和欧洲还处于农业经济时期，一般社会成员的养老由家庭承担，社会没有力量也没有必要向他们提供养老保险。

18 世纪 60 年代开始的产业革命，带来了生产方式的根本变化，机器生产创造了比以往手工生产高得多的生产力，人类开始由自然经济的农业社会进入商品经济的工业社会。生产单位由家庭转变为工厂，家庭成员成为各自独立的商品生产者，依靠参加社会化劳动取得工资收入。以老年人为主体的家庭共有财产制解体，家庭的养老功能弱化，丧失劳动力的老年工人需要养老保险来保证晚年的生活需要。

19 世纪 60 年代和 70 年代，资本主义的自由竞争开始向垄断阶段发展。在垄断竞争中，由于排挤和吞并，造成大量的中、小企业倒闭，工人的失

---

* 此文为国务院研究室的重点课题"中国社会保险制度改革"的子课题"国外社会养老保险比较研究"，以后载于熊必俊主编的《保障老有所养的理论与实践》（第一版）（经济管理出版社，1999），略有修改和补充，本文转摘自后者的相应部分。

业和养老等社会问题日趋突出，工人阶级越来越强烈地要求社会和企业提供生活上的安全保障，特别是养老保险。

19世纪80年代世界资本主义经济危机加剧，1874~1903年，有很多欧洲国家相继成立了社会党，同时，在1889年成立的第二国际的影响下，工人阶级为争取社会保障而进行的斗争进一步扩大和发展。特别是接受马克思理论指导的德国工人运动更为强大。德国首相俾斯麦在镇压工人运动失败后，转而采取软化政策以缓和阶级矛盾。他提出的"胡萝卜加大棒"政策，得到德国国王威廉一世的支持，决定在镇压革命运动的同时，对工人实行一些社会保险，并于1889年颁布了《养老、残疾、死亡保险法》。

在德国之后，丹麦（1891年）、新西兰（1898年）、俄国（1903年）、瑞典（1903年）、英国（1909年）、澳大利亚（1908年）、法国（1910年）、荷兰（1913年）、意大利（1919年）、苏联（1922年）、加拿大（1927年）、美国（1935年）、日本（1941年）等国相继建立了社会养老保险制度。

此外，一部分发展中国家，如新加坡、马来西亚、印度、印度尼西亚、缅甸、泰国、菲律宾、墨西哥、阿根廷、智利、巴西、沙特阿拉伯、埃及也先后建立了不同层次的养老保险制度。尽管这些国家的保险覆盖面很小，还处于起步阶段，但是作为新生事物，正在逐步扩大和发展。

1947年，联合国发表了《老年问题专家小组会议报告》，要求各国把提高全部老年人生活质量视为老年政策的目标，制定改进老年生活的短期和长期计划。1982年在维也纳召开的"老龄问题世界大会"通过的《老龄问题国际行动计划》建议各国政府采取适当行动保证所有年龄较长人士能有适当的最低收入，根据向老年人都提供保险的原则建立或制定社会保险制度。

由于国际社会及有关国际组织的重视，劳动者的大力争取，以及各国政府的努力，社会养老保险制度在第二次世界大战以后有了长足发展。国际社会保障协会和美国社会保障总署1997年的最新统计表明，实行社会养老保险制度的国家和地区增长速度，超过实行任何其余一项社会保障制度的国家和地区增长速度。1940年实行任何一项社会养老保险制度的国家和地区只有33个，1997年增加到166个，比1940年增加了4.03倍，超过同期医疗保险、工伤保险和失业保险的增长速度（此三项保险 1997 年分别为 1940 年的 4.63 倍、2.87 倍和 3.23 倍）。在被统计的 173 个国家和地区中，已建立养老保险制度的占总数的 95.95%，这表明，尽管世界各国在养老保险的覆盖面、基金来源和养老金标准等方面不尽一致，但是作为社会保障制度中重中之重的养老保险制度已经几乎在全世界普及了（见表 1）。

表 1　1940～1997 年部分年份实行社会保障制度的国家和地区数

单位：个

	1940 年	1949 年	1958 年	1967 年	1977 年	1987 年	1997 年
任何一项制度	57	58	80	120	129	141	172
老年、伤残、遗属	33	44	58	92	114	130	166
疾病和生育	24	36	59	65	72	84	111
工伤	57	57	77	117	129	136	164
失业	21	22	26	34	38	40	68
家属津贴	7	27	38	62	65	63	86

资料来源：USSS Administration，*Social Security Programs Throughout the World* 1997，2003.

二　社会养老保险的三种模式及其理论依据

在实行社会养老保险的国家和地区，由于政治制度不同，经济发展水平不等，历史传统各异，因此对这一制度在概念表述上不尽一致，在模式结构和理论依据上各具特点。

（一）三种模式

从发展的历史看，世界上实行养老保险的国家和地区除了部分单纯以储蓄为养老保险金的唯一来源的以外，比较完整地推行社会养老保险制度的，大体上可归纳为三种模式，即自保公助型、福利国家型和国家保险型。

1. 自保公助型的养老保险制度是在工业化取得一定成效，经济有较雄厚基础的情况下实行的

起源于 1889 年俾斯麦政府的养老保险制度，后来为美国、日本所仿效，

这一种类型的养老保险制度强调养老主要是个人的事，因此应以自保为主，国家予以资助。这种模式具有以下特点。

（1）政府通过有关立法，作为实施的依据；

（2）这种保险为强制性保险，个人缴纳养老保险费，同时雇主也为雇员缴纳社会保险费，政府依法拨款予以补助。公民只有在履行缴费义务取得享受资格后，才能领取养老保险津贴；

（3）保险基金来源多元化，受经济形势的影响较小，有较强的基础后盾。

2. 福利国家型的养老保险制度是在经济发达、整个社会物质生活水平有较大幅度提高的情况下实行的

起源于英国，后为瑞典等国所发展，是"福利国家"借助财经政策的调节作用，实行普遍养老金制度保障老年人晚年生活、缓解社会矛盾的一项重要措施。实行这种制度的还有英联邦的部分国家和地区，其特征是：

（1）把养老保险作为福利政策的一项主要内容，依法管理，并设有主管的专门法院，监督执行；

（2）强调待遇享受的普遍性和人道主义，除普遍养老金发放的对象为所有老年人外，退休人员还享受与收入相关的年金；

（3）普遍养老金的支出来源于一般税收，基本由国家和企业负担，个人不缴纳或缴纳低标准的养老保险费。

3. 国家保险型的养老保险制度，是原来实行计划经济的社会主义国家以公有制为基础的一种社会养老保险制度

这一模式由苏联首创，以前东欧各国、蒙古、朝鲜民主主义人民共和国基本上采用这种制度。其特征是：

（1）国家宪法把以养老为主要内容的社会保障制度确定为国家制度。"老有所养"是公民应享受的权利，由生产资料公有制保证；

（2）退休金支出，全部由国家和企业承担，个人不缴纳养老保险费；

（3）工会组织参与决策与管理，一方面，劳动者通过人民代表机构对社会保障施加影响；另一方面，工会从基层工会到中央理事会，都参加养老保险的实施与管理。

（二）三种模式的理论依据

1. 自保公助型养老保险所依据的理论是德国历史学派和德国社会政策协会的"国家干预主义"

以弗里德里希·李斯特为先驱的旧历史学派，极力强调国家对经济发展的作用，主张国家干预经济生活。19 世纪 70 年代，由旧历史学派演变而成的新历史学派，进一步大力宣扬国家的超阶级性及其对社会经济的决定作用。主张由国家通过法律进行自下而上的改良。1873 年由新历史学派代表人物成立的"社会政策协会"认为，在资本主义条件下工人阶级状况可以得到根本改善，支持劳资协调，实行所谓"社会政策"，诸如举办社会保险、缩短劳动时间、改善劳动条件等，以缓和阶级矛盾。俾斯麦在内外交困的严峻形势下，采用了被称为"讲坛社会主义"的理论，制订了保险条例。

由俾斯麦创建的保险制度，在 20 世纪 30 年代的经济大萧条和战后时期在西欧和美国进一步发展。美国 1935 年的《社会保障法案》不仅继承了俾斯麦所采用的那套理论，而且吸取了凯恩斯提出的"有效需求"和依靠政府干预经济以摆脱失业和萧条的理论与建议，进一步确定了"保险费用部分由雇主、部分由雇员缴纳，而国家给伤残和养老保险提供津贴"的原则，把义务和权利作为对等条件，追求的社会目标是通过"人人为大家，大家为人人"的原则，使受保人不致陷入贫困。

2. 福利国家型养老保险制度的理论依据是福利经济学

福利经济学是现代资本主义经济学的一个分支，以研究社会经济福利为主。作为英国剑桥学派的主要代表之一的庇古，认为研究经济学的主要目的是改进社会状况，他在 1912 年出版的《财富与福利》和 1920 年出版的《福利经济学》中提出的"福利"一词是指个人所获得的效用与满足。他还认为，经济政策的目标在于使社会福利总和的极大化。国民收入的总量愈大，社会福利就愈大。在国民收入为一定总量的条件下，国民收入的分配愈是均等化，社会福利也愈大。他主张通过国家的累进税政策，把富人缴纳的一部分税款转让给包括老年人在内的低收入者享用，以增加社会福利。与此同时，英国以韦布夫妇为首的费边主义者，主张对老年、疾病、伤残等实行社会服务，以取代《济贫法》。

当时执政的自由党政府参照庇古和韦布的理论，用增加税收的办法筹集社会福利基金，举办包括养老在内的福利事业。1941 年英国坎特伯雷大主教所著的《公民与教徒》一书，用"福利国家"代替"权利国家"，认为改进人民福利是政府的责任。同年 6 月，剑桥大学的经济学家贝弗里奇的调查报告为政府采纳，从而确定了英国福利型社会保障制度的原则。1945 年英国工党执政，以部分工业国有化和社会福利为纲领，先后施行了以养老为核心的社会保险、家庭补助、社会保健和工业伤亡四种社会福利方案。

3. 国家保险型养老保险制度所依据的理论是马克思关于社会保障的学说

马克思在考察共产主义第一阶段总产品分配时，曾论及包括养老在内的社会保障问题。他在《哥达纲领批判》一文中提出的六项扣除学说，不仅明确地提出要扣除"为丧失劳动能力的人"等设立的基金，而且也通过了其他几项扣除，特别是"用来扩大生产的追加部分"，进一步阐明这些预留是生产继续发展、社会继续进步的基础，其中包含现在老年人在他（她）处于劳动年龄阶段所做的贡献（即马克思所提出的六项扣除，其中最后一项扣除，实际上是用做赡养老年人和其他丧失劳动能力的人的社会保险基金）。马克思在《资本论》中指出，如果我们把剩余劳动和剩余产品缩小到社会现有生产条件下，一方面形成保险基金和准备金，另一方面为了按社会需求所决定的程度来不断扩大再生产所必要的限度；最后，如果我们把工资和剩余价值、必要劳动和剩余劳动的独特的资本主义性质去掉，那么，剩下的就不再是这几种形式，而只是它们为一切社会方式所共有的基础。这段话说明，社会保险基金对于社会再生产运动的作用集中体现在它是劳动力再生产所必要的，因此，在社会总产品中为建立这项基金所做的扣除，是完全必要的。

列宁在 1912 年"工人最好的保险是国家保险"的论述中，进一步发展了马克思的学说，在《关于对杜马的工人的国家保险法案的态度》的决议中提出国家保险的四项原则，其中的第三项是"一切保险费都由企业主和国家负担"。

三　三种模式的效益比较

社会养老保险制度在保障老年人经济生活、保证劳动力再生产和物质再生产顺利进行、维护社会稳定和促进经济发展各个方面，都发挥着积极作用。但是由于各国的养老保险制度在体制上、理论依据上、资金筹集方式上的不同，以及覆盖范围、保障水平互有差异，因此在社会经济效益上也不尽相同，各种模式有各自的特点和利弊，各项比较见表2和表3。

表2　部分国家社会福利支出及年增长率

单位：%

国别		社会福利支出占国内总产值比重		社会福利支出年增长率	
		1987 年	1993 年	1960～1975 年	1975～1980 年
福利型国家	瑞典	33.5	42.4	8.4	4.0
	挪威	27.1	—	9.5	5.1
	丹麦	29.0	35.2	9.3	4.4
	英国	24.9	26.9	5.6	3.3
自保公助型	美国	21.0	26.9	7.7	2.9
	日本	17.5	—	9.7	8.9
	联邦德国（德国）	31.5	32.2	6.7	1.9

资料来源：*OECD Economic Outlook*, 1986.

社会保障制度的重要作用之一，是通过收入再分配调节收入，保障生活水平和促进社会再生产。但是在处理收入再分配时，涉及公平与效率孰轻孰重的问题。不同模式的养老保险制度所遵循的原则不同，因而对公平与效率各有侧重。福利型和国家保险型重公平、轻效率，强调保障的普遍性，其结果是福利开支庞大，在国民总收入中所占比重随着人口老龄化的加剧而逐年上升。据统计，20 世纪 80 年代用于老年人的实际福利支出在国民总收入中所占比重，瑞典为 19.48%，比利时为 21.71%，而自保公助型的美国仅为 7.53%。

在以养老金为主要内容的社会福利支出上，实行福利型制度的国家高于自保公助型国家。社会福利支出在国内总产值所占的比重和社会福利支出的年增长率方面，也是福利型国家高于自保公助型国家。

表2表明，1987年和1993年的社会福利支出占国内总产值的比重，福利型国家多数高于自保公助型国家。在社会福利支出的年增长率方面，除了日本由于人口老化速度快带来的增长率高以外，其他自保公助型国家普遍低于福利型国家。

公平与效率有统一的一面，也有矛盾的一面，美国经济学家奥肯在《平等与效率》中写道，为了效率就要牺牲某些平等，而为了平等就要牺牲某些效率。匈牙利经济学家亚诺什·科尔内认为公平与效率是两个截然对立的价值体系。他在《矛盾与困境》一书中指出，许多社会主义经济的决策困境正好是由于这两个不同价值体系的抵触而引起的。福利型的社会养老保险制度由于国家包得过广，标准过高，导致用于生产的财力减少，社会成本提高，产品在国际上竞争力下降。其结果是为了公平而牺牲了效率。据经合组织统计，1984～1998年，推行福利型制度的国家的国民总收入的增长率，除了个别国家个别年度外，普遍低于自保公助型国家。当然，增长率的高低是由多种因素决定的，但是社会保险的模式不失为诸多因素中的重要因素之一（见表3）。

表3　部分福利型国家与自保公助型国家实际国民总收入的年增长率对比

单位：%

	国别	1983 年	1984 年	1987 年	1998 年
福利型国家	瑞典	2.40	3.40	1.25	2.60
	丹麦	2.00	3.40	0.50	2.80
	英国	3.60	6.40	3.00	2.70
自保公助型	美国	3.60	6.40	3.00	2.70
	日本	3.20	5.10	2.75	1.70
	国家联邦德国（德国）	1.80	3.00	3.00	3.00
	经合组织成员国平均	2.70	4.70	2.75	2.60

资料来源：*OECD Economic Outlook*，1998.

推行福利型养老保险制度的国家已经走进了困境。以瑞典为例，日益增长的养老金支出已成为政府的重负。据统计，瑞典普遍养老金占国内总收入的比重 1975 年为 7.7%，1983 年上升为 11.7%。1979 年政府用于老年人的开支为 660 亿克朗，以养老金为主体的社会福利支出已占国民总收入的三分之一。政府维持高福利靠的是高税收，1988 年瑞典各种税收总和约占国民总收入的 55%。年收入 3 万克朗的职工，缴纳的各种税收总额超过 1.5 万克朗；年收入 10 万克朗者，纳税总额约 6.7 万克朗。这意味着工资收入者收入的 50%～60% 要用于纳税。1975 年瑞典政府的财政赤字为 75.5 亿克朗，1980 年上升为 430.3 亿克朗。截至 1980 年，瑞典的国债达到 3770 亿克朗，人均负债 8600 克朗。瑞典经济学家、诺贝尔经济学奖委员会主席阿萨·林德伯克认为瑞典的问题来自体制，他强调，这种体制使我们的公共开支的增长超过了总资源的增长，并指出福利无论就其范围还是就其内容来说，都是有限度的，超过了极限就要进入危险境地。

国家保险型的社会养老保险制度在处理公平与效率的关系上与福利型国家有相同之处，如覆盖面广、支出全部由政府和企业承担。实质上也是轻效率、重公平。社会主义国家强调福利的普遍性导致了收入再分配不完全与劳动贡献直接挂钩，含有较多的平均因素，从而削弱了对劳动者的鼓励作用，助长了平均主义，影响了效率的提高。以解体前的苏联为例，1965～1986 年，国家用于养老金的支出在国民收入中所占比重逐年上升（见表 4）。

表 4 苏联养老保险支出及占国民收入的比重

单位：亿卢布，%

	1965 年	1970 年	1980 年	1985 年	1986 年
养老保险支出	106	162	333	349	493
养老保险支出占国民总收入的比重	5.5	5.7	7.3	7.9	8.6

资料来源：苏联部长会议中央统计局编《苏联国民经济六十年：纪念统计年鉴》，陆南泉等译，三联书店，1979；《苏联国民经济统计年鉴》，世界知识出版社，1985。

1986 年苏联以养老保险为主体的社会保险预算为 523.25 亿卢布，其中 49.35% 由国家补贴。匈牙利养老保险支出占国民收入的 15%。东欧其他各国也大体相似。国家所承受的养老保险重负必然影响经济增长。波兰经济学家约瑟夫·帕耶斯特卡认为国家保险型制度带有"浓厚的平均主义色彩"和超越社会经济发展阶段的"唯意志论急躁症"。这种政策没有成为追求社会进步的强大动力，反而转化为"一种消极因素"，"滋长了平均主义的欲望"。

自保公助型的社会养老保险制度强调效率，公平处于第二位。他们的养老基金基本上来自工人和雇主缴纳的保险费，是"在职者掏腰包"。与福利型制度相比，这种做法强调"选择性原则"，因而公平不够。尽管有自己的缺陷，但是由于它体现了权利与义务对等的原则，多渠道集资减轻了政府的负担，能较好地适应市场经济和竞争的需要。如 1986 年美国的社会保障收入为 2170 亿美元，支出为 2020 亿美元，节余 150 亿美元，收大于支，有利于稳定，因而对发展经济能起到"保护器"的有利作用。

四　养老保险基金的筹集与管理

各国养老保险所采用的模式不同，决定了养老保险基金的来源与筹集的方式各异。1987 年以前世界各国社会养老保险基金的来源与筹集方式大致可分为三种：

第一种是国家、企业（雇主）与个人（雇员）三方集资；

第二种是企业（雇主）与个人（雇员）双方集资；

第三种是由政府和企业（雇主）集资。

由三方集资的做法是雇主与雇员共同缴纳保险费，并由政府给予补贴，采用这种办法的有美国、英国、德国、意大利、日本、奥地利等国；采用雇主和雇员双方集资的有法国、印度尼西亚和叙利亚等国；全部由政府和企业（雇主）集资的有瑞典、加拿大、澳大利亚、解体前的苏联和计划经济时期的东欧国家。

雇主和雇员缴纳保险费的金额有双方对等的，也有雇主略高于雇员的。1952 年第 35 届国际劳工大会通过的《社会保障最低标准公约》对雇员缴纳保险费规定了最高限额，即"由受保护的雇员负担的全部保险费总数应不超过分配给用于保护雇员及其妻子和儿童全部资金的 50%"。

政府包揽或与企业共同集资的，一般采取税收方式，由于全民都是纳税人，立法人员和行政人员都有份，从而加强了他们防止随意增加津贴的责任心。有人还认为按比例缴纳保险费不如对收入征收累进税公平。但后者缺点是资金来源单一，政府和企业不堪重负。不断提高税率最终还是转嫁于民，倒不如缴纳保险费易为投保人接受。

实践证明，在这三种集资方法中，第一种三方集资较为理想。首先，它的资金来源渠道最多，保险系数较大，有利于发挥保险体制稳定社会的作用。其次，三方集资形成互相制约，便于监督和管理。但是缴纳费标准不断上升，也引起雇主们的抱怨，理由是缴纳费增多导致产品成本加大，降低市场竞争力。甚至有人认为目前工业化国家的高失业率的原因中，高额保险费是其中之一。国际劳工局的专家小组不同意这种指责，他们认为，影响竞争的是全部劳动费用，而社会保障费仅占这个费用的一部分。国际比较的结论并不支持这种观点，即不认为社会保障费与高额劳动费用之间有任何重要的联系。

随着人口老龄化加重和退休基金陷入入不敷出的困境，一些国家对于基金筹集办法和国家、企业（雇主）、个人（雇员）缴纳的比例，相继有些变化。按1997年统计，在经合组织成员国中有以下几种情况。

（1）完全由国家税收负担，雇员、雇主都不缴纳的有澳大利亚和新西兰；

（2）完全由雇员缴纳的有荷兰，雇员缴纳工资的33.25%，政府支付社会最低标准的补助，雇主给雇员部分保费的补贴；

（3）由雇员、雇主双方缴纳，政府给补贴的国家有21个，其中雇员与雇主缴纳同等比例的有加拿大（各3.00%）、德国（各10.15%）、日本（各8.67%）、卢森堡（各8.00%）、瑞士（各4.90%）、美国（各6.20%）；雇员缴纳高于雇主的有英国（12.60%，10.00%）；雇主缴纳高于雇员的有奥地利（12.55%，10.25%）、芬兰（11.86%，4.50%）、法国（9.80%，6.65%）、希腊（13.33%，6.67%）、匈牙利（24.50%，6.00%）、冰岛（9.88%，4.00%）、意大利（19.36%，8.89%）、韩国（4.00%，2.00%）、墨西哥（5.81%，2.07%）、挪威（14.10%，7.80%）、葡萄牙（23.75%，

11.00%）、西班牙（23.60%，4.70%）、瑞典（19.06%，1.00%）、土耳其（11.00%，9.00%）。

与以前相比，其变化的趋势是雇主和雇员的保险费率都在上升，原来全部由税收集资的国家中，也有要雇员象征性缴纳的实例。但从总的来看，雇主、雇员双方缴纳并由政府给予补贴的办法越来越为更多的国家选用为集资模式。

社会养老保险基金的筹集方式有三种，即现收现付制、资金积累制和资金半积累制。

现收现付制是将在职人员缴纳的养老保险费发放给退休人员作为养老金，现在的在职人员将来退休后的养老金，由那时在职人员缴纳的养老保险费支付。这种方式每年筹集的养老保险费与同期的养老金支出基本平衡，因此又叫作"年度评估制"。它有以下两大好处。

一是职工缴纳保险费的比例按当年或两三年内的需要调整，容易估算，不必预筹大量基金，不存在基金的投资与增值问题；

二是职工按现时收入水平缴纳保险费可以使退休人员的生活能够与在职人员同步增长，减少养老金贬值的危险。

但是，现收现付制顺利运行的前提是人口增长相对稳定，每年进入劳动力队伍的人数与当年退休的人数差额不大。因此它不适用于人口结构变化大起大落，特别是老龄化高速发展的情况。

完全积累制是由投保者从开始劳动起就为自己未来的养老逐月存储基金，其办法是将每个人晚年所需要的养老金加以预测，然后计算每年应缴纳的保险费，再逐月缴纳，其目的是积累和生息，而不是用于当前的开支。这种办法的好处有三点：一是自己集资养老，国家和企业不背"包袱"；二是能适应人口结构的急剧变化和人口老龄化的发展；三是变超前消费为滞后消费，能为国家积累资金。

完全积累制的缺点是投资时间长，很难适应几十年的情况变化而满足退休时的需要；同时基金的投资、增值和管理的工作量很大，需建立庞大的管理机构，而且管理费较高。

半积累制又叫部分积累制，是现收现付制与完全积累制的综合。它在使用现收现付方式时，从劳动人口不断提高的工资收入中征收适当增加的税收，使收大于支，积累一部分基金，以适应人口结构变化的需要。这种方式一方面形成部分基金储备对付急需；另一方面积累的基金不太多，能为金融市场所吸收，投资增值的工作量不大。由于它兼具前两种模式的优点，因而在1964年国际社会保险专家会议上受到推崇，并为越来越多的国家所采用。

国外大多数国家的退休金管理业务，由各种半独立性机关或基金会负责，管理机关只受政府一个部门的监督，工作上有其独立性。管理机关通常由受保人、雇主和政府三方的代表组成理事会领导。也有一些国家的退休金业务由政府的一个部门直接管理。法国的管理机关是全国养老金保险基金会，由卫生和社会保障部全面监督和颁布法规。德国的管理机构是联邦薪金雇员保险局，由联邦劳动和社会事务部全面监督。美国的管理机构是社会保障总署，由卫生、教育与福利部全面监督。意大利由全国社会保险协会管理，受劳工与社会福利部和财政部一并监督。日本由社会保险厅管理，受厚生省监督。

五　退休金的标准

职工的退休金一般以在职时的工资收入作为计算的基础，再辅之以缴纳保险费的时间和退休年龄综合计算。

早期的退休金发放以足够维持生存需要为标准，随着经济发展，生活水平提高，对退休金的标准改变为：制定待遇的标准，要能使那些依靠社会保障为生的人们维持他们在工作时享受到的生活水平。《社会保障最低标准公约》承认规定待遇水平的两种方式，而且一视同仁地对待这两种方式：一种是以工资为基础的比例水平（即与收入挂钩）；另一种是以最低生活费为基础的水平。一般认为福利待遇水平在任何情况下不能高于工作时的收入，因此退休金不可能是原有工资的100%，而只是其一定的百分比。这个百分比叫作"退休金的工资替代率"。国际劳工组织1967年《病残、老年、遗属补助公约》（第 128 号）规定，缴费和就业 30 年，并有一个符合养老条件的配偶，正常的年金比例不得低于原工资收入的 40% ~45%。据统计，12 个工业国家（奥地利、加拿大、丹麦、法国、联邦德国、意大利、日本、荷兰、瑞典、瑞士、英国、美国）1980 年退休金的工资替代率已上升为单身 49.4%，夫妇 61.4%。替代率最高的是瑞典，其单身为 68%，夫妇为 79%。

另据国际社会保障协会介绍，大多数国家建立了某些限制养老金数额的机制。通常是在计算养老金数额时规定一个最高限度。有些国家规定养老金的最高金额为平均收入的百分比（例如 80%）。多数国家对于需要供养配偶或年幼子女的退休人员，除发给本人养老金外，另外加发附加补贴。补贴的标准，配偶可以是基本养老金的 50% 或更多一些。

有些国家为了保证低工资阶层有足够的退休收入和缩小退休人员之间的收入差距，推行替代率与工资呈反比，使退休金向低收入倾斜的政策。例如美国低收入、中等收入和高收入的替代率分别为 60%、41% 和 26%。苏联月工资 35 卢布以下、51 ~ 60 卢布和 100 卢布以上的替代率分别为 100%、75% 和 50%。

六 社会养老保险的困境与出路

国外的社会养老保险在 20 世纪 60 年代经济稳定增长过去之后，形势不妙，特别是在 1973 年石油危机以后，受到经济不景气和人口老龄化加剧的不利影响，一些国家的养老保险遇到了基金不足的困难。据经合组织统计，发达国家用于老年人的社会保险与福利支出大幅度增加。美国、日本、联邦德国、加拿大、法国、意大利、英国的社会福利支出占国内总产值的比重，在 1960 ~1981 年增加了 9 ~13 个百分点。

联邦德国养老金支出占国内总产值的比重由 1960 年的 7.2% 上升为 1980 年的 11.2%；同期英国和法国分别由 3.4% 和 5% 上升为 8.2% 和 10.5%。1980 年，美国用于老年人的福利支出占联邦预算的比重为 25%，

1984 年为 28%，预计 2040 年将达到 40%。人口老龄化的发展促使很多国家不得不重新考虑如何为越来越多的退休人员提供退休金的问题。世界性的紧张局面甚至使有些人产生养老保险制度能否继续下去的疑问。

为了摆脱这一困难局面，不少国家设想并采取了一些应急措施，主要有：削减福利开支（如英国曾考虑调整与工资挂钩的退休金，美国延长了退休金上调的间隔时间），对高额退休收入征税，提高养老保险费率，提高领取退休金的年龄，提倡建立私人退休金计划和储蓄养老，试行弹性退休制度，鼓励退休人员从事非全日制工作，等等。但是这些措施在执行上困难重重，从福利国家英国试图砍福利的例证就可见一斑：1988 年 11 月英国财政大臣劳森在一次吹风会上回答记者关于退休金问题时曾透露一项新计划正在酝酿中，同时提到"制定发放标准"的事，后一句话引起了记者的警觉，认为劳森暗示退休金制度要改革。消息传出后在下议院引起轩然大波，在野党要求劳森澄清真相，劳森不得不申明没有改革退休金的打算。小小吹风会能引起轩然大波，说明"养老金碰不得"。

为了回答社会上关于养老保险能不能继续和社会保障制度会不会崩溃的问题，1980 年国际劳工局组织国际专家小组进行了调查研究，并于 1983 年写成了《展望 21 世纪：社会保障的发展》专题报告。报告指出，所谓社会保障的"危机"问题，应该明确并强调两个更深刻的要点。首先，现存危机的主要起因，既不是领养老金人数的持续增加，也不是改进医疗技术的结果，而是由于经济基础运营不良而受到侵蚀所造成的危机。其次，社会保障既不是经济危机的起因，也不是衰退的起因。报告对前景的预测是，如果能找到可接受的集资方式，或者能克服缴纳保险费的心理障碍，社会保障的发展就能为克服现存的经济危机做出贡献。

在西方国家为养老保险制度寻找出路的同时，独联体和东欧一些国家也在经济转轨过程中，对计划经济时期实行的国家保险型的养老保险制度进行改革。不少国家实行了包括个人缴纳养老保险费在内的多方集资制度。雇员和企业缴纳的保险费率分别为：俄罗斯（1%，28%）、乌克兰（5%，10%）、捷克（6.5%，19.5%）、斯洛伐克（5.9%，27.5%）、斯洛文尼亚（15.5%，8.5%）、罗马尼亚（3%，25%）、匈牙利（6%，24.5%）、阿尔巴尼亚（10%，26%）、保加利亚（2%，37%）。

　　社会养老保险制度是伴随着工业经济的发展建立起来的。近十几年来人口老龄化的发展给这一制度带来了压力，但是与此同时也带来了缓解这个问题的有利因素，那就是人口平均寿命延长带来的有效劳动岁月的延长，因为这是发展经济的积极因素。养老保险说到底是一个经济问题，充分开发利用包括有劳动能力的老年人在内的人力资源，发展科学，繁荣经济，从而增加养老保险基金的财源，就能使这项制度在改革中得到进一步发展。改革的趋势是明确社会养老保险的重点是保障老年人的基本生活需要，辅之以与收入相关的退休金、企业补充养老保险、保险公司的商业性养老保险、互济互助养老保险（如日本全国劳动者共济生活协同组合联合会的互助保险和新加坡的全国职工总会英康保险合作社的互助保险等）。在基金筹集上向多渠道的全积累式和部分积累式发展。很多国际组织、政府机构和学术界人士还主张提高退休年龄，取消鼓励提前退休的经济刺激，提倡退休人员继续参与发展，从而由国家、企业、家庭和个人共同合理分担养老的责任和义务。

参考文献

熊必俊、郑亚丽：《老年学与老龄问题》，科学技术文献出版社，1989。

〔瑞典〕阿萨·林德伯克：《福利国家的极限》，斯德哥尔摩大学国际经济研究所报告第 297 号。

〔波兰〕约瑟夫·帕耶斯特卡：《波兰经济改革的前景》，《经济学译丛》1987 年第 6 期。

傅华中：《社会保险的理论与实践》，湖南人民出版社，1990。

田雪原、熊必俊：《中国老年人口社会》，中国经济出版社，1991。

国际劳工组织：《社会保障基础》，吉林大学出版社，1990。

中国老年学学会编《中国的老年社会保障》，1989。

《老龄问题研究：老龄问题世界大会资料辑录》，中国对外翻译出版公司，1983。

〔美〕阿瑟·奥肯：《平等与效率》，华夏出版社，1987。

〔匈牙利〕亚诺什·科尔内：《矛盾与困境》，中国经济出版社，1987。

许涤新:《政治经济学辞典》(中册),人民出版社,1980。

国际劳工局:《展望 21 世纪:社会保障的发展》,劳动人事出版社,1988。

USSS Administration, *Social Security Programs Throughout the World* 1997, 2003.

许涤新:《简明社会科学辞典》,上海辞书出版社,1982。

张一知:《参加国际经济大循环与改革》,《社会保障研究资料》1986 年第 4 期。

社梁乡养老问题的调查报告[*]

如何保证"老有所养"是人口老龄化过程中需要解决的首要问题，贫困农村的养老更是这个首要问题的难点。山西省河曲县是黄土高原地区的一个贫困县，社梁乡是这个贫困县的人口超前老化的贫困乡。为了解这个长期受贫困与老化困扰的农村的养老现状与特点，总结经验以便对类似的区县进行指导，由中国老年学学会、山西省老年学学会、忻州地区老年学学会和河曲县老龄委员会联合组成的调查组，于 1990 年 7 月下旬通过现场观察、入户采访和与乡干部座谈等方式对社梁乡进行了调查。

一 社梁乡的基本情况

社梁乡地处晋西北黄土高原，位于河曲县南部的半山区。境内平均海拔 1250m，沟壑密度 2.7km/km²，土壤侵蚀模数 1.2 万吨／km²，土壤的有机质含量 0.24%，植被覆盖率 17.8%。全乡土地总面积 70600 亩，可利用面积 52000 亩，耕地面积 13800 亩，其中 20 度以上的坡耕地 7300 亩，占耕地面积的 53%，年平均降雨量 430mm，年平均气温 6.6℃ ~ 8.8℃，无霜期仅 120 天，光照时数 2855.7 小时，年有效积温 3360.2℃。到目前为止，这里没有发现任何地下矿产资源，是一个典型的偏僻闭塞干旱贫瘠的穷山乡。

* 本文由熊必俊、秦谱德等合著，载于《老年学杂志》1992 年第 3 期。

全乡 10 个行政村，14 个自然村，712 户，1982 年第三次人口普查时总人口为 2612 人。其中从事农业生产的总劳动力为 1050 人，文盲、半文盲占 85%。恶劣的生态条件、落后的文化状况，传统的单一经营、平面垦殖、广种薄收，导致了农业生态经济系统的恶性循环。1986 年全乡人均占有粮食 330 千克，人均纯收入 127 元，可以说是贫困县的特贫区。

长期贫困致使这里的男人不能适时娶妻，年轻劳动力外流，计划生育政策的推行，再加上昔日"走西口"的单身汉年老回归，促使这个地区的人口超前老龄化。1982 年社梁乡 60 岁以上的老年人占总人口的 12%。最近的统计表明，全乡总人口为 2575 人，其中 60 岁以上的老年人 515 人，占总人口的 20%，户均老年人 0.72 人（社梁乡老年人口比重之大，在国内外同类地区都是少见的）。

在这样一个"地下无矿藏，地上难产粮"的经济落后地区，要解决占人口五分之一的老年人的养老问题确非易事。

二 艰难的历程

贫困导致人口老龄化，人口老龄化又转而制约经济发展。为了走出这一困境，社梁乡的党政领导与人民经历了艰难的历程。党的十一届三中全会以后，经济有了转机，生活状况有所改善，但是如何解决为数众多的老年人的养老问题仍然是一个"老、大、难"的课题。为了解决"老有所养"，乡政府曾经计划办一所敬老院，并买下 200 只羊，推平了 40 亩地，作为办敬老院的准备。消息传出的第一天，前去报名的就有 38 人。"客多店小"，难以容纳，只好作罢。社会化养老不具备条件，家庭养老也是困难重重。为此，乡政府提出了"家养公助"的设想，打算对有子女的老人提供津贴，实行分户供养。一摸底，全乡有 200 多老人生活困难，按一般标准补贴每年需支出 12 万元。乡政府没有这项开支，集体没有积累，集资缺乏财源。"巧妇难为无米之炊"，良好的愿望无法实现，只好放弃。

经济贫困与人口老化两座大山没有压垮社梁乡的勤劳人民。路是人走出来的，在乡党委、乡政府的领导下，从 1987 年开始，他们把脱贫与养老纳入经济社会发展规划，在认真分析本地区的优势和劣势之后，制定了脱贫与养老相结合，"靠科技进步发展经济，'养''为'并重，以'为'促'养'解决老龄问题"的方针。这一尝试，经过三年的实践，收到了良好效果，社梁乡走出了一条贫困地区的养老之路。

三 "养""为"结合，以"为"促"养"的社梁模式

社梁乡的领导和群众从历史经历和生产实践中认识到，解决养老的根本出路在于"脱贫"，"脱贫"的根本出路在于发展生产。而贫困农村发展生产靠的是人尽其才，地尽其利，调动一切积极因素。他们把人尽其才理解为充分利用包括老年人在内的人力资源。社梁乡地广人稀，人均可利用土地 20 亩，人均耕种面积 5 亩。尽管干旱贫瘠是劣势，但是土地多毕竟是一大优势。这里的老年人口比重大和劳动力不足是劣势，另一方面老年人口中 60~69 岁的将近 50%，如果创造条件使这些低龄老年人"老有所为"，就能把劣势转化为优势。"养""为"结合，以"为"促"养"，脱贫与养老相结合的方针，就是在这种思想指导下制定的。

传统农业单因子布局、单目标开发的生产方式存在着不能建立良性循环的农业生态经济体系和不能充分利用老年人力资源的弱点，为了扬长避短，社梁乡设计了强化家庭责任制，把老年人纳入发展庭院经济和强化家庭养老功能的"家庭综合经营"立体开发模式，确定了"发展种养优势，突出薯豆猪羊，房前屋后栽果树，积极发展鸡和兔"的发展方向。家庭综合经营的框架是每户"一经、二猪、三羊、四糜（黍、谷）、五薯、六豆、七林果、八草灌"，即每户种一亩地膜覆盖的优种西瓜，养两头猪和三只羊，种四亩糜黍谷类作物、五亩土豆和六亩豆类，造林七亩（其中果树四亩），种草灌八亩。这种产品构成既符合黄土丘陵区的自然、生态和经济规律，为每户满足生活需要和增加经济收入提供可靠保证，同时又能针对老

年人的身心特点，开辟适合他们劳动的活路，为他们就近参加生产创造了条件。老年人在庭院内外劳动与守护家庭和照料孙子辈结合在一起。这样做不但发挥了老年人在发展生产和料理家务中的作用，而且增加了家庭收入，提高了自养能力，改善了代际关系，从而使老年人在家庭中成为不可缺少的重要成员。在这里，"家有一老，胜似一宝"，社梁乡的老人不是家庭的包袱，是财富，从而也妥善解决了他们在家庭中养老的问题。

为了发展庭院经济，使老年人在家门口就能"有所为"，社梁乡在住户的布局上采取分散的原则，拉大户与户之间的距离。每户住宅周围留有 0.6 ~ 0.8 亩的空地，作为发展种植业与养殖业的基地。每户门前打地下水窖一个，可接蓄雨水 25 ~ 30m³，足够满足喂养牲畜和浇灌园地的需要，解决老年人跑几里路担水的困难。每户房前屋后种果树 10 余株和林材树 50 余株，院内修建猪、羊圈和鸡、兔舍，院外种蔬菜和小面积的经济作物。这种"干活不爬坡，担水不下沟，锅里煮着饭，生产照样干"的劳动方式，把 85% 有劳动能力的老年人动员起来了。发展庭院经济把他们从被供养者转变为生产者，这种"养""为"结合，以"为"促"养"的模式解决了"养老"这个困扰着人们的大问题。

四　经济效益与社会效益

社梁模式不是传统自然经济的因循守旧和"靠天吃饭"，而是"靠科学进步发展经济"。为此，他们开办了技术培训班，让老年人掌握增产实用技术，让他们用技术弥补体力之不足，以先进的手段，投入较少的劳动，获取较高的收益。同时，乡政府采取了有效的组织措施，及时地把良种、农药、化肥及地膜送到老年人家中，保证了家庭综合经营的顺利进行。

经过三年实践，社梁模式取得了良好的经济效益和社会效益。全乡经济得到发展，群众收入逐年上升。1989 年与 1985 年相比，人均粮食增加了 60%，人均收入增加了将近两倍（1987 ~ 1989 年的经济效果统计见表 1）。

表 1　1987～1989 年社梁乡经济效果统计

年份	人均纯收入（元）	人均粮食（千克）	羊（只）	猪（头）
1987	147	397	3300	790
1988	338	555	5400	1050
1989	410	515	5700	1750

1989 年，200 家示范户，家家猪肥羊壮，户户林茂粮丰。人均产粮 1670 千克，纯收入 860 元。全乡产粮千克以上的有 68 户，当年收入达万元的有 50 户。

庭院经济也使社梁乡老年人富了。杨家也村的赵金库老人 66 岁，老伴 61 岁，儿子 29 岁，全家三口经营土地 13 亩，栽种果树 70 余株，喂猪 1 口，羊 4 只，鸡 20 余只。除去儿子的收入外，1987 年以来老两口年收入在 5000 元以上，1989 年收入为 7400 元。堡宅梁村 60 岁的苗银师在自己房前屋后栽果树 160 株，木材树 260 株，还养猪与喂羊，每年收入在千元以上。79 岁的苗狮子和 71 岁的老伴种果树 190 株，养羊 4 只，鸡 13 只，种地 3 亩，1989 年年收入 2150 元，估计今后人均年收入仍在千元以上。三年来全乡有 130 位老人掌握了一门以上的实用技术，成为科学兴农的积极分子。老年人的收入普遍出现逐年上升的势头。调查材料表明，1988 年、1989 年老年人人均年收入分别为 340 元和 510 元，预计 1990 年有望达到 550 元。

老年人在实现"老有所为"之后，不仅现时生活有了改善和保证，而且现在种植的成活果树也是将来不能劳动时的可靠生活来源。据估算，年产水果收入的三分之一，就足够维持他们的生活。社梁乡的中青年人从综合经营中预见到他们年老时的未来，他们把种植果树看作为养老积累基金。

老有所为不仅提高了老年人的自养能力，促进了家庭经济的发展，而且也提高了老年人在家庭和社会上的地位，增强了家庭的凝聚力和养老功能。越来越多的有老人的家庭被评为五好家庭，敬老养老在这里蔚然成风。

社梁模式的社会效益还体现在生育观的转变上。过去的社梁是"养儿防老"，今天的社梁是"致富防老"。老有所为解除了人们对养老的后顾之忧，淡化了"少生孩子不如多生孩子"的旧观念，促进了计划生育政策的贯彻执行。

五 社梁模式的启示

社梁模式经过三年的实践显示出强大的生命力。经济发展、收入提高、人寿年丰、社会稳定，特别是解决养老问题的设想与实践，为贫困农村走出一条脱贫与养老相结合解决老龄问题的新路子，给人们以启迪。

（一）脱贫与养老不是对立的矛盾，贫困农村的人口老龄化与经济发展可以协调

传统观念认为贫困农村没有力量实行老年社会保障制度，只能靠"养儿防老"。在这种养老观的支配下，有些地区很难推行计划生育政策，形成"越穷越生，越生越穷"的恶性循环，使脱贫与养老成为对立的矛盾。社梁模式把解决养老根本出路放在脱贫上，创造条件，充分利用老年人力资源。"养""为"结合，以"为"促"养"的方针既发展了经济又解决了养老问题。实践证明人口老龄化与经济发展可以趋向协调，形成良性运行的机制。

（二）农村养老离不开家庭，发展庭院经济，让老年人参与家庭综合经营是强化家庭养老功能的最佳途径

在经济贫困的农村，老年社会保障制度尚未建立，因此，目前仍需以家庭养老为主。但是养老说到底是一个经济问题，依靠家庭养老的先决条件是提高家庭收入，增强养老的经济实力。当前贫困农村的经济发展离不开家庭这个基础。发展社梁模式的庭院经济，可以把包括老年人在内的全家成员的积极性调动起来，尽快脱贫。同时，老年人参与家庭综合经营可以实现自己的价值，密切代际关系，增强家庭的养老功能。

（三）实现家庭养老要有政权机构的支持与政策上的优惠

传统的家庭养老多是大家庭的子女分担，随着农村核心家庭的增多和商品经济的发展，家庭的养老功能趋于弱化，在这种情况下要家庭承担养老的责任，需要有政权机构给予的支持与优惠。社梁模式做法是乡政府一方面在土地的分配使用上提供发展庭院经济的优惠条件；另一方面对老年人免费提供新技术培养与指导，廉价提供优良品种和服务，并分担一部分

风险。这些做法促进了家庭经济的发展，强化了家庭养老的功能。

（四）在发挥家庭养老作用的同时，要引进社会保障意识与因素，向建立老年社会保障制度发展

发展庭院经济，以"为"促"养"可以解决当前及近期的养老问题，但是庭院经济毕竟还是小农经济，具有一定的局限性和弱点，只能看作发展经济中的一个过渡阶段。目前我们处于人口老龄化的初期，老年人口中低龄老年人所占比重较大，具备以"为"促"养"的条件。但是，随着老化程度的加重和高龄老人的增多，"为"的优势必将逐渐减弱，家庭养老的功能趋于弱化。为了使未来的"老有所养"有保证，我们需要从现在起，在发挥家庭养老作用和发展经济的基础上，引进社会保障意识与因素，逐步筹集养老基金，适时地建立和健全老年社会保障制度。

养老是通过代际经济交换实现的[*]

一 社会交换理论与代际经济交换学说

20 世纪 50 年代，社会交换理论作为一种社会学理论流派在美国兴起。这一理论是对近代西方的功利主义经济学、功能主义人类学和行为主义心理学的继承、综合和发展。社会交换理论强调对人和人的心理功能的研究，把个人及其相互之间的社会关系作为研究对象，认为社会交换是社会生活的基本过程，并用交换关系来分析人与人之间的互动、社会关系和社会结构。社会交换理论的创始人霍曼斯认为人与人之间的互动基本上是一种交换过程，人与人交换行动的动机是为了获得酬赏，希望得到与其付出代价和成本等同的酬赏与利润，尽管霍曼斯主张以心理因素来探讨人类的社会行为，但是，经济毕竟是人类社会存在与发展的基础，因此这种社会交换理论离不开人类的经济交往，社会交换的理论和原则，在一定程度上适用于经济生活范畴，其中既包括同代人之间互通有无横向的经济交换，也包括几代人之间养老育幼纵向的代际经济交换。

社会学家拉斯·索克勒斯特罗姆 1981 年在《社会保险》一书的序言中写道，如果几代人生活在一起，那么家庭就特别适合保障安全。在这种情况下，这个联合体就是一个灵活的组织，它使一个人顺利地度过其生命周

---

* 本文摘自于熊必俊主编《保障老有所养的理论与实践》（第一版），经济管理出版社，1999。

期的各个阶段，如儿童期、工作期和老年期。戴维·B. 布林克霍夫等人在 1985 年出版的《社会学》中，进一步把社会交换理论运用于经济生活中的养老育幼方面。他们认为，社会保障实际上是一种进行代际转移的系统项目。在这个系统中，由目前从事生产的一代决定这样一个他们愿意支付税收的水平，以维持老年人的特定生活水平。在所有文化中，工作年龄人口生产产品供自己及其后代使用。

在社会学家探讨社会交换理论的同时，美国著名的经济学家保罗·萨缪尔森在 1958 年提出了"生物利率理论"，从经济学角度充分注意到人的一生中在不同年龄阶段生产和消费的差异，将整个人口划分为工作人口和退休人口两部分，并以此为依据，从"时期"的角度看待这两部分人口之间的经济关系。他在揭示这两部分人口的关系时，论述了代际经济交换问题，并提出了货币是使老年人取得社会保障的一种契约的新见解。以萨缪尔森为开端而发展的代际经济交换学说进一步为剖析养老的实质提供了理论依据。

二 年龄分层与代际经济交换

年龄是人口固有的生物属性，按照"天增岁月人增寿"的自然规律，每个人除了在生命周期中的任何一个阶段发生意外死亡之外，都要经历婴儿、幼年、少年、青年、中年而进入老年。马克思主义认为人口是社会的基本生产力，我们说人是生产者是就人的本质而言，并不意味每个现实的人在实际社会生产中都是生产者。人作为生产者要受其自然生理条件的限制，首先要受年龄的限制。人出生以后，必须经过发育和成长的过程，到达一定年龄后才能成为劳动力从而进入劳动生产领域。随着岁月的流逝，人会因增龄而逐渐衰老，最后退出劳动力队伍。因此，能成为劳动力的阶段只是生命周期中的一部分。劳动年龄阶段的人是社会生产中的生产者；非劳动年龄阶段的幼年和老年人为消费者。

任何一个人口群体都是由幼年人口、劳动年龄人口和老年人口三部分组成的。不同年龄的群体在人类经济、社会活动中占有不同的地位，在代际经济交换中扮演着不同的角色。这些不同年龄角色的个人或群体，所占有的"资源"不同，所提供的产品和劳务不同，同时他们对社会产品和劳务服务的需求也不同。而这些需求又不可能在不同时期完全靠自己劳动生产来满足，因此就只有在代与代之间不同阶段相互交换各自所能提供的产品及服务来解决。未成年人不具备劳动能力，不能参加劳动生产，需要由成年人供养，成年人为供养未成年人所付出的劳动产品是他们为自己年老后取得赡养权利的投资；未成年人成年后赡养老人的大同思想，可以说是在提倡养老育幼代际交换与合作方面首开世界之先河。

三　代际经济交换是实现育幼养老的有效途径

人类自身的生产和物质资料的生产是人类社会存在和发展的必要条件。人类历史的第一个前提是必须有人的存在，因为只有有了人，才能有人类社会和人类的历史。但是作为具有自然属性的人的个人生命是有限的，因此必须要有人种的繁衍，通过生育后代来延续人类的存在。否则人类就会绝种，也就谈不上人类社会的存在和发展了。正如恩格斯所指出的，人类历史"是人类本身的发展过程"，所谓"不孝有三，无后为大"实际上也是强调人类自身生产和再生产对人类社会存在与发展的绝对必要性。

生育子女并把他们抚育成劳动力所需要的劳动产品是父母用自己的必要劳动生产出来的。没有父母的供养投入，年幼的子女就无法生存和成长。特别是在农业社会，父母丧失劳动能力后，如果没有子女的赡养，就无法安度晚年。这种父母与子女之间的相互依存、互相供养，就是通过两代人之间的经济交换来实现的。

四　养老育幼的代际交换是人的社会属性的体现

唯物主义认为，人是由动物进化而来的，并据此而承认人有自然属性。

正如恩格斯在《反杜林论》中所说的，人来源于动物界这一事实已经决定人永远不能完全摆脱兽性，所以问题永远只能在于摆脱得多些或少些，在于兽性或人性程度上的差异。

人的自然属性是人口存在和发展的自然基础。人口作为一个生物群体，同其他生物一样，有其自然属性，即人口的生物本性。它是指人体在生物学和生理学方面的特点，诸如有出生、成长、衰老、死亡的生命过程，以及类似动物的身体结构和自然欲望。但是人口作为社会生活的主体所具有的本质特性，则是人口的社会属性。人是"社会动物"，任何具体的、现实的人，总是生活在一定的社会环境之中。人在从事物质资料的生产活动中，一方面与自然发生关系，用劳动改造自然，并以此去获取维持生存与发展所必需的物质资料；另一方面，人与人之间结成一定的不以他们自己意志为转移的关系，即生产关系。人作为生物人，他和其他生物一样需要获取维持生存的物质资料；但是作为社会人，他的任何活动都是在社会联系中进行的。因此，决定人之所以为人的不是人的自然属性，而是人的社会属性。只有承认人的社会属性是本质属性，才能承认人口现象本质上是一种社会现象。马克思早在《1844 年经济学哲学手稿》中就说过："诚然，饮食男女等等也是真正人类的机能。然而，如果把这些机能同其他人类活动割裂开来并使它们成为最后的和唯一的终极目的，那么，在这样的抽象中，它们就具有动物的性质。"性欲的本能对于动物来说是一种自然本能，对于有道德观念的人来说，却进化为爱情和婚姻。正如马克思恩格斯所说："每日都在重新生产自己生命的人们开始生产另外一些人，即增殖，这就是夫妻之间的关系，父母和子女之间的关系，也就是家庭"。人的任何活动（政治的、经济的、文化的、民族的、宗教的，等等）都是在社会联系中进行的。马克思主义认为："人的本质并不是单个人所固有的抽象物。在其现实性上，它是一切社会关系的总和"。人与人之间的社会互动与合作以及养老育幼的代际交换，正是人的社会属性的体现。

参考文献

《马克思恩格斯选集》（第一卷），人民出版社，1972。

关于我国老年人贫困问题的研究[*]

一 预防和消除老年人贫困是全社会的责任

马克思和恩格斯在《德意志意识形态》中指出："我们首先应当确定一切人类生存的第一个前提，也就是一切历史的第一个前提，这个前提就是：人们为了能够创造历史，必须能够生活。"这段话明确肯定生活是人们生存的第一需要。生存权是最基本的人权，老年人也不例外。老年人作为社会的资深公民和家庭的尊长，是在完成了国家、社会和家庭赋予的生产和生育责任后进入老年的。按照代际交换的经济观，"老有所终，壮有所用，幼有所长"的大同思想，和"老者安之，朋友信之，少者怀之"的伦理道德观，国家、社会和家庭理应为他们提供维持生存的物质条件，保障他们在晚年不陷入贫困。

预防和消除老年人贫困的前提是维持其生存所必需的经济收入，联合国第47届大会期间召开的"老龄问题特别会议"制定了《联合国关于到2001年解决人口老龄化问题的全球目标》，强调要"通过立法，确保老年人获得公平的社会福利。""制定、加强和执行为所有老年人提供适合国家、经济和社会基础设施的收入保障计划或实施战略。"

联合国第二届世界老龄大会制定的《2002年马德里老龄问题国际行动

———————————

* 此文发表于《中国社会科学院要报 领导参阅》2003年9月5日第25期。

计划》强调要消除老年时期的贫穷，并特别优先考虑弱势及处境不利的群体和个人的问题。在贫穷问题比较普遍的地方，那些受了一辈子贫穷的人在老年时经常面临着更加严重的贫穷问题。

我国党和政府一贯关心老年人的生活。《宪法》规定"中华人民共和国公民在年老、疾病或者丧失劳动能力的情况下，有从国家和社会获得物质帮助的权利"。《老年人权益保障法》规定"国家和社会应当采取措施，健全保障老年人权益的各项保障制度，逐步改善保障老年人生活、健康、安全以及参与社会发展的条件，实现老有所养、老有所医、老有所为、老有所学、老有所乐"。

二　我国贫困老年人口基本状况

（一）贫困老年人口规模

发达国家以政府规定维持起码生活所必需的全年最低收入为"贫困线"，界定生活在贫困线以下的老年人口为贫困老年人口。鉴于我国尚未规定贫困线的具体标准，本文参照国际惯例，结合我国的实际情况，以1999年9月28日国务院发布的《城市居民最低生活保障条例》和农村五保户的有关规定，作为界定我国城镇和农村贫困老年人的标准。

关于我国贫困老年人口的确切人数，截至目前还没有全国性的统计。民政部2002年排查结果表明，全国符合最低生活保障条件的城市贫困人口近2000万人。2001年10月国务院新闻办公室发表的《中国的农村扶贫开发》的白皮书表明，我国农村贫困人口为3000万人。两项相加，全国城乡贫困人口近5000万人。按老年人口在总人口中所占比重为10%估算，贫困老人大约有500万人，占老年人口总数的3.85%。

我国《城市居民最低生活保障条例》规定城市居民最低生活标准，主要按照当地维持城市居民基本生活所必需的衣、食、住费用决定。由于各省、市、自治区最低生活标准不同，因此本文选用在2001年各省区全面实现小康社会程度综合指数中，位列第4的浙江省、第10的黑龙江省，第21

的四川省和第 26 的甘肃省作为不同地区的代表进行比较综合研究。

（二）贫困老年人口比重的地区差异

贫困老年人比重不同，比重高低与经济发达水平呈反比。

浙江省是我国大陆各省的首富。抽样调查表明，截至 2002 年 1 月全省共有贫困老年人口 107731 人，占老年人口总数的 1.93%。其中，城镇贫困老人 4274 人，占被调查老年人口总数的 3.97%；农村贫困老人 103457 人，占 96.03%。

在被调查的 16429 名四川省城乡老人中，贫困老人 936 人，占被调查老人总数的 5.7%。城镇老年人口 12028 人，其中贫困老人 499 人，占被调查老年人口总数的 4.15%；农村老年人口 4398 人，其中贫困老人 437 人，占老年人口总数的 9.94%。

黑龙江省对全省 13 个行政区域中的 12 个行政区域的城镇和 61 个县区的农村贫困老人分别进行了调查。结果表明，贫困老人有 7811 人，占被调查老年人口总数的 6.02%。其中农村贫困老人 4191 人，占贫困老人总数的 53.65%；城镇贫困老人 3620 人，占贫困老人总数的 46.35%。

甘肃省共有贫困老年人 175151 人，占全省贫困人口总数的 10.3%，占老年人口总数的 8.26%。在被调查的贫困老年人中，城镇 19260 人，占 11%；农村 155891 人，占 89%。甘肃省发达地区与不发达地区贫困老人的比重差异极大，比重最高的临夏州高达 23.58%，而比重最低的兰州市仅为 1.7%，相当于临夏州的十四分之一。

四省的贫困老人比重从低到高依次为：浙江省 1.93%，四川省 5.7%，黑龙江省 6.02%，甘肃省 8.26%。数据表明，贫困老人比重的高低与经济发达水平呈反比，经济欠发达的甘肃省贫困老人比重相当于浙江省的 4.28 倍。

（三）贫困老年人的性别结构和年龄结构

在贫困老年人性别结构的调查中，除四川省无统计数据外，其他三省的统计结果基本一致，即农村男性多于女性，城镇女性多于男性。

调查表明四省贫困老人年龄结构互有差异，各省的特点表现为：浙江省贫困老人中 60~69 岁低龄老人的比重在 40% 以下（农村为 39.0%，城镇为 32.1%），低于 61~79 岁的中年老人的比重（农村为 41.0%，城镇为

40.9%）。黑龙江省与浙江省情况相似，表现为城乡中年老人的比重高于低龄老人的比重。甘肃省贫困老人的比重中，农村是低龄老人的比重高于中龄老人，城镇则是中龄老人的比重高于低龄老人。

（四） 贫困老年人生活费主要来源

浙江、黑龙江和甘肃三省对于贫困老人生活费主要来源调查结果表明，三省城镇贫困老人主要生活费来源的第一项是最低生活保障金，其中甘肃的比例最高（45.43%），黑龙江第二（41.60%），浙江第三（35.50%）。主要来源的第二、三项分别为个人或配偶收入，子女或孙子女帮助。农村贫困老人生活费主要来源的首项为子女或孙子女帮助，其中黑龙江的比例为42.78%，甘肃为35.14%，浙江为21.80%。这说明城镇贫困老人以低保为主，农村以子女帮助为主的格局还将持续一段时间，特别是近期脱贫可能性不大的农村，所以要扩大最低生活保障金的发放范围。

（五） 贫困老年人享受社会救济情况

从四省的情况调查看，我国城乡贫困老年人的社会救济工作近年来有长足的发展。具体表现为城镇享受最低生活保障的贫困老人一般都在50%以上（甘肃为56.24%，四川为60.12%）；各省农村的最低生活保障工作也在发展，其中浙江贫困老人中享受最低生活保障金的人数超过25%，经济欠发达的甘肃省也达到了15.76%。目前还有四成以上贫困老年人急需社会救济，希望他们尽早享受到"应保尽保"的最低生活保障。

三　贫困老年人致贫的主要原因

（一） 所在地区经济落后

在经济落后地区，农村没有退休金和最低生活保障金，城镇退休金很低而且不能保证及时足额发放，是老年人致贫的首要原因。2001年甘肃全省绝对贫困人口188.8万人中有148.7万人生活在43个国家扶贫开发工作重点县里。贫困老人比重在10%以上的地区有6个，最高的达到23.58%。

经济落后导致老人贫困的现象，在经济发达省份的边远山区也不罕见。

浙江省西南地区贫困老年人比例较高的主要原因是地方经济落后，老年人家庭收入很低，部分老人的基本生活得不到保障。缙云县 2000 年农民人均纯收入只有 1998 元，人均耕地 0.4 亩，人均粮食产量只有 460 斤，老年人靠自己的劳动收入难以维持温饱。

（二）无退休金、无法定赡养人或赡养人无力赡养

据 2000 年 12 月 1 日对全国 20 个省、自治区、直辖市的 160 个市（县）、640 个街道（乡）、2000 个居委会（村）的老年人口状况一次性抽样调查表明，城镇老年人中，享受离退休金的人员占 72.2%，农村老人中享受退休金的人员只占 5.5%。城镇 27.8% 和农村 94.5% 无退休金的老人基本上依靠家庭养老。无退休金、无法定赡养人或赡养人无力养老成为导致老年人贫困的第二因素。因此，四省致贫的比重如下。

浙江省的农村贫困老人中，无子女赡养的占 45.2%，法定赡养人无力赡养的占 25.1%。城镇这类贫困老人分别占 37.3% 和 33.3%。

四川省贫困老人中，因无法定赡养人导致贫困的，农村占 3.89%，城镇占 6.42%；因法定赡养人无力赡养致贫的，农村占 2.52%，城镇占 17.64%。

黑龙江省贫困老年人中，因无法定赡养人致贫的，农村占 13.29%，城镇占 6.33%；因法定赡养人无力赡养而致贫的，农村占 19.59%，城镇占 34.31%。

甘肃省城乡因无法定赡养人或赡养人无力赡养而致贫的老年人占贫困老年人总数的 42.73%。

（三）长期患病

长期患病是老年人致贫的一个普遍原因。调查表明，贫困老年人中因病致贫的，浙江省农村占 20.7%，城镇占 16.2%；四川省农村占 6.89%，城镇占 19.44%；黑龙江农村占 36.27%，城镇占 23.56%；甘肃省平均占 24.52%。

（四）法定赡养人不履行赡养义务

赡养人养老意识和法律观念薄弱，不履行赡养义务，导致父母生活贫困的，浙江省城镇占 2.1%，农村占 1.7%；黑龙江省农村占 1.77%，城镇占 1.63%；甘肃省城乡平均占 4.54%；四川省农村占 1.83%。

（五）自然灾害和意外事故

我国城乡老人对于自然灾害和意外事故的保险意识比较薄弱，买保险的

很少，一旦发生自然灾害或意外事故，就会因得不到保险理赔而陷入贫困。

黑龙江省贫困老年人中，因此而致贫的农村占 1.33%，城镇占 0.8%；四川省农村占 6.64%，城镇占 2.52%。甘肃省贫困老年人中因自然灾害致贫的占 7.75%。天祝藏族自治县是一个自然灾害多发区。全县有贫困老人 2522 人，其中因受自然灾害致贫的 1189 人，占贫困老人总数的 47.14%。

四　贫困老年人当前急需解决的主要困难

贫困老年人急需解决的问题很多，这次调查把温饱、住房、医疗和生活照料作为主要内容。调查表明，在贫困老年人急需解决的主要困难中，四省都是温饱和医疗占前两位。我国早在 20 世纪 80 年代初就把实现"老有所养"和"老有所医"列为实现"五个老有"的前两位，这个序列从开始到现在历时 20 多年一直没有改变，说明解决贫困老人温饱和医疗困难的任务，仍然是消除老年人贫困工作的重中之重。

四省城乡贫困老年人面临主要困难的排序分别为以下情况。

浙江省：农村以解决温饱困难占首位，以下依次为生活照料、医疗和住房；城镇以解决温饱困难占首位，以下依次为医疗、生活照料和住房。

四川省：农村解决医疗困难占首位，以下依次为温饱、生活照料和住房；城镇以解决医疗困难占首位，以下依次为温饱、生活照料和住房。

黑龙江省：农村以解决温饱困难占首位，以下依次为医疗、生活照料和住房；城镇以解决医疗困难占首位，以下依次为温饱、生活照料和住房。

甘肃省：农村以解决温饱困难占首位，以下依次为医疗、生活照料和住房；城镇以解决温饱困难占首位，以下依次为医疗、生活照料和住房。

五　各省贫困老年人脱贫的前景

关于各省对贫困老人脱贫的前景估计，我们分四种情况进行调查统计，

即 (1) 无脱贫希望,需要长期救助;(2) 在近 3 年内可能脱贫,但在此期间需要救助;(3) 目前是暂时的困难,一次性救助即可脱贫;(4) 难以确定脱贫时间。

浙江省的调查表明,6 成以上的贫困老年人无脱贫希望,需要长期救助。在农村的贫困老人中,无脱贫希望的比例高达 68.6%;3 年内有可能脱贫的老人,只占 5.6%。严重的是,城镇贫困老人中脱贫无希望的也高达 62.9%;3 年内有希望脱贫的只有 3.6%,比农村还低。

四川省城乡贫困老年人脱贫的前景也很不乐观,农村和城镇贫困老年人脱贫无希望的,也都超过 60%;有希望在 3 年内脱贫的只占 1.21%。

黑龙江省和甘肃省的情况较好,城乡贫困老人脱贫无希望的不到一半。近期和 3 年内有希望脱贫的在 25% 左右。

六 对我国预防和消除老年群体 贫困问题的建议

(一) 大力发展经济为预防和消除老年人贫困提供最根本的物质条件

发展经济是预防和消除老年人贫困的物质条件。四省的调查表明,导致老人贫困最主要的原因是所在地区的经济落后,老年人的收入很少,甚至没有任何收入和储蓄,基本生活得不到保障。有一些老年人有法定赡养人,但是在赡养人收入很低,自身的生活就难以维持的情况下,要他尽赡养义务就很难实现。

从社会或集体来说,本地区的公民在年老、疾病或者丧失劳动能力的情况下,有从国家和社会获得物质帮助的权利,但是由于地方经济落后、财政困难,无力向他们提供最低生活保障金或必要的救济。不能发展经济摆脱贫困的地区,不但不能解决当前贫困老人的温饱问题,而且现在的中年人在未来丧失劳动能力的时候,也会成为贫困老年人。

(二) 建立和完善老年社会保障制度

建立和完善老年社会保障制度是消除老年人贫困最有效的措施。维也纳"老龄问题世界大会"要求各国政府"根据向所有老年人都提供保险的原则建立或制订社会保障制度"。2002 年在马德里召开的第二届世界老龄大会进一步把建立社会保障制度和预防老年人贫困结合起来，目标是制定和实施各项政策，以确保所有人在老年时期都有足够的经济和社会保障。目前我国老年社会保障制度的覆盖面亟待扩大。我们要贯彻十六大报告精神，尽快建立健全同经济发展水平相适应的社会保障体系，完善城镇职工基本养老保险制度和基本医疗保险制度，健全城市居民最低生活保障制度，发展城乡社会救济和社会福利事业。有条件的地方，探索建立农村养老、医疗保险和最低生活保障制度。

（三）采取鼓励措施，充分发挥家庭的养老功能

在现阶段我国农村的养老以家庭保障为主的情况下，要采取有效的措施，充分发挥家庭的养老功能。诸如：

1. 对于有养老任务的子女在经济上给予适当的资助；

2. 对于公共劳务出工和税收方面，给予减免优惠，如对 70 岁以上的老年人，免征农业税附加、免缴乡村公事业金、不承担筹劳任务等；

3. 开展尊老爱幼的教育和宣传，定期评选敬老好儿女，并给予物质奖励。

（四）加强法制建设，建立健全老年法律体系

老年人问题和人口老龄化问题都是重大的社会问题，解决这些问题的政策措施，归根结底要体现为法律法规体系的健全和完善。我国已于 1996 年颁布了《老年人权益保障法》，但从总体来说，有关老年的法制建设还滞后于老龄化的发展，在处理很多涉老的民事纠纷方面，缺乏专项法律和法规依据。为了切实维护老年人的权益，应尽快制定养老保险法、医疗保险法、社会救济法、家庭赡养法、社区服务法、老年人住宅法、老年福利法和老龄事业发展法，更好地调整老年人与非老年人之间的关系，制裁侵犯老年人合法权益的不法行为，促进家庭和睦，保证社会经济健康发展。

（五）鼓励和组织老年人参与发展，增强老年人自我养老能力

预防和消除老年人贫困的另一项重要措施是鼓励和组织没有丧失劳动能力的老年人参与社会发展，以"为"助"养"，增强自我养老能力。联合国的一项国际调查指出："用来赡养有病和失去工作能力的人，以及为退休或过依赖生活的岁月提供生计的财富，不可能相当迅速地生产出来，除非人力资源得到充分利用……人力资源当然包括老年人自己"。

老有所为是我国老龄工作力争实现的"六个老有"之一。我国 20 年的实践已经证明，老年人参与发展，对国家社会经济发展做出了贡献，对提高参与者的经济收入和自养能力也发挥了重要作用。利国利民的"老有所为"，不失为预防和消除老年人贫困的一项得力措施。

（六）大力发展社区助老服务，满足老年人对生活照料的需求

在人口老龄化与家庭小型化、核心化以及老年人预期寿命延长的背景下，一方面老年人的生活照料需求增多，另一方面家庭照料老年人的资源在逐渐减少，需要通过发展社区服务来弥补家庭养老功能的不足。调查表明，当前城乡贫困老人急亟须解决的主要困难中，生活照料仅次于温饱和医疗居第三位。在民政部的领导下，我国到 2000 年年底已建立城镇社区服务设施 18 万个，综合性的社区服务中心 12674 个，各类便民利民服务网点 45.2 万个，为一部分急需照料的老年人提供了服务。但是在社区服务的发展过程中对发展缺乏宏观政策的指导，缺乏管理人才和经过专业培训的服务人员，服务项目少，服务工作需要进一步规范和发展。

（七）提倡健康老龄化和积极老龄化

老年人参与社会发展以及预防和消除贫困的前提是具有健康的身体和适应老年型社会发展的知识和技能。《联合国关于到 2001 年老龄工作的全球目标》强调："开展人人健康老龄化运动，此项运动旨在从整体上促进老年人的健康，从而使老年人在体力方面、智力方面、社会方面、感情方面、脑力和精神方面得到平衡发展。"

第二届世界老龄大会进一步把实现以健康、参与和保障为三大支柱的积极老龄化写进了大会的《政治宣言》和《2002 年马德里老龄问题国际行动计划》，强调健康对个人来说是一项至关重要的财富，健康的老年人是老龄社会发展的重要资源。实践告诉我们，实现健康老龄化和积极老龄化，可以减少老年人因病致贫的可能，降低医疗和护理费用，延长预期健康寿命，提高其参与社会和自食其力的能力，大大有助于预防和消除老年人的贫困。

参考文献

中国老龄科学研究中心：《中国城乡老年人口状况一次性抽样调查数据分析》，中国标准出版社，2003。

时正新主编《中国生活救助体系研究》，中国社会科学出版社，2002。

浙江省老龄工作委员会办公室：《浙江省特困老人状况与对策建议》，2002。

何保全：《四川省城乡特困老人状况抽样调查情况分析》，《老龄问题研究》2003 年第 2 期。

杨铁生等：《要高度重视和解决城乡老年人中的贫困问题——黑龙江省城乡贫困老年人状况调查的报告》，《老龄问题研究》2003 年第 4 期。

甘肃省老龄工作委员会办公室：《甘肃城乡贫困老年人状况调查和对策建议》，2002。

熊必俊：《人口老龄化与可持续发展》，中国大百科全书出版社，2002。

杜鹏主编《人口老龄化与老龄问题》，中国人口出版社，2006。

谢联辉、宋玉华主编《全球行动——迎接人口老龄化 联合国老龄话题文件总汇》，华龄出版社，1998。

中国养老基金缺口及对策研究

—— 直面中国老龄问题 *

一 中国养老保险基金的缺口知多少？

十六大报告强调，建立健全同经济发展水平相适应的社会保障体系，是社会稳定和国家长治久安的重要保证。我国正处于并将长期处于社会主义初级阶段，全面建设小康社会还需要应对多方面的挑战，其中包括老龄人口比重上升和社会保障的压力增大等挑战。社会养老保险是社会保障体系的重中之重，我国已经进入老龄社会，首先受到人口老龄化冲击的是社会养老保险。

我国退休人员每年增加 300 万人，随着老龄化的发展，养老保险缴费人员与退休人员之比，已经从 20 世纪 90 年代初的 10：1 上升到现在的 3：1。预计到 20 世纪 20 年代末，我国人口老龄化将进入高峰期，如果现行的退休年龄政策不做调整，届时养老保险缴费人员与退休人员之比，将进一步上升到 2.5：1 的水平。缴费人员减少，退休人员增多，必然导致当年养老基金的支出大于收入。据统计，全国企业职工养老基金的缺口已经从 1998 年的 100 多亿元增加到 2003 年的 400 亿元左右。按照退休人员每年以 6% 的速度递增的情况预测，今后 20 多年养老基金缺口累计为 1.8 万亿元左右，平

---

* 本文载于《城市管理》2004 年 6 月第 8 期。

均每年约 700 亿元。

二 "先老未富"使我国的养老保险基金积累"先天不足"

社会养老保险制度是工业社会的产物，同时又是伴随着科技进步、经济繁荣和人口老龄化发展而逐步扩展和完善的。西方发达国家的人口老龄化都是在经济繁荣时期出现的，他们进入老年型社会时的人均国民总收入大都在 5000 美元以上，从而社会养老保险制度有一个比较长的发展完善阶段和充实的基金准备。而我国人口老龄化的特点是来势猛、速度快，超前于经济发展。1999 年进入老年型社会时，人均国内生产总值不足 1000 美元，在经济尚不发达和社会养老保险基金没有历史积累的情况下，无力应对人口老龄化迅速发展对社会养老保险事业的严峻挑战。

人口老龄化对全面建设小康社会的主要不利影响有三点：一是从 2010 年起劳动年龄人口比重下降，劳动资源减少；二是老年赡养比上升，劳动力成本加大；三是养老保险支出加大，养老保险基金积累入不敷出。如果说前两项直接对经济发展产生不利影响，而对养老保险事业发展只是间接制约的话，那么养老保险基金缺口巨大则是老龄化直接对社会养老制度可持续发展的决定性冲击。

三 退休年龄不变将导致预期寿命延长的优势变劣势

人口预期寿命延长在国际上被誉为 20 世纪最重大的成就之一。21 世纪是人类长寿的时代，人们为长寿而庆幸；但与此同时，人们为老龄化而担忧。我认为长寿是老龄社会经济发展的重要资源，是缓解老龄化不利影响的积极因素。从劳动经济学的观点看，预期寿命延长，人们可以从事劳动的岁月延长。提高退休年龄，有利于缓解人口老龄化导致的劳动资源减少和老年赡养比上升等不利影响。但是，如果在预期寿命不断延长的情况下，坚持退休年龄不变，预期寿命的延长就会使赡养的岁月延长，增加养老基金的支出，加重老龄化对养老基金积累的不利影响。

我国人口预期寿命已经从 20 世纪 50 年代的 40 岁延长到现在的 71.2 岁。预测 2025～2030 年将延长到 76.3 岁，2045～2050 年延长至 90.0 岁。我国法定退休年龄六十岁多年不变，使预期寿命延长的优势变成了劣势，预期劳动岁月的延长变成了领取退休金岁月的延长，其结果只能是增加退休金的支出，加大养老保险基金的缺口。

四　提前退休使养老基金缺口雪上加霜

提前退休在一定条件下暂时有助于解决失业问题，但是从长远来看是加重养老负担，不利于经济发展和养老保险的可持续发展的。美国原来的法定退休年龄为 65 岁，1961 年为了解决大量失业人员的就业问题，社会保障法规定把可以领取退休金的年龄提前到 62 岁（领取全额退休金的80%）。但是，好景不长，这项曾经被肯尼迪总统鼓吹为"经济衰退时期促进经济复苏与地区经济重新发展立法的组成部分"的提前退休立法，在后来的实践中却不尽如人意，受到越来越多人的质疑。由于提前退休对政府和纳税人来说，都是沉重的财政负担，再加上人口老龄化不断发展使养老保险的基金运转陷入困境，迫使政府不得不改弦易辙，从 20 世纪 80 年代起不再鼓励提前退休，转而提倡延长退休年龄。

目前我国老龄化超前于经济发展，提前退休不仅会加大保险基金的缺口和风险，浪费劳动力资源，提高老年赡养比，影响全面建设小康社会，而且提前支付退休金对于养老保险基金的运作来说，是"寅吃卯粮"，实质是把现在的失业压力转化为未来的养老负担，不利于养老保险制度的可持续发展。

提前退休带来人们缴纳养老保险费的时间减少，领取退休金的岁月延长，是导致养老基金缺口加大更为直接的原因。提前退休不利于养老保险的可持续发展的结论，已经在发达国家取得共识。国际劳工组织 1986 年发表的《展望 21 世纪：社会保障的发展》强调："我们认为企图用养老保险（如降低退休年龄）作为缓和经济危机的手段是错误的。"美国经济学家詹姆斯·H. 舒尔茨 1985 年出版的《老年经济学》认为："必须处理好提前退休的趋势，一旦退休的年龄从正常的 65 岁提前到 60 岁，退休金的支出就要增加 50% 左右。"

我国法定退休年龄规定男 60 岁、女干部 55 岁、女工人 50 岁退休。但是近几年来有些地区和企业，为了减轻职工下岗和失业的压力，违反规定为职工办理提前退休，从而使现行男性退休年龄由 60 岁提前到 58 岁，女性退休年龄由 50 岁提前到 48 岁。几年来我国养老保险基金的缺口与日俱增，其中有提前退休的直接原因。

五　国际社会如何应对公共养老基金入不敷出的困境

1973 年石油危机发生以后，经合组织国家经济不景气，失业率居高不下。与此同时，人口老龄化的进一步发展，缴纳养老保险费的人数减少，领取养老金的人数增多，人们领取养老金的岁月延长，使社会养老保险出现了基金困难局面，部分成员国甚至逐步陷入了基金入不敷出的困境。

发达国家公共养老保险基金面临的挑战，已引起国际社会和各国朝野的关注和忧虑。世界银行 2001 年出版的《关于老年保障的新意见》对退休金制度的改革提出了建议。该行首席经济学家路易斯·佛克斯认为养老金制度面临的挑战是老年人口增多、人口预期寿命延长和提前退休造成的。他称赞经合组织某些成员国已为此做出了努力，例如日本、美国和德国计划提高退休年龄；意大利推行《逐步退休法令》，并奖励超过 65 岁（法定退休年龄）部分时间继续从事工作的人。

国际社会保障协会养老保险常设委员会 1998 年对一些工业巨头为应付养老金危机所采取的提高法定领取退休金年龄、取消对提前退休的经济刺激等措施进行了认真讨论。大会秘书长在发言中强调："养老金制度改革的重点应该是减少提前退休,逐渐提高法定领取退休金年龄"。

经合组织 1998 年发表了题为《望老龄社会保持繁荣》的报告,指出公共养老金制度的改革要消除对提前退休的经济刺激和对推迟退休的制约,保证老年工人有较多的就业机会,并使他们具备必要技术和胜任能力。

经合组织各成员国十分重视劳动年龄人口比重下降对公共养老保险制度和经济发展所产生的影响,他们为此采取缓解的主要措施有三项:

(一) 实行鼓励生育的人口政策,提高人口出生率,扭转劳动年龄人口比重下降的趋势;

(二) 提高劳动年龄上限和领取退休金的法定退休年龄;

(三) 接收国外移民,增加劳动年龄人口比重。

六 杜绝提前退休和适时延长退休年龄

"他山之石,可以攻玉",用消除提前退休和鼓励延长退休年龄来应对人口老龄化对养老基金挑战,是发达国家一致主张的基本观点,可供我们学习和参考。一般来说减少和消除养老基金缺口的办法有三个:一是提高投保费率,二是降低养老金标准,三是延长退休年龄。目前我国投保费率偏高,养老金标准偏低,没有进行调整的余地,在前两者无法采用的情况下,只能考虑适时延长退休年龄了。

根据测算,我国退休年龄每提高 1 年,养老统筹基金可增 40 亿元,减支 160 亿元,减少基金缺口 200 亿元。如果按照劳动保障法制司和社会保险研究所的建议,在 2005 年以前取消提前退休工种,基本达到严格按法定退休年龄执行的基础上,用 5 年时间(2006 ~ 2010 年)取消女工、女干部退休年龄差别,女职工一律按 55 岁退休;再用 10 年时间(2011 ~ 2020 年)将男女退休年龄拉平,一律按 60 岁退休。其结果将使 2010 年养老统筹基金缺口由 835.97 亿元减少为 352.52 亿元;使 2020 年养老统筹基金收大于支,由缺口 503.51 亿元转为节余 262 亿元(见表 1)。

表 1　2005～2020 年城镇职工养老保险统筹基金收支预测

单位：亿元

按法定退休年龄计算			按提高退休年龄计算		
收入	支出	节余	收入	支出	节余
2373.52	3342.83	-969.31	2373.52	3342.83	-969.31
3505.00	4340.97	-835.97	3629.85	3982.37	-352.52
7668.96	8172.47	-503.51	8625.81	8363.81	262.00

七　适时延长退休年龄与年轻人就业

我国人口众多，就业始终是一个大问题。特别是在 2010 年以前还存在着比较大的就业压力。人们因此对延长退休年龄会加大就业压力的担心是可以理解的。这里要说明的是，当前只是考虑延长退休年龄，并不是立即实行。而是计划在劳动年龄人口比重下降和就业压力缓解后，参照人口预期寿命延长的幅度，逐步、分阶段地延长退休年龄，做到就业与退休此减彼增，相互协调。

应该认识到，解决就业的根本出路不是老年人为年轻人让岗位，而是加快发展经济，创造更多的就业机会。适时延长退休年龄，消除养老保险基金缺口，一方面可以保证社会养老制度良性运行和可持续发展，另一方面可以使国家把准备填补养老基金缺口的 1.8 万亿元节省下来用于发展经济，创造新的就业岗位。美国社会保障咨询委员会 1979 年关于退休年龄的一项报告的结论指出，如果把退休年龄提高到 68 岁，职工承受的赡养负担就可以大大减轻。按原来养老保险统计计算出来的基金长期亏损额可以减掉一半。美国政府采纳了延长退休年龄的建议，决定从 2000 年起，每年延长退休年龄 2 个月，计划到 2012 年延长到 67 岁。

参考文献

张文范等：《二十一世纪上半叶中国老龄问题对策研究》，华龄出版社，2000。

劳动保障部法制司和社会保险研究所：《中国养老保险基金测算与管理》，经济科学出版社，2001。

熊必俊：《人口老龄化与可持续发展》，中国大百科全书出版社，2002。

熊必俊：《人口老龄化与社会养老保险的可持续发展》，《全球化下的劳工与社会保障》，郑功成主编，中国劳动社会保障出版社，2002。

熊必俊：《退休年龄与可持续发展》，《变革中的就业环境与社会保障》，郑功成等主编，中国劳动社会保障出版社，2003。

老龄化时代的居家与社区养老格局[*]

一 老龄社会呼唤养老社会化服务

我国自 2000 年进入老龄社会，至今已经 7 年了。一方面，随着老年人口比重加大和高龄老人增多，老年人的养老服务需求增多；另一方面，家庭小型化和核心化的发展，导致家庭照料资源减少和赡养功能弱化，老年人的生活照料和健康护理面临严峻的挑战。目前我国 60 岁及以上老年人口已达到 1.4 亿人，其中 80 岁及以上的高龄老年人有 1300 多万人，如果说养老保险制度可以从经济上保障老年人老有所养的话，那么老年人，特别是高龄老年人和空巢老年人的生活照料和健康护理的需要，就越来越需要借助社会化养老服务事业（特别是居家养老服务中心和各种类型规范化的养老机构）来满足了。

我国推崇含饴弄孙，享受天伦之乐，居家养老是老年人传统的养老生活方式，北京、天津和上海关于养老方式意愿的抽样调查表明，90% 以上被调查的老年人选择居家养老。

国内外的情况表明，老年人晚年的生活方式是居家养老的为多，入住养老机构的少，这是以人为本的客观规律。为了与这种情况相适应，社会

＊ 本文载于《上海城市管理职业技术学院学报》2007 年第 4 期。

化养老服务应该是以"居家养老为主，机构养老为辅"的格局。

二　为什么绝大多数老年人首选"居家养老"

老年人首选"居家养老"是他们坚持"以人为本"的具体体现。

家庭是人们以婚姻关系为起点，以血缘亲属关系为纽带的社会生活共同体。家庭关系是一种特殊的社会关系，与其他社会关系相比，家庭关系最亲切、最深刻。特别是家庭成员之间出于亲情的全面的合作与互动，是任何其他社会关系所不能比拟的。家庭始终是人们互相交往、终身依赖的基本形式，也是思想感情交流最充分的场所。正因为如此，老年人在生活基本能够自理，或在社区助老服务的帮助下、能够独立生活的情况下，他们必然会首选居家养老的生活方式。1982 年《老龄问题国际行动计划》强调："应使老年人能够在自己的家里和他们的社区尽可能地过独立的生活"。《1991 年联合国老年人原则》强调"老年人应尽可能长期在家里居住"。《2002 年马德里老龄问题国际行动计划》再次强调要加强社区养老服务，"提高为独居老年人提供的照顾的素质，并使他们能更多地获得长期社区照顾，以提高他们的独立生活能力，可能以此取代住院或进养老院"。

三　居家养老需要以社区助老服务为依托

人是有感情的社会动物，需要和社会、和家人进行感情和信息的交流，这是人的一种本能，也是人的一种基本需要，因此人不能离开家庭，也不能离开社会。对于老年人来说，家庭和邻居就显得更为重要，因为只有通过家人的相互关怀与支持，和邻里亲友的交往和谈心，才能表露和交流情绪和感受，消融家庭和社会生活中的苦闷与烦恼，得到精神慰藉和寄托，形成愉快、和谐的心理状态，排除老年人常有的孤独和失落感。1991 年

《联合国老年人原则》强调"老年人应得到家庭和社区根据每个社会的文化价值体系而给予的照顾和保护"。

为了解决老年人居家养老的困难，国际组织和学术界极力主张通过发展社区助老事业，为居家养老的老年人提供全方位的服务。1982 年《老龄问题国际行动计划》强调"社会福利服务应以社区为基础并为老年人提供范围广泛的预防性、补救性和发展方面的服务"。

第五次全国人口普查数据表明，2000 年我国 65 岁及以上老年人的家庭户占全国家庭户总数的 20.09%。在全国一人家庭户口中 65 岁及以上单身老人户占 27.71%，超过 25%。在全国二人家庭户中，只有一对老年夫妇户占 13.41%。如此众多的老年人选择了居家养老，而且空巢老年人越来越多，迫切需要我们提供社区助老上门服务。《中国老龄事业发展"十一五"规划》要求"加快建立以居家养老为主、机构养老为辅的养老社会服务体系，完善服务功能，提高服务质量，满足老年人的服务需求"。

四 有计划地调整和规范机构养老服务

居家养老和机构养老是老年人可以选择的两种生活方式，二者缺一不可。如果说生活能够自理的低、中龄老年人，大部分选择居家养老的话，那么部分只能半自理和完全不能自理的老年人的生活方式就是选择机构养老了。

我国民办养老机构近年来发展很快，截至 2004 年 6 月，已经达到 1600 多所，床位近 60000 张，收住了 40000 多人，入住率为 66.6%。民办养老机构从无到有，从少到多，可喜可贺。作为一种新生事物，有些机构还存在设备设施比较简陋、服务档次还比较低、服务人员素质较低，以及专业化服务不足等发展中的困难和问题，相信都能够在前进中逐步克服和完善。

对于养老机构空床率高（33.3%）的原因，有人说价位太高，有人说老年人思想不解放，也有人说服务不到位等，都有一定的道理。但是我认为提高入住率的根本出路在于贯彻"以人为本"的精神，有计划地调整、规范和完善养老机构的建设。

参考文献

谢联辉、宋玉华主编《全球行动——迎接人口老龄化 联合国老龄话题文件总汇》，华龄出版社，1998。

以高度责任感为老年人
营造安度晚年之家[*]

一 老龄社会呼唤养老机构

马克思在《政治经济学批判》导言中指出："没有生产，就没有消费，但是，没有消费，也就没有生产，因为如果这样，生产就没有目的"。

人口是消费的主体，不同年龄的人口有不同的消费需求。人口老龄化必然引起消费构成的变化。老龄化带来老年人口消费需求在社会消费总需求中所占比例加大。市场经济是以消费为导向的经济，企业要想占有市场，就必须研究年龄构成与消费构成的内在联系，按照年龄构成的变化，相应调整产品构成和产业构成。

据不完全统计，全国共有各类老年社会福利机构 38000 多个，养老床位 1205000 多张，平均每千名老年人占有床位还不到 9 张，与发达国家平均 50～70 张的水平相差甚远，不能满足老年人日益增长的需求。如果按平均每千名老年人占有床位 50 张计算，我国需要床位 7150000 张，缺口 5945000 张。

我国老年人养老生活的格局是"以居家养老为基础，社区服务为依托，机构养老为补充"。如果说生活能够自理和半自理的老年人，借助社会化服

---

* 此文为向 2007 年"中国首届养老机构管理经验论坛"提交的论文，载于中国社会工作协会老年福利服务工作委员会的《首届推进社会化养老 加强养老机构管理经验论坛论文汇编》。

务而选择居家养老的话，那么患病、失能和残障的老年人和高龄老人就需要入住养老院特别是护理院来安度晚年了。目前我国80岁及以上的高龄老年人有1300多万人，卫生部的一项调查表明，我国老年人两周患病率为全人群的1.7倍，慢性病患病率为全人群的4.2倍。北京市的抽样调查表明，60岁及以上老年人慢性病患病率高达72.1%，同时患有两种以上疾病的人口有42%。老年人慢性病和非传染病还会导致患者长期失能和残障，1997年老年人失能和残障率高达25.2%，2000年老年人中日常生活需要帮助的有20%，日常生活完全需要依赖他人照顾的占5%。面对如此众多的照料和护理需求，老龄社会呼唤尽快发展包括养老机构在内的老龄服务产业。

二　进一步认识发展养老机构的作用和意义

实现科学发展观和构建社会主义和谐社会是党的十六大以来提出的两项战略思想。科学发展是实现可持续发展和构建和谐社会的必由之路。推进社会主义和谐社会建设要全面贯彻落实科学发展观，用科学发展观统领和全面构建和谐社会。

科学发展观的本质和核心是"以人为本"。"以人为本"的要义有二：一是"以人的全面发展为目标"，二是"让发展的成果惠及全体人民"。老年人口是总体人口的组成部分，从科学发展观和以人为本来看，他们应该是发展成果的受益者。

21世纪是全球老龄化的世纪，同时又是人类的长寿时代。1982年维也纳"老龄问题世界大会"把老龄问题概括为满足老年人的特殊需要人道主义方面的问题，和涉及人口老龄化所造成社会经济发展方面的问题。前者包括老年人的保健与营养、住宅和环境、生活照料和护理、家庭、社会福利、收入保障与就业以及教育；后者包括在老年赡养比日益上升的情况下，人口老龄化对生产、消费、储蓄、投资，以及反过来对一般社会经济状况和政策所起的影响。大会通过的《老龄问题国际行动计划》强调"既要处理各种影响到老年人的问题，也要处理同老龄化有关的发展问题"。

当前兴办养老机构的主要作用有以下三点。

1. 兴办养老机构是满足老年人特殊需求的一项有效措施

老年人是社会的"资深公民"和家庭的尊长。他们是在履行了为国家扩大物质再生产和人口再生产的职责后进入老年的。当代社会发展的基础是先辈和现在的老年人奠定的。恩格斯在《反杜林论》中强调:"劳动产品超出维持劳动的费用而形成的剩余,以及社会生产基金和后备基金从这种剩余中的形成和积累,过去和现在都是一切社会的、政治的和智力继续发展的基础。"形成这个基础的正是老年人的剩余劳动。饮水不忘挖井人,兴办养老机构为老年人服务是对老年人所做贡献的回报,属于满足老年人特殊需要的人道主义方面的行动。

2. 发展养老机构产业是应对老龄化挑战的一项战略措施

经济学的理论认为需求是市场存在的前提,而市场是人口规模、购买力和消费意愿三因素的统一体。养老机构产业的形成和发展是以市场的需求为原动力的。养老机构服务产业的产生和发展取决于由老年人口规模、老年人口的购买力水平和购买的欲望所决定的市场需求。从以上三因素来看,我国的老年人口规模与日俱增,老年人的购买力在不断增长,入住养老机构的老年人越来越多,三者结合必然使市场需求越来越大。

包括养老机构在内的老龄产业是老年消费市场需求增长带动而形成的新兴产业。老龄化既是挑战又是机遇。老龄化在给社会经济发展带来制约因素的同时,也在孕育着一个巨大的老年消费市场。发达国家的事实表明,发展老龄产业既能满足老年人的服务需求,又能创造更多的就业岗位,是促进老龄化与经济协调发展的新的经济增长点。发达国家老年人口的迅速增加给老龄产业带来了越来越大的空间和商机。美国的一项统计和预测表明,2000 年需要长期看护服务的老年人有 900 万人,2040 年将增加到 1800 万人。日本 1970 年进入老龄社会后,大力发展老龄产业,把发展老龄产业视为老龄社会应对老龄挑战的"救世主"。

3. 发展养老机构产业有利于构建社会主义和谐社会

《中共中央关于构建社会主义和谐社会的若干重大问题的决定》进一步强调,必须坚持以经济建设为中心,把构建社会主义和谐社会摆在更加突出的地位。

家庭和睦和代际良好互助互动是构建和谐社会的基石。父慈子孝，尊老爱幼，以及"老吾老以及人之老，幼吾幼以及人之幼"，都是我国的优良传统。《礼记》是儒家经典的一部分，《礼记》的《礼运》篇对儒家理想的"天下为公"的"大同"社会做了典型的描述，有"礼运大同"之称。篇中提出："大道之行也，天下为公，选贤与能，讲信修睦，故人不独亲其亲，不独子其子，使老有所终，壮有所用，幼有所长，鳏寡孤独废疾者，皆有所养。"这段话用现代话来说可以理解为：在和谐社会里，人们不独尊爱其亲长，不独施慈于儿女，更能推广其慈爱，使社会上的老者安享天年，壮者贡献才能，儿童得到良好的教育，鳏寡孤独以及废疾人都能得到供养。发展老龄产业，兴办养老机构，为老年人营造安度晚年之家，为子女解除照料父母的后顾之忧，在社会上实现"老吾老以及人之老"，实际上是在为构建社会主义的和谐社会做贡献。

三 以老年人为本，与时俱进，发展养老机构产业

十六大报告强调"发展经济的根本目的是提高全国人民的生活水平和质量"。提高生活质量的实质是满足人们的基本需要，马克思主义认为人有三种基本需要，即生存需要、社会需要和发展需要，老年人也不例外。

如果说生存需要是指个人维持生存所必需的生理需要和服务，社会需要是指满足由人们赖以生息教养的那些社会条件所产生的一定需要的话，那么发展的需要则是指每个人有全面而自由地发展的需要。

从人类学来看，人有自然属性和社会属性，提高老年人生活质量，要从两方面着手：一是从人的自然属性出发为老年人提供养老医疗服务，提高健康水平，延缓衰老，实现长寿；二是从社会属性出发丰富老年人精神文化生活，满足他们继续参与社会、协调代际关系和建设不分年龄、人人共享的社会的需要。

根据以上有关老年人需求、属性和养老观念的发展，我建议各个类型的养老机构在今后的发展中要与时俱进，改变简单以食、住、医基本服务为内容的传统，根据本机构的定位和发展的特点和需要，在完善和提高原有服务项目的基础上，逐渐增加新的内容，最好能扩展到包括以下 8 个方面：生活起居服务、医护保健服务、安全应急服务、心理健康服务、文体休闲服务、终身学习服务、参与社会服务、法律咨询服务。

四　发展养老机构产业的任重道远，前景广阔

我国已进入快速老龄化阶段，预测 2020 年老年人口将达到 2.48 亿人，占总人口的 17.17%，其中 80 岁及以上高龄老年人口将达到 3067 万人，占老年人口的 12.37%，2050 年老年人口将超过 4 亿人，占总人口的 30% 以上，其中 80 岁及以上高龄老年人口将达到 9448 万人，占老年人口的 21.78%。这就是说，即使 2020 年按老年人口 5% 的比例建养老床位 1240 万张，也只能收住不到一半的高龄老年人。如果 2050 年按老年人口 5% 的比例建养老床位 2000 万张，也只能收住五分之一的高龄老年人。

随着人口预期寿命的延长，60 岁和 80 岁老年人的生存余年也相应延长。分别从 2000 年的 18.1 年和 6.5 年延长到 2025 年的 20.6 年和 7.7 年，2050 年的 22.2 年和 8.6 年。生存余年的延长意味着高龄老年人占用养老床位时间的延长。

现在人们常说老年人是弱势群体，如果是这样，那么入住养老机构长期患病失能和残障的老年人，则是弱势群体中最弱势的群体，而且是最需要关怀和特种护理的群体。对于他们来说，养老机构将是他们人生最后的一站，做好临终关怀，努力使每一个老年人满意地走完余生，则是养老机构的领导干部和工作人员的职责和奉献。

由于我国老龄化的特点之一是"未富先老"，大部分养老机构的条件还有待改善，加之不少老年人收入不高，因此要提高老年人的生活质量还需要多方面的努力，特别是需要养老机构领导和工作人员的精打细算和辛勤

劳动。不少养老机构提出要有"再苦也不能苦老年人"的精神，这种精神正是中华民族尊老爱老传统美德的具体表现，正是这种无私奉献的精神和高度的责任感，使有些有困难的养老机构在政府的扶持和群众的支持下，克服困难，努力工作，为老年人营造了安度晚年之家。

十六大报告强调："二十一世纪头二十年，对我国来说，是一个必须紧紧抓住并且可以大有作为的重要战略机遇期。"值得我们注意的是，我们集中力量全面建设小康社会的头二十年，也正是我国老龄化的迅速发展阶段，同时也是我国老龄产业发展的黄金时期。

全国老龄工作委员会《关于中国人口老龄化发展趋势预测研究报告》表明，2004 年年底，我国 60 岁及以上老年人口达到 1.43 亿人，占总人口的 10.97%。2004 年我国基本养老基金支出总额达到 3502 亿元，比 2000 年增加 65.5%；同年基本医疗保险基金支出达到 862 亿元，比上年增加 31.6%（其中老年人的支出一般是非老年人的 3~5 倍）。

统计和预测表明，我国老年人口消费占总消费的比例将由 2000 年的 9.67% 上升到 2010 年的 11.39%，2020 年的 15.43% 和 2050 年的 18.29%。到 2010 年老年人口消费规模将超过 1.4 万亿元，到 2020 年将接近 4.3 万亿元，到 2030 年将达到 13 万亿元。

《中国老龄事业发展"十一五"规划》（以下简称《规划》）要求积极推进方便老年人生活的基础设施建设，建立健全适应家庭养老与社会养老相结合的为老服务网络和满足老年人特殊需求的老年用品市场，进一步营造敬老、养老、助老和代际和谐的良好社会氛围，为实现"老有所养、老有所医、老有所教、老有所为、老有所学、老有所乐"的目标创造更为有利的社会条件。在《规划》第五条"老龄产业"的首项"政策扶持"中强调，"发挥政府的指导和监督作用，把老龄产业纳入国民经济总体规划，列入国家扶持行业目录；制定引导老龄产业发展的税收、信贷、投资等政策；采取税收优惠、减免费用、信贷支持等措施；大力扶持尚在起步阶段的老龄产业；积极鼓励、引导和规范个体私营和外资等非公有资本参与老龄产业的发展；鼓励吸引社会力量投资兴办不同档次的养老机构。"

老龄事业"十一五"规划的出台为发展新兴的老龄产业注入了新的活

力。它将使 21 世纪的头 20 年成为我国经济社会发展的战略机遇期，同时成为我国老龄产业发展的"黄金时期"。俗话说"万事开头难"，我们说开了个好头以后就不难。近年来我国的机构养老事业有了可喜的发展。我们深信，在老龄产业发展的"黄金时期"，一定能把机构养老事业推向新的发展阶段。

参考文献

全国老龄工作委员会：《中国老龄事业发展"十一五"规划》，2006。

李本公：《解读：中国老龄事业发展"十一五"规划》，《中国社会导报——中国老龄》2006 年第 11 期。

全国老龄工作委员会：《关于中国人口老龄化发展趋势预测研究报告》，2007。

不断完善社会养老保险体系[*]

按照代际交换的经济观,"老有所终,壮有所用,幼有所长"的大同思想,和"老者安之,朋友信之,少者怀之"的伦理道德观,国家和社会理当为老年人提供维持生存的物质条件,保障他们在晚年的经济生活。

一 保障老有所养是全社会的责任

联合国第 47 届大会期间召开的"老龄问题特别会议"制定了《联合国关于到 2001 年解决人口老龄化问题的全球目标》,强调要"通过立法,确保老年人获得公平的社会福利","制定、加强和执行为所有老年人提供适合国家经济和社会基础设施的收入保障计划或实施战略。"

1982 年维也纳"老龄问题世界大会"强调:"对于老年人来说任何问题都不如保障、维持和保护收入方面的问题更重要。'保障收入'意味着作为一种公众政策应该确保老年人有足够的收入来支付某一特定社会最低标准的生活费用",并要求各国政府"根据向所有老年人都提供保险的原则建立或制订社会保障制度"。2002 年在马德里召开的第二届世界老龄大会进一步吁请各国"制定和实施各项政策,以确保所有人在老年时期都有足够的经

---

* 本文发表于《中国社会科学院院报》2005 年 10 月第 77 期。

济和社会保障"。

我国党和政府一贯关心老年人的生活。《宪法》规定："中华人民共和国公民在年老、疾病或者丧失劳动能力的情况下，有从国家和社会获得物质帮助的权利。国家发展为公民享受这些权利所需要的社会保险、社会救济和医疗卫生事业。"《老年人权益保障法》规定"国家和社会应当采取措施，健全对老年社会保障制度，逐步改善保障老年人生活、健康以及参与社会发展的条件，实现老有所养、老有所医、老有所为、老有所学、老有所乐"。

二 我国社会养老保险的现状不能满足老龄化迅速发展的需要

我国政府高度重视老年社会保障工作，20 世纪 50 年代建立了适应当时生产力水平和经济体制，包括养老保险在内的社会保障制度。改革开放以来，构建了适应社会主义市场经济的社会养老保险制度体系。经过 20 多年的改革建设，基本养老保险的覆盖面从计划经济时期国有单位的职工，扩展到城镇各类企业和个体工商户以及灵活就业人员。在保障水平方面也有了很大提高，保障了退休人员的基本生活，维护了社会稳定，促进了经济发展。

1999 年我国进入老龄社会，尽管我国社会养老保险事业有了很大的发展，但是还不能满足老龄化迅速发展的需要。2000 年我国老年人口中享受养老保险的人口，城市占 72.2%，农村仅占 5.5%。全国有 9362 万老年人口没有退休金收入，有 1000 万老年人口由于无退休金和最低收入保障而陷入贫困。党的十六大报告在论述全面建设小康社会需要克服的困难中包括"老龄人口比重上升"。统计和预测表明，我国老年人口数量 2000 年为 1.3 亿人，2020 年将达到 2.3 亿人，20 年增加 1 亿老年人的养老问题，需要我们完善社会保险制度来解决。

我国老年人口的收入水平还存在着不合理的地区差距、城乡差距、性别差距和年龄差距，同时离退休人员收入与在职职工收入的差距在加大。为了协调代际关系和建设和睦的老龄社会，需要进一步完善社会养老保险和保障体系。

三 完善社会养老保险体系的设想

完善社会养老保险体系是完善社会主义市场经济体制的重要组成部分，也是建设和谐老年社会的重要内容之一。党的十六大报告指出，建立健全同经济发展水平相适应的社会保障体系，是社会稳定和国家长治久安的重要保证。我们要贯彻十六大报告精神，进一步完善社会养老保险体系。

第一，建立和完善城乡社会养老保险体系，保障老有所养。完善城镇职工基本养老保险制度，建立和完善国家、用人单位和劳动者多方共担的筹资机制；加强社会养老保险的法制建设和基金保值、增值的运作与管理；尽快实行基金的全国统筹；扩大覆盖面，让更多的人参加和享受社会养老保险；健全城市居民最低生活保障制度，做到"应保尽保"。

农村社会养老保险是社会保障体系建设的重要内容，属于国家基本社会保险的范畴。它既是政府公平分配、消除贫困、保障农民生活的基本生存权利，又是维护农村社会稳定，构建和谐社会的基本条件。当前应在有条件的地方，尽快探索和建立农村社会养老保险和最低生活保障制度，保障农村老年人有足够收入维持最低生活水平。

第二，把社会养老保险扩大为养老与遗嘱保险，从而保障从事家务劳动的妇女亦老有所养。我国老年人口中女性的有配偶率低、丧偶率高，而且女性的预期寿命比男性长，因此女性的寡居率高、寡居期长。老年妇女经济参与率低，享受退休金的少，从而使很多老年妇女晚年的收入少，对配偶的依赖性强。她们一旦丧偶，就会陷入生活难以维持的困境。为了使老年家庭妇女能够维持晚年的基本生活，建议参照国外的先例把养老保险扩大为养老与遗嘱保险，保障从事家务劳动的妇女老有所养。

第三，提高退休金调整的幅度，缩小离退休人员与在职职工的收入差距。我国当前的离退休人员在职期间的绝大部分岁月是领取低工资度过的，由于工资低，退休金也低。1991 年国家开始决定增加离退休人员的退休金。1995 年国务院有关文件明确离退休人员养老金按照上年职工平均工资增长和物价指数的一定比例（40%～80%）正常调整。在现实中，由于退休金平均增长的幅度低于在职职工平均工资增长的幅度，必然导致离退休人员收入水平与在职职工收入水平的差距越来越大。退休金的发放属于国民收入的再分配，为了缩小差距，建议在经济发展的基础上，逐步实现"效率与公平并重"或"公平与效率优化组合"，提高调整退休金的比例，缩小离退休人员收入水平与在职职工工资收入水平的差距，营造离退休人员与在职职工之间和谐的代际关系。

第四，发展社区养老服务，满足老年人对生活照料的需求。在人口老龄化与家庭小型化、核心化以及老年人预期寿命延长的背景下，一方面老年人的生活照料需求增多，另一方面家庭照料老年人的资源在逐渐减少，需要通过发展社区养老服务来弥补家庭养老功能的不足。

老年社会保障的困境与出路

——参加"印尼会议"和"香港会议"的感想 *

1995 年 11 月中下旬，我应邀先后参加了在印尼召开的国际社会保障协会第 25 届大会和在香港召开的亚太地区老年学协会第 5 届大会。前一会议的主题是"总结近 3 年来国际社会保障事业的成绩、分析形势和研究对策"，重头戏是养老保险和医疗保险。后一会议的主题是"对老年人的全面照顾——多学科探讨"。

两会内容大同小异，前者侧重于理论探讨和政策设计，后者侧重于实践研究和经验交流。参加两会后有以下感想。

一 老年社会保障面临严峻挑战

印尼会议根据美国社会保障署统计提供的资料表明，实行社会保障制的 165 个国家有养老保险的 158 个，有医疗保险的 105 个。1995 年经合组织的 7 个大国，雇员和雇主缴纳的社会保障费率平均为工资总额的 32.57%，其中养老保险费率占缴费总额的 53%，加上医疗保险费率，大约占总额的三分之二。可见老年社会保险在社会保障中已占"重中之重"的地位。

第二次世界大战后，以养老保险为主体的社会保障制度迅速发展，后因 1973 年石油危机带来的经济不景气导致失业增加与养老金支出大幅度上

---

* 本文载于《中国社会保险》1996 年 6 月第 12 期。

升，使社会保障基金陷入入不敷出的困境。1990 年德国的社会福利预算为 7410 亿马克，1992 年上升为 10010 亿马克，仅医疗保险公司的赤字就达 54 亿马克。法国社会保障赤字 1992 年为 150 亿法郎，1995 年猛增至 640 亿法郎。

已陷于困境的社会保障制度，由于战后生育高潮期出生的一代即将进入老年，面临更严峻的挑战。世界银行提交印尼会议的《防避老年人危机》报告表明，1990 年世界 60 岁以上老年人口近 5 亿人，预计 2030 年将增加到 14 亿人。1990 年经合组织成员国 60 岁以上老年人口系数为 18.6，预计 2010 和 2030 年将分别上升为 26.9 和 30.8。国际货币基金组织提交会议的资料表明，经合组织七个大国 65 岁以上老年人的供养系数，1995 年平均为 21.3，预计 2030 年将上升到 42.2，大大超过管理学家德鲁克提出并为学术界认可的 33.3 的极限。75 岁以上的高龄老人在老年人口中所占的比重也将由 40.2% 上升为 46.8%。改革势在必行，但是出路何在众说纷纭。

二 进展与共识

尽管与会人员来自社会制度、经济发展水平和宗教文化背景各异的不同国家和地区，各自的立场、观念和出发点不尽一致，但是经过几天讨论，在对老年社会保障的基本认识上，取得了有益的进展与共识。

（1）承认社会保障制度对消除贫困、保持社会稳定和促进经济发展的积极作用，否定了有些人认为这项制度加重了经济危机和行将崩溃的责难，肯定了目前的困境不是社会保障结构的危机，而是经济发展缓慢、失业严重和人口老龄化加快造成的，当前的出路在于改革而不是废弃。

（2）老年社会保障面临老龄化高潮到来和高龄化加重的严峻挑战，必须预做准备。尽管各国所采用的社会保障有福利型、自保公助型、国家保险型等不同模式，但由于人口迅速老龄化而无一例外地存在老年人供养系数的急剧上升和养老、医疗及服务支出增多的问题。

（3）实践表明，老年社会保障的困境已不是用提高缴费率和降低津贴标准的老办法所能缓解的。国际社会保障协会秘书长指出，治本的办法是在社会保险基本机制的完善和政策的调整上下功夫。

（4）老年社会保障涉及方方面面，但是说到底是个经济问题。走出困境的根本出路在于提高生产力，发展经济，增强全社会（包括政府、集体、家庭和个人）对老龄化的承受能力。

（5）老年社会保障制度应该向老年人提供全面的服务，优先考虑发展预防和康复服务，使老年人推迟衰老的进程，延长参与社会发展的岁月和减少生活不能自理的年限，从而提高经济活动人口比重，使老龄化与经济走向协调发展。

三　争议与分歧

"穷则思变"是大会的主流，但是对于改什么和如何改，还存在着争议和分歧。

（一）现收现付制要不要向基金预算制转变的争议

以世界银行为代表的一方认为，以现收现付为主的公共养老金体制会使储蓄率下降，丧失发展资本市场的良机，妨碍经济发展，应该向能够增加资本积累和促进金融市场发展的完全积累制发展。以国际劳工局为代表的另一方认为，现收现付制的公共养老金计划受通货膨胀的影响比完全积累制小，管理费用低。只要退休年龄和劳动力参与率能继续提高，就能应付老龄化高潮的挑战。如果现在向完全积累制转变，在职者在过渡时期要既为上一代提供养老金，又要为自己积累，难堪重负。

（二）关于公营与私营的争议

世界银行的代表提倡由私人管理强制性储蓄计划，认为公共经营基金大多数受政府限制，投资于利率低于市场水平的政府债券，不利于保值增值，从而被迫提高缴费率或降低津贴标准。由私人经营带竞争性的基金不受此限制，基金可进行多样化组合及国际化组合投资，以减少风险和获得高收益。反对的意见认为由私人管理比以税收资助的官方管理风险大，因为被保险人要承担投资的风险及收入得不到保障的风险，这不符合国际劳工组织第 102 号《社会保障（最低标准）公约》。

（三）统一管理与分散管理之争

这种长期存在的争论，在会上表现为，主张统一的认为统管可使基金的筹集使用在一定时间内融通，各项保险容易照顾平衡，金额大，在投向和增值上有优势。主张分散的认为分管可使各项保险的业务运行与业务主管部门关系密切，适应各行业的特殊需要，保持相对的独立性，避免统一管理所形成的合作不足的弊病；缺点是基金不能融通，容易政出多门，相互重叠与干扰。统管与分管，即使在一个国家也会出现反向转变的情况。1993～1995 年，趋向统管的有贝宁、科特迪瓦、西班牙、比利时、加拿大和葡萄牙，倾向分管的有中东欧各国、爱尔兰。

四 经验与启示

（一）现收现付与部分积累相结合的基金筹措模式是符合我国国情的最佳选择

印尼会议与香港会议的争论再次表明现收现付模式与完全积累模式都具有各自的优点和不足。我国的养老保险处于从计划经济的国家保险向市场经济的自保公助的转轨时期，选好基金的筹措模式，事关子孙万代，不能朝令夕改。在没有基金积累或因金融市场不成熟即使有积累也不能保值的情况下，采用现收现付制是当前合理的选择，但是为迎接老龄化高峰的挑战又必须求助于基金预筹。兼顾现在与将来，采用现收现付与部分积累相结合的基金筹措模式是最佳选择。

（二）在养老保险事业的发展中，要用发展的观点重视人的因素

不论发达国家养老保险处境困难还是我国面临的挑战，都主要表现在于老龄化导致的供养系数上升和养老金支出加大上。它既是经济问题，又是人口问题。生产力提高带来的经济繁荣可以增强对人口老化的承受力。人口的身体、科学文化以及思想素质的提高，必然带来劳动岁月的延长和

智力资源的增长，经济活动人口比重加大，等于受供养的老年人口比重降低。现在人们习惯于把人口平均寿命延长只理解为老年人受供养的时间延长和养老金金额增多，视之为养老保险的压力。如果我们从生理寿命延长带来的劳动寿命延长上着眼，及时调整劳动年龄上限，压力就会变成动力，对于在经济不发达的情况下步入老龄社会的我国尤为重要。

（三）养老保险制度的改革与完善是一项系统工程，需要全社会的关注与协作

最主要的有以下几方面。

（1）提高生产力，发展经济，增强对养老保险费用增长的承受能力。

（2）提高自我保障的个人意识和风险互济的群体观念。

（3）制定《社会保险法》，实行立法、管理、监督三权分立，提高现代化管理技术。

（4）建立社会保险基金银行，发展金融市场，确保保险基金保值增值。

（5）加速社区建设，特别要为老年人提供医疗和生活服务保障。

（6）设立老年人才交流中心，充分开发利用老年人力资源。

（7）开展社会保障学研究，为制定政策和进一步完善保险体制提供科学的理论依据。

人口老龄化与社会养老保险的可持续发展[*]

一 劳动年龄人口比重下降是老龄化影响
社会养老保险发展的主要因素

人口是社会经济活动的主体和社会生产力不可缺少的前提和要素。人口对于社会经济发展的作用，主要是通过生产者和消费者的统一体而实现的。但是，当我们讲人是生产者时，是就人的本质而言的，这并不意味着每个现实的人在社会生产中都是生产者。从人的自然属性来看，一个人是否是生产者，首先要受生理条件和年龄的限制。按一般的标准划分，未成年的少年儿童人口和丧失劳动能力的老年人口，不是生产人口，而是消费人口。只有从事劳动的劳动年龄人口属于生产人口。劳动年龄人口是生产者与消费者相结合的人口。劳动年龄人口是社会财富最主要的生产者，在总体人口中处于核心地位。

按照国际约定，一个国家或地区的总体人口划分为少年儿童人口、劳动年龄人口和老年人口三个群体。国际上对于老年人的起点年龄有 60 岁和 65 岁两个标准，所以对三个群体的年龄范围，除少年儿童人口为 0～14 岁外，劳动年龄人口和老年人口都有两个标准，一个是发展中国家使用的劳动年龄人口标准为 15～59 岁，老年人口标准为 60 岁及以上；另一个是发达

---

* 此文为向"全球化条件下劳工与社会保障"研讨会提交的论文。本文发表于郑功成等主编的《全球化下的劳工与社会保障》，中国劳动社会保障出版社，2002。

国家使用的劳动年龄人口标准为 15~64 岁，老年人口的标准为 65 岁及以上。

　　劳动力是发展生产力最主要的因素，劳动力资源是最重要和最宝贵的资源。从经济学的观点看，一个国家和地区劳动力资源的多寡，是反映这个国家和地区经济实力的重要指标，多则强，寡则弱。联合国为了统计上的需要，在人口年龄结构的界定中，把劳动年龄人口视为劳动资源，按此标准，凡是低于法定劳动年龄下限和高于法定劳动年龄上限的人口，都不属于劳动资源的范围。

　　人口年龄结构所反映的是各个年龄组人口在总人口中所占的百分比。人口结构的老龄化指的是老年人口在总体人口中所占比例上升的年龄结构变化。从发展的规律看，由于人口老龄化带来的劳动年龄人口比重下降，并由之导致劳动资源减少、养老保险费缴纳者减少，老年赡养系数上升，退休人员增多，退休金支出加大，甚至使养老基金入不敷出难以为继，因而被视为老龄化制约社会养老保险事业发展的主要因素。

二　我国人口老龄化对社会养老保险可持续发展的不利影响

（一）劳动年龄人口比重下降，养老保险基金收支失衡

　　养老保险基金积累是养老保险事业发展的先决条件和决定性的保证。随着人口老龄化发展，十几年后我国劳动年龄人口比重和数量将开始下降和减少。劳动年龄人口是社会经济发展的主力军和社会养老保险基金的缴纳者。劳动年龄人口比重下降和数量减少的直接结果是养老基金的收入减少，养老金支出加大，导致养老保险基金出现收不抵支、入不敷出的失衡局面。

　　我国 15~59 岁劳动年龄人口数量，从现在到 2020 年呈增长趋势。但是随着人口老龄化发展，将出现逆转，预测劳动年龄人口将由 2020 年的 9.345 亿人递减为 2030 年的 8.879 亿人、2040 年的 8.654 亿人和 2050 年的 8.357 亿人。从 1970 年起，儿童人口比重下降的幅度大于老年人口比重上升的幅度，因此劳动年龄人口比重呈上升趋势，由 1970 年的 53.5% 逐步提

高到 2000 年的 65.1%，预计 2010 年将达到 67.9%。从此以后将逐年下降，2020 年、2030 年、2040 年和 2050 年将分别为 64.5%、59.2%、57.0% 和 55.1%（见表 1）。我国早期进入老年型社会的上海 1993 年开始出现户籍人口自然负增长和"青年人赤字"现象，北京到 2010 年也将出现这样的现象，这种劳动年龄人口比重递减的趋势还将会在全国出现，如不加以调整和扭转，将会严重制约社会经济和社会养老保险事业的发展。

表 1 我国人口年龄结构变化情况

单位：百万人，%

年份	年龄段	0~14 岁	15~59 岁	15~64 岁	60 岁及以上	65 岁及以上
1950	人数	192.0	321.2	337.9	41.6	25.0
	比重	34.6	57.9	60.9	7.5	4.5
1970	人数	329.8	444.4	465.2	56.5	35.7
	比重	39.7	53.5	56.0	6.8	4.3
1975	人数	366.5	479.5	520.5	64.0	40.8
	比重	39.5	53.6	56.1	6.9	4.4
1990	人数	317.7	738.2	772.9	99.4	64.7
	比重	27.5	63.9	66.9	8.6	5.6
2000	人数	317.8	830.9	873.0	127.6	85.5
	比重	24.9	65.1	68.4	10.0	6.7
2010	人数	267.5	926.8	982.8	161.1	105.1
	比重	19.6	67.9	72.0	11.8	7.7
2015	人数	277.6	931.4	1007.5	200.1	124.0
	比重	19.7	66.1	71.5	14.2	8.8
2020	人数	284.0	934.5	1008.4	230.4	156.5
	比重	19.6	64.5	69.6	15.9	10.8
2030	人数	283.5	887.9	1000.4	328.5	216.0
	比重	18.9	59.2	66.7	21.9	14.4
2040	人数	276.3	865.4	951.9	376.5	290.0
	比重	18.2	57.0	62.7	24.8	19.1
2050	人数	283.6	835.7	941.9	397.4	291.2
	比重	18.7	5.1	62.1	26.2	19.2

资料来源：田雪原、战捷、赵天明《人口老龄化与经济发展》，张文范等《二十一世纪上半叶中国老龄问题对策研究》，华龄出版社，2000。

（二）供养系数上升，社会养老负担加重

人口老龄化发展所带来的劳动年龄人口比重下降，必然导致老年赡养系数和总供养系数上升。我国老年赡养系数从 1970 年起一直上升，1975 年为 12.5，1999 年为 13.5，预测 2010 年为 17.4，2030 年为 37.0，到 2050 年进一步上升为 47.5 时，劳动年龄人口与老年人口之比接近于 2:1。

20 世纪 70 年代中期以前，少年儿童抚养系数高，所以总供养系数也高，1970 年和 1975 年分别为 86.9 和 86.6。此后随着少年儿童抚养系数下降，总供养系数下降，1990 年为 56.5，预测 2010 年达到低谷时仅为 47.3。随后少年儿童抚养系数回升，老年赡养系数上升，总供养系数也相应提高。2030 年和 2050 年将分别达到 68.9 和 81.5（见表 2），大大超过当前发达国家的水平（48~55）。由 100 个劳动年龄人口供养 70~80 个非劳动年龄人口，不但会使社会养老保险不堪重负，而且会大大提高劳动力成本，降低产品的竞争力和社会经济发展的速度。

表 2　我国 1950~2050 年供养系数变化情况

年份	1950	1970	1975	1990	2000	2010	2015	2020	2030	2040	2050
0~14 岁/15~59 岁	59.8	74.2	73.7	43.0	38.2	29.9	29.8	30.4	31.9	31.9	33.9
60 岁及以上/15~59 岁	13.0	12.7	12.9	13.5	15.4	17.4	21.5	24.7	37.0	43.5	47.5
0~14 岁 + 60 岁及以上/15~59 岁	72.7	86.9	86.6	56.5	53.6	47.3	51.3	55.0	68.9	75.4	81.5

资料来源：田雪原、战捷、赵天明《人口老龄化与经济发展》，张文范等《二十一世纪上半叶中国老龄问题对策研究》，华龄出版社，2000。

（三）离退休人员增多和退休金支出加大，社会养老保险不堪重负

我国已于 1999 年进入老年型社会，随着人口老龄化的发展，退休人员将会逐年增加。据原劳动部课题组关于《中国社会保障体系的建立与完善》的统计和预测，1984 年全国离退休人员总数为 1478 万人，1990 年为 2301 万人，1997 年为 3351 万人，1999 年增加到 3727 万人，2010 年为 5147 万人，2030 年为 9127 万人，2050 年为 10303 万人；相应的退休金总额将由

1992 年的 6224895 万元增加到 2005 年的 43017636 万元、2010 年的 83839664 万元、2030 年的 732195392 万元和 2050 年的 1821952640 万元。

尽管 2000～2015 年我国劳动年龄人口比重还处于上升阶段，但是上升的幅度仅为 1 个百分点，大大低于老年人口比重上升 4.2 个百分点的幅度。2015 年以后，我国劳动年龄人口比重开始下降，2030 年为 59.2%，2050 年为 55.1%，而同期老年人口比重相应分别上升为 21.9% 和 26.2%。劳动年龄人口比重下降和老年人口比重上升的发展趋势，将成为对社会养老保险制度可持续发展的严峻挑战。一旦养老基金长期入不敷出，养老保险制度就会难以为继。

离退休人员总数增长速度比在职职工增长速度快，离退休人员与在职职工之比，1984 年为 1：8.0，1992 年为 1：5.7，1999 年为 1：3.7。

在离退休人员总数和退休金总额不断上升的同时，离退休人员保险福利费用占全国职工工资总额的比重也在不断上升，1984 年为 9.36%，1992 年为 17.65%，预测 2030 年和 2050 年将达到 33.1% 和 35.5%。全国离退休人员保险福利费用总额的增多也相应地提高了它所占国内生产总值的比重，从 1984 的 1.48% 提高到 1992 年的 2.61% 和 1997 年的 2.82%。当然，国家用于退休金的支出过快增长及其在国内生产总值中所占比重的加大，也不利于扩大再生产和社会经济与社会养老保险的可持续发展。

据统计，全国参加养老保险的人数已从 1997 年的 11204 万人增加到 1999 年的 12486 万人。养老保险基金收入已从 1997 年的 1338 亿元增加到 1999 年的 1965 亿元；在养老保险基金支出方面，1997 年为 1251 亿元，1999 年为 1924 亿元。支出的增长幅度高于收入的增长幅度（见表 3）。

表 3　我国 1997～2000 年养老保险有关数据

指标 \ 年份		1997 年	1998 年	1999 年	2000 年
参加养老保险人数（万人）		11204	11203	12486	13540
其中	在职（万人）	8671	8476	9502	10367
	离退休（万人）	2533	2727	2984	3173

指标 \ 年份	1997 年	1998 年	1999 年	2000 年
养老保险基金收入（亿元）	1338	1125	1965	2126
养老保险基金支出（亿元）	1251	1139	1924	
养老保险基金节余（亿元）	683	587	733	

注：（1）1999 年、2000 年养老保险基金收入含财政补贴；（2）1998 年养老保险基金节余不包括行业统筹的数字。

资料来源：宋晓梧《中国社会保障制度和养老保险基金》，2001 年 6 月 9 日在"社会保障制度和养老基金管理国际研讨会"上的发言。

三 发达国家公共养老保险如何应对劳动年龄人口比重下降的挑战

经合组织是西方工业国家组成的政府间的国际经济组织，素有"富国俱乐部"之称。由于所有成员国都建立了以公共养老保险为主体的社会保障制度，而且绝大部分都是老牌的老年型国家，因此应对人口老龄化对养老保险的挑战，一直是该组织及其所有成员国十分重视的课题。

经合组织的初建时期正值各成员国经济繁荣的兴旺阶段。由于各成员国 20 世纪 60 年代老年人口比重不高，1960 年 65 岁及以上人口占总人口比重平均为 9% 左右（比重最高的瑞典为 11.97%，日本还不到 6%），1970 年上升 1 个多百分点（比重最高的瑞典为 13.66%，日本上升为 7.07%）。与此相对应的是劳动年龄人口比重较高（65% 左右）且呈上升趋势，因此缴养老保险费的多，领养老金的少，公共养老保险处于养老基金有积累、社会负担不重的黄金时代。以美国为例，20 世纪 80 年代后半叶社会保障不断增加的盈余为联邦填补预算赤字 17 亿 ~52 亿美元。

1973 年石油危机发生以后，经合组织国家出现了失业率上升、经济增长速度减慢的不景气局面。进入 90 年代以后，人口老龄化进一步发展导致劳动年龄人口比重下降、老年人赡养系数上升以及养老金支出增多，进一步提高了以养老金为主体的社会支出在国内总产值中所占的比重。再加上一些国家为了解决失业加重的燃眉之急，采用鼓励提前退休的措施，致使各成员国的平均领取退休金年龄普遍降低。其结果是，缴纳养老保险费的人数减少，领取养老金的人数增多，领养老金的岁月延长，从而使社会养老保险出现了基金困难的局面，部分成员国甚至逐步陷入了基金入不敷出的困境。

发达国家十分重视劳动年龄人口比重下降对公共养老保险制度的影响，他们为此采取缓解的主要措施有三项。

（1）实行鼓励生育的人口政策，提高人口出生率，扭转劳动年龄人口比重下降的趋势。例如法国制定鼓励生育的家庭法典，对于有 2 个及以上孩子的家庭发给家庭津贴，对抚养过 3 个孩子的母亲，在退休年龄和待遇上给予优惠。德国规定妇女每养育 1 个子女，计算养老金多计 1 年的保险时间，养育 3 个及以上子女的，每 1 个子女多计算 3 年保险时间。一般人养老金的最低数额为 1 个月 300 马克，养育 5 个子女的母亲为 1 个月 370 马克。

（2）提高劳动年龄上限和领取退休金的法定退休年龄，对达到退休年龄不退休而继续工作的员工，增加以后退休时发放退休金的比率。据国家社会保障协会统计，1995～1998 年，已经有 30 多个国家和地区制定了提高领取退休金的法定年龄的计划，其中，美国已经开始每年提高 2 个月，2007年提高到 67 岁。日本计划逐步提高退休年龄，争取在 20 年内提高到 65 岁，在 2025 年前后提高到 70 岁。

（3）接收国外移民，增加劳动年龄人口比重。20 世纪 70 年代后期，流动在国际的"外籍工人"有 1400 多万人，进入西欧的占 50%，法国 1962～1968 年接收移民 175 万人，今后还需要移民 200 万人。瑞典每年接收移民 1 万多人，现在外来的移民已占全国人口总数的 20%。

据欧盟统计办公室 2001 年 1 月 8 日公布的资料表明，移民使欧盟的人口增长，缓解了劳动力不足的困难。统计指出，欧盟人口在 1950 年时为 2.95 亿人，1953 年首次突破 3 亿人。尽管近 30 年来的人口增长速度慢了下来，但 2000 年上升了 0.3%，略超过近年来的平均增长速度。其部分原因是移民增多，1999 年为 72 万人，而 2000 年上升到 81.6 万人，在欧盟人口的增长中占了 70% 以上。

联合国 2000 年上半年的一项人口及移民调查报告发现，不少工业国家在未来 50 年都将面对严重的人口老龄化压力，需要放松移民限制，吸收外国移民作为新的劳动人口。报告特别提到有"长寿之国"之称的日本，在未来 50 年将面临严重人口萎缩。随着人口急剧老龄化、出生率大幅度下降，日本要维持 1995 年时的工作人口与退休人口的比例，每年至少需要"进口" 60 万移民。联合国计算的结果是德国必须每年接纳 50 万移民，全国人口 5700 万人的意大利每年接纳的移民必须达到 35 万人，才能维持就业人口的现状。

发达国家通过移民来缓解劳动力不足和调剂人口年龄结构的做法，已达成国际共识。据联合国预测，2000～2025 年，发达国家每年平均接受移民 128 多万人。

四　适时提高劳动年龄上限是我国保证养老保险可持续发展的一项有效措施

发达国家应对劳动年龄人口比重下降的三项措施中，鼓励生育和接收国外移民两项措施我国都不适用，只有适时提高劳动年龄上限是我国实现养老保险可持续发展的有效措施。

劳动年龄人口指的是在一定年龄范围内有劳动能力的人口。劳动年龄的上限主要是依据特定国家和地区，在特定阶段的社会生产力水平和人口平均预期寿命制定的。由于社会生产力水平和人口平均预期寿命在不断提高和延长，所以劳动年龄上限也应该相应提高，不能一成不变。否则，在人口老龄化发展的过程中，就有可能导致劳动年龄人口比重下降和老年赡养系数上升，不利于社会经济和养老保险事业的发展。

我国以 59 岁为劳动年龄上限是 20 世纪 50 年代根据当时的生产力水平和人均预期寿命确定的，现在已显得偏低。40 多年来，我国的社会生产力水平已大大提高，人均预期寿命已延长到 70 岁，预计 2000 年为 71.2 岁，2050 年接近 80 岁。如果我们从 2005 年起，每隔 5 年把劳动年龄上限提高 1

岁，用 25 年的时间到 2030 年提高到 64 岁（同现在发达国家的劳动年龄上限一样），是完全可能的。这样做的结果将使 2030 年和 2050 年的劳动年龄人口比重由原来的 58.6% 和 53.9%，提高到 66.5% 和 63.1%，供养系数相应由 70.0 和 85.5 下降到 50.3 和 58.4（见表4），接近现在发达国家的水平。这对在老龄社会实现养老保险可持续发展十分有利，采取这项措施，既是十分必要的，也是切实可行的。

表4　劳动年龄上限为 59 岁（Ⅰ）和 64 岁（Ⅱ）时我国有关数据差异的对比

年度	老年人比重 %		劳动人口比重 %		老年供养系数		总供养系数	
	（Ⅰ）	（Ⅱ）	（Ⅰ）	（Ⅱ）	（Ⅰ）	（Ⅱ）	（Ⅰ）	（Ⅱ）
2010 年	12.1	8.0	67.2	71.3	18.3	11.5	48.8	40.2
2020 年	16.2	11.3	63.7	68.6	25.4	16.4	56.9	45.7
2030 年	22.9	15.0	58.6	66.5	39.0	22.5	70.0	50.3
2040 年	25.9	19.4	56.5	63.5	45.8	30.5	85.5	58.4
2050 年	29.8	22.4	53.9	63.1	52.3	30.9	85.5	58.4

参考文献

刘长茂主编《人口结构学》，中国人口出版社，1991。

中国劳动部课题组：《中国社会保障体系的建立与完善》，1994。

李明开、熊必俊主编《人口老化与老年社会保障》，陕西人民教育出版社，1993。

张文范等：《二十一世纪上半叶我国老龄化问题对策研究》，华龄出版社，2000。

熊必俊：《中国可持续发展的人口对策》，《中国可持续发展研究》，经济管理出版社，2001。

熊必俊：《人口老龄化与社会养老保险的经济学研究》，《中国老年学研究与展望研讨会论文集》，2001。

建立和完善新型农村社会
养老保险是城乡统筹发展与建设
和谐社会的一项基础工程*

一 建立和完善新型农村社会养老保险，推进统筹覆盖城乡的社会养老保障体系建设，应对人口老龄化挑战

《宪法》规定："中华人民共和国公民在年老、疾病或者丧失劳动能力的情况下，有从国家和社会获得物质帮助的权利。国家发展为公民享受这些权利所需要的社会保险、社会救济和医疗卫生事业。"《老年人权益保障法》规定："国家和社会应当采取措施，健全对老年人的社会保障制度，逐步改善保障老年人生活、健康以及参与社会发展的条件，实现老有所养、老有所医、老有所为、老有所学、老有所乐"。

我国政府高度重视老年社会保障工作，20世纪50年代建立了适应当时生产力水平和经济体制、包括城镇职工养老保险和农村"五保"在内的社会保障制度。改革开放以来，构建了适应社会主义市场经济的社会养老保

---

* 本文为向 2011 年"全国农村老龄问题高峰论坛"提交的论文。此论文荣获 2011 年"全国农村老龄问题高峰论坛优秀论文奖"。

障体系，经过 20 多年的改革建设，基本养老保险的覆盖面从计划经济时期国有单位的职工，扩展到城镇各类企业和个体工商户以及灵活就业人员。在保障水平方面也有很大提高，保障了退休人员的基本生活，维护了社会稳定，促进了经济发展。

1986 年制定的国家"七五"计划第一次提出，"抓紧研究建立农村社会保障制度，并根据各地经济发展情况，进行试点，逐步实行"。当时的政策是以农民个人缴费为主，集体补助为辅，国家政策扶持。经过 10 年的试点和总结，1995 年国务院对建立农村社会养老保险的要求是加强管理，稳定发展。党的十六大提出全面建设小康社会的奋斗目标，要求在 21 世纪头 20 年，集中力量，全面建设惠及十几亿人口的更高水平的小康社会。同时强调建立健全社会保障体系是社会稳定和国家长治久安的重要保证。要求完善城镇职工基本养老保险制度，发展城乡社会救济和社会福利事业，在有条件的地方，探索建立农村养老、医疗保险和最低生活保障制度。"十一五"规划纲要提出在扩大城镇职工基本养老保险覆盖范围的同时，探索建立与农村经济发展水平相适应、与其他保障措施相配套的农村养老保险制度。"十二五"规划纲要进一步要求"健全覆盖城乡居民的社会保障体系"，"加快完善社会保险制度"，"实现新型农村社会养老保险制度全覆盖"。

实现科学发展观和构建社会主义和谐社会是党的十六大以来提出的两项战略思想。科学发展观的本质和核心是"以人为本"。"以人为本"的要义有两点：一是"以人的全面发展为目标"，二是"让发展的成果惠及全体人民"。对于老年人来说，提高生活质量的实质是满足他们的基本需要。尽管我国社会养老保障事业有了很大的发展，但是仍然不能满足人口老龄化迅速发展的需要。全国第六次人口普查表明，2010 年我国老年人口为 1.766 亿人，占总人口的 13.26%，与 2000 年相比上升了 2.93 个百分点。全国家庭人口由 2000 年的 3.44 人减少到 2010 年的 3.10 人。预测 2020 年老年人口将达到 2.3 亿人，2030 年将增加到 2.7 亿人，2050 年将超过 4 亿人。而 15~59 岁的劳动年龄人口的比重将在 2013 年由上升转为下降。老年人口比重迅速上升，劳动年龄人口比重下降和家庭规模的缩小，要求我们刻不容缓地推进和实现新型农村社会养老保险制度全覆盖。

《中国城乡老年人口状况一次性抽样调查数据分析》表明，2000 年我国老年人口中享受社会养老保险的人口，城市占 72.2%，农村仅占 5.5%。全国有 9362 万老年人口没有养老金收入，有 1000 万老年人口由于无退休金和最低收入保障而陷入贫困。全国第五次人口普查的数据表明，2000 年全国 60 岁以上未就业人口中，由家庭成员供养是第一位收入来源，占 65.40%；其次是退休金，占 29.27%；依靠基本生活费补贴的很少，占 2.38%。未就业女性老年人口中，家庭成员供养占 80.07%，退休金占 12.5%，依靠基本生活费补贴的占 2.71%。未就业男性老年人口中，家庭成员供养的占 62.97%，靠退休金生活的占 24.17%。全国老龄工作委员会办公室预测，从 2010 年到 2050 年将是我国加速老龄化阶段，到 2050 年老年人口将超过 4 亿人，占总人口的 30% 以上，其中 80 岁及以上高龄老人将达到 9448 万人，占老年人口的 21.78%。在"未富先老"的情况下，我国社会养老保障制度面临着越来越严峻的挑战。

国际社会的史实表明，社会保障能够促进经济发展，是社会进步的基础，是预防和减少贫困的有力武器，是实现人类尊严、平等和社会公正的途径。2001 年国际劳工大会为了应对人口老龄化挑战，要求国际劳工局发起扩大社会保障覆盖面的工作。2004 年第二十八届国际社会保障协会全球大会发布《北京宣言》指出，人口老龄化对于确保社会保障计划的长期可持续性既是机遇也是挑战，强调"为了减少贫困和实现社会融合，必须将社会保障的覆盖面扩大到那些尚未从任何正规社会保障计划中受益的群体"。

二 建立包括农村社会养老保险的全民社会保障制度的国际共识和理论依据

（一）享有社会保障是人的基本权利，国家有责任使城乡老年人享有社会养老保险

享有社会保障是人的基本权利，人人享有社会保障。"老有所养是老年人享有的天赋人权"，这已成为国际社会的共识，联合国《世界人权宣言》

强调："人既为社会之一员，自有权享受社会保障，并有权享受个人尊严及人格自由发展所必需之经济、社会及文化各种权利之实现"，"人人有权享受本人及其家属康乐所需之生活程度"。

1966 年《经济、社会和文化权利国际盟约》规定："本盟约缔约国确认人人有权享受其本人及家属所需之适当生活程度，包括适当之衣食住及不断改善之生活环境"。

1982 年维也纳"老龄问题世界大会"提出："各国政府应采取适当行动保证所有年龄较长人士有适当的最低收入"，"根据向所有老年人都提供保险的原则建立或制订社会保障制度"，"确保所提供最低的补助能够满足年长者的基本需要，并能保证他们独立生活"。

2002 年联合国《2002 年马德里老龄问题国际行动计划》要求回应 21 世纪人口老龄化的挑战，"保证所有老年人有足够的最低收入"，"减少老年人的贫困，使所有老年人都能获得食物和足够的营养"。

（二）从马克思主义的剩余价值理论看社会养老保险

保障老有所养是人类社会存在与发展中一个不可回避而且必须妥善解决的重要社会问题，但是在"当今社会谁养老"这个热门话题上是仁者见仁，智者见智。有人把农村中父母与子女签订赡养协议书由子女提供赡养费说成是要儿女单方面尽义务的"不平等条约"，特别是有些人，甚至有个别官员认为农民不是工薪人员，不应该享受社会养老保障，以致影响农村社会养老保障制度的发展。

马克思主义的剩余价值认为劳动不仅能生产出它本身的价值，并且能创造出比本身价值更大的价值，这一超过劳动力价值部分就是剩余价值。每一个劳动者都会随着增龄而衰老和死亡，而社会发展则需要源源不断地补充新的劳动力。劳动者剩余价值理论把劳动划为生产必要产品所消耗的必要劳动和生产剩余产品所消耗的剩余劳动。必要劳动是劳动者为维持和再生产劳动力所必需的劳动。劳动力的再生产包括劳动者自身的维持或再生产、劳动技能的积累和传授以及新的劳动力的培养和补充等。劳动者赡养父母和繁衍后代，国家保障老有所养和幼有所长的经济来源，正是劳动者创造的剩余价值。恩格斯在《反杜林论》中指出："人类社会脱离动物野蛮阶段以后的一切发展，都是从家庭劳动创造出的产品除了维持自身生活的需要尚有剩余的时候开始的，都是从一部分劳动可以不再用于单纯消费资料的生产，而是用于生产资料的生产的时候开始的。劳动产品超出维持劳动的费用而形成的剩余，以及社会生产基金和后各基金从这种剩余中的形成和积累，过去和现在都是社会、政治和智力的继续发展的基础。"

三　建立新型农村社会养老保险，促进农村经济发展和社会稳定

建立新型农村社会保险，健全全民社会养老保险体系是完善社会主义市场经济体制的重要组成部分，也是建设和谐老年社会的重要内容之一。十六大报告指出，建立健全同经济发展水平相适应的社会保障体系是社会稳定和国家长治久安的重要保证。要求有条件的地方，坚决贯彻十六大报告精神，进一步完善社会养老保险体系，具体设想和建议如下。

农村社会养老保障是社会保障体系建设的重要内容，属于国家基本社会保障的范畴。它既是政府公平分配、消除贫困、保障农民的基本生存权利，又是维护农村社会稳定、构建和谐社会的基本条件。当前的首要任务是深入理解社会保障是人的基本权利的真谛，改变过去有些人认为"农民有土地，不是工薪收入者，与社会保障无缘"的错误观念，以及改变建立农村养老保险制度方面政府只给予政策扶持的措施。不管经济条件如何，要尽快落实对农村老年人实行最低生活保障制度，保障他们维持最低生活水平。对于农民参加社会养老保险，政府要给予他们与城市劳动者同样的经济支持。

2008年中国共产党十七届三中全会提出，建设社会主义新农村，形成城乡经济社会发展一体化新格局，必须扩大公共财政覆盖农村范围，发展农村公共事业，使广大农民学有所教、劳有所得、病有所医、老有所养、住有所居……健全农村社会保障体系。全会还认为，我国总体上已进入以工促农、以城带乡的发展阶段，进入加快改造传统农业、走中国特色农业

现代化道路的关键时刻，进入着力破除城乡二元结构、形成城乡经济社会发展一体化新格局的重要时期。

2009 年召开的全国人大会议的政府工作报告提出，新型农村社会养老试点要覆盖 10% 的县（市、区、镇）。经过努力，我国首批新农保工作已经取得初步成效。据不完全统计，2010 年上半年，全国 320 个试点和 4 个直辖市全部启动参保缴费和发放基础养老金工作，截至 6 月底，参保人数达到 5965.47 万人，其中领取待遇的人数达到 1697.44 万人。为了加快速度，2010 年政府工作报告提出进一步把新型农村社会养老试点覆盖面扩大到全国 23% 的县（市、区、镇）。

我国老年社会保障覆盖面窄，有三分之二的老年人特别是农村老年人亟须养老保障，当务之急是抓住国内外的大好时机，尽快建立新型农村社会养老保险制度，完善覆盖城乡的社会养老保障制度，促进城乡统筹发展，力争在"十二五"期间实现新型农村社会养老保险制度全覆盖，为全面建设小康社会和构建和谐社会夯实基础。

参考文献

《全国第六次入口普查公报》，2010。

《马克思恩格斯选集》（第一卷），人民出版社，1972。

王德禄、蒋世和：《人权宣言》，求实出版社，1989。

国际劳工局：《社会保障：新共识》，中国劳动社保障出版社，2004。

熊必俊主编《保障老有所养的理论与实践》，经济管理出版社，1999。

赵殿国：《新型农村社会养老保险推进之路》，《第四届中国社会保障论坛——演讲材料》，2010。

熊必俊：《老龄经济学》，中国社会出版社，2009。

李旭初、刘兴策主编《新编老年学词典》，武汉大学出版社，2009。

谢联辉、宋玉华主编《全球行动——迎接人口老龄化 联合国老龄话题文件总汇》，华龄出版社，1998。

杜鹏主编《人口老龄化与老龄问题》，中国人口出版社，2006。

走出"人口红利消失"的误区

——用"动态人口红利"建立公平、
可持续发展的养老保险制度*

一 解读国内外对"人口红利"和
"人口红利消失"的界定

"人口红利"的概念于 1997 年由梅森·安德洛提出，后被联合国人口基金《世界人口现状（1998 年）》引用。世界银行《2003 年世界发展报告》提出，有些国家"随着生育率的下降，人口的年龄结构正在发生变化，这将在长达数十年中为发展中国家开辟机会之窗"，但是"当这些劳动者年老之后，赡养率将再次提高，机会之窗就开始关闭"。

亚洲开发银行《观察与建议》2009 年第 1 期发表的《人口老龄化对中国社会经济发展的影响》预测，中国 2000 年以后，抚养比会不断上升，2015 年当劳动年龄人口达到顶峰后，人口红利就会开始衰减，劳动力市场将开始面临供给短缺的压力。

英国《金融时报》亚洲版主编说："正如汇丰（SHDC）的范力民指出

---

* 此文为向 2014 年"中国社会保障 30 人论坛年会"提交的论文。本人作为特邀专家参会，并在养老保险分论坛宣读此文。

的那样，亚洲许多国家的'人口红利'已快耗尽。从 2017 年开始，中国内地的劳动力将开始萎缩，香港也是如此。"

对于"人口红利"的界定，以及我国的"人口红利"能持续多久的问题，国家统计局公布的数据表明，2012 年我国 15~59 岁劳动年龄人口在相当长时期里第一次出现了绝对下降，比上年减少 345 万人。局长马建堂在新闻发布会上提醒记者要高度重视这个事情。中国社会科学院人口与劳动经济研究所所长蔡昉在接受专访时表示，这意味着中国人口红利消失的拐点已在 2012 年出现，将对经济增长产生显著影响，我们应当在心理和政策上做好足够准备。他还说，"判断一国是否拥有人口红利，要看两个指标，一是劳动年龄人口，二是将劳动年龄人口作为分母，其他年龄组如年幼、年老者作为分子得到的人口抚养比"，"如果劳动年龄人口增长，人口抚养比下降，就会带来人口红利，反之就没有人口红利"。

二 走出"人口红利消失"的误区

近年来国内外有些"人口红利"论者在假设其他条件不变，仅把劳动年龄人口比重降低到 66.6% 以下，总供养比超过 50%，判定为"人口红利消失"，这种判定，不符合马克思主义关于"两种生产"的原理和科学发展观。马克思主义关于"两种生产"的原理揭示了经济发展与人口发展的本质联系，指出了经济发展决定人口发展，人口发展反作用于经济发展的辩证关系。

劳动力资源是经济发展最重要的资源，劳动力资源量不仅受劳动力人口的数量的制约，而且与劳动力人口的素质有密切关系。《人口学词典》指出："人口统计指标按其性质划分，有反映一定时点上人口数及构成状况（年龄、性别……）的静态指标，还有反映在一定时期内人口自然变动（如出生……）和社会变动过程的动态指标。"上述"人口红利消失"的判定是在不考虑人口素质提高、寿命延长、劳动生产率提高和经济发展模式转变的动态指标的情况下，单以劳动年龄人口比重判定的，只能称之为"静态人口红利消失"。这种判定，夸大了老龄化挑战的严重性，加重了人们对老龄化发展趋势的担忧。当务之急是走出"人口红利消失"的误区，落实科学发展观，坚持以人为本，实现人的全面发展，用综合各个有关条件发展的"动态人口红利"促进老龄化与经济协调发展，建立公平、可持续发展的养老保险制度。

三　国外学术界对"静态人口红利"和 "人口红利消失"的质疑

美国经济学家朱利安·L. 西蒙强调，"一个名副其实的经济学家必须注意到人口影响的规模和重要性。如果几个影响同时起作用，就必须关心整体的影响，而不是在假定其它变量不变的情况下，只关心某一种变量作用的大小。"

美国老龄化经济学家詹姆斯·H. 舒尔茨反对用单一供养比审视老龄化挑战，因为这种分析有片面性，容易使人误解。他指出，目前在有关"人口变化的经济意义"评论中，大部分都只是片面依赖于劳动力供养比。老龄化对经济的影响并不像那些单纯考察抚养比就报告坏消息的预言家们所想象的那样糟。

2009 年"第 19 届国际老年学与老年医学大会"的议题是"从'人口红利'到'长寿红利'的持续发展"。大会强调，长寿将会成为社会经济发展的全新引擎，通过推迟退休年龄，延长"健康老龄"阶段，发展老龄服务产业，实现从"人口红利"到"长寿红利"的可持续发展，这就是给"人口红利消失"假说的一个最有效的反击。

新加坡《联合早报》2011 年 6 月 17 日的评论认为，国内外思潮对中国人口问题的无视、对"人口红利消失"及老龄化危机的渲染，背弃了中国现实情况；对人口红利消失的一系列错算、误判以及盲目重复西方学者观点的情形，中国应有清醒的认识。国内外思潮对中国人口红利消失的判断及对中国社会负担问题的分析也是片面的、站不住脚的。

四 用"动态人口红利"建立公平、可持续
发展的养老保险制度

科学发展观的本质和核心是"以人为本"。坚持以人为本，就是要以实现人的全面发展为目标，让发展的成果惠及全体人民。依靠人的全面发展，提高人口素质，延长预期寿命，提高劳动年龄上限，提高劳动生产率，转变经济发展方式，发展高科技，提高就业率，"动态人口红利"之窗就可以长开不闭。

（一）延长人口预期寿命，增加劳动力资源，弥补劳动力不足

预期寿命延长有利于经济发展的论断已成为国际共识。世界卫生组织在一项声明中强调，寿命延长和节制生育所取得的成果是人类 20 世纪的双重胜利。人口预期寿命延长相应地延长了人们能够参与劳动的岁月，这不仅意味着社会劳动力资源的增多（有利于延长人口红利期），而且可以使劳动力成本下降，有利于经济发展。

苏联人口学家 C. A. 托米林在《人口学与社会卫生学》中指出，平均寿命每增加一岁，就是经济状况的一项重大成就，因为这意味着大大节约了国民经济的资金，这是国民经济平衡所估计不到的。另一位人口学家 N. N. 麦奇尼科夫认为："延长寿命与保持劳动的力量和能力应该是协调一致的、并行的。"B. C. 斯捷申科指出："将来取得经济发展与人口发展之间"协调"的根本办法……是延长老年人口的有充分价值的经济和社会积极性。"

美国《未来学家》（1997 年 7~8 月号）的一篇题为《寿命延长将对人类产生重大影响》的文章强调，人口健康寿命延长将延长工作年限，而固定的童年时间和培训时间不会改变，因此，工作年限与寿命的比例将增大，总的劳动力和生产成本会下降。通过降低非生产时间在生命周期中所占的百分比而提高生产力。

我国人口预期寿命 2010 年达到 73.5 岁，预测 2025 年和 2050 年将分别延长到 76 岁和 79 岁，充分利用寿命延长这个积极因素是实现我国养老保险

制度可持续发展的一项重要条件。

（二）提高人口素质，消除劳动年龄人口比重下降的影响

劳动力资源量不仅受劳动力人口数量的制约，而且与劳动力人口的素质有密切关系。在现代化科学技术生产中，对劳动力数量的需求减少，对劳动力质量要求提高。高质量的劳动力在数量上可以折算为成倍的普通劳动力，缓解劳动年龄人口比重下降的影响。

美国经济学家詹姆斯·H. 舒尔茨在《人力资本投资》中指出，人力资本是社会进步的决定性因素。人力包括人的知识和人的技能的形成是投资的结果，并非一切人力资源都是最重要的资源，只有通过一定方式的投资，掌握了知识和技能的人力资源才是一切生产资源中最重要的资源。

苏联人口学家斯敏捷申科十分重视提高人口质量，他在《人口再生产的理论与方法》中指出，当前在科学技术革命的时代，假如我们不去大力提高人口的质量，而只是单纯依靠增加人口数量，那么，社会经济发展所提出的任务，是根本不可能完成的。

英国古典政治经济学创始人威廉·配第认为，一个国家的人口价值不在于人口的自然数量，而在于人口的社会数量。一个人，如果技艺高超，可以和许多人相抗衡。

英国经济学家亚当·斯密认为，决定价值的是生产商品所耗费的劳动，价值量同消耗的劳动量呈正比。他区别了简单劳动和复杂劳动，指出在相同的时间里复杂劳动者比简单劳动者创造更多的价值。

我国著名人口学家马寅初先生指出我国人口的数量与质量之间不相称，若不把人口质与量适当地统一起来，很难完成原子能时代的任务。他强调，在人口问题上我们要赶的是质不是量。

（三）提高劳动年龄上限和退休年龄

国际上高度评价提高劳动年龄上限和退休年龄的积极效益。1986 年 6 月 26 日美国《华尔街杂志》发表了美国总统顾问委员会对提高劳动年龄上限和领取退休金年龄的建议，强调这项行动是缓解未来退休计划面临困境最简单易行的措施。美国社会保障咨询委员会认为，如果不提高退休年龄，要在 21 世纪初开始供养老年人口，将是美国可能深感困难的事，如果将退

休年龄提高 3 年，就能使原来预测的未来养老基金长期亏损额减少一半。国际劳工局强调，如果把领取养老金的年龄从 60 岁提高到 65 岁，养老金的支出就要减少大约 50%。

劳动年龄人口的年龄界限和退休年龄不是永久不变的。确定劳动年龄范围和退休年龄的主要依据是人口资源状况、社会生产力发展对劳动力数量和质量的要求、人口预期寿命和科学教育发展水平。随着社会生产力的发展，人口素质提高和预期寿命延长，为了应对老龄化挑战，需要而且有可能相应提高劳动年龄上限和退休年龄。如果我们随着预期寿命提高，把劳动年龄上限和退休年龄从"十二五"规划起每个"五年规划"提高 1 岁，到 2035 年提高到 64 岁，届时的劳动年龄人口比重将从 58.1% 上升到 65.3%，增加 7.2 个百分点；总供养比也会从 72.2% 下降到 53.2%，使"人口红利期"延长到 2030 年以后（见表 1），与此同时，也将女性的退休年龄提高到与男性相等。

表 1　不同劳动年龄上限情况下我国人口年龄结构和总供养比

单位：%

	2000 年	2015 年	2035 年	2050 年
0～14 岁	24.0	18.9	15.9	15.4
15～59 岁	65.6	66.0	58.1	53.3
60 岁及以上	10.4	15.2	26.9	31.3
总供养比	52.4	51.6	72.2	87.6
0～14 岁	24.0	18.9	15.0	15.4
15～64 岁	68.8	71.5	65.3	61.4
65 岁及以上	7.2	9.7	19.7	23.2
总供养比	45.4	42.8	53.2	63.9

资料来源：杜鹏主编《人口老龄化与老龄问题》，中国人口出版社，2006。

（四）改革退休制度，试行弹性退休模式

退休制度的退休模式有两种，一种是必须按法定退休年龄退休的强制退休模式，另一种是可以按法定领取退休金年龄选择提前和延迟退休的弹性退休模式。强制退休的法定退休年龄是以年代年龄为标准决定的，尽管

这样做有便于统计和计算的长处，但是不能反映个体在生理、心理和社会方面的活动能力，有失公平和人性化。弹性退休允许尚未达到法定领取全额退休金年龄而体力不适宜再工作的职工选择提前退休，适当减少退休金；对于达到退休年龄而体力仍能工作并愿意继续工作的职工可以延迟退休，还适当增加退休金，是一种既公平又人性化的退休模式。为了应对老龄化挑战，实行弹性退休已成为欧美各国的重要社会政策选项。美国1935年规定65岁为法定退休年龄，实行强制退休模式，1956年修定为"法定领取全额退休金年龄"的弹性退休模式，62~64岁可以提前退休，每提前1个月，退休金减少0.56%；65岁可以延迟退休，每延迟1年退休，增加的退休金从3%逐渐提高到8%。根据不完全统计，已经实行弹性退休的国家包括德国、法国、捷克、日本、瑞士和澳大利亚等国。

（五）提高妇女退休年龄，实行男女同龄退休

在许多国家，妇女退休年龄比男性低，通常是低5岁。这个问题引起了很多争论，在大多数国家，人们认为确定相同退休年龄是社会保障领域里实行男女平等原则的一部分。现在已经实行男女同龄退休的国家有塞浦路斯、丹麦、芬兰、法国、冰岛、爱尔兰、卢森堡、摩纳哥、荷兰、挪威、葡萄牙、西班牙、瑞典等国。

参考文献

张纯元主编《人口经济学》，北京大学出版社，1983。

〔美〕朱利安·L.西蒙：《人口增长经济学》，彭松建等译，北京大学出版社，1984。

〔美〕詹姆斯·H.舒尔茨：《老龄化经济学》（第七版），裴晓梅等译，社会科学文献出版社，1990。

熊必俊：《人口老龄化与可持续发展》，中国大百科全书出版社，2002。

熊必俊：《老龄经济学》，中国社会出版社，2009。

熊必俊：《"动态人口红利"理论与政策建议 走出"人口红利消失"的误区》，《东方早报"上海/经济评论"》2012年9月25日。

田俊荣：《劳动年龄人口第一次出现绝对下降 人口红利拐点已现》，《老年文摘》2013年1月31日。

以人为本设计和建造老年住宅[*]

一　从统计数据看我国老年人的住宅需求

全国老龄工作委员会办公室《中国人口老龄化发展趋势预测研究报告》和《中国城乡老年人口状况追踪调查》表明：

（一）人口老龄化发展趋势

2006 年我国 60 岁及以上老年人口 1.4657 亿人，占总人口的 11.00%。预测 2020 年将达到 2.48 亿人，占总人口的 17.17%，其中 80 岁及以上高龄老年人口将达到 3067 万人，占老年人口的 12.37%。2050 年老年人口将超过 4 亿人，占总人口的 30% 以上，其中 80 岁及以上高龄老年人口将达到 9448 万人，占老年人口的 21.78%。

（二）老年人的居住意愿

城市老年人愿意与子女住在一起的为 37.2%，不愿意的为 40.8%；农村老年人愿意与子女住在一起的为 54.5%，不愿意的为 20.5%。

城市老年人愿意入住养老机构的为 16.1%，农村老年人为 15.2%。

（三）老年人住宅产权情况

城市老年人住房产权属于自己或配偶的由 2000 年的 67.6% 上升为 2006

＊　本文发表于《住房保障》2008 年第 4 期。为避免重复，本文做了较大删减。

年的 75.4%，农村的由 38.8% 上升为 56%。

（四） 老年人对住房的满意情况

老年人对住房状况不满意的比例，城市由 2000 年的 22.3% 下降为 2006 年的 15%，农村由 21.6% 下降到 15.1%。

近年来老年人拥有住房产权比例的提高和对住房状况不满意的比例下降，表明在党和国家对老年人的关怀和住宅建设部门的努力下，老年人的住房状况有了可喜的改善，但是从老年人口发展的趋势和对老年住宅的需求来看，实现十七大提出的"住有所居"，让 15% 的老年人能够入住养老机构，让不愿意与子女住在一起的老年人拥有自己的住房，让所有老年人住房产权属于自己，让 2208 万对住房状况不满意的老年人"乐居养老"，仍然是我们责无旁贷必须解决的一项"爱心工程"。

二 "住有所居"是老年人的基本人权

1976 年《联合国人权公约》强调"人人有权享受其本人及家属所需要之适当生活程度，包括适当之衣食住及不断改善之生活环境"。

1981 年国际住宅和城市问题研究会提出的《住宅人权宣言》着重指出，有良好环境、适宜居住的住处是所有居民的基本人权，批评有一些政府不公平合理地对待土地和住宅的反社会的行为，衷心期望把供应涉及人类尊严的良好住宅作为政府的责任。

1982 年《老龄问题国际行动计划》（以下简称《计划》）把满足老年人的特殊需要定义为人道主义方面的问题，在七项特殊需要中"住宅和环境"排第二位。《计划》强调，在人类历史上的一切文化里，家庭是一个基本组织，要为老年成员及其近亲提供安居之所和必要的服务。老年人精神状态好坏与住宅和环境直接相关，孤独、无聊往往是由于离群索居和无从参与家庭和社区生活造成的。老年人的充分居住条件和令人愉快的物质环境对于所有人的幸福生活都是必要的。适宜的住房条件对于老年人更为重要。老年住宅不仅是栖身之所，而且还有心理和社会意义。国家的住宅政策要提供经费发展和改善老年住宅。

越来越多的老年人生活条件和住房条件恶化，已经成为各国政府需要立即采取行动的重大问题。

1991年联合国在《世界人口老龄化的现状》的报告中，再次强调住房对于老年人尤其重要。各国政府必须对满足老年人的住房需要做出决定。经验表明，为老年人建造特别的住房，诸如可维持独立生活的老年住宅，以及为老年人提供特别服务的住房，都是可取的。

1992年联合国对各国建造老年住宅的调查结果表明，88%的发达国家已经制定了老年人的住房政策。其中有些国家通过立法予以保障，如《美国老年人法》规定，按照老年人的特殊需要和负担能力，设计和建造位置适当的老年住宅。日本《长寿社会对策大纲》提出要确保终生安定宽裕的居住生活，力求提高居住水平，为选择住宅提供方便，创造安定而舒适的生活环境。

《2002年马德里老龄问题国际行动计划》进一步指出，老年住宅和环境关系着老年人的生活方便与安全以及心理和生理健康。要求充分考虑老年人的个人喜好和选择，帮助他们在社区内就地安度晚年。

家庭是社会的细胞，住宅就是家庭的载体。随着社会经济的发展和住宅的人本化和个性化，人们对住宅的认识和要求已经逐渐由传统福利分房的"寄宿感"向自主购房的"归属感"转变。不同年龄层次的群体对住宅的要求和选择不同。对于老年人来说，住宅已经不再是避风遮雨和繁衍后代的栖身之处，而是叶落归根、安享晚年的久居之宅。如果说"安居乐业"是中青年人的追求的话，那么对老年人来说"安居乐养"就成为他们的首要需求了。

经济学理论认为需求是市场存在的前提，而市场是人口、购买力和消费意愿三因素的统一体。老年住宅产业的形成是以市场的需求为原动力的。老年住宅产业的发展取决于老年人口规模、老年人口购买力水平和购买欲望所决定的市场需求。老年人消费市场潜力的大小，主要取决于政府用于老年社会保障支出的多少、老年消费者人数的多寡以及他们收入水平的高低。以上三者从改革开放以来都在持续增长，从而使老年人消费市场的潜力逐年加大，为老年住宅产业的发展带来了难得的机遇。根据以上有关老年人需求、属性和养老理念的发展，让我们在老年住宅的设计和建造方面与时俱进，进一步发展老年住宅产业，为全面满足老年人的特殊需要，为构建不分年龄、人人共享的和谐社会做贡献。

老年人住宅*

一 老年住宅的社会功能是保障
老年人的"安居乐养"

家庭与每个人都息息相关，人从出生就离不开父母，离不开家庭。正如《诗经》所说："无父何怙，无母何恃""父兮生我，母兮鞠我，拊我畜我，长我育我，顾我复我，出入腹我"。人在少儿时期学习成长，成年后兴家立业，老年时含饴弄孙，任何一项活动在离开家庭的情况下都是无法实现的。

世界各国老年人的生活方式有两种，一种是在家中安过晚年，叫作居家养老；另一种是在养老院或护理院里生活，叫作机构养老。据不完全统计，国内外老年人选择居家养老的大约占95%，即使在人口老龄化和家庭小型化的社会里，居家养老仍然是老年人首选的生活方式。

马克思主义认为，人的生活资料（消费资料）可分为三类，即生存资料、享受资料和发展资料。住宅既是生存资料，又是享受资料，还是发展资料。随着人类生产力的发展，住宅的用途越来越广泛。就老年人的住宅来说，它除了作为老年人全天候的栖身之所外，还是进行社会交往、娱乐

---

* 此文为向 2013 年"中国老龄产业及养老地产论坛"提交的论文，论坛由京华时报等举办。为避免重复，本文做了较大删减。

活动、晚年学习、休闲养老的场所。老年人住宅的功用已经不再是"下班后的安居",而是"天天 24 小时安享"了。

老年人住宅的主要社会功能有三点:

(1) 老年人是弱势群体,保障安全、防御偷盗抢劫和自然灾害是老年人住宅最基本的功能;

(2) 满足老年人家庭生活需要是老年人住宅必不可少的基本功能,诸如日照、通风、隔音、防寒和卫生都是维护身体健康的重要因素;

(3) 老年人的预期寿命在延长,老年人住宅要具备满足老年人休闲、娱乐、健身、学习和实现自身价值的多功能住宅。

居住环境是满足老年人需要和提高老年人生活质量的重要因素,老年人住宅的选址和建造要充分重视安全性、安适性、防污染、交通方便以及邻近商场医院、生活服务和健康娱乐中心等因素。

二 按照人口属性和基本需要设计老年人住宅和居住环境

人口属性是人口所固有的性质和特点。人口具有自然属性,也具有社会属性。自然属性即生物本性,是人口存在与发展的基础;社会属性是人口作为社会生活的主体所具有的特性,是人口的基本属性。马克思认为"人的本质并不是单个人所固有的抽象物。在其现实性上,它是一切社会关系的总和"。人口的社会属性包括在社会生活中所形成的政治关系、文化关系、民族关系、家庭关系、宗教关系以及由之而派生的其他关系。

美国心理学家马斯洛 1943 年在《人的动机理论》一文中提出了"需要层次理论",他认为人有五种基本需要,即生理需要、安全需要、爱的需要、尊重的需要和自我实现的需要。1954 年他在五种基本需要之外又补充了求知需要和求美需要。

1. 生理需要

指对衣、食、住、行的需要。马斯洛认为"在一切需要之中,生理需要是最优先的需要"。

2. 安全需要

指人身安全和职业安全的需要。马斯洛认为："一个和平、安定、良好的社会，常常使它的成员感到很安全，不会有野兽、极冷极热的温度、犯罪、袭击、谋杀、专制等的威胁。"

3. 爱的需要

指情感和归属的需要。马斯洛说："假如生理需要和安全需要都很好满足了，就会产生爱、情感和归属的需要。"

4. 尊重的需要

指自尊和被人尊重的需要。马斯洛认为："社会上所有的人都希望自己有稳定、牢固的地位，希望别人的高度评价，需要自尊、自重或为他人所尊重。"

5. 自我实现的需要

指个人潜力的发挥、工作上有成就的需要。马斯洛说："是什么样的角色就应该干什么样的事。我们把这种需要叫作自我实现。"

把马斯洛的"需要层次理论"和马克思、恩格斯的"人的需要理论"对比可以看出，马斯洛的生理需要和安全需要相当于马克思、恩格斯的生存需要；马斯洛的爱的需要、尊重的需要和求美的需要相当于马克思、恩格斯的社会需要的部分内容；马斯洛自我实现需要和求知需要包括在马克思、恩格斯的发展需要之中，但不如发展需要那么丰富和深刻。

老年人口是总体人口中的一个重要组成部分，人口的基本需要也是老年的基本需要。老年人作为社会的资深公民和今天的尊长，他们是在完成了国家和社会赋予的人口再生产和物质再生产的任务后进入老年的。作为奖励和回报，我们在建造"以人为本"的老年人住宅和设计居住环境时，要尊重人口的自然属性和社会属性，全面满足他们多层次的基本需要。

参考文献

刘铮主编《人口学辞典》，人民出版社，1986。

〔美〕戴维·德克尔：《老年社会学》，沈健译，天津人民出版社，1986。

《马克思恩格斯全集》（第三卷），人民出版社，1973。

《马克思恩格斯全集》（第二卷），人民出版社，1973。

〔美〕马斯洛：《人的动机理论》，经济管理出版社，1993。

潘允康：《家庭社会学》，中国审计出版社，1986。

张仙桥、洪民文主编《住宅社会学概述》，社会科学文献出版社，1993。

熊必俊：《论人口老龄化与建设人本住宅和亲情社区》，《住宅与房地产》2004 年第 2 期。

王德禄、蒋世和编《人权宣言》，中国求实出版社，1989。

以人为本建设老年宜居城市[*]

实现科学发展观和构建社会主义和谐社会是党的十六大以来提出的两项战略思想。科学发展观的本质和核心是"以人为本"。"以人为本"的要义有两点：一是"以人的全面发展为目标"，二是"让发展的成果惠及全体人民"。老年人口是总体人口的组成部分，作为家庭的尊长和国家的资深公民，他们是在完成了人口再生产和物质再生产的任务后进入老年的。从科学发展观和以人为本来看，他们应该是社会经济发展和全面建设小康社会的受益者。

建设老年宜居城市，首先要满足老年人的特殊需要，提高生活和生命质量，实现五个"老有"，构建不分年龄、人人共享的和谐社会，促进老龄化与社会经济协调发展。

人有自然属性和社会属性，满足老年人的需要和提高老年人的生活质量，既要从人的自然属性出发去研究如何保障老有所养，提高健康水平，延缓衰老，实现长寿；又要从人的社会属性出发去研究如何丰富老年人精神文化生活，满足他们继续发挥作用和实现自我价值的需要。

生存需要（物质生活需要）是人生的第一需要。马克思、恩格斯在《德意志意识形态》中说："人们为了能够'创造历史'，必须能够生活。但是为了生活，首先就需要衣、食、住及其他东西"。在工业社会里，家庭的养老功能弱化，如果说建立养老保险和医疗保险制度是从经济上保障老年

---

[*] 此文为向 2015 年"中国老年学和老年医学学会年会"提交的论文，载于《老年宜居环境和医养服务业（2015）》论文集，并荣获优秀论文奖。

人的食住和医疗支出的话，那么老年人的生活照料和健康护理，就要依靠社会服务机构提供。

世界各国老年人的生活方式有两种，一种是在养老院里生活，叫作"机构养老"；另一种是在家里安过晚年，叫作居家养老。前者的照料和护理由社会福利服务机构兴办的养老机构负责，养老机构为不能居家养老的老年人提供安度晚年之家。

（一）建立养老机构的几条原则

（1）养老机构的建设必须贯彻"以人为本"的精神，为入住的老年人提供规范性的服务，不能用办收容所、招待所和宾馆的模式来办养老机构。

（2）养老机构要按照老年人对服务的不同需求划分不同的类型，以提供一般生活服务的为养老院，提供医疗和护理服务的为护理院，为医治已经没有希望而只能给予精神安慰的为临终关怀医院。不同类型的养老机构不能混在一起，如果是大型综合性的养老机构，也要分区隔离，互不干扰。

（3）养老机构必须有相应面积的活动场地。对于入住养老院生活能够自理的老年人，允许结伴请假外出。除特殊的老年人外，最好不搞封闭式管理。

（4）养老机构的陪护人员必须通过有关的职业技术培训，持证上岗。

（5）老年公寓是居家养老与公寓住所上门服务相结合的一种新的生活方式，老年公寓的居室必须要有卫生间和厨房的单元房和无障碍的公共设施。

（二）社区助老服务事业是居家养老的基础

家庭始终是人们互相交往、终身依赖的基本形式，也是思想感情交流最充分的场所。社会老年学家戴维·L.德克尔在《老年社会学》论述"老年与家庭"的一章中强调："没有一个生活的领域跟我们个人命运的关系比我们跟家庭的关系更加密切"，"我们可以不做工作退休，却不能退离家庭"。1982年《老龄问题国际行动计划》强调："应设法使年长者能够在自己的家里和他们的社区里尽可能地过独立的生活"。1991年《联合国老年人原则》强调："老年人应该得到家庭和社区根据每个社会的文化价值体系而给予的照顾和保护"。

尽管发达国家都建有一定数量条件良好的养老机构，但是居家养老仍然是绝大多数老年人首选的生活方式。据不完全统计，各国选择居家养老的老年人占老年人总数的比例，英国为95.5%，美国为96.3%，瑞典为95.2%，日本为98.6%，菲律宾为83%，新加坡为94%，泰国为87%，越南为94%，印度尼西亚为84%，马来西亚为88%。

人老体衰多病，生活照料和保健护理是老年人必不可少的需求。我国空巢老人家庭越来越多，2015年5月13日国家卫计委发布了《中国家庭发展报告（2015年）》，报告称，2015年中国家庭平均3.35人，养老主要依靠自己和家庭。空巢老人占老年人总数的一半，独居老人占老年人总数的10%。

和国外一样，我国大多数老年人也愿意在家里安过晚年。北京、天津和上海关于养老方式意愿的抽样调查表明，90%以上被调查的老年人选择居家养老，而高龄老年人、独立生活困难和多病的老年人，迫切需要社会养老服务机构和医疗护理机构满足其生活照料和保健护理的需求。

为了解决老年人居家养老的困难，国际组织和学术界极力主张大力发展社区助老服务事业，为居家养老的老年人提供全方位的服务。1982年《老龄问题国际行动计划》强调："社会福利服务应以社区为基础，并为老年人提供范围广泛的预防性、补救性和发展方面的服务。"

1992年通过的《联合国老龄问题宣言》强调："大会注意到全世界发生史无前例的人口老化现象……确认老年人有权享有追求和获得最高程度健康的权利……随着年纪增长，有些人将需要全面的社区和家庭照料。"

1999年"国际老人年"的活动重点包括"吁请各国在国家、区域和地方制定综合战略，以满足老年人在其家庭、社区和社会公共机构内得到照顾"。

（三）发展老年文化教育产业，为满足老年人的精神文化需求服务

"老有所养、老有所医、老有所学、老有所为、老有所乐"是我国老龄工作争取实现的五个目标。如果说"老有所养"和"老有所医"是老年人的物质生活需要的话，那么"老有所学"和"老有所乐"就属于精神文化生活需要了。

1. 发展老年教育为老年人提高文化水平服务

老年人希望有学习的机会，但是老年大学和文化活动设施不足，远不能满足他们的需求。由此可见，在发展老年教育为老年人提供教学服务方面，是可以大有作为的。

2. 发展老年文娱体育活动，为提高老年人的健康水平服务

俗话说"健康是老年人最宝贵的财富"，老年人希望通过参加文娱体育活动来提高健康水平，延缓衰老，延长预期健康寿命。

3. 组织老年人参与发展，为实现"老有所为"和实现自我价值服务

国际社会十分重视老年人参与发展，认为老年人是老龄社会的重要资源。第二届世界老龄大会通过的《政治宣言》把"老年人与发展"放在采取行动的首位。强调"老年人的潜力是未来发展的强有力的基础。社会依靠老年人的技能、经验和智慧，不但能首先改善他们自己的条件，而且还能积极参与全社会条件的改善"。由世界卫生组织提出的且为大会所采纳的"积极老龄化"，提倡老年人参与社会发展。

4. 建立老年人法律咨询中心，为维护老年人合法权益服务

老年人是社会上的弱势群体，由于我国当前大部分老年人缺乏自我法律保护意识和诉讼知识，以致在自己的合法权益受到侵犯时束手无策。宣传《老年法》和开展老年人法律咨询服务与法律援助工作，可以帮助老年人提高法律知识，运用法律武器维护自己的合法权益。

（四）建造老年住宅、优化居住环境

"住有所居"是老年人的基本人权。21世纪是全球老龄化的世纪和人类的长寿时代，在人口老龄化发展导致家庭规模小型化和结构核心化的进程中，一方面老年人口特别是高龄老年人增多带来的生活照料需求增多，另一方面家庭照料资源减少，满足不了客观的需求。如何解决这个矛盾，已引起全社会的关注。

1966年《经济、社会和文化权利国际盟约》强调"人人有权享受其本人及家属所需之适当生活程度，包括适当之衣食住及不断改善之生活环境"。

1981年国际住宅和城市问题研究会提出的《住宅人权宣言》着重指出，有良好环境、适宜居住的住处是所有居民的基本人权，批评有些政府不公

平合理地对待土地和住宅的反社会的行为，衷心期望把供应尊重人类尊严的良好住宅作为政府的责任。

1982 年《老龄问题国际行动计划》（以下简称《计划》）把满足老年人的特殊需要定义为人道主义方面的问题，在七项特殊需要中"住宅和环境"排第二位。《计划》强调，在人类历史上的一切文化里，家庭是一个基本组织，要为老年成员及其近亲提供安居之所和必要的服务。老年人精神状态好坏与住宅和环境直接相关，孤独、无聊往往是由于离群索居和无从参与家庭和社区生活造成的。老年人的充分居住条件和令人愉快的物质环境对于所有人的幸福生活都是必要的。适宜的住房条件对于老年人更为重要。老年住宅不仅是栖身之所，而且还有心理和社会意义。国家的住宅政策要提供经费发展和改善老年住宅。

1992 年联合国对各国建造老年住宅的调查结果表明，88% 的发达国家已经制定了老年人的住房政策。其中有些国家通过立法予以保障，如《美国老年人法》规定，"按照老人的特殊需要和负担能力，设计和建造位置适当的老人住宅"。日本《长寿社会对策大纲》提出要确保终生安定宽裕的居住生活，力求提高居住水平，为选择住宅提供方便，创造安定而舒适的生活环境。

以人为本设计和建造老年住宅要以人的二重属性、三项基本需要和四项养老理念的发展为参考。

1. 人的二重属性

人口属性是人口所固有的性质和特点。人口具有自然属性，也具有社会属性。自然属性即生物本性，是人口存在与发展的基础。社会属性是人口作为社会生活的主体所具有的特性，是人口的基本属性。马克思认为"人的本质并不是单个人所固有的抽象物。在其现实性上，它是一切社会关系的总和"。人口的社会属性包括在社会生活中所形成的政治关系、文化关系、民族关系、家庭关系、宗教关系以及由之而派生的其他关系。住宅也有自然属性和社会属性，如果说自然属性是满足人对住宅提供的生存需求和生活需求的话，那么住宅的社会属性则是满足人对住宅具有满足社会交往和社会生活中的其他社会需求。

2. 人的三项基本需要

马克思认为人的基本需要是人的本性。他指出:"在现实社会中,个人有许多需要","他们的需要即他们的本性"。马克思和恩格斯从经济学的角度提出人的需要理论。他们认为,人有三项基本需要,即生存需要、社会需要和发展需要。

(1)生存需要:马克思和恩格斯在他们合著的《德意志意识形态》中指出:"我们首先应当确定一切人类生存的第一个前提,也就是一切历史的第一个前提,这个前提就是:人们为了能够"创造历史",必须能够生活。但是为了生活,首先就需要衣、食、住以及其他东西。"恩格斯称赞马克思发现了人类历史的发展规律,即历来为繁茂芜杂的意识形态所掩盖着一个简单事实:人们首先必须能够解决吃、喝、住、穿,然后才能从事政治、科学、艺术、宗教等活动。

(2)社会需要:马克思认为人们在生存需要得到满足后,就会产生新的需要,即社会需要。因为生活水平不仅包括满足生理上的需要,而且包括满足由人们赖以生息教养的那些社会条件所产生的一定需要。在人人都必须劳动的条件下,生存资料、享受资料、发展和表现一切体力和智力所需的资料,都将同等地、愈益充分地交归全体成员支配。

(3)发展需要:马克思在论述工人劳动力价值时指出"还需要花费一定数量的价值,使工人能够发展自己的劳动力并且获得一定的技能"。恩格斯在《共产主义原理》一文中强调"根据共产主义原则组织起来的社会,将使自己的成员能够全面地发挥他们各方面的才能"。马克思和恩格斯在《共产党宣言》中再次强调,共产主义社会"将是这样一个联合体,在那里,每一个人的自由发展是一切人的自由发展的条件"。马克思主义认为,人的生活资料(消费资料)可分为三类,即生存资料、享受资料和发展资料。住宅既是生存资料,又是享受资料,还是发展资料。

3. 四项养老理念的发展

随着社会经济的发展和对生活环境以及时尚理念的转变,老年人的养老理念也有了新的发展,具体表现在以下几个方面。

(1)养的概念从物质需求向精神需求扩展。21世纪,随着物质条件的大为改善，养老的健康、精神和文化目标会成为老年人的主要需求。

（2）养的原则从过去的经验养生向科学养生发展。随着科学发展和科学养生知识的普及，老年人对科学更趋认同，从而会使养生原则发生根本性的变化。

（3）养的目标从追求生活质量向追求生命质量扩展。如果说长寿是最初和最古老的追求目标，健康是现代目标，那么尊严则是 21 世纪老龄社会追求的目标。

（4）养的意义从安身立命之本向情感心理依托转变。进入 21 世纪，养老将彻底摆脱功利色彩，走向情感联络和心理依托的殿堂。

《2002 年马德里老龄问题国际行动计划》进一步指出，老年住宅和环境关系着老年人的生活方便与安全以及心理和生理健康。要求充分考虑老年人的个人喜好和选择，帮助他们在社区内就地安度晚年。对于老年人来说，住宅已经不再是遮风避雨和繁衍后代的栖身之处，而是叶落归根、安享晚年的久居之宅。如果说安居乐业是中青年人的追求的话，那么对老年人来说安居乐养就成为他们的首要需求了。

（五）建设亲情社区，让老年人融入社会

如果说家庭是老年人最主要的生活领地的话，那么家庭所在的社区就是他们晚年生活的第二空间。老年生活是一种休闲生活，但是由于体力衰退，他们的活动空间受到很大限制。中国《九大城市老年人状况抽样调查》表明，城市老年人一年中经常在住地附近活动的占 50.1%，在家门口活动的占 65.8%，经常在市内活动的占 15.6%，经常离开本市去外地活动的仅占 1.4%。这说明大多数老年人的日常活动是在居住社区之内。也就是说绝大多数老年人的日常生活空间除了家庭就是社区。

社区作为人们的社会活动和社会交往的空间地域的内涵和所具有的功能，很早就受到学术界的重视。1881 年德国的社会学家费迪南多·滕尼斯对社区所下的定义是，具有共同价值取向的同质人口组成的关系密切、出入相友、守望相助、疾病相扶、富有人情味的社会共同体。人们还认为，社区既是居民生活中相互联系和相互依赖的网状体，又是社会互动和社会关系的综合体。社区所具有的组织服务功能、人际感情交流功能和邻里互助功能是除家庭成员之外的能满足老年人特殊需求的重要保证。

从社会学的观点看，现代的社区助老服务是老年社会保障体系中不可缺少的组成部分。人是一种有感情的社会动物，他需要和社会及家人进行感情和信息的交流，这是人的一种本能，也是人的一种基本需要，因此他不能离开家庭，也不能离开社会。对于老年人来说，家庭和邻居就显得更为重要，因为只有通过家人的相互关怀与支持、邻里亲友的交往和谈心，才能表露和交流情绪和感受，消融家庭和社会生活中的苦闷与烦恼，得到精神慰藉和寄托，形成愉快、和谐的心理状态，排除老年人常有的孤独和失落感。但是居家养老愿望的实现，在现实情况下，要借助于社区助老服务。国外把社区助老服务比喻为居家养老不可缺少的条件。发展社区助老服务的最终目的是发挥代与代之间和社区成员之间的互助互动，使老年人不离开家庭、不脱离社会，继续与家人和社区不同年龄组的成员生活在一个社会大家庭中。这完全符合 1999 年"国际老年人年"让人们重视老年人融入社会的主旨。

参考文献

《马克思恩格斯选集》（第一至四卷），人民出版社，1972。

许涤新主编《政治经济学辞典》，人民出版社，1980。

宋原放主编《简明社会科学词典》，甘肃人民出版社，1982。

李剑华、范完九主编《社会学简明辞典》，甘肃人民出版社，1984。

刘铮主编《人口学辞典》，人民出版社，1986。

张文范等：《二十一世纪上半叶中国老龄问题对策研究》，华龄出版社，2000。

邬沧萍主编《社会老年学》，中国人民大学出版社，1999。

邬沧萍：《漫谈人口老化》，辽宁人民出版社，1986。

〔美〕戴维·德克尔：《老年社会学》，沈健译，天津人民出版社，1986。

熊必俊：《人口老龄化与可持续发展》，中国大百科全书出版社，2002。

熊必俊：《老龄经济学》，中国社会出版社，2009。

王德禄、蒋世和主编《人权宣言》，中国求实出版社，1989。

谢联辉、宋玉华主编《全球行动——迎接人口老龄化 联合国老龄话题文件总汇》，华龄出版社，1998。

第四篇

发展老年教育

老年教育与可持续发展

——第二届世界老龄大会聚焦老年人参与和终身学习 *

摘　要： 2002 年第二届世界老龄大会的目的是制定一个《2002 年马德里老龄问题国际行动计划》（以下简称《行动计划》），回应 21 世纪老龄化挑战。《行动计划》责成国家和国际的各级机构采取行动，并对以下三个方面给予优先关注：老年人与发展；老年人的健康与福利；保证有切实可行的支持环境，包括终身学习的机会。大会强调"老年人必须成为发展进程的充分参与者，还必须公平享有发展进程的种种好处"。重申老年人有获取知识、教育和培训机会的权利。《行动计划》指出，教育是积极而充实地生活的重要基础。一个以知识为基础的社会，必须制定保证终身获得教育和培训机会的政策。继续教育和培训对于确保个人和国家的生产力都是绝对必要的。

一　关注人口年龄结构变化，策划应对老龄化的挑战

联合国第二届世界老龄大会于 2002 年 4 月 12～14 日在西班牙马德里召开。召开这次大会的目的是制定一个《2002 年马德里老龄问题国际行动

---

* 此文为向 2002 年"第三年龄学习国际研究（武汉）研讨会"提交的论文，载于《第三年龄学习国际研究 第十三届国际研讨会会刊》，中国武汉老年大学，2003。

计划》（以下简称《行动计划》）。参加大会的代表认为，2002 年国际老龄行动计划要回应 21 世纪个人和人口老龄化的机遇和挑战，战略的最后目标是促进建立一个不分年龄、人人共享的社会。大会通过的《行动计划》责成包括国家和国际各级机构采取行动，并对以下三个方面给予优先关注：老年人与发展；老年人的健康与福利；保证有切实可行的支持环境，包括终身学习的机会。

大会认真审视了世界人口年龄结构的变化情况和发展前景。联合国的世界人口统计和预测表明，目前全球正在经历显著的人口结构转型。20 世纪上半叶，世界人口构成将出现年老的和年轻的各占一半的现象。就全球而言，2000～2050 年，60 岁及以上老年人口预计要增加一倍，其比例将由 10% 上升到 21%，而 15 岁以下儿童人口比重预计从 30% 下降到 21%。在若干发达国家和转型期国家，老年人人数已经超过儿童，而且出生率已经降低到更低水平。这种人口年龄结构变化，已经在各方面对个人、家庭、社区、国家和国际生活产生了深刻影响，包括社会、经济、政治、文化、心理和精神等方面都将产生变化。

大会《行动计划》呼吁全世界提高对老龄化的认识，促进研究，加强政策行动，包括把老龄问题纳入各部门的工作计划，积极应对全球老龄化挑战。

二　促进老年人参与发展，缓解老龄化的不利影响

经济学认为劳动力是发展生产力的主要因素，劳动资源多寡是衡量经济发展实力大小的关键性指标。21 世纪全球人口老龄化发展，必将导致劳动年龄人口比重下降，劳动资源减少，制约社会经济发展。与此同时，老龄化导致老年人赡养系数上升，用于老年人的开支加大，不利于扩大再生产。另一方面，人口预期寿命延长是 20 世纪的一项重大成就。如果我们重视人口预期寿命延长这一积极因素，让老年人参与发展，我们就能够弥补

劳动力不足，缓解人口老龄化的不利影响，促进老龄社会的可持续发展。

正如大会《政治宣言》所说："人口转变对社会的挑战，带来了越来越多的机遇，特别是有利于老年人实现他们充分参与各方面生活的愿望。"《政治宣言》强调，老年人的潜力是未来发展的强有力的基础。老年人群体的技能、经验和智慧应视为社会发展的宝贵财富。

联合国秘书长安南在大会的开幕词中强调了老年人参与社会和发展老年教育事业的重要作用，他认为，现在的老年人能够为社会做出比以往更大的贡献。能够工作和希望工作的老年人，应该有机会工作。所有的人都应该获得终身学习的机会。

三　发展老年教育事业，促进老年人参与发展

劳动经济学认为，有劳动能力的老年人仍然是劳动力和劳动资源。至于有劳动能力的老年人能否符合市场需要而转化为现实的生产力，则取决于本身的文化素质和技能水平。

联合国对"积极活动人口"所下的定义是："所有参与经济生产活动或提供服务，且能直接或间接满足人们需求的人都属于'经济活动人口'范畴。"当然，参与发展的老年人也是经济活动人口。当前，影响老年人不能参与发展的主要原因是文化知识和技术水平不能适应知识经济市场的需要。上述原因所带来的老年劳动力市场的供求矛盾，需要用发展老年教育事业，为老年人提供继续学习和培训机会来解决。

第二届世界老龄大会充分肯定了老年人参与发展和继续接受教育与培训的必要性。大会《政治宣言》指出："老年人的期望和社会经济需要，都要求老年人能够参与他们所在社会的经济、政治、社会和文化生活。老年人应该有机会能够从事令人满意和生产性的工作。"同时还强调"老年人应该有继续受教育和受培训的计划"。

《2002年马德里老龄问题国际行动计划》在"老年人与发展"行动建议中强调："老年人必须充分参与发展进程，也必须享有发展进程的种种好

处。"重申老年人有获取知识、教育和培训机会的权利。《行动计划》在老年人应有"获取知识、教育和培训的机会"中指出:"教育是积极而充实生活的重要基础"。"知识社会要求制定保证终身都能获得教育和培训机会的政策。进修教育和培训对于确保个人和国家的生产力都绝对必要。"

大会还特别关注发展中国家老年人的生活教育问题,指出,目前在发展中国家,有很大一批识字和识数能力处于最低限度的人,现在已经进入老年期,这种状况使他们谋生能力受到限制,从而可能影响他们的健康和福利。在发达国家和发展中国家,终身教育和培训都是老年人参与和就业的一个先决条件。

大会《行动计划》还强调在继续教育培训和进修、研究职业指导和职业介绍方面机会平等,并对继续教育和培训的内容提出以下建议。

(1) 鼓励和提倡在提高识字率和识数率的同时,学习技术技能;

(2) 实施关于促进老年工作人员持续获得培训和进修机会的政策;

(3) 落实千年宣言的目标,确保所有人均可获得新技术,特别是信息和通信技术;

(4) 编制和传播便利老年人的信息,以帮助老年人解决日常生活中技术上的要求;

(5) 在计算机技术设计上应考虑老年人行为能力和视力降低的情况。

21 世纪是全球老龄化的世纪,联合国在新世纪之初召开这次强调老年人参与和终身学习的全球大会,对我们进一步认识老年教育与可持续发展之间的重要关系是十分必要的,也是非常及时的。

参考文献

熊必俊:《人口老龄化与可持续发展》,中国大百科全书出版社,2002。

杜鹏主编《人口老龄化与老龄问题》,中国人口出版社,2006。

发展老年教育，为全面建设小康社会服务

——热烈祝贺《金陵老年大学学报》创刊[*]

21 世纪的前 20 年我国实施可持续发展的任务是全面建设小康社会。我国已进入老龄社会，在全面建设小康社会时，面临包括老龄人口比重上升和社会保障压力增大等挑战。应对人口老龄化等挑战，全面建设小康社会需要多方面的努力，其中包括发展老年教育，提高老年人素质，变老龄化的压力为动力。

劳动力是发展生产力最主要的因素，劳动力资源是最重要和最宝贵的资源。劳动力资源丰富或不足，取决于劳动年龄人口数量多少和比重大小。劳动年龄的上下限不是一成不变的，它可以随着社会生产力的提高、文化教育事业的发展，特别是人口预期寿命的延长而相应调整。我国老年人口的起点年龄为 60 岁，以 59 岁为劳动年龄上限是 20 世纪 50 年代根据当时的生产力水平和人口预期寿命确定的，这个标准对现在来说，显然偏低。50 多年来，我国社会生产水平已大大提高，人口预期寿命已从 40 多岁延长到 70 多岁，如果我们从 2010 年起逐步把劳动年龄上限从 59 岁提高到 64 岁，其结果不但可以缓解建设小康社会进程中老龄化的压力，而且还将会使 2030 年和 2050 年劳动年龄人口数量由原来的 10.08 亿人和 9.41 亿人，增加为 11.13 亿人和 10.48 亿人；劳动年龄人口比重相应由 38.06% 和 53.9% 上升为 66.5% 和 63.1%；老年人口比重由 22.9% 和 28.9% 下降到 15.0% 和 19.5%；老年供养系数由 39.0 和 52.3 下降为 22.5 和 30.9；总供养系数相

---

　*　此文是为《金陵老年大学学报》创刊所撰写的序，2005。

应由 70 和 85.5 下降为 50.3 和 58.4。这样做对实现老龄化与经济协调发展是十分有利的、完全可行的，也是很有必要的。

增加劳动资源的另一重要措施是开发利用老年人力资源，让更多有劳动能力的老年人参与社会经济发展。提高劳动年龄上限可以相对增加劳动年龄人口数量，提高劳动年龄人口比重，在一定程度上缓解劳动年龄人口比重下降的不利影响。在人口预期寿命不断延长的情况下，超过劳动年龄的老年人（包括退休人员）为数众多，而且不少人还具有劳动能力，是老龄社会的一批潜在的劳动力资源。在提高劳动年龄上限的同时，如何发挥这些老年人的作用，使他们继续为社会发展做贡献，已成为老龄社会需要认真考虑的一个重要问题。

2002 年第二届世界老龄大会通过的《政治宣言》把"老年人与发展"列为执行行动计划的三项优先之首。《政治宣言》强调"老年人的潜力是未来发展的强有力的基础。社会依靠老年人的技能、经验和智慧，不但能首先改善他们自己的条件，而且还能积极参与全社会条件的改善"。联合国秘书长安南在大会开幕式上的讲话也充分肯定了老年人参与社会对个人和社会的重要作用，他强调"现在的老年人能够对社会做出比以往更大的贡献"。

第五次全国人口普查的数据表明，2000 年我国 60 岁及以上老年人口中，参加经济活动的有 4206.8 万人，占老年人口总数的 32.99%，其中农村老年人的经济活动参与率为 43.15%。以上统计数字表明，农村在业老年人口的数量可观，城镇巨大的老年人力资源有待进一步开发利用。老龄社会需要提高劳动年龄上限，也需要老年人继续参与发展。但是在实践中，限制老年人参与发展的主要原因是本身素质不能适应科技发展的市场需求。老年劳动力市场的供求矛盾，需要用发展老年教育，为老年人提供继续学习和培训机会，全面提高老年人的素质来解决。

为了适应人口老龄化和科技发展和知识更新的需要，1965 年联合国教科文组织在巴黎召开的成人教育会议上，法国著名的成人教育学者保罗·伦格朗第一次以终身教育为题做报告，主张把所有的教育机会和教育机构统一起来，形成一个有联系的教育体系，把教育同人一生的生活联系起来，以最大限度地发挥教育和教育机构在开发人力资源、促进生活进步方面的作用。

发展终身教育的目的是利用各种支持手段激发和促使包括老年人在内的每个人有机会得到所需要的知识、技能和价值观，实现老年人继续参与社会发展的愿望。以老年人为对象的老年教育，又称第三年龄教育，是终身教育的最后阶段。老年教育的理念很快获得一些国家的认同。1971年美国召开的白宫老龄问题会议强调，对于所有年龄组的一切人来说，教育是一项基本权利，它是持续进行的，而且今后将成为老年人获得丰富知识和富有意义的生活的途径之一，也是帮助他们发挥其潜力，使之成为改善社会的源泉的一种手段。1973年法国首开历史先河，开办第三年龄大学，1982年《老龄问题国际行动计划》建议按照联合国提出的终身教育的概念，制定各种非正式的、以社区为基础的老年教育方案，以便帮助他们树立自力更生的思想和生活的责任感。

1996年联合国可持续发展委员会在纽约召开第四次会议，认为终身教育是可持续发展教育的重要组成部分，强调可持续发展教育贯穿人的一生。这种教育将有助于人们理解并具备年老时参与发展的条件和应对生活和经济变革的能力。老年、壮年和少年都应该接受教育，以求共同建立一个可持续的未来。为了贯彻《2002年马德里老龄问题国际行动计划》关于发展老年教育事业的建议，2002年10月，"第三年龄学习研究组织"（TALIS）在武汉召开国际学术会议，集中讨论了"学习与教育，不论年龄，人人有权享有，人人应该参与"这一主题，对于在全球老龄化情况下如何进一步发展老年教育事业交换了意见，加强了合作。

我国老年教育以20世纪80年代创办老年大学起步，当时招收的对象主要是离退休老干部。办学的宗旨是"丰富生活，陶冶情操，促进健康，服务社会"。老年大学开设的课程主要是卫生保健、文化历史、书法绘画、诗文欣赏、音乐舞蹈、烹调、园艺，等等。进入90年代以后，有些老年大学为了满足部分学员老有所为的需要，增开了缝纫、剪裁、字画装裱、法律知识的培训课程。

《中国老龄事业发展"十五"计划纲要》要求"大力发展老年教育"，建立老年教育网络，各级政府要合理安排对老年教育的投入，同时动员社会力量，因地制宜地发展老年教育事业，开展适合老年人特点的教育活动，帮助老年人增长知识，陶冶情操，倡导科学、文明、健康的生活方式。

老龄化的发展和知识经济时代的来临，需要我们的老年教育为实现积极老龄化服务。新世纪老年教育的主旨应该是全面提高老年人口素质、为老年人参与社会发展创造条件，以应对老龄化挑战和促进老龄社会可持续发展，并以此为中心来审视和定位老年教育的地位和作用，调整和充实老年教育的内容，其中包括（1）老年学教育，帮助老年人树立科学的老年观，增强社会参与意识；（2）健康教育，包括增强身体素质、科学文化素质和思想素质；（3）文化知识教育，减少老年人口中的文盲率和半文盲率；（4）科学技术的教育和培训，适应知识经济和科技发展的要求。

联合国教科文组织关注继续教育，认为随着人口寿命的延长，为满足科技需求，政府开始对老年人的教育和培训感兴趣，无论退休与否，只希望他们能够继续为国家的发展做出自己的贡献。

我深信《金陵老年大学学报》的创办将对新时期老年教育的发展和全面建设小康社会、促进老龄社会的可持续发展做出贡献。

坚持积极老年教育观是落实
科学发展观的一项战略措施

——喜读杜子才教授《坚持积极老年教育观》[*]

一 应对老龄化挑战需要老年人的参与

21 世纪是全球人口老龄化的世纪，一方面人口老龄化对社会经济发展的不利影响是老龄社会面临的一项挑战；另一方面，21 世纪又是人类长寿时代，长寿与发展是相互促进的正相关的关系，人口预期寿命延长对老龄社会发展是一项十分有利的机遇。马克思主义认为社会财富是人创造的，那么人口老龄化与社会经济发展之间的矛盾，也能够用老年人口的全面发展来解决。

人口统计学认为，人口老龄化导致劳动年龄人口比重下降是对社会经济发展最为不利的影响，但是人口的预期寿命在不断延长。寿命延长相应使得人类可能参与劳动的岁月延长，这不仅意味着劳动力资源的增多，而且也会使劳动力成本下降。苏联人口学家 C. A. 托米林在《人口学与社会卫生学》一书中指出，平均寿命每增加一岁，就是经济发展的一项重大成就，因为这意

---

[*] 此文是为杜子才教授的《坚持积极老年教育观》所做的评论，发表于《老年教育》2007年 4 月。

味着大大节约了国民经济的资金，这种情况是国民经济平衡所估计不到的。

另一位人口学家 N. N. 麦奇尼科夫高度评价延长寿命对社会发展的积极作用，他认为："延长寿命与保持劳动的力量和能力应该是协调一致的、并行的。"B. C. 斯捷申科指出："将来取得经济发展与人口发展之间'协调'的根本办法……是延长老年人口的有充分价值的经济和社会积极性。"

在老龄社会里老年人口比重上升、劳动年龄人口比重下降的情况下，"老年人必须参与发展"的观点已达成国际共识。2002 年联合国召开的第二届世界老龄大会把"老年人与发展"作为主题。大会通过的《2002 年马德里老龄问题国际行动计划》强调"老年人必须充分参与发展进程，也必须享有发展进程的种种好处。""制止基于年龄的歧视以及增进老年人的尊严"。"老年人的期望和社会经济需要，都要求老年人能够参与他们所在社会的经济、政治、社会和文化生活，而且还应该公平享有发展进程的种种好处，包括获取知识、教育和培训机会的权利"。"教育是积极而充实地生活的重要基础。""知识社会，要求制定保证终身都能获得教育和培训机会的政策。进修教育和培训对于确保个人和国家的生产力都绝对必要"。

老年人参与发展的必要条件是身体健康，具有劳动能力和相应的文化和科学技术素质。联合国教科文组织关注继续教育，认为随着人口寿命的延长，为满足科技需求，政府开始对老年人的教育和培训感兴趣，无论退休与否，只希望他们能够继续为国家的发展做出自己的贡献。

我国党和政府一贯重视发展老年教育和老年人参与发展。多年来全国各地的老年大学和老年教育研究机构，对于如何进一步发展我国特色的老年教育进行了深入研究和实践，总结了经验，取得了可喜的成果。2007 年 4月《老年教育》发表杜子才教授的《坚持积极老年教育观》是一篇总结经验和设想未来的好文章。

二 坚持积极老年教育观，为新时期老年人参与发展创造必要条件

30 多年来，我国的老年教育事业从无到有，规模从小到大，数量从少

到多，有了长足的发展。在提高老年人文化知识水平，活跃老年人文体休闲生活，普及科学健身知识，为老年人参与精神文明建设和发展老年事业等方面，发挥了重要作用，并获得了国内外的好评。随着知识经济时代的到来，信息技术的广泛运用，家用电脑的普及，以及老年人参与发展的意识的提高，传统老年大学重在关注的老年人健康、娱乐和休闲型的学习内容已经不能满足新一代文化水平较高的老年人的需要。我国老年教育的宗旨和教课内容要与时俱进，在原有的基础上进一步向发展型和参与型提高和扩展。

第五次全国人口普查的数据表明，2000 年，我国 60 岁以上老年人口中，参与经济活动的有 4206.8 万人，经济活动参与率为 32.99%。男性老年人口的经济活动参与率为 42.74%，女性为 23.72%。城市老年人口的经济活动参与率只有 10.10%，乡镇老年人口的经济活动参与率为 19.72%，农村老年人口的经济活动参与率达到 43.15%。全部在业老年人口中，农、林、牧、渔、水利业生产人员占的比例最高，为 91.13%；商业服务人员其次，为 3.51%；生产运输人员排在第三位，达到 2.12%；国家机关、党群组织、企业、事业单位负责人仅次于不便分类的劳动者，为 0.43%。在业老年人口中，从事第一产业的人最多，达到 91.18%；从事第三产业的老年人占 5.91%；从事第二产业的老年人仅为 2.91%。

以上统计数字表明，一方面农村在业老年人口的数量可观，城镇巨大的老年人力资源有待进一步开发利用；另一方面，老年人从事第二产业和第三产业的加在一起还不到老年人口的 10%。产生以上现象的主要原因是大多数老年人素质不能适应科技发展的市场需求。老年劳动力市场的供求不平衡的矛盾需要我们加强发展老年文化技术教育，为老年人提供继续学习和培训机会，全面提高老年人的素质来缓解。

现在是知识经济时代和信息社会，知识是最关键性的因素。世界不是在向劳动密集型转变，而是在向知识密集型转变。在信息社会里价值的增长不是通过劳动而是通过提高知识实现的，老年人使用电脑、网络和其他新科技成果，我们应该做的是探索新技术的发展前途。

人口老龄化的发展和知识经济时代的来临，需要我们的老年教育为实现积极老龄化和全面建设小康社会服务。新世纪老年教育的主旨应该是全面提高老年人口素质、为老年人参与发展创造条件，以应对老龄化挑战和促进老龄社会可持续发展，并以此为中心来审视和定位老年教育的地位和作用，调整和充实老年教育的内容。

杜子才教授在《老年教育》发表的《坚持积极老年教育观》探讨了如何运用科学发展观统领新世纪老年教育的全局，全面提高老年人的健康、文化和科技知识。这篇文章对参与发展、应对老龄化挑战和构建和谐社会有深入研究，是一篇与时俱进、有理论、有创见的好论文。我认为新时期发展老年教育，全面提高老年人的健康、文化知识和科技素质，促进老年人参与发展是落实科学发展观的一项战略措施，不但可以为老年人全面发展和享受发展成果提供有效保证，而且可以对形成全民学习、终身学习的学习型社会，促进人的全面发展，建设社会主义和谐社会和促进老龄社会的可持续发展做贡献。

三　坚持积极老年教育观是老年人全面发展和享受发展成果的保证

实现科学发展观和构建社会主义和谐社会是党提出的两项战略思想。科学发展观的本质和核心是"以人为本"。"以人为本"的要义有两点：一是"以人的全面发展为目标"，二是"让发展的成果惠及全体人民"。老年人口是总体人口的组成部分，"人的全面发展"包括"老年人的全面发展"。老年人不仅是全面建设小康社会和构建社会主义和谐社会的受益者，而且还应该是发展经济的参与者。

从"让发展的成果惠及全体人民"来看，发展经济、构建和谐社会的根本目的是提高全国人民的生活水平和质量。老年人享受发展成果，提高生活质量的实质是满足他们的基本需要。马克思和恩格斯从经济学的角度认为人有三种基本需要，即生存需要、社会需要和发展需要。如果说生存需要是指个人维持生存所必需的生理需要，社会需要是指满足由人们赖以生息教养的那些社会条件所产生的一定需要的话，那么发展需要则是指每个人有全面而自由发展的需要。发展需要是人类最高层次的需要，也是参与发展全面实现自我价值的需要。坚持"积极老年教育观"，发展老年教育，是落实科学发展观，实现老年人全面发展和享受发展成果的有效措施。

参考文献

杜鹏主编《人口老龄化与老龄问题》，中国人口出版社，2006。

第五篇

老年产业

以人为本发展社会化养老服务事业[*]

一　老龄社会呼唤养老社会化服务

我国已经进入老龄社会，一方面老年人的生活照料需求增多，另一方面家庭照料资源减少，如何解决这一矛盾，已引起全社会的关注。

"国以民为本，民以食为天"。生存需要（物质生活需要）是人生的第一需要。马克思和恩格斯在《德意志意识形态》中说："人们为了能够'创造历史'，必须能够生活。但是为了生活，首先就需要衣、食、住及其他东西"。在工业社会里，老年人口比重加大和家庭核心化的发展，导致家庭的养老功能弱化，使老年人的晚年生活和照料面临严峻的挑战。如果说近年来建立和逐渐完善的养老保险和医疗保险制度可以从经济上保障老年人的食、住和医疗支出的话，那么老年人的生活照料和健康护理的需要就要依靠发展养老社会化服务来解决了。

养老社会化服务体系大体上分为两项工作，一项是兴办养老机构为老年人提供食、住、医服务，另一项是为居家养老的老年人提供全方位的上门服务。发展养老社会化服务是满足老年人特殊需要，提高老年人生活质量，为老龄社会增添新的经济增长点，是应对老龄化挑战和全面建设小康社会的一项积极的战略措施。《中国老龄事业发展"十五"计划纲要》（以

---

　　*　本文发表于《老龄问题研究》2006 年第 3 期。

下简称《计划纲要》）要求加快老龄事业的发展步伐，重点解决老龄事业发展中的突出问题，落实"老有所养、老有所医、老有所教、老有所学、老有所为、老有所乐"，把老龄事业推向全面发展的新阶段。指导原则是提高老年人口的生活质量，实现经济和社会的可持续发展。《计划纲要》强调发展老龄事业要发挥政府的主导作用，运用市场机制，动员各方面力量，推动养老服务事业走社会化、产业化道路。

近年来我国各省、市包括社会化养老服务在内的老年福利服务工作有了很大的发展，但是由于人口老龄化的发展速度快，有些人还没有完全摆脱计划经济时期的依赖思想，对于发展社会化养老服务还存在着期待或持观望态度，在对发展社会化养老服务的认识上还有两个误区：一是将社会化养老服务单纯看作社会福利和社会保障问题，认为应由国家财政支持兴办；二是认为兴办社会化养老服务事业经济效益低，所以裹足不前。

研究社会化养老服务的根本之策，我认为应从以下几方面着手推进社会化养老服务事业走社会化、产业化、专业化、规范化道路。

一是投资主体社会化。社会化养老服务不是慈善事业，也不是社会救济，而是在政府主导下，运用市场机制，动员国家、集体、企业和个人多渠道投资，以兴建养老机构和为居家养老提供有偿服务的事业，是老龄产业体系中的一个重要组成部分。

二是服务对象公众化。养老机构不仅收住由政府付费的"五保"老人，而且收住全自费的老年人。不仅为入住养老机构的老年人服务，而且为居家养老的老年人服务。

三是服务形式多样化。有托老所的短期照料服务，有养老院以食、住为主体的长期生活服务，有提供住院医疗、康复的护理院服务，有提供异地养老和旅游观光的旅行社服务，有为居家养老提供全方位上门服务的社区助老服务，等等。

四是服务人员专业化。养老机构的成员以专业人员为主，而且要经过培训后持证上岗。非专业服务可以有适量志愿者参与。

五是服务项目规范化。服务内容的设立要贯彻"以人为本"的原则，提高服务质量，为满足老年人的生活需要、精神文化需要、自我价值实现需要和实现"六个老有"服务。

总之，社会化养老服务要在政府的扶持下纳入社会老龄事业发展的总体规划，积极发展，走产业化道路，逐步形成自我管理、自我积累和自我发展的动力机制。

二　重视发展"居家养老"的上门服务

世界各国老年人的生活方式有两种，一种是在家中度过晚年，叫作居家养老；另一种是在养老院或护理院里生活，叫作机构养老。据不完全统计，国内外老年人选择居家养老的大约占95%，即使在人口老龄化和家庭小型化的社会里，建有条件良好的养老机构，但是居家养老仍然是老年人首选的生活方式。入住养老机构的主要是生活不能自理或只能半自理的老年人。

老年人首选"居家养老"是他们坚持"以人为本"的具体体现。人有自然属性和社会属性，机构养老能满足老年人自然属性——食、住的生存需求，老年人社会属性的社会性需求就需要通过居家养老来满足了。家庭与每个人息息相关，人出生后就离不开家庭。少儿时期学习成长，成年后兴家立业，老年时落叶归根，任何一项活动在离开家庭的情况下都无法进行。

家庭是人们以婚姻关系为起点，以血缘亲属关系为纽带的社会生活共同体。家庭关系是一种特殊的社会关系，与其他社会关系相比，家庭关系最亲切、最深刻。特别是家庭成员之间出于亲情的全面的合作与互动，是任何其他社会关系所不能比拟的。

家庭始终是人们互相交往、终身依赖的基本形式，也是思想感情交流最充分的场所。如果说青少年上学住校、中青年外出创业会离开家庭的话，那么人到老年就不得不长住在家了。正如著名社会学家戴维·L.德克尔在论述"老年与家庭"中所说的一样，"没有一个生活的领域跟我们个人命运的关系比我们跟家庭的关系更加密切"，我们"可以不做工作退休，却不能退离家庭"。

环顾全球，世界各地的家庭在社会组织和特性方面，尽管存在形式和含义上的差异，但是在传统上，老年人总是被看成是家庭中不可分割的组成部分。俗话说"人人都会老，家家有老人"，作为一家之长的老年人，一方面他们处于劳动年龄阶段时在家庭中起过主要作用，并担负过主要责任；另一方面，他们在进入老年之后，又在道义上受到晚辈的尊敬和赡养。当人生中遇到困难时，可以在那里得到庇护和安全，老年人作为弱势群体更需要家庭。当家庭养老处于危殆之中时，世界各国纷纷不得不采取措施加强家庭的作用，以解决老年人的特殊需要问题。

1982 年《老龄问题国际行动计划》对于加强和辅助老年人家庭的政策制定给予了优先考虑，强调"既然家庭被认为是社会的基本单位，应做出努力来支持、保护和加强它，使其同每个社会制度和文化价值相一致，并对老龄化的成员需要做出反应"。为了应对人口老龄化挑战，联合国决定将 1994 年定为"国际家庭年"。《2002 年马德里老龄问题国际行动计划》再次强调要充分实现老年人的人权和基本自由，要认识到家庭、时代相互依存、团结和互惠对于促进社会发展极为重要。

著名社会学家拉尔斯·索克勒斯特洛姆在《社会保险》一书的序言中写道："如果几代人生活在一起，那么家庭就特别适合保障安全，在这种情况下，这个联合体就是一个灵活的组织，它使一个人顺利地度过其生命周期的各个阶段，如儿童期、工作期和老年期。"

我国推崇含饴弄孙，享受天伦之乐，居家养老是老年人传统的养老生活方式。前不久北京、天津和上海关于养老方式意愿的抽样调查表明，90%以上被调查的老年人选择居家养老。

为居家养老提供社会化养老上门服务是伴随经济发展和社会进步而产生与发展起来的。它是工业化、社会化大生产、社会分工专业化以及人口老龄化发展的产物。第二次世界大战后，随着工业化、城市化和人口老龄化、家庭核心化的加速发展，人们对服务的需求不断增长，于是社会化养老服务在工业国家兴起，联合国社会发展和人道事务中心进行的一次调查表明，法国、美国、澳大利亚、联邦德国和英国都制定了政策和计划，以便发展以社区为基础的服务或家庭服务。其中，美国已对建立"引导机构"

的设想进行试验，力图通过该机构来指导如何全面地估计和安排老年人接受社区保健和其他服务；法国已有 900 个地区制定了专门的社区服务计划。社区提供的服务包括为老年人找佣人、上门服务等；联邦德国的社区服务包括做饭、料理家务、服侍饮食起居、采购、咨询、探望、陪同外出、出租轮椅、流动图书馆、游览、日间护理、娱乐及康复治疗。日本的社区服务包括派遣家庭服务员，其任务是护送老人看病、料理家务、购物、养护委托、电话咨询以及家庭护理等。

国际组织和学术界极力主张大力发展社会化养老服务事业，为居家养老的老年人提供全方位的服务。1982 年《老龄问题国际行动计划》强调，应设法使年长者能够尽量在其自己的家里和社区独立生活，并为此建议社会化养老服务应以社区为基础，向老年人提供预防性、补救性和发展方面的服务。1991 年《联合国老年人原则》强调"老年人应尽可能长期地在家居住"和"老年人应得到家庭和社区根据每个社会的文化价值体系而给予的照顾、服务和保障"。1992 年通过的《联合国老龄问题宣言》再次强调："大会注意到全世界发生史无前例的人口老化现象……确认老年人有权享有追求和获得最高程度健康的权利……随着年龄增长，有些人将需要全面的社区和家庭照料。"

人是一种有感情的社会动物，他需要和社会、家人进行感情和信息的交流，这是人的一种本能，也是人的一种基本需要，因此他不能离开家庭，也不能离开社会。对于老年人来说，家庭和邻居就显得更为重要，因为只有通过家人的相互关怀与支持，和邻里亲友的交往和谈心，才能表露和交流情绪和感受，消融家庭和社会生活中的苦闷与烦恼，得到精神慰藉和寄托，形成愉快、和谐的心理状态，排除老年人常有的孤独和失落感。但是居家养老愿望的实现，在现实情况下，要借助社区助老服务。国外把社区助老服务形容为居家养老不可缺少的条件。发展社区服务的最终目的是发挥代之代之间和社区成员之间的互助互动，使老年人不离开家庭、不脱离社会，继续与家人和社区不同年龄组的成员生活在一个社会大家庭中。这完全符合 1999 年"国际老年人年"让人们重视老年人融入社会的主旨。

第五次全国人口普查数据表明，2000 年，我国 65 岁及以上老年人的家庭户占全国家庭户总数的 20.09%。在全国一人家庭户口中，65 岁及以上单身老人户占 27.71%，超过 25%。在全国两人家庭户中，只有一对老年夫妇户占 13.41%。如此众多的老年人选择了居家养老，而且空巢老年人越来越多，迫切需要我们提供上门服务。

参考文献

《马克思恩格斯选集》（第一卷），人民出版社，1972。

〔美〕戴维·德克尔：《老年社会学》，沈健译，天津人民出版社，1986。

周浩礼、胡继春主编《社会学教程》，中国地质大学出版社，1989。

叶乃滋：《现代老年社会学》，黑龙江人民出版社，1991。

谢联华、宋玉华主编《全球行动——迎接人口老龄化 联合国老龄话题文件总汇》，华龄出版社，1998。

以人为本发展老龄旅游产业[*]

一 发展老龄产业为老龄社会培育
新的经济增长点

老龄产业是老年消费市场需求增长而带动形成的新兴产业。老龄化既是挑战又是机遇。老龄化在给社会经济发展带来制约因素的同时，也在孕育着一个巨大的老年消费市场。发达国家的史实表明，发展为老年人服务的第三产业，既能满足老年人的服务需求，又能创造适合于中老年人的就业岗位，促进老龄化与经济协调发展。日本 1970 年进入老龄社会后，大力发展老龄产业应对老龄化挑战，把第三产业视为老龄化社会的"救世主"。

二 老年旅游——我国老龄产业的后起之秀

我国对老年产业的研究起步较晚。1997 年 5 月 28 日由中国老龄协会、光明日报和北京大学联合召开了"中国老龄产业座谈会"；2001 年 2 月中国老龄协会和国家计委社会发展司联合召开了"第二届全国老龄产业研讨会"；2004 年 5 月和 10 月分别在北京和大连举办了"全国理论与政策研

＊ 此文为向 2006 年"全国首届老龄旅游产业高峰论坛"提交的论文。

讨会"和老龄产品博览会。2004 年中国老龄科学研究中心承担了国家科技部软科学课题"老龄产业发展的机制与政策研究",课题组在全国 13 个省、直辖市进行了深入的实际调查和研讨会论证,2005 年完成了课题报告。

由于我国"未富先老"的特点,在开始谈论和研究老龄产业时,首先关注的是养老、医疗和生活照料方面的问题,正式把老龄旅游提上议事日程是在 2000 年以后。以下是对我国老年旅游产业的简单回顾。

2000 年由全国部分城市的老龄办和相关的涉老部门倡导组建了全国城市老年旅游服务网络。

2001 年江苏省老龄办、无锡市老龄办和康辉旅行社向"第二届全国老龄产业研讨会"提交了题为《开发老年旅游市场促进老龄产业化发展》的论文。

2004 年中国老年学学会老年旅游专业委员会正式成立,这是我国老年旅游产业发展的里程碑。

2005 年中国老龄科学研究中心提出《老龄产业发展的机制与政策研究》课题报告,把组织老年旅游和生产老年旅游产品列为九项发展老龄产业的第六项。

2006 年 9 月 1~3 日在济南举办了第六届中国(济南)国际旅游交易会暨首届老年旅游博览会和老年旅游高峰论坛。

《中国老龄事业发展"十一五"规划》(征求意见稿)在发展老龄产业方面要求优先发展养老服务业,辅以卫生健康服务、旅游娱乐和金融保险业。

三 我国老龄旅游产业的现状与前景

(一) 现状喜人

随着改革开放以来党的富民政策的实行,我国城镇老年人收入增加,老年人对于旅游的需求空前增长。据不完全统计,1997 年无锡市老龄委组织的"千位老人游三峡"活动，三批共有 1857 位老人参加；1998 年组织了327 位老人游马来西亚；1999 年组织了千位退休职工游北京，百位老人游港澳；2000 年组织了千位老人游韩国。

据不完全统计，2001 年 65 岁及以上老年人平均旅游消费，广州为 1685元，上海为 1500 元。

广东的东莞、汕头等地组织成立了长者俱乐部；北京、天津和哈尔滨等地的老龄组织与铁路部门协作，为老年人组织了 27 次"旅游专列"；贵阳市老龄委组织了首届"千名老人游华东"活动。中国老龄科学研究中心的调查表明，我国老年旅游产业近年来逐渐成为老龄产业中发展最快、效益最好、最受老年人欢迎的支柱产业。

（二）前景宽阔的老年旅游产业将成为老龄产业的支柱产业

经济学的理论认为需求是市场存在的前提，而市场是人口、购买力和消费意愿三因素的统一体。老龄旅游产业的形成和发展是以市场的需求为原动力的。老龄旅游产业的产生和发展取决于由老年人口规模、老年人口购买力水平和购买欲望所决定的市场需求。从以上三个因素来看，我国的老年人口规模与年俱增，老年人的购买力不断增长，70% 的老年人有退休后旅游的倾向，三者结合必然使老年旅游市场需求越来越大。据国家旅游局统计资料显示，2004 年我国旅游业年收入超过 4000 亿元，大约占国内生产总值的 5%，这其中包括老年人的旅游消费。2004 年老年人的旅游消费份额占旅游市场的 20% 左右，预测 2005 年将上升至 25% 以上，老年旅游收入将达到 1000 亿元以上。

欣欣向荣的老年旅游产业的高速发展，不仅满足老年人提高生活质量的需要，而且也是社会经济健康有序、可持续发展的需要。

老年人历经世间沧桑，有着比青年人更加丰富的内心世界和更高的精神需求，服务于老年人的旅游产业，更加需要有历史和文化的内涵。老年人是家庭的尊长和社会的资深公民，发展老年旅游产业，满足老年人怀旧访友、寻胜问古和观光休闲的精神文化需求不仅是建设"不分年龄、人人共享"的和谐社会的需要，而且是企业和社会对老年人的支持和回报。

参考文献

中国老龄科学研究中心：《老年旅游将成为老龄产业的支柱型产业》，《中国社会导刊：中国老龄》2005 年第 11 期。

刘韬、甘源：《70% 的老人有退休后旅游的倾向》，《中国社会导刊：中国老龄》2005 年第 11 期。

熊必俊：《人口老龄化与可持续发展》，中国大百科全书出版社，2002。

发展老龄产业，为构建和谐社会服务[*]

一 构建和谐社会需要发展老龄产业

树立科学发展观和构建社会主义和谐社会是党的十六大以来提出的两项战略思想。科学发展观是实现可持续发展和构建和谐社会的必由之路。推进社会主义和谐社会建设要全面贯彻落实科学发展观，用科学发展观统领全面构建和谐社会全局。

科学发展观的本质和核心是"以人为本"。"以人为本"就是以实现以人的全面发展为目标，让发展的成果惠及全体人民。推进发展的终极目的是人的全面发展。马克思说："任何人类历史的第一个前提无疑是有生命的个人的存在。"人口是生产力不可缺少的部分，马克思主义认为发展的主体是人，发展的动力是人，可持续发展的中心也是人。老年人口是总体人口的组成部分，从科学发展观和以人为本来看，老年人口不仅是构建社会主义和谐社会的受益者，而且还应该是构建进程中的参与者。

21 世纪是全球老龄化的世纪，同时又是人类的长寿时代。1982 年维也纳"老龄问题世界大会"把老龄问题概括为满足老年人的特殊需要人道主义方面的问题和涉及人口老龄化所造成的社会经济发展方面的问题。前者包括老年人的保健与营养、住宅和环境、家庭、社会福利、收入保障与就

———————

* 此文为向 2006 年"国际老龄产业高峰论坛"提交的论文。

业以及教育。后者包括在老年赡养比日益上升的情况下，人口老龄化对生产、消费、储蓄、投资，以及反过来对一般社会经济状况和政策所产生的影响。大会通过的1982年《老龄问题国际行动计划》强调既要处理各种影响到老年人的问题，也要处理同老龄化有关的问题。

随着老年人口的增加，老年人的生活照料需求增多，家庭照料资源减少，如何解决这一矛盾已引起全社会的关注；另一方面老龄人口比重上升和社会保障压力加大已经成为我们构建社会主义和谐社会必须应对的一项严峻挑战。

十六大报告强调"发展经济的根本目的是提高全国人民的生活水平和质量"。对于老年人来说，提高生活质量的实质是满足他们的基本需要。马克思和恩格斯从经济学的角度认为人有三种基本需要，即生存需要、社会需要和发展需要。如果说生存需要是指个人维持生存所必需的生理需要，社会需要是指满足由人们赖以生息教养的那些社会条件所产生的一定需要的话，那么发展需要则是指每个人有全面而自由发展的需要。发展的需要是人类最高层次的需要，也是全面实现自我价值的需要。

我国进入老年型社会已经7年了，在经济尚不发达的情况下迎来人口老龄化快速发展，对我们来说是一次严峻的挑战。据预测，我国60岁及以上的老年人口在2030年将达到3.35亿人，占总人口的21.93%，到2050年将达到4.11亿人，平均每4人中就有一位老年人，而届时我国人均国民总收入也只能达到当前中等发达国家的水平。

面对经济发展滞后于老龄化的发展，我们一方面要认真探讨如何缓解人口老龄化对经济社会发展的不利影响，另一方面要研究如何满足老年人的消费需求问题，以及老龄化可能引起的消费构成的变化，以便适时调整产业构成，发展老龄产业，促进老龄化与经济协调发展，满足老年人口的需求，这项工作不但是实现老龄社会的可持续发展的需要，而且是"以人为本"、构建社会主义和谐社会的迫切需要。

二　要加强发展老龄产业的理论和市场研究

马克思在《〈政治经济学批判〉导言》中指出："没有生产，就没有消费，但是，没有消费，也就没有生产，因为如果这样，生产就没有目的"。人口是消费的主体，但是不同年龄的人口有不同的消费需求，它反映出人的年龄、心理、生理与社会因素的变化。作为人口年龄构成变化的人口老龄化，必然引起消费构成的变化。老龄化带来老年人口消费需求在社会消费总需求中所占比例的加大。市场经济是以消费为导向的经济，企业和厂商在竞争中要想占有市场，就必须研究人口年龄构成与消费构成的内在联系，并按照年龄构成的变化，适时地调整产品构成和产业构成。

人有自然属性和社会属性，发展老龄产业和提高老年人的生活质量，既要从人的自然属性出发去研究如何保障老有所养，提高健康水平，延缓衰老，实现长寿；又要从其社会属性出发去研究如何丰富老年人精神文化生活，满足他们继续发挥作用和实现自我价值的需要。

老年人消费市场潜力的大小主要取决于政府用于老年社会保障支出的多少，老年消费者人数的多寡以及他们收入水平的高低。以上三者自从改革开放以来都在持续增长，因此老年人消费市场的潜力逐年加大。

据不完全统计和预测，我国政府用于老年社会保障的开支，近年来有较大幅度的增长。用于退休金的支出已由 1978 年的 17.3 亿元增加到 1993 年的 747.3 亿元，预计 2030 年将达到 73219 亿元。与此同时，老年福利事业支出也在同步增长，实际上这就是老年人集体消费的增多。

我国老年人口数量正以年均 3% 的速度递增，其中退休人员人数已由 1978 年的 314 万人增加到 1993 年的 2700 万人。预计 2030 年将达到 9127 万人。越来越庞大的老年消费者群体是我国老年人消费市场兴旺发达的最可靠保证。

我国老年人口的经济收入水平，虽然目前一般都低于中年人，但是由于他们的父母多已过世，子女都已成家立业，不再有养老育幼的负担，从而使他们用于自己消费的可支配收入加大，购买力提高。

有关专家认为我国老龄产业是一座待开发的金山，目前我国老年人市场需求估计为 4000 亿元至 6000 亿元，2020 年将达到 10000 亿元。

三 有关我国老龄产业发展的回顾与展望

（一） 我国对老龄产业的研究起步较晚，以下是对我国老龄产业研究的简略回顾

1997 年 5 月 28 日由中国老龄协会、光明日报和北京大学联合召开了"中国老龄产业座谈会"。

2001 年 2 月中国老龄协会和国家计划委员会社会发展司联合召开了"第二届全国老龄产业研讨会"。

2004 年 5 月和 10 月分别在北京和大连举办了"全国理论与政策研讨会"和老龄产品博览会。

2004 年中国老龄科学研究中心承担了国家科技部软科学课题"老龄产业发展的机制与政策研究"，课题组在全国 13 个省、直辖市进行了深入的实际调查和研讨会论证，2005 年完成了课题报告。

2006 年 9 月 22～23 日在北京举办了中国国际老龄产业博览会暨高峰论坛。

（二） 我国老龄产业的发展展望

国务院批准正式颁布实施的《中国老龄事业发展"十一五"规划》（以下简称《规划》）要求发挥政府的指导和监督作用，把老龄产业列入扶持行业目录，并通过税收优惠、减免费用、信贷支持等措施，大力扶植尚在起步阶段的老龄产业。

《规划》提出，在养老服务方面，将鼓励吸收社会力量投资兴办不同档次的养老服务机构。鼓励社会力量开展以社区为基础的养老服务，逐步形成为老年人提供生活照料、康复护理、家政服务、心理咨询、文化学习、体育健身、娱乐休闲等综合性的服务网络，为居家老人提供优质服务。

"十一五"期间，还将鼓励和扶持开发老年用品、发展老年旅游事业，拓展老年卫生服务领域，积极开发适合老年人的金融、理财、保险等服务项目，促进老年消费市场的繁荣与发展。

以人为本发展老龄产业，还要"与时俱进"，有创新的精神和举措，适应 21 世纪老年人养老的新观念，即在养的概念方面，从满足物质需求向满足精神需求方面发展。随着物质条件的改善，养老的健康精神和文化目标会凸显出来，成为老年人的主要需求。在养老的原则方面，从经验养生向科学养生发展。20 世纪绝大多数老年人，凭借经验养生。21 世纪，随着医学发展和科学养生知识的普及，老年人对科学更趋认同，转而热衷于科学养生。在养的目标方面，从追求生活质量向生命质量转变。如果说长寿是人们最初和最古老的目标，健康是 20 世纪的目标，那么尊严则是 21 世纪老龄社会的目标。在养的意义方面，从安身立命之本向情感联络和心理依托转变。进入 21 世纪，养老将彻底摆脱功利色彩，走向情感联络和心理依托的殿堂。

今年是"十一五"规划的开局之年，我们要认真落实《中国老龄事业发展"十一五"规划》，努力实现老有所养、老有所医、老有所教、老有所学、老有所为、老有所乐，把老龄产业推向积极发展的新阶段。进一步提高老年人口的生活和生命质量，实现经济和社会的可持续发展，为构建社会主义的和谐社会服务。

参考文献

《马克思恩格斯选集》（第一卷），人民出版社，1972。

〔美〕戴维·德克尔：《老年社会学》，沈健译，天津人民出版社，1986。

周浩礼、胡继春主编《社会学教程》，中国地质大学出版社，1989。

叶乃滋：《现代老年社会学》，黑龙江人民出版社，1991。

中国老龄科学研究中心：《老年旅游将成为老龄产业的支柱型产业》，《中国社会导刊：中国老龄》2005 年第 11 期。

刘韬、甘源：《70% 的老人有退休后旅游的倾向》，《中国社会导刊：中国老龄》2005 年第 11 期。

熊必俊：《人口老龄化与可持续发展》，中国大百科全书出版社，2002。

发展助老服务产业，
为构建和谐社会做贡献*

一 以人为本，发展助老服务产业

坚持科学发展观和构建社会主义和谐社会是十六大以来提出的两项战略思想。科学发展观的本质和核心是"以人为本"。"以人为本"的要义有二：一是"以人的全面发展为目标"；二是"让发展的成果惠及全体人民"。老年人口是总体人口的一部分，他们是在完成了物质再生产和人口再生产的任务后进入老年的，国家和社会理应为他们提供助老服务，帮助他们提高生活质量，满足基本需要，安度晚年。

人有三种基本需要，即生存需要、社会需要和发展需要。老年人也不例外。如果说生存需要是指个人维持生存所必需的生理需要，社会需要是指满足由人们赖以生息教养的那些社会条件所产生的一定需要的话，那么发展需要则是指每个人有全面而自由地发展的需要。发展需要是人类最高层次的需要，也是全面实现自我价值的需要。

人有自然属性和社会属性，满足老年人的需要和提高其生活质量，既要从人的自然属性出发去研究如何为老年人提供养老服务，提高健康水平、

* 此文为向 2015 年"首届中国社会化养老服务发展趋势与对策论坛"提交的论文。本文荣获优秀论文奖，并发表于《法治中国》周刊"助老之窗"栏目，2008 年 11 月 1 日。

延缓衰老、实现长寿，又要从其社会属性出发去研究如何丰富老年人精神文化生活，满足他们继续发挥作用和实现自我价值的需要。

二 为居家养老的老年人提供日常生活和 医疗的社会化服务，满足老年人的 生活照料和医疗护理需要

我国养老服务体系是以"居家养老为基础，社区服务为依托，机构养老为补充"。

如果说有 5% 的老年人住养老机构可以解决生活照料和医疗护理的话，那么还有 95% 居家养老的老年人除少数人可以由家属照应外，绝大多数老年人的生活照料和医疗护理需要由助老服务组织来提供。

为了解决老年人居家养老的困难，国际组织和学术界极力主张大力发展老龄产业，特别是社区助老服务产业，为居家养老的老年人提供全方位的服务。

1992 年通过的《联合国老龄问题宣言》强调："大会注意到全世界发生史无前例的人口老化现象……确认老年人有权享有追求和获得最高程度健康的权利……随着年龄增长，有些人将需要全面的社区服务和家庭照料。"

我国"五普"资料表明，2000 年我国 60 岁及以上老年人口占总人口的 10.46%，80 岁及以上高龄老年人有 1199 万人。老年人口有配偶率的为 67.32%，空巢老人家庭越来越多。

卫生部的调查表明，我国老年人两周患病率为全人群的 1.7 倍，慢性病患病率为全人群的 4.2 倍。北京市的抽样调查表明，60 岁及以上老年人慢性病患病率高达 72.1%，同时患有两种以上疾病的人口有 42%。老年人慢性病和非传染病还会导致患者长期失能和残障，2000 年老年人中日常生活需要帮助的有 20%，日常生活完全需要依赖他人照顾的占 5%。独身、空巢和病残老人对助老服务的需求十分迫切。

三 发展老年教育和文娱体育活动，为提高老年人的
文化素质和健康水平服务

（一）发展老年教育为老年人提高文化水平服务

据统计，2000年我国老年人口的文盲和半文盲率达到47.54%。在15岁以上文盲和半文盲中，58.81%为老年人口。在老年人口中，小学程度的人占36.82%，初中程度的人占9.46%，高中程度的人占4.12%，大学以上程度的人仅占2.05%。大部分文化水平低的老年人希望有学习的机会，目前我国老年大学和学校2万多所，在校学员100多万人，在发展老年教育为老年人提供教学服务方面大有可为。

（二）发展老年文娱体育活动，为提高老年人的健康水平服务

健康是老年人最宝贵的财富，老年人希望通过参加文娱体育活动来延缓衰老，延长预期健康寿命。2000年的调查显示，城市社区内没有老年人活动室的占47.7%，没有运动场的占58.2%；农村没有老年人活动室的占79.4%，没有运动场的占85.6%。实行星光计划以来，城乡的文体设施和场所增加了一些，但是仍然满足不了客观需要，有待我们兴办文体服务产业，进一步发展老年文体活动，为老年人提高健康水平和增强体质服务。

四 组织老年人参与发展，为实现
"老有所为"服务

国际社会十分重视老年人参与发展，认为老年人是老龄社会的重要资源。《2002年马德里老龄问题国际行动计划》强调老年人积极参与发展的重要性和必要性，指出，不分年龄、人人共享的社会包括努力使老年人有机会继续为社会做贡献。要承认和鼓励老年人为家庭和社区做贡献，并为老年人提供参与社区发展和自我实现方面的服务。

人生价值贯穿于一个人在社会生活中生命的全过程，其中包括老年阶段。老年人作为社会人，他们对社会的存在与发展负有应尽的责任和义务；在他尽义务的同时，也享有相应的权利并且应受到社会的尊重。如果说人们视老年人为宝贵财富的最根本的理由是对他们完成人口再生产和物质再生产历史功绩的肯定的话，那么老年人在现实生活中如何进一步实现自我价值，则要靠继续参与社会发展来获得社会的承认和尊重。

参与发展既是老年人继续为社会做贡献的需要，又是老年人实现自我价值的需要。实现自我价值是老年人最高层次的追求，这一理想的实现需要老年人自身的努力，更需要全社会的理解和支持，其中包括老龄产业为组织老年人"老有所为"所提供的支持和服务。

五　发展助老服务产业，为老龄社会培育新的经济增长点

助老服务产业是老年消费市场需求增长而形成的新兴产业。老龄化既是挑战又是机遇，老龄化在给社会经济发展带来制约因素的同时，也在孕育着一个巨大的老年消费市场。

发达国家的史实表明，发展为老年人服务的第三产业，既能满足老年人的服务需求，又能创造适合于中老年人的就业岗位，促进老龄化与经济协调发展。日本1970年进入老龄社会后，大力发展老龄产业以应对老龄化挑战，把第三产业视为老龄化社会的"救世主"。

我国在经济尚不发达的情况下进入老龄社会，面临着老年人口比重上升和养老保障压力增大的挑战。根据我国情况，发展助老服务产业提高老年人生活质量，满足其基本需要，鼓励老年人参与社会发展有利于应对老龄化挑战，促进老龄化与社会经济协调发展，实现不分年龄、人人共享的目标，为构建社会主义和谐社会做贡献。

以科学发展观为指导，
发展老年长期照护产业*

　　摘　要：2009 年年底，我国 60 岁及以上老年人口已达到 1.67 亿人，占全国总人口的 12.5%。预测 80 岁及以上高龄老人达到 1899 万人，占老年人口总数的 11.4%，生活不能自理的老年人有 3008 万人，占老年总人数的 18%。随着老龄化速度加快，老年人口特别是高龄老人对卫生保健和长期照护服务的需求日益增多。为了解决全球性的老年人长期照护的困难，国际组织和学术界极力主张大力发展老年长期照护产业，为老年人提供全方位的服务。1982 年《老龄问题国际行动计划》、1991 年《联合国老年人原则》、1992 年通过的《联合国老龄问题宣言》、《2002 年马德里老龄问题国际行动计划》都要求"通过各种渠道为老年人提供社区照护服务，使更多独自生活的老年人得到长期社区照顾，延迟入住养老院的时间"。国外为高龄老人提供长期照护服务是伴随着人口老龄化和家庭核心化养老功能弱化而兴起的。第二次世界大战后，随着工业化、城市化、人口老龄化和家庭核心化的加速发展，老年人对照护服务的需求不断增加，于是老年照护服务开始在工业国家兴起，法国、美国、德国、日本和英国都制定了有关政策和计划，发展养老服务产业既能满足老年人的服务需

---

　　* 此文为向 2010 年"中国老年学学会年会"提交的论文，载于《全国老年照护服务高峰论坛（2010 年）论文集》，并荣获 2010 年"中国老年学学会优秀论文奖"。

求，提高生活质量，又能创造更多的就业岗位，为老龄社会培育新的经济增长点，为促进老龄化与经济协调发展和构建社会主义的和谐社会做贡献。

实现科学发展观和构建社会主义和谐社会是党的十六大以来提出的两项战略思想。实现可持续发展和推进社会主义和谐社会建设要全面贯彻落实科学发展观。科学发展观的本质和核心是"以人为本"。"以人为本"的要义有二：一是"以人的全面发展为目标"；二是"让发展的成果惠及全体人民"，其中包括以科学发展观为指导，发展老年保健产业，提高老年人健康水平。

1982 年维也纳"老龄问题世界大会"把老龄问题概括为满足老年人的特殊需要的人道主义方面的问题，和涉及人口老龄化所造成的社会经济发展方面的问题。前者包括老年人的保健与营养、住宅和环境、家庭、社会福利、收入保障与就业以及教育。后者包括在老年赡养比日益上升的情况下，人口老龄化对生产、消费、储蓄、投资，以及反过来对一般社会经济状况和政策所产生的影响。大会强调"既要处理各种影响到老年人的问题，也要处理同老龄化有关的问题"。从这个意义上讲，以科学发展观为指导，发展老年保健产业一方面能满足老年人的健康需求，使他们享受社会经济发展的成果，另一方面又为老龄社会增添了劳动力后备军，培育新的经济增长点，有利于促进人口老龄化与社会经济协调发展。

我国进入老龄社会已经 11 年了，2009 年年底，我国 60 岁及以上老年人口已经达到 1.67 亿人，占全国总人口的 12.5%。预测 80 岁及以上高龄老人达到 1899 万人，占老年人口总数的 11.4%，生活不能自理的老年人有 3008 万人，占老年总人数的 18%。随着老龄化速度加快，老年人口特别是高龄老人对卫生保健和长期照护服务的需求日益增多，据卫生部统计，我国 60 岁及以上老年人口慢性病患病率是全部人口患病率的 3.2 倍，伤残率是全部人口伤残率的 3.6 倍。65 岁以上老年人中，老年痴呆症的患病率为 6.6%，85 岁以上高龄老年人中老年痴呆症的患病率为 33%，估计到 21 世纪中叶我国患老年痴呆症的人数将超过 5313 万人。

一 老龄社会呼唤老年长期照护服务

在老年人健康状况自评方面，城市地区自我评价很差的占 4.2%，较差的占 15.6%，一般的占 52.3%，较好的占 22.8%，很好的只占 5%。农村地区依次为 5.8%、20.7%、50.3%、19.3%，很好的只占 3.95%。老年人的生活自理能力，城乡合计能够自理的老年人占 80.7%，能够部分自理的占 12.9%，完全不能自理的占 6.4%。需要日常生活照料的老年人比例，城乡合计为 9.8%，其中 79 岁以下需要日常生活照料的老年人有 7.3%，80 岁以上需要日常生活照料的老年人有 33.1%。

老年人对卫生、护理服务的需求状况，城市地区老年人需要陪同看病的占 13%，需要上门看病的占 20.5%，需要上门护理的占 13.8%，需要老年饭桌或送饭上门的占 11.5%，需要康复治疗的占 21%。

老年人晚年的生活照料和健康护理面临严峻的挑战。截至 2009 年年底，全国养老机构床位达到 275 万张，仅相当于老年人口总数量的 1.6%，即使全部床位出租，也只能容纳 11% 的高龄老人或 18% 的生活不能自理的老年人。全国老龄工作委员会常务副主任陈传书 2010 年 3 月 3 日在全国性老年社团负责人座谈会上的讲话中指出："全国老龄工作委员会办公室今年的重要工作，概括来讲是'三个三'。首先，推进'三个体系'建设，一是养老保障体系，一方面老年人口比重加大和高龄老人增多，老年人的养老服务需求增多；另一方面，家庭小型化和核心化的发展，导致家庭照料资源减少和赡养功能弱化，建设养老保障体系，以完善制度、扩大覆盖面为重点；二是老龄服务体系，以基本养老工程为重点；三是老龄工作体系，以健全基层组织为重点。"如果说建设养老保障体系、扩大覆盖面，可以从经济上保障老年人老有所养的话，那么越来越多的老年人，特别是高龄老年人、空巢老年人和生活半自理或不能自理的老年人的生活照料和健康护理的需要就越来越需要借助发展社会化长期照护产业来满足了。

《中国老龄事业发展"十一五"规划》提出要"鼓励吸引社会力量投资

兴办不同层次的养老服务机构。支持信息服务、管理咨询、人才培训等社会中介机构的发展，鼓励社会力量开展以社区为基础的养老服务，逐步形成为老年人提供生活照料、医疗保健、康复护理、家政服务、心理咨询、文化学习、体育健身、娱乐休闲等综合性的服务网络，为居家老人提供优质、便捷的服务"。今年是"十一五"的最后一年，我们要努力完成《中国老龄事业发展"十一五"规划》制定的目标，承前启后，进一步发展和完善老年长期照护产业。

二　国际社会和学术界关注老年长期
照护产业的发展及先例

为了解决老年人长期照护的困难，国际组织和学术界极力主张大力发展社区助老服务事业，为老年人提供全方位的服务。1982 年《老龄问题国际行动计划》强调，对老年人的照料应当超过疾病的治疗，"尤其是高龄的人，仍然是脆弱的。因为他们的行动可能更为不便，所以特别需要就近在住所和（或）社区得到基本护理。基本保健的概念具体体现在现有保健和社会服务人员并辅以受过护理老年人基本技术训练的社区保健工作人员"。社会福利服务应以社区为基础，并为"老年人提供范围广泛的预防性、补救性和发展方面的服务。"

1982 年通过的《联合国老龄问题宣言》再次强调，"大会注意到全世界发生史无前例的人口老化现象……确认老年人有权享有追求和获得最高程度健康的权利……随着年龄增长，有些人将需要全面的社区和家庭照料"。

1991 年《联合国老年人原则》强调"老年人应得到家庭和社会根据每个社会的文化价值体系而给予的照顾、服务和保障"。

《2002 年马德里老龄问题国际行动计划》（以下简称《行动计划》）要求通过各种渠道为老年人提供社区照护，使更多独自生活的老年人长期得到社区照顾，延迟进养老院的时间。《行动计划》还强调老年人口的护理需要日益增多，政府必须制定适当的计划，促进终身健康，降低与老龄有关的残疾率。

美国在 20 世纪 80 年代开始运作，并在 90 年代出台长期护理保险。长期护理保险有两种：一种是由商业保险公司主办，个人自愿投保的长期护理保险公司；一种是由政府主办和管理的，属于社会保障范畴。据全美老年人服务中心报告，日间老人护理中心每日护理 15 万名老年人，还为老年人提供了包括物理治疗和锻炼等在内的服务。

法国政府于 1994 年颁布《护理保险法》，1995 年开始实行长期护理保险，其责任范围已扩展至护理院。

日本政府于 1995 年提出创建护理保险制度，1997 年参、众两院通过提案，并于 2000 年建立护理保险制度，并将其正式纳入社会保障体系。

三　发展老年长期照护服务产业，为老龄社会培育新的经济增长点

老年长期照护产业是人口老龄化发展和高龄老年人消费市场需求增长而形成的新兴产业。人口老龄化既是挑战又是机遇。人口老龄化在给社会经济发展带来制约的同时也在孕育着一个巨大的老年消费市场。

经济学认为需求是市场存在的前提，而市场是人口、购买力和消费意愿三因素的统一体。老年长期照护服务产业的产生和发展取决于由高龄老年人口规模、购买力水平和购买欲望所决定的市场需求。高龄老年人消费市场潜力的大小，主要取决于政府用于高龄老年人社会保障支出和高龄老年人津贴的多少和消费者人数的多寡，以及他们收入水平的高低。统计和预测表明，我国包括高龄老人在内的老年人口消费占总消费的比例将由 2000 年的 9.67% 上升到 2010 年的 11.39%，2020 年的 15.43% 和 2050 年的 8.29%。到 2010 年老年人口消费规模将超过 1.4 万亿元，2020 年将接近 4.3 万亿元，2030 年将达到 13 万亿元。老年人购买力和消费市场潜力逐年加大，为发展老年长期照护产业带来了难得的机遇。

发展老年长期照护产业既能满足老年人的服务需求，提高生活质量，

又能创造更多的就业岗位，为老龄社会培育新的经济增长点，为促进老龄化与经济协调发展、构建社会主义和谐社会做贡献。

参考文献

《马克思恩格斯选集》（第一卷），人民出版社，1972。

上海市老龄科学研究中心：《国外老龄信息摘编》，2009。

熊必俊：《老龄经济学》，中国社会出版社，2009。

谢联辉、宋玉华主编《全球行动——迎接人口老龄化 联合国老龄话题文件总汇》，华龄出版社，1998。

第六篇
敬老、助老、孝文化

佛教、基督教和伊斯兰教的敬老观[*]

  宗教是人类古老的意识形态之一。人类的宗教观念起源很早，流传于世界的三大宗教——佛教、基督教和伊斯兰教，也有两千年左右的历史了。在各民族的发展史中，几乎没有宗教观念和宗教活动不在其间发生重要作用的。宗教从来不仅仅是作为一种观念存在于人类社会中，而且它一旦掌握群众，结成了团体，便成为一种社会力量。据不完全统计，当今世界信仰宗教的人比不信仰宗教的略多一些，大约每五个人中就有三个人是宗教的教徒。在不少国家和地区，宗教在政治、经济、文化等领域中仍有很大影响，有些国家甚至把宗教尊为国教。

  我们中华民族在自身发展中，宗教也曾不例外地发挥过作用，特别是在文化和道德规范上，宗教的功绩不容抹杀。

  尽管人们对宗教的看法和评价不尽一致，你可以有信仰宗教的自由，也可以有不信仰宗教的自由，但是一些宗教的敬老养老观，特别是其中的一些有益于人类社会进步与发展的道德规范和训教戒律，还是值得我们借鉴的。

  世界上宗教的教种繁多，在这里我们只能对对我国影响比较大的佛教、基督教和伊斯兰教中有关敬老养老的训诫做选述。

---

  * 此文摘自《保障老有所养的理论与实践》，经济管理出版社，1999，转载于《上海老龄科学》1999 年第 4 期。

一 佛教

佛教相传创立于公元前六至五世纪，其基本教义是四谛说、八正道、十二因缘和三法印、因果报应、业报轮回、三世论等。佛教早期的经典《阿含经》是释迦牟尼的弟子根据他宣讲教义的口述汇集而成的。《阿含经》分为四部分，即《长阿含经》《中阿含经》《杂阿含经》和《增一阿含经》。

在《长阿含经》中有要求信徒孝敬父母和做到父慈子孝的训教，其中强调："善生者，夫为人子，当以五事敬顺父母。云何为五？一者供养，能使无乏。二者，凡有所为，先白父母。三者，父母所为，恭顺不逆。四者，父母正令，不敢违背。五者，不断父母所为正业。善生，夫为人子，当以此五事敬顺父母。父母复以五事敬亲其子。云何为五？一者，制子不听为恶。二者，指授示其善处。三者，慈爱入骨彻髓。四者，为子求善婚娶。五者，随时供给所须。善生，子于父母敬顺恭奉，则彼方安稳，无有忧畏。"

《长阿含经》还要求其信徒尊师爱徒，强调："善生，弟子敬奉师长复有五事。云何为五？一者给侍所须。二者，礼敬供养。三者，尊重戴仰。四者，师有教敕，敬顺无违。五者，从师闻法，善持不忘。善生，夫为弟子，当以此五法敬生师长。师长复以五事敬礼弟子。云何为五？一者，顺法调御。二者，诲其未闻。三者，随其所问，令善义解。四者，示其善友。五者，尽己所知，诲授不吝。善生，弟子于师长，敬顺恭奉，则彼方安稳，无有忧畏。"

《长阿含经》还载有亲敬亲族的训教："善生，夫为人者，当以五事亲敬亲族，云何为五？一者给施，二者善言，三者利益，四者同利，五者不欺。善生，是为五事亲敬亲族。亲族亦以五事亲敬于人。云何为五？一者，护放逸。二者，护放逸失财。三者，护恐怖。四者，屏相教诫。五者，常相称叹。善生，如是敬视亲族，则彼方安稳，无有忧畏。"

佛教在僧众长幼间强调尊老敬长，长幼有序。例如，走路时长者在前，幼者在后；就座时长者在上座，幼者在下座。一般比丘见大长老，则脱鞋偏袒右肩，后礼拜。

二 基督教

基督教的基本主张是"博爱"，它包括两个方面，一是爱上帝，二是彼此相爱。耶稣认为"爱人如己"是仅次于"爱上帝"的最大诫命，"是律法和先知一切道理的总纲"。

《圣经》是基督教的经典，被认为是上帝启示的记录，是永恒的真理，是基督徒信仰的依据和宗教生活、日常生活的规范。

"箴言"是阐述宗教生活和世俗生活的格言，是用以规诫他人或自己为目的的一种文体，也是古代贤哲阐述世俗生活的伦理道德观点的格言。《旧约全书》在"箴言"一章中表明了基督教的敬老观，强调老年人的"白发是荣耀的冠冕，在公义的道上，必能得着"，在第二十章说"强壮乃少年人的荣耀；白发为老年人的尊荣"。

在《圣经》里也记载有耶稣和基督教对敬老爱老的训诫。《圣经》强调老年人是智慧的代表，教导教徒要尊敬老年人。主张人们在陈述意见时，应该让老年人有发言的优先权。如《旧约全书·约伯记》第三十二章提出："我说，年老的当先说话，寿高的当以智慧教训人"。

《旧约全书·利未记》的第十九章要求信徒"在白发的人面前，你要站起来，也要尊敬老人"。在《新约全书·彼得前书》的第五章中又强调"你们年幼的，也要顺服年长的"。

基督教主张博爱，特别强调对老年人要谦让，不可深责。《新约全书·提摩太前书》第五章要求人们"不可严责老年人，只要劝他如同父亲；劝少年人如同弟兄；劝老年妇女如同母亲"。

基督教把子女必须孝敬父母规定为信徒和人们必须遵守的训诫。《旧约全书·出埃及记》第二十章提出的"上帝十诫"中第五诫为"孝敬尔父母，则吉祥必及于尔身，而延寿于世"。

除了十诫要求子女必须孝敬父母外，在《旧约全书》和《新约全书》的其他章节对此还有诸多阐述。例如，《旧约全书·箴言》第一章说："我儿，要听你父亲的训诲，不可离弃你母亲的法则。"第三章说："我儿不要忘记我的法则，你心要谨守我的诫命。"第四章又说："众子啊，要听父亲的教训，留心得知聪明……要持定训诲，不可放松。"第二十三章说："你要听从生你的父亲，你母亲老了，也不可藐视她。"在第三十章中警告不孝敬父母的子女说："戏笑父亲，藐视而不听从母亲的，他的眼睛，必为谷中的乌鸦啄出来，为鹰雏所吃。"

《新约全书·以弗所书》第六章也明确提出："你们作儿女的，要在主里听从父母，这是理所当然的。要孝敬父母，使你得福，在世长寿。这是第一条带应许的诫命。"

《圣经》除了教诲子女听从父母外，还要求子女对父母予以精神慰藉。在《圣经》里记载了耶稣和基督教对信徒在精神方面应该如何敬老爱老的训诫。《旧约全书·箴言》第二十三章说："人生智慧的儿子，必因他欢喜。你要使父母欢喜，使生你的快乐。我儿，要将你的心归我，你的眼目也要喜悦我的道路。"《旧约全书·箴言》第十章说："所罗门的箴言：智慧之子使父亲欢乐，愚昧之子叫母亲担忧。"

《圣经》主张对不孝敬父母的儿子给予严惩，以致处死。《旧约全书·申命记》第二十一章说："人若有顽梗悖逆的儿子，不听从父母的话，他们虽惩治他，他仍不听从，父母就要抓住他，将他带到本地的城门、本城的长老那里，对长老说，'我们这儿子顽梗悖逆，不听从我们的话，是贪食好酒的人。'本城的众人就要用石头将他打死。这样，就把那恶从你们中间除掉，以色列众人都要听见害怕。"

《旧约全书·利未记》第二十章说："凡咒骂父母的，总要治死他。"

三 伊斯兰教

伊斯兰的阿拉伯语是 *Islm*，译成汉语为"和平""安宁""纯净""顺从"之意，因此伊斯兰教又有"和平教"之称。伊斯兰教的学者指出"伊斯兰"一词就宗教方面的意义而言意味着"归顺安拉的旨意"，"服从安拉的戒律"。

伊斯兰教认为《古兰经》是真主的语言，原载于"天园"珍藏的天经原本中，写在一块受保护的天牌上。作为伊斯兰教的经典，《古兰经》内容极其丰富，涉及面非常广泛，其中包括伊斯兰教的伦理道德规范及穆斯林的日常行为准则，如行善、济贫、顺从、忍耐、释放奴隶、善待父母、互相帮助，等等。

伊斯兰教提倡尊老敬贤，强调要善待父母，主张厚养薄葬，即生前对老人多尽赡养义务，一旦父母归真，要节俭办丧事。

《古兰经》卷八的第六章转述真主禁戒的事项，其中第一项就是"你们来吧，来听我宣读你们的主所禁戒你们的事项：你们不要以物配主，你们应当孝敬父母"。在卷十六的第十九章再次强调："只要活着就要谨守拜功，完纳天课，他使我孝敬我的母亲，他没有使我做霸道的、薄命的人。"

参考文献

中国基督教三自爱国运动委员会、中国基督教协会：《圣经》，南京爱德印刷有限公司，2003。

中国孝文化的历史演进及其现实作用的研究*

一 孝文化是构建和睦家庭与和谐社会的基石

家庭是社会的细胞，没有和睦家庭就没有和谐社会。孟子说："天下之本在国，国之本在家，家之本在身"，强调"人人亲其亲、长其长，而天下平"。这是把孝道视为个人修身的根本，是"齐家"的必备条件，"治国"和"平天下"要从"修身"和"齐家"起步。由此可见，孝文化是构建和睦家庭与和谐社会的基石。

我国"孝"观念的产生，可以追溯到古代的宗法社会，它与当时在农耕基础上家国一体的宗法社会结构密切相关，是基于血缘关系的情感因素与对祖先崇拜的结合。"孝"字始见于西周时期的典籍和钟鼎铭文。当时孝的内涵主要是对祖父的赡养和对祖先的追思和祭祀。《说文解字》把"孝"定义为"善事父母"；《诗经》上有"永言孝思，孝思维则"，这些记载反映了当时社会对"孝"的理解和认识。

西周时期的统治者倡导"尊尊亲亲"的宗法观念，主张"以祖为宗，以孝为本"，从而使"孝"不仅成为当时一种重要的社会道德规范，而且还

---

* 此文为向 2003 年"中华孝文化与代际和谐国际论坛"提交的论文，载于《中国老年学学会文集·中华孝文化专辑》，五洲文明出版社，2004。

被提升到政治的高度，体现了道德理念与政治意识的结合。《诗经》中写道："有冯有翼，有孝有德""岂弟君子，四方为则"。这几句话的真实意义，在于提醒和建议高居王位的人要借助有孝心、有道德修养和有才能的人，培养出良好的品行，以便为四方民众效法，从而达到巩固皇权统治的目的。

二 去伪存真，对于"愚忠""愚孝"的否定

　　古代宗法社会是由血缘纽带将家和国联系起来的。在结构上，家庭是国家的缩影，国家制度不过是家族制度的扩大，体现了"家国一体"的特征。孝是父权文化的产物，在家庭中子女是父母的私有财产。与此同时，在国家政权结构中，是以父权和氏族血缘为基础的。在这种情况下，"孝"和"忠"是统一在一起的。因此，无条件地服从父母和君主，则成为子女和臣民天经地义的义务。这就是"父叫子死，子不得不死；君要臣亡，臣不得不亡"的"愚孝""愚忠"的来源。

　　在夏、商、周三代，"忠"的意义包含在"孝"中，这可以看作"以孝为本"的"忠孝合一"。春秋时期，典型的宗法制度受到冲击，原始孝德所包含的政治意义逐渐淡薄，"忠"从"孝"中分化出来，形成"忠"与"孝"二元并存的局面。儒教道德十分重视忠孝，与此同时也十分强调忠孝要以道义为前提。尽管有些朝代的帝王和权臣为了巩固统治地位，将儒家思想中的某些内容教条化，提倡无原则的"以孝治天下"，如董仲舒的"君为臣纲，父为子纲，夫为妻纲"，李世民的"君虽下君，臣不可以下臣"，以及"天下无不是的君，无不是的父母"，等等，但是以孔子为代表的思想家是反对"愚孝"和"愚忠"的。孔子关于"何以为孝"在《论语》中有诸多论述，他在回答孟懿子问孝时说"无违"。孔子所谓的"无违"，是指"不违背礼节"。他认为孝敬父母就是父母在世时，要依照礼节赡养；父母逝世后，要依照礼节安葬和祭祀。可见"无违"绝不是无原则的服从。

　　孔子强调顺从父母要讲"孝义"。《论语·里仁》记载孔子说："事父母几谏，见志不从，又敬不违，劳而不怨。"朱熹对这句话的解释是"几，微

也。微谏,所谓父母有过,下气怡色,柔声以谏也。谏若不入,起敬起孝,悦则复谏也"。

孔子还从"礼义"出发,对君臣、父子的关系提出了"君君、臣臣、父父、子子"的伦理原则,强调君臣父子都有各自应该遵循的行为规范和相应的权利与义务。他在回答曾子问孝时明确反对"不违父命"的绝对服从。曾子曰:"敢问,子从父之令,可谓孝乎?"孔子回答说:"是何言与?是何言与!昔者……父有争子,则身不陷于不义。故当不义,则子不可以不争于父,臣不可以不争于君;故当不义则争之。从父之令,又焉得为孝乎?"另据《孔子家语·三恕》记载,鲁哀公问孔子:"子从父命,孝乎?臣从君命,贞乎?"孔子三问而不答。孔子将此事告诉子贡,子贡以为答案应该是肯定的。他以此反问孔子:"奚疑焉?"孔子听了很生气地说:"鄙哉,赐。汝不识也……子从父命,奚讵为孝?臣从君命,奚讵为贞?夫能审其所从,之谓孝,之谓贞矣。"孔子对子贡的答复指出,判断从父是孝还是不孝,从君是贞还是不贞的唯一依据是审其所从的是对还是错。曾子理解和领悟了孔子的教诲,后来他在《大戴礼记·曾子立孝》中写道:"君子之孝也,忠爱以敬,反是乱也。尽力而有礼,庄敬而安之,微谏不倦,听从而不怠。欢欣忠信,咎故不生,可谓孝矣。"

荀子在《子道篇》中提出"从道不从君,从义不从父"的主张,进一步表明儒家的孝文化是反对"不辨是非,唯命是从"的"愚孝"和"愚忠"的。

三 弘扬孝文化在构建和谐老龄社会中的作用

从我国个人修身养性和家庭伦理道德建设来看,当今社会的一部分人群面临着家庭失和、老人失养、个人道德失落的危机。我国《公民道德建设实施纲要》指出,家庭美德是每个公民在家庭生活中应遵循的行为准则,涵盖了夫妻、长幼、邻里之间的关系。强调要大力提倡以尊老爱幼、男女平等、夫妻和睦、勤俭持家、邻里团结为主要内容的家庭美德,鼓励人们在家庭里做一个好成员。

十六届六中全会做出的《中共中央关于构建社会主义和谐社会若干重大问题的决定》（以下简称《决定》）再次强调，建设和谐文化是构建社会主义和谐社会的重要任务。要求弘扬民族优秀文化传统，倡导人类和谐理念，培育和谐精神，优化尊老爱幼、扶贫济困、礼让宽容的人际关系，进一步形成全社会共同的理想信念和道德规范，打牢全党全国各族人民团结奋斗的思想道德基础。《决定》的颁布为弘扬中华孝文化进一步指明了方向，增添了强大的推动力。

家庭是人类历史上一种最普遍、最悠久的制度。在许多社会中，尽管家庭的规模和结构不尽一致，但是家庭始终是把不同生命阶段的成员联结在一起的强有力的堡垒。家庭是人们以婚姻关系为起点，以血缘亲属关系为纽带的社会生活共同体。家庭关系是一种特殊的社会关系，与其他社会关系相比，家庭关系最亲切、最深刻。特别是家庭成员之间出于亲情的全面的合作与互动，是任何其他社会关系所不能比拟的。

家庭始终是人们互相交往、终身依赖的基本形式，也是思想感情交流最充分的场所。家庭与每个人都息息相关，人的一生都离不开家庭。《礼记》里写道："老有所终，壮有所用，幼有所长。"人在少儿时的学习成长，成年时的兴家立业，老年时的安度晚年，任何一项活动在离开家庭的情况下都是难以实现的。

家庭是社会的细胞，社会属性是人口的本质属性，弘扬尊老爱幼的孝文化，大力提倡修身、齐家、父慈、子孝、兄友、弟恭、尊老、敬贤的道德自律和互助互爱，促进家庭和睦、邻里互助和代际共融是为构建和谐社会铺奠基石。孝文化所提倡的修身、齐家、父慈、子孝、兄友、弟恭的道德自律和互爱，对促进人的家庭建设和亲属和睦有所启示和裨益。

孝文化的"谨而信，泛爱众，而亲仁"，提倡守信用，博爱大众，亲近有仁德的人。《诗经》要求"与国人交，止于信"。孔子的"己所不欲，勿施于人"，充分表现了仁者爱人和与人交往讲信用的美德。承接这些良好行为规范，有助于我们处理好人际关系，树立尊老爱幼和代际和谐的良好社会风气。

《礼记》是儒家经典的一部分，其主旨是儒家的礼治主义。《礼记》的《礼运》篇对儒家理想的"天下为公"的"大同"社会做了典型的描述，有"礼运大同"之称。篇中提出："大道之行也，天下为公。选贤与能，讲信修睦，故人不独亲其亲，不独子其子，使老有所终，壮有所用，幼有所长，矜、寡、孤、独、废疾者，皆有所养。男有分，女有归。货恶其弃于地也，不必藏于己；力恶其不出于身也，不必为己。是故谋闭而不兴，盗窃乱贼而不作，故外户而不闭，是谓大同。"尽管"大同"在中国历史上是对理想社会的一种称谓，儒家的"大同"理想是不可能在小生产基础上实现的乌托邦，但是，在历史的变革进程中，"大同"理想毕竟会在客观上为要求改革的人们提供表达自己社会理想的思想理念，受到先进人物的重视和引用，例如洪秀全要求按"大同"的原则组织太平天国，康有为的《大同书》，孙中山主张"天下为公"，等等。

以上以宗法社会的原始孝德为起点，以儒道为中心，以墨、道、法诸家部分观点为补充辅证的伦理孝道和大同思想，及其代表人物有关的主张和论述，都是由其所在时代的社会背景和经济关系决定的，其中有些部分与当前我们所提倡的社会主义道德原则和规范不尽一致，个别观点甚至不符合当前的行为准则。根据"古为今用"的精神，在弘扬孝道德和继承敬老养老传统方面，弃其糟粕，取其精华，吸收一些有益的东西，对于加强社会主义精神文明建设，建立与社会主义市场经济相适应、与社会主义法律规范相协调、与中华民族传统美德相承接的社会主义思想道德体系，构建和谐社会十分必要。

参考文献

李志敏主编《四书五经》，中国言实出版社，2002。

《诸子百家名句鉴赏辞典》，内蒙古人民出版社，1999。

汝信主编《儒家文明》，中国社会科学出版社，1999。

王殿卿主编《东方道德研究》（第四辑），中华工商联合出版社，2000。

熊必俊主编《保障老有所养的理论与实践》，经济管理出版社，1999。

《孝经》，山东友谊出版社，1993。

加强国学研究，弘扬孝贤优秀传统文化，为构建社会主义和谐社会服务*

摘　要：改革开放以来，我国物质文明建设取得了长足发展。当前正值新旧世纪之交的转型时期，我国正处于传统向现代的过渡阶段。从社会主义现代精神文明建设需求和面临的现实看，伴随着改革开放的发展，人们的传统伦理道德观念面临着多方面的挑战。《中共中央关于构建社会主义和谐社会若干重大问题的决定》指出，建设和谐文化是构建社会主义和谐社会的重要任务。社会主义核心价值体系是建设和谐文化的根本。加强国学研究对于推动社会主义文化发展，弘扬民族优秀文化传统和构建和谐社会，都具有十分重要的意义。

我国"孝"观念的产生，可以追溯到古代的宗法社会，它与当时在农耕基础上"家国一体"的宗法社会结构密切相关，是基于血缘关系的情感因素与对祖先原始崇拜的结合。宗法制是由氏族社会父系家长制演变而成的以血缘为基础的氏族制系统，是维护贵族世袭统治的一种制度。宗法制在我国的周代与嫡长子继承制度结合，渐趋完备。周天子的王位由嫡长子继承，为了防止帝权外夺和巩固族权统治而开大兴孝道之先河。

"孝"字始见于西周时期的典籍和钟鼎铭文。当时孝的内涵主要是对祖父的赡养和对祖先的追思和祭祀。孝起源于尊父敬老，甲骨文中的"孝"

---

*　此文为向 2009 年"创造与共享——首届全国老年文化高峰论坛"提交的论文。本文荣获"首届全国老年文化高峰论坛优秀论文奖"。

字上部为戴发老人，即"老"之本字，下部为象形的"子"字，俨然一"子承父"的象形字。《说文解字》把"孝"定义为"善事父母"。《诗经·蓼莪》上有"蓼蓼者莪，匪莪伊蒿。哀哀父母，生我劬劳。""无父何怙，无母何恃。""父兮生我，母兮鞠我。""欲报之德，昊天罔极。"此外《诗经》和《尚书》还有"永言孝思，孝思维则"。这些记载反映了当时社会对"孝"的理解和认识。

一　重才尚贤是治国富民之本

（一）"重才尚贤"是中华民族的优良传统

我国早在春秋时期，诸侯争雄就有"争天下者必先争人"之说。齐桓公爱才，尊称管仲为"仲父"。管仲首先提出"树人百获"的用人思想。他在《管子·权修》中认为："一年之计，莫如树谷；十年之计，莫如树木；终身之计，莫如树人。一树一获者，谷也；一树十获者，木也；一树百获者，人也。"管仲用"树人百获"以及后来衍化的"百年树人"来阐发培养和使用人才对于社会经济发展的重要性，可以说是人才观长久不衰的命题。

《礼记·礼运》在论述如何实现"大同"和"小康"时强调要"选贤与能"和"以贤勇知"。儒、墨、道、法诸家重视人才对治国的作用。

孔子重才，他对人才的开发使用与国家治理和社会进步方面的关系有精辟见解和深刻的论述。他在《中庸》中提出："文武之政，布在方策。其人存，则其政举；其人亡，则其政息……故为政在人，取人以身，修身以道，修道以仁。仁者，人也，亲亲为大，义者，宜也，尊贤为大……礼所生也。"

孟子对于人才的使用也十分重视，他在《孟子·告子章句下》中强调："尊贤育才，以彰有德"。孟子认为才、能、技、艺超群的人为人才。他在《孟子·离娄》强调："离娄之明，公输子之巧，不以规矩，不能成方圆；师旷之聪，不以六律，不能正五音；尧舜之道，不以仁政，不能平治天下。"

老子在《老子》第六十八章提出："善用人者，为之下"，强调善于用人才的人，会谦恭地尊重人才。

墨子的《墨子·尚贤上》的"众贤论"强调："是故国有贤良之士众，则国家之治厚；贤良之士寡，则国家之治薄。故大人之务，将在于众贤而已。"

荀子主张法治，同时强调人才的重要性。他在《荀子·君道》中说："法不能独立，类不能自行。得其人则存，失其人则亡。"他认为人才不是天生的，积学才能成才。他在《荀子·荣辱》中说："尧禹者，非生而具者也，夫起于变故，成乎修。"

（二）我国历史上"尚齿重贤"理念和发挥老年人才作用的若干实例

"尚齿重贤"是中华民族的传统美德。"尚齿"是尊敬老人。孟子说："朝廷莫如爵，乡党莫如齿，辅世长民莫如德。""重贤"是重视"德才兼备的人和有某种特长的人"。我国传统文化认为老年人是拥有丰富知识和道德修养的代表，常常把"尊老"与"敬贤"联系在一起。孟子说："养老尊贤，俊杰在位，则有庆"。这种认识和理念，引发历史上有远见的执政者重视并启用老年人才。

我国历史上"尚齿重贤"最早体现在"尊师重道"。远古的部族长老，既是尊长又是导师，部族领袖都有老师，在道德和智慧上依赖老师的指导。《荀子·荣辱》载："神农师悉诸，黄帝师大挠，帝颛顼师伯夷父……帝尧师子州支父，帝舜师许由，禹师大成贽，汤师小臣……""三王"（夏禹、商汤和周文王）和"五帝"（黄帝、颛顼、帝喾、唐尧、虞舜）十分重视国老对于国事的关注和评议，并有向国老"乞言"（征求意见）的规定，而且把国老的陈说善道记载下来，以垂训后世。《礼记·内则》载："凡养老，五帝宪，三王有乞言。五帝宪，养气体而不乞言，有善则记之为惇史。三王亦宪，既养老而后乞言，亦惇其礼，皆有惇史。"

古代"尚齿重贤"的政策和措施，还反映在大夫的退休年龄上。《礼记·曲礼上》载："大夫七十而致事。"白居易诗云"七十而致仕，礼法有明文"。这说明七十岁退休是当时的法律规定，不是个别现象。由此可见，在"人活七十古来稀"的年代，制定和实行如此高的退休年龄，目的之一当然是发挥老年人才的作用。

其次，国家对于致仕人员养老的安置也有明文规定。《礼记·王制》："有虞氏养国老于上庠，养庶老于下庠。夏后氏养国老于东序，养庶老于雨序……周人养国老于东胶，养庶老于虞庠。""庠"为古代的大学、"序"为小学。集中供养便于请教和咨询。

最后，《礼记·曲礼上》载："大夫七十而致事，若不得谢，则必赐之几杖"。《礼记·王制》载"七十杖于国，八十杖于朝，九十者，天子欲有问焉，则就其室。"也就是说，致仕官员可以挂朝廷赐发的"王杖"进入官府和朝廷议事。天子需要咨询九十岁老人，不能召见，而是亲临其室请教问事。

我国历史上老年人才继续为国立功者大有人在，其中耳熟能详的有姜子牙八十拜相，余太君百岁挂帅，郭子仪高龄平"安史之乱"被德宗尊为尚父。魏国九十余岁的唐且在齐楚大军压境危在旦夕时，游说秦国出兵救魏而解危，被称为"不战而屈人之兵"的典型。

二　孝贤文化在构建和谐社会中的重要作用和意义

改革开放以来，我国物质文明建设取得了长足的发展。当前正值新旧世纪之交的转型时期，我国正处于传统向现代的过渡阶段。从社会主义现代精神文明建设需求和面临着的现实看，伴随着改革开放的发展，人们的传统伦理道德观念面临着来自社会、经济、文化、文明、人际关系、人生观、价值观和世界观等方面的挑战。《中共中央关于构建社会主义和谐社会若干重大问题的决定》指出，建设和谐文化是构建社会主义和谐社会的重要任务。社会主义核心价值体系是建设和谐文化的根本。要求弘扬民族优秀文化传统，倡导人类和谐理念，培育和谐精神，优化尊老爱幼、扶贫济困、礼让宽容的人际关系，进一步形成全社会共同的理想信念和道德规范，打牢全党全国各族人民团结奋斗的思想道德基础。

十七大提出要用社会主义核心价值体系引导社会思潮建设中华民族共有家园，为复兴国学，弘扬中华民族文化指出了明确的方向，让我们大力弘扬修身、齐家、尊老、敬贤的优秀传统文化，为构建社会主义和谐社会服务。

参考文献

李志敏主编《四书五经》，中国言实出版社，2002。

《诸子百家名句鉴赏辞典》，内蒙古人民出版社，1999。

苗枫林：《中国用人史》，中华书局，2004。

汝信主编《儒家文明》，中国社会科学出版社，1999。

王殿卿主编《东方道德研究》（第四辑），中华工商联合出版社，2000。

高成鸢：《中华尊老文化探究》，中国社会科学出版社，1999。

熊必俊主编《保障老有所养的理论与实践》，经济管理出版社，1999。

熊必俊：《老龄经济学》，中国社会出版社，2009。

《诸子百家名篇鉴赏辞典》，上海辞书出版社，2003。

以社会主义核心价值观为指导，
弘扬敬老、养老、助老的优秀传统文化

——兼议发展社区和志愿工作者服务[*]

我国《公民道德建设实施纲要》指出："家庭美德是每个公民在家庭生活中应该遵循的行为准则，涵盖了夫妻、长幼、邻里之间的关系。"强调要大力提倡以尊老爱幼、男女平等、夫妻和睦、勤俭持家、邻里团结为主要内容的家庭美德，鼓励人们在家庭里做一个好成员，在社会上做一个尊老爱幼的好公民。

《中共中央关于构建社会主义和谐社会若干重大问题的决定》再次强调，建设和谐文化是构建社会主义和谐社会的重要任务。要求弘扬民族优秀文化传统，倡导人类和谐理念，培育和谐精神，优化尊老爱幼、扶贫济困、礼让宽容的人际关系，进一步形成全社会共同的理想信念和道德规范，打牢全党全国各族人民团结奋斗的思想道德基础。

胡锦涛同志 2008 年在看望老同志时深情地讲道，尊重老年人，关爱老年人，照顾老年人，是中华民族的优良传统，也是一个国家文明进步的标志。我们要大力弘扬中华民族尊老敬老的传统美德，给予老年人更多生活上的帮助和精神上的安慰，让所有的老年人都能安享幸福的晚年。

---

[*] 此文为向 2014 年"首届全国敬老文化论坛"提交的论文。本文荣获"首届全国敬老文化论坛优秀论文三等奖"。

一　我国历史上敬老、养老、助老的礼法制度和典仪

《礼记》是研究我国古代社会关系和礼仪制度的重要依据，在这本经典著作中，对我国敬老、养老和助老的礼法制度有大量的记载和论述。

《礼记·曲礼》篇对敬老习俗的描绘是"年长以倍则父事之，十年以长则兄事之，五年以长则肩随之。群居五人，则长者必异席"。"谋于长者，必操几杖以从之。长者问，不辞让而对，非礼也。"礼仪要求人们对长者以父兄相待，在与长者商议事情时也需要尊重、虚心而有礼节。

早在远古时代我国就有养老制度。在《周礼》西周大司徒的职掌中，就明确提出了养老政策和措施。收养的对象一是三老五更，二是死于国事者的父祖，三是告老还乡的官吏，四是高年的老百姓。《礼记·内则》篇载："凡养老：有虞氏以燕礼，夏后氏以飨礼，殷人以食礼，周人修而兼用之。凡五十养于乡，六十养于国，七十养于学，达于诸侯。""夏后氏养国老于东序，养庶老于雨序；殷人养国老于右学，养庶老于左学。周人养国老于东胶，养庶老于虞庠，虞庠在国之西郊。""凡三王养老皆引年。"

以上文献表明，夏、殷、周三代不仅规定了养老的内容，而且对于养老的地点还按年龄的不同做出了不同的安排。此外唐朝还规定："皇帝敬养朝廷致仕大臣之老者，刺史敬养仕子之老者，县令敬养庶民之老者。"

对于老人的饮食供应在《礼记·王制》篇载："五十异粻，六十宿肉，七十贰膳，八十常珍，九十饮食不违寝，膳饮从于游可也。"还要求"六十岁制，七十时制，八十月制，九十日修，唯绞给衾冒，死而后制"。这说明除养老外，还对长者的后事要分别按不同年龄预做安排。

历代朝政对于告老还乡的官吏发给俸禄。汉平帝元始元年诏天下："吏比二千石以上年老致仕者，参分故禄，以一与之，终其身。"北魏孝明帝正光四年秋七月规定年满七十岁者致仕，对致仕人员"可给本官半禄，以终

其身"。唐德宗贞元五年诏曰："帝念归老之臣，特命赐其丰焉。致仕官给半禄"。清顺治十八年"议准八旗年老致仕者，有奉旨支原俸者仍按照原品支给，其余年至六十致仕者，给与半俸"。

为了保证子孙对父祖恪尽赡养的义务，历代朝政还对有老人的家庭给予减免征役的优待。《礼记·内则》载："八十者，一子不从政，九十者，其家不从政。"《荀子·大略》篇载："八十者一子不事，九十者举家不事。"北魏文成帝《本纪》载："民八十以上，一子不从役。"唐朝为了保证老有所养，规定"十丁以上免二丁，五丁以上免一丁，侍丁孝者免徭役。"唐元宗时规定："男子七十，妇人七十五以上者，皆给一子侍。"后唐庄宗时规定："自八十至九十者，与一子免役，州县不得差徭。"明洪武年间诏："民年七十以上者，许一子侍奉，免其杂泛差役。"为了使家有高年父母的官吏能就近恪尽养老的义务，一些朝代还规定在外地任职的官吏可以调到父母身边任职的法令。元成宗时规定"亲年七十别无侍丁者，从近迁除"。顺帝至元四年正月"内外廉能官，父母年七十无侍丁者，附近铨注"。

1959 年在甘肃武威出土的汉代"王杖十简"的释文称："高年授王杖，上有鸠，使老姓望见之，比于节；有敢妄骂詈、殴之者，比逆不道；得出入官府郎第，则不趋。行驰道旁，市卖，复毋所与"。"年七十授王杖，比六百石。"从"王杖十简"记述的律令条文可以看到，我国汉代的敬老、爱老和养老礼法制度，而且有切实可行的具体内容和措施。

国家还有敬老的典礼和仪式，其中最为隆重的是"乡饮酒礼"。乡饮酒礼以德高望重的耄老为主宾，年长者为众宾，由乡先生与大夫主持，意义在于"正齿位，序人伦，敬老尊贤，敦睦乡里"，是全国性的敬老大典，从周朝开始一直传到清朝。《礼记·乡饮酒义》载："乡饮酒之义：主人拜迎宾于庠门之外，入，三揖而后至阶，三让而后升，所以致尊让也。盥洗扬觯，所以致絜也。拜至、拜洗、拜受、拜送、拜既，所以致敬也。尊让絜敬也者，君子之所以相接也。君子尊让则不争，絜敬则不慢，不慢不争，则远于斗辨矣。不斗辨则无暴乱之祸矣，斯君子之所以免于人祸也，故圣人制之以道。"

二　老龄社会呼唤社区和敬老
助老志愿工作者服务

我国进入老龄社会已经 14 年了，现在我国 60 岁及以上老年人口已经达到 2.2 亿人，老年人晚年的生活照料和健康护理面临严峻的挑战。建设养老保障体系、扩大覆盖面，可以从经济上保障老年人老有所养，居家养老的老年人，特别是高龄老年人、空巢老年人的生活照料、精神慰藉、健康护理、自尊维权和参与社会的需要，就越来越需要借助发展社会化居家养老服务产业，培养和扩大敬老助老志愿者队伍来满足。

1982 年《老龄问题国际行动计划》强调"使老年人能够在自己的家里和他们的社区里尽可能地过独立的生活"。1991 年《联合国老年人原则》强调："老年人应得到家庭和社区根据每个社会的文化价值体系而给予的照顾和保护。"为了解决老年人居家养老的困难，国际组织和学术界极力主张大力发展社区助老服务事业，为居家养老的老年人提供全方位的服务。1982 年《老龄问题国际行动计划》强调："社会福利服务应以社区为基础，并为老年人提供范围广泛的预防性、补救性和发展方面的服务。"1992 年通过的《联合国老龄问题宣言》再次强调："大会注意到全世界发生史无前例的人口老化现象……确认老年人有权享有追求和获得最高程度健康的权利……随着年龄增长，有些人将需要全面的社区和家庭照料。"

1994 年在开罗通过的《国际人口与发展会议的报告》呼吁："通过适当机制，增强老年人的自立能力，并创造条件……使他们能够按照愿望或尽可能长地在自己的社区独立工作和生活"，"发展正式和非正式的社会支助系统，以期增强家庭照顾老年人的能力。"1999 年"国际老人年"的活动重点包括"请各国在国家、区域和地方各级制定综合战略，以满足老年人在其家庭、社区和社会公共机构内得到照顾和供养的更多需要"。《2002 年马德里老龄问题国际行动计划》要求"通过各种渠道为老年人提供……长期社区照顾，以提高他们的独立生活能力，可能以此取代住院或进养老院"。

参考文献

李志敏主编《四书五经》，中国言实出版社，2002。

《诸子百家名句鉴赏辞典》，内蒙古人民出版社，1999。

汝信主编《儒家文明》，中国社会科学出版社，1999。

高成鸢：《中华尊老文化探究》，中国社会科学出版社，1999。

周亚勋、张纪仲主编《中国长寿大典》，山西科学技术出版社，1991。

何金铠、高殿芳主编《新编老年百科全书》，中国人事出版社，1993。

熊必俊主编《保障老有所养的理论与实践》，经济管理出版社，1999。

熊必俊：《老龄经济学》，中国社会出版社，2009。

谢联辉、宋玉华主编《全球行动——迎接人口老龄化 联合国老龄话题文件总汇》，华龄出版社，1998。

杜鹏主编《人口老龄化与老龄问题》，中国人口出版社，2006。

第七篇

发展老年体育运动和科学养生保健事业，发挥长寿红利的正能量

老年体育经济学初探

——老年体育的经济效益与经济发展 *

一 老年体育经济学研究的对象、
任务与意义

随着老年人口数量的增多和比重的加大，以及老年体育事业的发展，用经济学的观点与方法对老年体育进行科学的分析与评价越来越为人们所重视，任务也越来越迫切。体育运动是一个独立活动领域，是国民经济的一个部门。把体育运动经济学确立为一门独立的学术与教学学科，无论是从理论上还是从实践上看，都是完全必要的。老年人是总体人口的一个组成群体。老年体育经济学是体育运动经济学的一个分支学科。

老年体育经济学研究的对象是社会老年成员在体育运动领域所形成的经济关系、经济规律和在老年体育运动中出现的特殊规律的性质和表现机制，以及老年体育事业同国民经济其他部门的相互关系。哲学社会科学认为体育运动是使人体力发展的一项社会活动。老年体育事业也不例外，老年体育运动，通过吸引和组织老年人参加各项体育活动，增强体质，延缓

---

* 此文为向 1988 年"全国老年人体协第一届学术研讨会"提交的论文，载于《全国老体协第一届学术论文集》。本文荣获优秀论文奖。

衰老，延长有效劳动寿命，来完成社会经济职能。老年体育经济学着重研究老年体育的经济效益，探讨如何科学地通过老年体育运动，延长老年人参与社会生产劳动的年限，开发老年人的人力资源，充分发挥老年人在发展经济和四化建设中的积极作用。

随着经济增长、科技发展、医学进步和生活改善，以及体育运动特别是老年体育运动的开展，人类的平均寿命不断延长，老年人口数量增多，老年人口在总人口中所占的比重加大。目前世界上160多个国家中，进入老年型社会的将近30%。人口学家预测，21世纪将是老年人的世纪。人口老龄化的发展已经使工业发达国家的劳动力不足，社会福利支出猛增，影响了储蓄投资和经济发展。针对这一困境，美国废除了强制退休制度，日本延长了退休年龄，法国鼓励企业雇用老年工人，苏联和东欧各国用增加退休金的办法，促使退休人员继续工作。缓解人口老龄化的根本办法是延长老年人的有效劳动寿命，开发和利用老年人的人力资源，从开展老年体育运动，增强老年人体质着手。为了达到这一目的，一些国家建立了多种多样的老年体育组织，政府采取了资助、优惠等相应措施。例如，美国总统的健康咨询委员会对老年人参加体育活动的有关事项进行调查，很多州有老年长跑队、竞走队；日本1986年制定的《长寿社会对策大纲》把促进老年体育活动的开展列为重要措施之一。有些国家的老年学学术团体把老年体育与老年生物学、老年医学、老年经济学结合起来进行研究。国际老年学学会把开展老年体育活动和丰富老年人闲暇生活视为推迟衰老和培养有劳动能力的老年人的有效方式。

我国人口的平均寿命，新中国成立前为35岁，1957年为57岁，现在已将近70岁。我国60岁以上的老年人口1953年为4155万人，1982年为7663万人，现在是9000万人，预计2000年将增加到1.3亿人。上海、北京已经成为老年型社会，全国也将在20世纪末成为老年型国家。我国人口老龄化的特点是速度快，人数多，底子薄。面对发展中国家型经济和发达国家型人口的矛盾，我们需要从现在起注意人口迅速老龄化的趋势，采取对策。开展老年体育经济学的研究是刻不容缓的战略任务，是一项既符合现实需要又具有长远意义的重大课题。

二　开展老年体育运动有利于开发和
利用老年人力资源

马克思在论述劳动力时说"我们把劳动力或劳动能力，理解为人的身体即活的身体中存在的、每当生产某种使用价值时就运用的体力和智力的总和"。这段话明确说明劳动力是指人的劳动能力，它是以人的生命与健康为基础。人们从事生产必须具备两个基本条件：劳动者和生产资料，也就是人的要素和物的要素。在这两者之间，人是决定因素。劳动力资源是一切资源中最重要和最宝贵的资源，它是由从事各种工作的劳动力人口组成的。退休人员一般来说不属于劳动力资源。但是劳动能力衰退的早晚取决于身体素质，年代、年龄不是衡量一个人是否是劳动力的绝对标准，很多年逾花甲的人仍能继续工作。这一部分超过退休年龄的在业人员或有能力从事生产的人员仍然是劳动力资源。劳动力是发展生产的最主要因素。劳动力资源量的大小是经济实力的具体体现和重要指标。按照这一理论可以理解为：

潜在的劳动力资源 = 劳动年龄人口中具有劳动能力的人口 +

未达到劳动年龄的在业人口 + 超过劳动年龄的在业人口 　　（1）

劳动力资源的相对量是指劳动力资源量占总人口的比重，也就是劳动力资源率。可以用公式表达为：

$$劳动力资源 = \frac{劳动力资源量}{总人口} \qquad （2）$$

劳动力资源率高，表明可投入生产过程的劳动量多，从而创造的国民收入也多，人均收入也高。反之亦然。由（1）式可见，等号右侧前两项不变时，超过劳动年龄的在业人口越多，则潜在的劳动资源量就越大，代入（2）式，劳动力资源率则提高，从而对加强经济实力和提高人均收入有利。老年人在业人数的多少是由多种因素决定的，但是最根本的一条是健康情况能否胜任工作。以提高老年人体质、推迟衰老和延长有效劳动寿命为主旨的老年体育运动，对开发老年人力资源，使更多老年人就业，从而增加劳动力资源量、提高劳动力资源率具有不可忽视的积极作用。

三 开展老年体育运动有利于提高劳动年龄上限，增加劳动年龄人口比重，降低赡养比

人是社会经济活动的主体，是生产者和消费者的统一。我们说人是生产者是就其本质而言，是马克思对人的实践性所做的高度概括，只有劳动年龄人口才是生产者与消费者的统一。劳动年龄人口，又称劳动力人口或经济生产年龄人口。劳动年龄人口生产满足自身消费需要的物质财富，而且还生产满足未成年人口与老年人口消费需要，和满足社会积累与社会发展所需要的物质财富。他们是全社会财富生产的担当者，在总体人口中处于核心和支配地位。在劳动生产率不变的情况下，劳动年龄人口在总人口中的比重加大，国民收入的总量就增加，人均国民收入水平相应提高。即

$$人均国民收入占有量 = 劳动年龄人口人均创造国民收入量$$
$$\times 劳动年龄人口比重 \qquad (3)$$

劳动年龄的上限是根据一个国家的社会经济发展水平、人口健康状况和平均寿命等因素确定。联合国的人口三分法，把 15～64 岁划分为劳动年龄阶段，劳动年龄上限为 64 岁。西方发达国家采用这个标准。苏联和东欧以及发展中国家所规定的上限为男性 60 岁、女性 55 岁。不过上限并不是一成不变的，它可以随着经济水平提高、人口体质增强和平均寿命的延长而相应上调。例如：日本在战后所规定的上限为 60 岁，现在已经上调为 65 岁。我国的上限为男性 60 岁、女性 55 岁，这是 20 世纪 50 年代根据当时的客观条件确定的。30 多年来，我国的经济水平有了很大的提高，随着体育运动特别是老年体育运动的发展，老年人的体质增强，平均寿命大幅度延长，为劳动年龄上限的上调创造了条件。上限上调既可以增加劳动年龄人

口的数量，又能增大劳动年龄人口的比重，减小老年人口的比重，降低对老年人的赡养系数。根据1982年全国第三次人口普查的数字推算，如果我们把劳动年龄的上限上调1岁，我国的劳动年龄人口就增加361万人。这个数字比新西兰的全国人口还多。如果我们把上限上调到联合国的标准64岁，我国的劳动年龄人口就增加5997万人，相当于法国与奥地利两国的人口总和。现在我国是每百名劳动年龄人口赡养15个老年人，如果上限上调到64岁，相当于由原来的8个人赡养1个老年人转变为12.5个人赡养1个老年人。要达到这一步需要多方面的因素，但是开展老年体育运动进一步增强老年人体质，延长老年人有效劳动寿命是关键中的关键。

人口老龄化必然带来劳动年龄人口的老化（年轻工人的比重下降，老年工人的比重加大），影响劳动生产率的提高。美国《人的生命力与社会秩序》一书的作者桑代克认为，50岁以后如果不积极参加体育锻炼，其劳动能力和速度每年下降1%～2%。衰老是不可避免的自然规律，但是通过体育锻炼来延缓衰老是可以做到的。我国唐代名医孙思邈坚持"四体勤奋，每天劳动，行医看病，上山采药"的锻炼，有效地保持脑力与体力，到100岁高龄时写成《千金要方》和《千金翼方》。1985年我国评选了286名80岁以上的健康老人，他们都有自己坚持的体育锻炼活动。北京的百岁老人吴图南、北京38中75岁的数学教员康则树，由于坚持体育锻炼，至今仍精力充沛地战斗在科技和教学第一线。北京长征长跑队发起人之一的丁松森是一位修版工人，他在退休前半年完成任务，退休后还积极向社会提供技术服务，帮助石家庄救活了三个印刷厂。实践证明，劳动年龄人口老化对生产的不利影响可以通过开展老年体育活动来减轻。

四　开展老年体育运动有助于减少医疗开支，增加储蓄投资，扩大再生产

年老多病是一般规律。据国内外统计，一般老年人的医疗费相当于年轻人的3倍。脑血栓和动脉硬化所带来的后遗症，如老年痴呆和半身不遂，

不但要长期医治，而且还需要家属或康复机构护理，耗费人力、财力，给家庭和社会增加负担。开展老年体育运动，可以有效预防这些老年人的常见病。不幸患病的也可以通过体育锻炼来协助治疗而获得康复。原河南省教育学院院长刘文树60多岁时患多种疾病，一年之内做过6次手术。后来，她坚持练气功，终于消除了病痛，恢复了工作能力。北京工业学院副教授陈棣华进入老年后，因患病多次住院，出院以后长期处于半休息状态。后来，他参加了长跑，坚持锻炼，现已年近古稀仍然从事教研工作。北京橡胶工业研究院职工魏益寿，1984年患心肌梗死，出院后半年多行动不便。后来，他参加了太极拳和太极剑锻炼，现在心电图正常，恢复了劳动能力。老年体育运动使很多老年人消除了疾病，减少了医疗开支，恢复了劳动能力，继续为社会创造财富。

人的储蓄行为取决于一生中的收入曲线和各阶段的开支。老年人的储蓄行为受生命周期的影响。美国著名经济学家弗朗科·莫迪利亚尼因创立"储蓄养老"理论获诺贝尔经济学奖。他提出的"生命周期储蓄理论"认为，家庭储蓄反映整个生命周期中可得收入分配的自觉意图，一般都是在最佳收入岁月进行储蓄留做养老之用。最佳收入岁月为45岁至退休，通过体育锻炼推迟退休时间可以使最佳收入岁月延长，增加储蓄的时间。同时健康长寿、减少医疗费支出又可以增加储蓄金额。

完善的老年社会保障制度，通过投保人缴纳社会保障税积累基金。延长劳动寿命推迟退休年龄意味着延长纳税时间，扩大养老基金。养老基金是社会投资的重要财源之一。美国的工商业投资中来自养老基金的占35%，预计10年后将增加到50%以上。日本也把养老基金看作是一笔可靠的财源，通过再投资促进经济发展。我国的老年社会保障制度雏形已在部分地区形成。大力开展老年体育运动将会带来节约开支、增加储蓄和投资的经济效益，为扩大社会再生产提供更多的资金。

我国老年人的数量占世界第一位，而我们的人均国民生产总值在130个国家中占倒数第二十几位。西方发达国家的人口老龄化是在经济发达的情况下出现的，而我国的人口老龄化发生在经济不富裕的时期。别人是"先富后老"，我们是"未富先老"。因此需要我们从经济学的角度去研究和运用包括发展老年体育事业在内的多种措施和对策，解决老龄问题。大力开展老年体育运动是关系我国社会经济发展和建设"两个文明"的大事，老年体育运动的经济效益正在不断提高，老年体育经济学也将在此基础上逐渐形成和完善，在社会主义建设中发挥其应有的作用。

发展老年体育运动，迎接人口老化挑战[*]

一 北京市人口老龄化的现状与前景

第四次人口普查的数据表明，北京市 60 岁及以上的老年人口已达 120 万人，占全市总人口的 11.24%。北京市人口老龄化速度一直比全国快，今后这一趋势还将继续发展。老年人口比重从 8% 上升到 10%，全国需要 15 年，而北京仅用了 5 年。预计从 10% 上升到 27%，全国需要 50 年，而北京只要 30 年。北京市人口老化超前发展必然给北京市的经济社会发展带来不利影响，需要我们认真对待。

人口老龄化必然导致劳动力不足。目前，北京市的劳动力还相对富裕，但随着人口老龄化的进一步发展，到 2000 年以后，北京市每年进入劳动年龄的人数将逐年减少，最终形成"出大于进"的局面。预计 2000 年，进入劳动年龄的人数为 17 万人，超过劳动年龄的人数为 10 万人，进大于出 7 万人。而 2020 年，前者为 9 万人，而后者增加为 20 万人，出大于进 11 万人。劳动力不足将成为制约经济发展的一大因素。

随着老年人口比重上升，必然导致退休金、医疗费和福利支出逐年增多。1984 年北京市离退休职工为 46.2 万人，退休金支出为 3.05 亿元。随

----

    * 此文为向 1992 年"全国第二届老年体协学术交流会"提交的论文，载于《全国第二届老年体协学术论文集》。本文荣获优秀论文奖。

着离退休职工的增多，1988 年退休金支出为 6.75 亿元，两年翻一番。退休金统筹后，各企业每月上缴的基金已达工资的 15% 以上，这一比例有增无减，企业将不堪重负，对扩大再生产极为不利。

人口老龄化还会对生产结构、消费结构以及市政建设等方面产生影响，但仅上述两项就影响了经济发展速度和人民生活水平的提高。

二 发展老年体育的作用和意义

迎接人口老龄化挑战的根本途径在于发展经济增加社会财富，提高社会对人口老龄化的承受能力。解决老龄问题的对策与措施很多，而发展老年体育则为重要对策之一。

生命在于运动，体育运动对延缓衰老的重要作用是肯定的。新陈代谢是生命的基本特征，从生理学的角度看，衰老是由于新陈代谢迟滞、衰退而引起的。人到老年，新陈代谢明显下降，各器官的结构性能就逐渐发生老年性退变。适当运动可以促进新陈代谢，从而增强各器官功能，延缓衰老过程。

延缓衰老就会使寿命延长。寿命延长有利于社会物质财富和精神财富的发展。苏联人口学家麦奇尼科夫认为："延长寿命与保持劳动的力量和能力应该是协调一致的、并行的。"B. C. 斯捷申科指出："将来取得经济发展与人口之间'协调'的根本办法……是延长老年人口的有充分价值的经济与社会积极性。"寿命延长从人的生命周期来说意味着劳动岁月的增加——一个人从出生到成长为一名科研人员一般需要 25～30 年；成长为一个技术工人也需 23 年左右。按男 60 岁、女 55 岁为退休年龄计算，社会成员为社会服务的时间与受抚育的时间比大致为 1：1。而寿命的延长实际上是延缓衰老，使老年人的劳动岁月延长，这项成就既可节约劳动力成本，又能弥补人口老龄化所带来的劳动力不足现象，有利于经济发展。

马克思在论述劳动力时指出："我们把劳动力或劳动能力，理解为人的身体即活的人体中存在的、每当生产某种使用价值时就运用的体力和智力的总和"。开展老年体育可以使老年人推迟体力与智力的衰退，继续为"生产某种使用价值"做贡献。

北京市人口老龄化使老年人的赡养比上升，社会负担加重。据统计，北京市劳动人口与老年人口之比，1982 年为 100：12.6，1987 年上升为 100：15，预计 2030 年将达到 100：53，这就是说，1987 年是 6.4 个劳动人口对 1 个老年人，而 2030 年将是 1.8 个劳动人口对 1 个老年人。1987 年北京市有离退休职工 66.7 万人，退休金支出 7.93 亿元。按近几年每年净增离退休职工 5 万人预测，到 2000 年全市将有退休职工 132 万人，按 1987 年人均离退休金 1189 元计算，则共需 15.7 亿元，比 1987 年增加 97.86%。减轻上述负担的唯一办法是使老年人推迟退休年龄或退休后继续为社会做贡献。而推迟退休的前提应是老当益壮，具备劳动能力。发展老年体育，增强老年人的体质与健康，就是直接为这一设想服务的。如果通过体育锻炼达到 60 岁的老年人再工作 1 年，北京市的老年人赡养比就能从原来的 100：12.6 下降为 100：11.5。如果能使每个老年人再工作 5 年，全市劳动人口就能增加 27 万人，对老年人的赡养比下降为 100：8，退休金支出也会相应减少。

联合国世界老年人问题大会秘书长特别顾问艾文德·海坦指出："老龄化作为个人的命运和社会所关心的大事，不仅是一个问题，更是一种积极的挑战。我们都曾经需要过它，现在应该充分利用它。"笔者认为利用它的前提就是提高老年人的体质，延长其劳动岁月，推迟人们由生产者向消费者过渡的时间，而这正是发展老年体育运动的作用与意义。

老年人与奥运参与[*]

摘　要： 奥运会为北京带来了发展机遇，市委和市政府提出了"新北京，新奥运"和率先基本实现现代化的总体目标。作为"资深公民"的老年人参与奥运是办好"新奥运"和把北京建设成国际化体育城市的需要，是建设"新北京"和率先基本实现现代化总体目标的需要，是办好"人文奥运"和加强社会主义精神文明建设的需要。奥林匹克主义是增强体质、意志和精神，并使之全面发展的一种生活哲学。组织老年人参与奥运，为发展社区老年体育活动构建多元化的全民健身服务，是时代赋予老年体育的重要任务。

关键词： 奥运　老年人　参与

一　北京市老年人积极参与奥运

2008 年奥运会在北京举办，为北京带来了前所未有的发展机遇，市委和市政府提出了"新北京，新奥运"和率先基本实现现代化的总体目标。在总体目标下，北京市的体育工作提出了"举办一届最出色的奥运会"的目标。北京市的老年人，作为首都社会的资深公民，他们既是实现这两项

---

* 此文为向 2007 年"第六届老年体协学术交流会"提交的论文，载于《2007 第六届老体学术交流论文集》。本文荣获优秀论文奖，并发表于《我与奥运同行：纪念中国社会科学院老年体协成立 20 周年（1988 ~ 2008）》，中国社会科学院老干部工作局编，2008。

目标的参与者，又是目标实现的受益者。他们把建设"新北京"、办好"新奥运"看作是自己应尽的责任，是在有生之年实现自我和继续为社会做贡献的难得机遇。

二 老年人参与奥运既是享受基本权利，又是履行光荣义务

1978 年联合国教科文组织大会第 20 次会议制定的《体育运动国际宪章》（以下简称《宪章》）强调："参加体育运动是所有人的一项基本权利。"《宪章》规定："每个人具有从事体育运动的基本权利，这是为充分发展其个性所必需的"。"每个人必须有充分的机会按照其民族运动传统从事体育运动，增强体质并获得与其天赋相适应的运动成就。"

《宪章》还特别关注弱势群体，要求"必须为年轻人、老年人和残疾人提供特别的机会，通过开展适合其需要的体育运动来充分发展他们的个性。"体育运动纲领必须满足个人和社会的需要"。要求"体育运动计划的拟定必须适合参加者的需要和个人特点，优先照顾处于不利地位的人群的需要"。

《宪章》高度评价了体育运动对个人和社会发展的重要作用并强调，就个人来说，体育运动有助于维持和增进健康。体育运动提供一种有益的消遣，使人能够克服现代生活的弊病。就社会来说，体育运动能丰富社会交往，培养人们公正的精神和人类基本价值观，这种价值观念是各国人民得以充分发展的基础。

《宪章》认为有效地行使人权的基本条件之一是每个人能自由地发展和保持他或她的身体、心智与道德的力量，因此任何人参加体育运动的机会均应得到保障。

北京市的老年人以参加运动的方式参与奥运既享受了基本权利，又履行了作为北京市公民的光荣义务。

三 老年人参与奥运是办好"新奥运"和
把北京建设成国际化体育城市的需要

群众体育是奥林匹克运动的基础，因此作为奥运会东道主的北京市，需要有相应的体育人口参与率和比较高的全民健身意识。北京市提出在2008年前，全市体育人口占总人口的60%，达到发达国家首都的水平。目前老年体育人口达到了60%，但是在7~70岁人口中的体育人口还不到40%，亟待进一步提高。

全市体育人口达标，是办好奥运和把北京建设成国际化体育城市的一项重要条件。老年人积极参与奥运，一方面可以进一步提高老年体育人口的比例，另一方面，老年人的榜样效应，能够带动亲友、子女乃至全社区的全民健身运动，提高全民体育人口比例，体现奥林匹克精神的群众性和普遍性。

当代体育运动已经成为一种全民参与的重要社会现象。如果说竞技运动项目可以因在奥运会获奖和为国争光而越来越受到各国重视的话，那么群众体育健身运动，已经成为新世纪最主要的体育运动形式，而且必然会随着经济和社会的进一步发展而发展。老年体育是群众体育的一个重要组成部分，老年人参与奥运，是发展群众体育、办好奥运和把北京建设成国际化体育城市的重要措施之一。

四 老年人参与奥运是建设"新北京"和
率先基本实现现代化总体目标的需要

全面加强社会主义经济建设、政治建设与和谐社会建设，以惠及包括老年人口在内的全民。老年人口作为社会的弱势群体，他们更期盼建成高水平的和谐社会。北京市提出"新北京，新奥运"和率先基本实现现代化的总体目标的实质是：一方面以办奥运为契机，促进社会经济发展，率先建成现代化的新北京；另一方面凭借北京不断迅速发展的优势和实力，办好"新奥运"，从而使建设"新北京"和办好"新奥运"形成相互促进的良性循环。

老年人口是总体人口的一个重要组成部分，尽管在人口统计中，老年人口被界定为受赡养人口，但是，从劳动经济学的观点看，有劳动能力的老年人口仍然是劳动力资源。"老年人必须参与发展"的观点，已经成为国际共识。《2002年马德里老龄问题国际行动计划》提出老年人的潜力是老龄社会发展的重要基础，强调老年人不仅是社会的财富，而且是国家、社会和家庭的资源，老龄社会的发展离不开老年人的参与。

北京市超前全国于1990年进入老年型社会，2000年60岁及以上老年人口为1701510人，占总人口的12.54%，预测2010年将超过16%。受老年人口比重逐年加大的影响，北京市的劳动人口比重从今年起开始下降，由2003年的74.83%下降为2004年的74.71%，如果说当前北京市有大量外地民工来打工而不愁劳动力的话，那么随着外地的老龄化和发展以致劳动力逐渐减少外流，北京市的劳动力不足，就需要由有劳动力的老年人通过参与发展来补充了。

北京市老年人口中60~70岁的低龄老年人约占50%，而且具有老年人人才众多的优势，是发展经济的积极因素。在应对人口老龄化挑战和实现"新北京，新奥运"目标的系统工程中，老年人是积极参与者和一支可以弥补人力不足的后备军。

老年人参与社会的首要条件是身心健康和具有一定的劳动能力，其前提是延长老年人的健康预期寿命。健康是产生劳动能力的源泉。生理学认为，健康是生命的基石，是人类生存和发展的基础；社会学认为，健康是人在一个特殊团体中其身体或行为上正常的，即具有履行社会职责的能力；经济学认为，健康是人口质量的重要组成要素和人力资源不可缺少的组成部分。人的能力大小与健康程度有着密切的关系，健康本身不但是社会经济发展的一个重要目标，而且越来越被认为是社会经济发展的重要手段。

健康社会学认为，人力资本存量和利用，取决于人口受教育水平和健康水平。人力资本固然有其先天遗传和长期积累的因素，但在很大程度上更依赖于后天的投资来予以改善。提高老年人的健康水平有诸多措施，古今中外的实践表明，健康为体能和智能之本，体育为健康之源。如果说医疗是修复劳动力的话，那么从提高老年人体质、推迟衰老、延长健康预期寿命和保持老年人的体能与智能来选择，则首推发展老年体育为最有效的手段。

发展老年体育的意义在于：

（1）可以推迟衰老和延长老年人的健康预期寿命，降低劳动力成本；

（2）可以增加劳动力资源，弥补老龄社会的劳动力不足；

（3）可以降低老年赡养系数，减少社会负担。如此开源节流的积极作用，实际上是变老龄化的压力为动力，有利于可持续发展和建设和谐社会。

随着社会经济和科学技术发展，北京市人口预期寿命已经由 1950 年的 52.8 岁提高到 2000 年的 76.7 岁，明显延长。但是老年人口的健康水平和健康预期寿命有待提高和延长，2000 年北京市参加健康自评的老年人中，认为自己健康状况差者占被调查人群的 18.3%，接近五分之一。老年人慢性病的患病率为 67.3%，男性为 64.8%，女性为 69.6%，为所有人群的 4.2 倍。老年人的躯体功能方面，日常生活能力有不同程度受损的占 16.3%，其中 8.2% 的老年人为轻度依赖者，中、重度依赖者占 8.1%。老年人中，患有各类残疾的人占 9.2%。健康预期寿命的延长的意义是老年人健康时期延长。老年人参加体育锻炼特别是有氧代谢活动可以降血脂，预防心血管病，提高免疫调节能力和内分泌调节能力，降低失能率和致残率。

2002 年年底公布的我国群众体育现状调查报告表明，参与体育锻炼的效果显著，经常参加体育锻炼的体育人口的健康状况明显好于非体育人口。各种慢性病的发病率，体育人口低于非体育人口 1 个百分点；体育人口呼吸系统疾病的发病率只有非体育人口的 12%，在有身体疲劳和体力衰退感觉的人中，体育人口要比非体育人口少一半。老年阶段是人生的多发病期，老年人经常参加体育锻炼，可以减少病痛和医疗护理支出，具有"多进操场少进医院"的社会经济效益。

五 老年人参与奥运是办好"人文奥运"和
加强社会主义精神文明建设的需要

人文主义是奥林匹克运动的基石，我们提出的"人文奥运"是把人文主义作为举办奥运的第一位来考虑，这一理念突出了奥林匹克运动的精神，完全符合我国加强社会主义精神文明建设的精神。

奥林匹克主义是增强体质、意志和精神，并使之全面发展的一种生活哲学。奥林匹克主义谋求把体育运动与文化和教育融合起来，创造一种在运动中求欢乐、发挥良好榜样的教育价值并以尊重基本公德为基础的生活方式。

现代奥林匹克运动奠基人、法国人文主义者皮埃尔·德·顾拜旦称赞体育是生命的动力，是勇气，是荣誉，是乐趣，是培育人类的沃土，是继往开来、不断进步、夺取桂冠的胜利。

邓小平同志十分重视体育运动对精神文明建设的重要作用，他说"体育是社会主义精神文明的重要方面，要进一步研究，提出方针，制定计划"。他还强调："现在看来，体育运动搞的好不好，影响太大了，是一个国家经济、文明的表现。它鼓舞了这么多的人，吸引了这么多的观众、听众，要把体育搞起来。"

我国社会主义精神文明建设的根本任务是适应社会主义现代化建设的需要，培育有理想、有道德、有文化、有纪律的社会主义公民，提高整个中华民族的思想道德素质和科学文化素质。在社会主义精神文明建设中，教育、科学、文学艺术、新闻出版、广播电视、卫生、体育、文物、图书馆、博物馆等各项文化事业都有各自的重要作用。我国老年体育事业作为整体体育事业的一个组成部分，在社会主义精神文明建设和人文奥运中，具有不可或缺的重要作用。

我国老年体育在遵循"发展体育运动，增强人民体质"方针的同时，还具有使老年人延缓衰老，保持乐观的情绪，享受丰富多彩的群众文体活动的作用。北京市老年人通过参加各种体育健身活动增进了身心健康，促进了家庭幸福、邻里和睦，加强了社会的安定团结，为首都的物质文明、政治文明和精神文明建设做出了贡献。大力发展丰富多彩的社区老年体育活动，构建多元化的全民健身服务是时代赋予老年体育的重要任务，让我们在市委、市政府和市体委的领导下，进一步为提高老年人的健康水平，建设"新北京"和打造"人文奥运"做好老年体育工作。

发展健康产业，
促进健康长寿与经济发展，
为构建社会主义和谐社会做贡献[*]

一　健康长寿与经济发展呈正相关关系

健康长寿、经济发展、社会进步、和睦安宁是人类社会共同的理想和追求。农业社会的农民渴望人寿年丰，工业社会的人们追求长寿与发展，尽管不同时代和不同人群的表述不同，但是他们最大愿望的实质都是健康长寿与经济发展，提高生活、生命质量，享受幸福生活。

社会的存在与发展离不开一定的条件，其中包括自然环境、人口、文化、物质生产方式，等等。任何人类历史的第一个前提无疑是有生命的存在。如果说自然环境是社会赖以存在与发展的基本条件的话，那么作为社会的主体和基础的人口，则是社会存在和发展的第一个要素。马克思主义的"两种生产"理论，揭示了经济发展与人口发展之间的本质联系，论述了经济发展决定人口发展，人口发展反作用于经济发展的辩证关系。其中，人口发展包括健康长寿。

---

*　此文为向 2009 年"中国老年保健（产业）高峰论坛"提交的论文，载于《中国老年保健暨产业高峰论坛文集》。

（一） 没有经济发展就很难实现健康长寿

健康长寿是人类社会的共同理想。实现健康长寿取决于多种因素，其中最重要的是经济发展。

史实表明人口预期寿命的长短与社会经济发展水平的高低呈正相关关系。在生产落后和经济发展缓慢的自然经济阶段，天灾、人祸、贫困和疾病的落后环境导致人口死亡率很高，平均寿命很短。18 世纪欧洲平均预期寿命为 25 岁，1900 年为 50 岁，将近两百年才增加了 25 岁。我国人口预期寿命汉武帝时为 22 岁，1949 年为 35 岁，两千年才增加了 13 岁。

工业革命后，随着科技进步、生产力提高、经济快速发展、营养条件改善、公共卫生和医疗技术的发展，增强了人们的抗病、治病能力，提高了健康水平，完成了人口死亡率持续下降的第一次人口革命，为人类健康长寿创造了条件，实现了人口预期寿命的延长。

人口预期寿命迅速提高是人类 20 世纪的一项伟大成就。在这段时期，欧洲人口预期寿命由 1900 年的 50 岁延长到 2000 年的 75 岁，百年增加了 25 岁。中华人民共和国成立后，随着经济的快速发展，我国的人口预期寿命由 1949 年的 35 岁延长到 1999 年的 70 岁，短短 50 年增加了 35 岁。

联合国对人口预期寿命统计和预测表明，1950～1955 年世界平均人口寿命为 46.5 岁，发达地区为 66.2 岁，不发达地区为 41.0 岁，最不发达地区为 35.5 岁。2000～2005 年世界平均人口寿命为 66.0 岁，发达地区为 75.6 岁，不发达地区为 64.1 岁，最不发达地区仅为 51.4 岁。

世界银行统计表明，2000 年高收入国家的人口预期寿命平均为 78 岁，中低收入国家为 64 岁，低收入国家为 59 岁。世界上人口预期寿命最短的国家马拉维为 39 岁，仅仅相当于高收入国家的一半（见表 1）。

表 1　2000 年高低收入国家人均收入与人口预期寿命

单位：美元，岁

	全世界	高收入国家	中、低收入国家	低收入国家
人均国民收入（美元）	5140	26710	1160	430
人口预期寿命（岁）	66	78	64	59

资料来源：世界银行《2003 年世界发展报告》。

我国的情况也不例外，2000年我国30多个省、直辖市、自治区在人口预期寿命的排名中，前5名依次为发达地区人均国内生产总值较高的上海、北京、天津、浙江、山东，最后5名是欠发达地区人均国内生产总值较低的新疆、青海、贵州、云南和西藏（见表2）。

表2 我国人口预期寿命排名前5名和后5名的人均国民收入情况

单位：元，岁

地区	预期寿命	人均GDP	地区	预期寿命	人均GDP
上海市	78.14	32061	新疆维吾尔自治区	67.41	9700
北京市	76.10	46718	青海省	66.03	7277
天津市	74.91	26532	贵州省	65.96	3603
浙江省	74.70	20147	云南省	65.49	5662
山东省	73.92	13661	西藏自治区	64.37	6871

资料来源：《老龄问题研究》2004年第12期。

国内外的史实说明，没有发展就很难长寿，健康长寿有利于经济发展。发达地区人口预期寿命高于欠发达地区的现实，充分证明了经济发展与寿命延长正相关的论断。

（二）健康长寿有利于经济发展

人口是社会的基本生产力，劳动力是发展生产力的第一要素，劳动力资源是最重要和最宝贵的资源。从经济学的观点看，一个国家和地区的劳动力资源量的多寡，是反映这个国家和地区经济实力强弱的重要指标。多则有利于经济发展，寡则不利于经济发展。

人口是劳动力资源的基础，除了人口总量的变化对劳动力资源量产生影响以外，包括寿命长短和平均健康水平在内的人口质量对劳动力资源量也产生影响。预期寿命的长短，决定人一生中能从事劳动的岁月的长短和国家所拥有劳动力资源量的多寡。

农业社会人口预期寿命短，年近半百就丧失劳动能力，一生中能从事劳动的岁月不多，能为社会创造财富的阶段不过30多年，致使经济发展缓慢。近百年来人口预期寿命的延长，相应地延长了可能参与劳动的岁月，工作45~50年不仅意味着劳动力资源的增多，而且也会使劳动力成本下降，有利于经济发展。

健康长寿有利于经济发展已成为国际学术界的共识。苏联人口学家 C. A. 托米林在《人口学与社会卫生学》一书中指出，平均寿命每增加一岁，就是经济发展的一项重大成就，因为这意味着，大大节约了国民经济的资金，这种情况是国民经济平衡所估计不到的。

另一位人口学家 N. N. 麦奇尼科夫高度评价延长寿命对社会发展的积极作用，他认为："延长寿命与保持劳动的力量和能力应该是协调一致的、并行的"。人口学家 B. C. 斯捷申科进一步指出："将来取得经济发展与人口发展之间'协调'的根本办法……是延长老年人口的有充分价值的经济和社会积极性。"

美国《未来学家》（1997 年 7~8 月号）的一篇文章认为，人的健康寿命延长，很可能会降低成本费用，提高经济效益。长寿的到来也意味着真正文明的到来。

世界卫生组织在一项声明中强调，寿命延长和节制生育所取得的成果是人类 20 世纪的双重胜利。

1997 年，联合国社会发展委员会第 35 届会议指出："估计到本世纪末人口的平均寿命将会增加 20 多岁，为了充分利用进步所带来的这一值得欢迎的礼物，需要认真筹划个人生活，包括采用健康的生活方式，调整个人财务，为进修教育作出规划。公共政策应支持这样的个人努力。"

二 发展老年健康产业，促进健康长寿和经济发展的论述和建议

（一）学术界和有关学术著作对于健康的重要性的论述

生理学认为：健康是生命的基石和产生劳动能力的源泉，是人类生存和发展的基础。

人口学认为：健康是人口质量的首要组成要素。

经济学认为：健康是人力资源不可缺少的组成部分。

社会学认为：健康是人在一个特殊团体中其身体或行为上正常的，即具有履行社会职责的能力。

健康社会学认为：人力资本存量和利用取决于人口受教育水平和健康水平。人的发展能力大小与健康有着密切的关系。

社会保障学认为：人人享有健康保障的权利。

世界卫生组织认定，健康的老年人是社会经济发展的资源，是"积极老龄化"的第一支柱。

俗话说"没有健康就没有一切"，从这个意义上来说，健康不但是个人与家庭幸福的基础、社会进步的象征和经济发展的目标，而且越来越被认为是社会经济发展的重要手段。

作为人力资本核心的健康，固然有其先天遗传的因素，但是在很大程度上更依赖于后天的投资来予以改善。发展老年健康产业，为老年人提供健康服务，提高老年人的健康水平，一来可以推迟衰老和延长老年人的健康预期寿命，降低劳动力成本；二来可以延长参与劳动的岁月，增加劳动力资源，弥补老龄社会的劳动力不足；三来可以降低老年赡养比，减少社会负担；四来可以增强抗病能力，减少失能、残障和医疗护理开支；五来可以延长老年人劳动收入和延长储蓄岁月。以上开源节流的积极作用，实际上是变老龄化的压力为动力，实现以老年人健康、参与、保障为主体的"积极老龄化"，为全面建设小康社会服务。

（二）国际社会对于老年人健康与经济发展的关注

1982 年联合国《老龄问题国际行动计划》把老龄问题概括为满足老年人的特殊需要的人道主义方面的问题和涉及人口老龄化所造成社会经济发展方面的问题。前者包括老年人的保健与营养、住宅和环境、家庭、社会福利、收入保障与就业以及教育（"保健"位列老年人特殊需要之首）。

联合国《2002 年马德里老龄问题国际行动计划》（以下简称《计划》）再次强调，健康是老年人的一项重要的个人财富，人口的总体健康水平对于经济增长至关重要。呼吁各国制定政策，采取措施预防老年人健康不良问题。《计划》提出了三项优先行动，一是"老年人与发展"，二是"促进老年人的健康与福祉"，三是"确保建立有利的支助性环境"。在"促进老年人的健康与福祉"方面指出，老年人完全有权得到预防保健。出于人道主义和经济原因，有必要为老年人提供满足他们特殊需要的保健服务，其中，终生预防疾病是老年人健康的基石。

（三）联合国提倡用"积极老龄化"促进健康长寿与经济协调发展

21 世纪是全球老龄化的世纪，同时又是人类长寿的时代。如果说老龄化是挑战的话，那么健康长寿就是应对挑战的机遇和有利条件。

"老年人必须参与发展"的观点已成国际共识，第二届世界老龄大会把"老年人与发展"作为主题。"积极老龄化"是世界卫生组织为应对老龄化挑战向大会提出的建议，大会接受了这项建议，写进了《政治宣言》。大会强调老年人是资源，呼请各国提倡积极老龄化，保证老年人健康和参与发展，为建设不分年龄、人人共享的社会奠定基础。

"积极老龄化"由"健康，参与，保障"组成。

1. 在"健康"方面

"积极老龄化"强调，对于社会来说，健康是人类生存和发展的基础，也是经济和社会发展的动力。实现人的全面发展最基本的前提是拥有健康，老年人拥有健康是实现积极老龄化的先决条件。积极老龄化行动的目的在于使更多的老年人保持健康，具备参与社会发展的能力，在充分发挥作为社会劳动力资源的作用中，提高自己的生活和生命质量，实现老年人的自我价值。

2. 在"参与"方面

"积极老龄化"强调，健康的老年人是实现老龄社会可持续发展的资源，积极老龄化提倡老年人融入社会，按照自己的基本人权、能力、需要和爱好，继续以有偿和无偿两种方式参与社会，为社会经济发展做贡献。

3. 在"保障"方面

"积极老龄化"强调，老年人是社会的弱势群体，政府和非正规部门以及有关产业要为老年人提高健康水平和参与社会发展提供条件和机会。特别要发展老年健康产业，为提高老年人健康生活质量和延长健康预期寿命服务，为实现积极老龄化和应对老龄化挑战服务。

在积极老龄化的三项内容的关系中，"参与"是中心，"健康"是"参与"的前提，"保障"是实现"健康"与"参与"的必要条件。

三 发展老年健康产业，为构建和谐
社会培育新的经济增长点

（一）老年健康产业的内涵与发展机遇

所谓"老年健康产业"，顾名思义可以理解为"为提高老年人健康水平服务的产业"。1948 年世界卫生组织提出健康的含义："健康不仅是免于疾病和虚弱，而且是保持身体上、精神上和社会适应方面的完美状态。"20 世纪 90 年代世界卫生组织又提出人的健康还应该包括道德健康。按照以上定义，我认为老年健康产业至少应该包括老年保健、老年医疗康复、老年病预防、老年营养、心理健康咨询、文化学习、体育健身、娱乐休闲、老年健康教育、老年住宅建筑和老年旅游产业，等等。

经济学的理论认为需求是市场存在的前提，而市场是人口、购买力和消费意愿三因素的统一体。老年健康产业的形成和发展是以市场需求为原动力。老年健康产业的产生和发展取决于由老年人口规模、老年人口购买力水平和购买欲望所决定的市场需求。老年人消费市场潜力的大小主要取决于政府用于老年社会保障支出的多少、老年消费者人数的多寡，以及他们收入水平的高低。以上三者从改革开放以来都在持续增长，从而使老年人消费市场的潜力逐年加大，为老龄健康产业的发展带来了难得的机遇。

据全国老龄统计和信息工作座谈会消息，2008 年年底我国 60 岁及以上老年人口已经达到 1.5989 亿人，占总人口的 12%。"60 后"今年起退休，到 2020 年老年人口将达到 2.48 亿人，占总人口的 17.17%，上升 5.7 个百分点。预计 2050 年老年人口将超过 4 亿人，占总人口的 30% 以上。目前全国百岁老人有 1.87 万人，80 岁以上高龄老人有 1805 万人，并以年均 100 万人以上的速度增加。65 岁以上老年人口中空巢家庭占 50%，个别达到70%，据计算，2010 年将达到 80% 以上。

近几年来老年人的收入也有较大幅度的提高，城市老年人享受退休金的比例由 2000 年的 68.1% 上升到 2006 年的 78.0%，年平均收入从 7392 元提高到 11963 元，增长了 61.8%。农村老年人享受退休金（养老金）的比例由 2000 年的 3.31% 上升到 2006 年的 4.8%，年平均收入从 1651 元提高到 2722 元，增长了 64.9%。城市老年人享受各种社会福利补贴和社会救助的比例由 16% 上升到 19.3%，农村老年人则由 15% 上升到 19.7%。老年人口数量的增加和各种收入和购买力的提高，以及老年人购买服务和提高生活质量欲望的加强，三者结合必然使老年市场需求越来越大，养老产业发展的前景越来越广阔。我国老年健康产业从无到有，从小到大，有了可喜的发展。当前在国家关注民生，进一步满足老年保健服务需要的同时，养老产业的发展将为扩大内需、培育新的经济增长点，以及为促进老龄化与经济协调发展等方面做出更积极的贡献。

（二）扩大老年健康产业的发展领域，为构建和谐社会做贡献

我国老龄事业面临快速老龄化、高龄化和空巢化三大挑战，但是这三大挑战是养老服务产业发展的"三大机遇"。原因是快速老龄化带来老年消费者人数的增加和消费规模的扩大，高龄化导致 1636 万 80 岁以上的高龄老人急需医疗和长期护理服务，空巢化的结果是，占家庭总数 30% ~ 50% 的空巢老人家庭急需生活照料和健康服务。

在现代社会里，老年健康产业向社会输送着健康的老年人力资源，是一个高回报的经济产业。21 世纪的头 20 年是我国经济社会发展的战略机遇期，同时又是老年健康产业发展的"黄金时期"。

21 世纪是全球老龄化的世纪，老龄化为经济发展带来更加严峻的挑战，但是 21 世纪又是人类长寿的时代，只要我们充分开发利用老年人可以延长劳动岁月、增加劳动力资源的积极因素，我们就能够变老龄化的压力为动力，不断延长"人口红利期"，实现人口老龄化与经济协调发展，构建繁荣和谐的老龄社会。

参考文献

《联合国第二届世界老龄大会政治宣言》，2002。

世界卫生组织：《积极老龄化——政策框架》，华龄出版社，2003。

中国老龄协会：《21世纪上半叶中国老龄问题对策研究》，华龄出版社，2000。

劳动保障部法制司和社会保险研究所：《中国养老保险基金测算与管理》，经济科学出版社，2001。

熊必俊：《人口老龄化与可持续发展》，中国大百科全书出版社，2002。

熊必俊：《老龄经济学》，中国社会出版社，2009。

〔苏〕B.C. 斯捷申科：《人口再生产的理论与方法》，王濂溪等译，北京大学出版社，1985。

谢联辉、宋玉华主编《全球行动——迎接人口老龄化 联合国老龄话题文件总汇》，华龄出版社，1998。

杜鹏主编《人口老龄化与老龄问题》，中国人口出版社，2006。

"判定人口红利消失"是个"伪命题"

——在促进老龄化与经济协调发展中
充分发挥长寿红利的正能量*

    长寿与发展是人类社会共同的理想和追求。俗话说："健康是宝、长寿是福"，寿为五福之首。《尚书·洪范》对五福的解释是："一曰寿，二曰富，三曰康宁，四曰攸好德，五曰考终命。"敬老祝寿是我国优秀传统文化，《诗经》的《豳风·七月》写道："八月剥枣，十月获稻，为此春酒，以介眉寿……称彼兕觥，万寿无疆。"《论语》道"仁者寿"，我国明清以来称长寿老人为"人瑞"。世界卫生组织提出"给生命以时间，给时间以生命"，希望人们健康长寿和参与发展。1991 年发表的《联合国老年人原则》"愿长寿者颐养天年"。尽管不同时代和不同人群的表述不同，但是他们最大愿望的实质都是长寿、发展与幸福。

一 长寿与发展的正相关关系

    人口预期寿命提高是人类 20 世纪的一项伟大成就。在这段时期，欧洲人口预期寿命由 1900 年的 50 岁延长到 2000 年的 75 岁，100 年增加了 25 岁。随着经济的快速发展，我国的人口预期寿命由 1949 年的 35 岁延长到 2015 年的 74.5 岁，短短 66 年增加了 39.5 岁。

---

    * 此文为向 2016 年"老年学会年会"提交的论文。本文荣获优秀论文奖。

联合国对人口预期寿命统计和预测表明，1950～1955年世界平均寿命为46.5岁，发达地区为66.2岁，不发达地区为41.0岁，最不发达地区为35.5岁。2000～2005年世界平均寿命为66.0岁，发达地区为75.6岁，不发达地区为64.1岁，最不发达地区仅为51.4岁。

世界银行统计表明，2000年高收入国家的人口预期寿命平均为78岁，中低收入国家为64岁，低收入国家为59岁。世界上人口预期寿命最短的国家马拉维为39岁，仅仅相当于高收入国家的一半。

我国的情况也不例外，2000年我国30多个省、自治区、直辖市在人口预期寿命的排名中，前5名依次为发达地区人均国内生产总值较高的上海、北京、天津、浙江、山东，最后5名是欠发达地区人均国内生产总值较低的新疆、青海、贵州、云南和西藏。

发达地区人口预期寿命高于欠发达地区的现实充分证明了经济发展与寿命延长正相关的论断。苏联人口学家C.A.托米林在《人口学与社会卫生学》一书中指出，平均寿命每增加一岁，就是经济发展的一项重大成就，因为这意味着大大节约了国民经济的资金，这种情况是国民经济平衡所估计不到的。人口学家N.N.麦奇尼科夫认为，"延长寿命与保持劳动的力量和能力应该是协调一致的、并行的"。B.C.斯捷申科认为，"将来取得经济发展与人口发展之间'协调'的根本办法……是延长老年人口的有充分价值的经济和社会积极性"。

二 长寿有利于提高人类发展指数

联合国为了弥补仅用GDP衡量国家进步指标的不全面性，决定从1990年起使用由人口预期寿命、接受教育年限和人均GDP（2006年改用人均总收入）三个要素构成的"人类发展指数"（HDI）来衡量各个国家和地区的社会经济发展水平。1980年我国预期寿命为65.3岁，人类发展指数为0.475，低于0.500的中间水平，属于低水平人类发展国；1999年我国预期寿命延长到71.2岁，人类发展指数上升到0.718，超过世界平均水平（0.716）

和中水平人类发展国（0.684），由低水平人类发展国上升到中水平人类发展国，低于发达国家的平均水平（0.914）。

　　根据联合国开发计划署统计，2012 年我国预期寿命上升到 72.0 岁，2013 年我国人类发展指数上升到 0.719，排名从 2010 年的 101 位提升至 91 位，这是中国的人类发展指数从有统计以来，首次从中人类发展指数跨入高人类发展指数行列。2015 年排名提升至第 90 位。

三　长寿有利于提高劳动年龄上限，延长"人口红利期"

　　美国《未来学家》1997 年的一篇文章认为，人的健康寿命延长，很可能会降低成本费用，提高经济效益。长寿的到来也意味着真正文明的到来。世界卫生组织在一项声明中强调，人口预期寿命延长相应地延长了人们能够参与劳动的岁月，这不仅意味着社会劳动力资源的增多（有利于延长人口红利期），而且可以使劳动力成本下降，有利于经济发展。

　　劳动年龄人口的年龄界限不是永久不变的。确定劳动年龄范围的主要依据是人口资源状况、社会生产力发展对劳动力数量和质量的要求、人口预期寿命和科学教育发展水平。提高劳动年龄上限，使劳动年龄人口比重保持在有利于社会经济和养老保险可持续发展的水平上。

　　如果我们随着预期寿命提高，把劳动年龄上限从"十三五"规划起每个"五年规划"提高 1 岁，到 2035 年提高到 64 岁，届时的劳动年龄人口比重从 58.1% 上升到 65.3%，增加 7.2 个百分点，总供养比也会从 72.2% 下降到 53.2%，使"人口红利期"延长到 2030 年以后。

　　2009 年在巴黎召开的"第 19 届国际老年学与老年医学大会"的议题之一是"从'人口红利'到'长寿红利'的持续发展"。大会强调"人口老龄化是社会进步的最根本体现，如果引导和利用得当，'长寿'将会成为社会经济发展的全新增长引擎"。"单纯把老年人口看成经济发展'成本'的做法早已过时，无论是通过调整就业和再就业政策，进而推迟实际退休年龄，还是积极发展老龄产业，服务老年人口，延长'健康老龄'阶段的同时拉动内需，创造新的就业机会，"都是"让人民长寿和社会财富积累和谐统一"，实现从"人口红利"到"长寿红利"的可持续发展，就能"给'人口红利消失'的假说以最有效的反击"。

长寿是动态人口红利之窗常开不闭的核心要素，是共建中国梦的正能量，期盼即将进入长寿社会的中国发展更好，人民生活更加幸福美满。

参考文献

李志敏主编《四书五经》，中国言实出版社，2002。

〔苏〕B. C. 斯捷申科：《人口再生产的理论与方法》，王濂溪等译，北京大学出版社，1983。

第八篇

其 他

序　言*

长寿是福，我国民间素以"寿为五福之首"，君不见《尚书·洪范》曰："一曰寿，二曰富，三曰康宁，四曰攸好德，五曰考终命。"广为流传的寿文化还有"福如东海，寿比南山""人寿年丰""福寿康宁""寿元无量""寿享期颐"，等等。

长寿是社会进步和繁荣昌盛的象征，人称长寿的老人为"人瑞"。世界卫生组织称人类寿命的延长是 20 世纪的重大成就。长寿是人类社会共同的理想和追求，1991 年发表的《联合国老年人原则》的主题是"愿长寿者颐养天年"。长寿是社会经济发展的基础，没有长寿就很难有发展，没有发展也很难有长寿。

21 世纪是全球老龄化的世纪，是人类长寿的时代。老龄化的主要成因有二，一是出生率下降，二是人口预期寿命延长。如果说前者会导致劳动年龄人口比重下降和劳动资源减少，那么人口寿命延长则是老龄社会应对老龄化挑战的有利条件，因为寿命延长相应带来人能够劳动岁月的延长。俄罗斯人口学家 C. A. 托米林认为，平均寿命每增加一岁，就是经济发展的一项重大成就，因为它意味着大大节约了国民经济的资金，这种情况是国民经济平衡所估计不到的。另一位人口学家麦奇尼科夫强调："寿命延长与保持劳动的力量和能力应该是协调一致的、并行的"。人口学家 B. C. 斯捷申科指出："将来取得经济发展与人口发展之间'协调'的根本办法……是延长老年人口的有充分价值的经济和社会的积极性。"第二届世界老龄大会

＊　此文是为曾庆佩同志的著作《跨越百岁》所做的序，2003。

为应对全球老龄化挑战提出了实现积极老龄化的战略措施，强调健康长寿的老年人是老龄社会可持续发展的重要资源。

由此可见，健康长寿不但是个人的幸福和理想，而且是老龄社会继续进步与发展的重要物质条件。

长寿如此重要，而实现这一理想需要有科学的理论研究和切实可行的具体措施。曾庆佩同志为此做出了辛勤的劳动和探索，取得了可喜的成果，近10年来发表了不少医学科普文章。作为一位基层医务工作者，他数十年如一日，从医学和生理学角度出发，结合几十年的实践，全面总结出一套养生保健、抗衰延寿和老年病防治的科学知识。他撰写的《跨越百岁》的出版，将会使他的科研成果融入社会，在全民健身和全面建设小康社会的进程中发挥积极的作用。

在院党建工作会议暨先进
个人表彰大会上的发言 *

尊敬的陈奎元院长、各位领导、各位同志：

今天我们院隆重召开党建工作会议暨先进个人表彰大会，我谨代表受奖的离退休老干部、先进个人，热烈祝贺大会的顺利召开，并怀着感激和十分激动的心情，感谢党和政府对我们的关怀，感谢院党委和各级领导对我们的表彰和鼓励，感谢院各职能部门对我们的支持，感谢老干部局和各所老干部处、室的同志们对我们的关心和服务。

我是 1988 年从经济所离休的，为了报答党和国家的培养和教育，我离而不休，继续从事研究。17 年来，我编著出版了我国第一部老年学专著《老年学与老龄问题》。撰写、主编、合著、合译了《老有所为的理论与实践》《老年经济学》《人口老龄化与可持续发展》等著作和课题报告 20 多部。发表论文 300 多篇，会议交流论文 100 多篇，合计 200 多万字。为大专院校、老干部局和涉老部门讲学 100 多场，听众一万多人次。为了回应社会上关于"年轻人应不应该养老""老年人是财富还是包袱""老龄化是好事还是坏事""老有所为是不是老年人抢年轻人饭碗"的争论，我学习运用马克思主义"两种生产""剩余价值"和经济学理论，论证了老年人的价值、养老育幼的代际交换理论、老龄化与发展和就业的辩证关系，提出了"开发老年资源可以实现老龄化与经济协调发展"的新观点和新思路，为发展

---

* 此文为 2004 年作为院先进个人代表在"院党建工作会议暨先进个人表彰大会"上的发言。本文发表于《社科党建》2004 年增刊。

我国社会老年学和填补学科空白做出了贡献。

我主持了国家社科基金课题和院老年科研基金课题的研究，参加了国务院研究室等十几个单位承担的课题研究。为劳动部、民政部等十几个单位提供了咨询，在《中国社会科学院要报 领导参阅》发表了3篇文章，为制定老龄政策提出了建议。

17年来我取得的成绩是党和国家对我培养教育和各级领导对我关怀鼓励的结果。我取得成绩的客观因素是"天时、地利、人和"；主观因素是勤奋学习，努力工作。

在"天时"方面，我离休时正是我国老龄事业和老年学研究的起步阶段，老龄问题受到党和国家的重视。这个难得的"天时"是我从事老年问题研究的一个十分有利的机遇。

在"地利"方面，我院党政领导十分重视社会老年学研究和发挥老干部作用，院老年科学研究会的成立和老年科研基金的建立，为我们继续研究提供了必要的平台和物质保证。我们院有藏书丰富的图书馆，有求真务实的治学传统，有广泛交流学术的机会，有院职能部门和老干部局的热情服务。这些都是我开展研究和取得成绩的重要条件，我为工作和生活在社科院而感到欢欣和庆幸。

在"人和"方面，社会老年学是一门新兴的交叉学科，需要多学科科研人员的合作。我院具有多学科的优势，院老年科学研究会的成员来自各所，研究会和我在课题研究方面的成果大都是大家合作取得的。

我取得科研成果的主观因素是努力学习党的方针政策，学习马克思主义、毛泽东思想、邓小平理论和"三个代表"的重要思想，坚持科学发展观，辛勤工作。

我积极乐观面对生活，坚持体育锻炼，积极参加老干部合唱团、服装表演队和游泳队，获得高龄组游泳冠军和"中央人民广播电台老年歌咏比赛优秀奖"。2003年被评为"北京市健康老人之星"。在领导关怀和同志帮助下，我先后获院"老有所为精英奖""全国老有所为先进集体创新奖带头人"称号和"老教授科学与技术工作优秀奖"。有7部专著、1部译著和12篇论文获奖。离休5年后，也就是从1993年10月起享受政府特殊津贴。

党和政府强调老干部是党和国家的宝贵财富，鼓励老干部参与发展，这既是对老干部的赞誉，又是对老干部的期望。我院老干部热爱党，热爱社会主义，以不同的方式为国家默默做贡献。1999 年据统计，2000 多位老干部离退休后共撰写专著 2000 多部、译著 480 多部、论文和研究报告 3400 多篇。今天我们得到的荣誉也是我院全体老干部的荣誉。我们决心继续学习，努力工作，为繁荣发展哲学社会科学而努力，在社会主义物质文明、政治文明和精神文明建设再做贡献。

在劳动者"盛世千叟宴"上的发言[*]

各位领导、各位同志：

上午好！阳春三月，百花吐艳，政通人和，人寿年丰。在举国上下热烈庆祝十七大顺利闭幕，喜看北京奥运圣火在全球传递和迎接"五一"国际劳动节的欢快气氛中，劳动者"盛世千叟宴"今天在美丽的蟹岛隆重举办。我谨代表中国社会科学院的老同志，对关爱我们的党政领导，对举办这次盛会的中华老人文化交流促进会，表示衷心的感谢。

敬老爱老是中华民族的传统美德。周朝开始的"乡饮酒礼"，盛行于乾隆朝代的"千叟宴"，是我国历史上的尊老礼仪。新中国弘扬了这一传统美德，党和政府高度尊重劳动、尊敬老人，规定了"五一"劳动节和九九重阳"敬老节"。今天举办的劳动者"盛世千叟宴"，体现了尊重劳动与尊老敬贤相结合的新思维、新举措。对此我们表示高度的赞赏和热烈的祝贺。

实现科学发展观和构建和谐社会是党提出的两大战略思想。科学发展观的核心是"以人为本"。"以人为本"强调两点，一点是"以人的全面发展为目标"，另外一点是"让发展的成果惠及全体人民"。这两点与老年人息息相关，因为老年人不仅是发展成果的受益者，而且是构建和谐社会的参与者。

老干部是党和国家的宝贵财富，老年人是社会的资深公民。在社会主义建设中，我院老同志没有忘记"国家兴亡，匹夫有责"的古训，不少人

---

* 此文为 2008 年 4 月在北京市与中华老人文化交流促进会共同举办的"盛世千叟宴"上的讲话。

退休后，继续参加课题研究，著书立说，为社会做贡献。据不完全统计，我院离退休人员总计已出版专著、译著1270多部，论文和学术报告1900多篇。作品获国际奖的有8人，获国家级奖的70多人，获院（部）级奖的200多人，获国际荣誉称号的32人，获国内荣誉称号的49人。

21世纪是全球老龄化的世纪，21世纪又是健康长寿的世纪。老龄化是经济发展的结果，健康长寿是社会进步的象征。"夕阳无限美，老树喜逢春"，让我们趁这大好时光，在以胡锦涛同志为总书记的中国共产党的领导下，高举中国特色社会主义伟大旗帜，继续老有所为，为繁荣和发展哲学社会科学，为社会经济发展，为构建和谐社会，为伟大祖国的更加繁荣昌盛，再立新功！

敬祝各位领导和同志们身心愉快，健康长寿。谢谢大家！

繁荣中老年艺术事业，
为构建和谐社会做贡献[*]

女士们、先生们、新闻界的朋友们：

今天是重阳节，又是我国的敬老节，在这里隆重召开中国国际中老年艺术节新闻发布会，我谨代表主办单位之一的中国社会科学院老年科学研究会，对光临发布会的朋友们表示热烈的欢迎，对大力支持中老年艺术事业和关爱中老年人的领导和同志们表示衷心的感谢。

"中老年艺术"顾名思义是以中老年人为服务对象的艺术，也是中老年人十分喜爱和乐于参与的艺术活动。中老年艺术通过各种方式展现中老年人的风采，歌颂中老年人的丰功伟绩，颂扬社会尊老敬贤的美德，表扬父慈子孝的和睦家庭。歌曲《夕阳红》、舞蹈《俏夕阳》、豫剧《闵子骞芦衣顺母》等艺术作品，不仅中老年人爱唱爱看，而且青少年也爱看爱听，丰富了精神文明建设的内容。

十七大提出要用社会主义核心价值体系引导社会思潮，弘扬中华民族文化，建设中华民族共有精神家园。艺术是文化的重要组成部分，因此弘扬中华民族传统优秀文化包括弘扬传统优秀艺术。

在我国传统艺术的诗歌和音乐中都含有尊老敬贤、父慈子孝、修身齐家和讲信修睦等有关中老年人的内容。《诗经》编成于春秋时代，是我国第一部诗歌总集。《诗经》"蓼莪"篇的"蓼蓼者莪，匪莪伊蒿。哀哀父母，生我劬劳。""无父何怙，无母何恃。""父兮生我，母兮鞠我。""欲报之

＊　此文为 2008 年"全国中老年春节电视联欢晚会"祝词。

德，昊天罔极”充分表达了子女欲报父母养教之恩的深情。

儒家经典之一《礼记》第 19 篇的“乐记”以较大的篇幅论述了音乐对个人、家庭和社会的功能和积极作用。

“昔者，舜作五弦之琴以歌南风，夔始制乐以赏诸侯。故天子之为乐也，以赏诸侯之有德者也。德盛而教导，五谷时熟，然后赏之以乐。”

“乐也者，圣人之所采也，而可以善民心，其感人深，其移风易俗。”

“在族长乡里之中，长幼同听之则莫不和顺；在闺门之内，父子兄弟同听之则莫不和亲。”

“乐行而伦清，耳目聪明，血气和平，移风易俗，天下皆宁。”

我国有丰富的优秀传统艺术，让我们根据“古为今用”的精神，以弘扬孝道和尊老敬贤的传统美德为己任，繁荣中老年艺术事业，为满足中老年人精神文化生活需要，加强社会主义精神文明建设和构建和谐社会做贡献。

建设和谐文化，繁荣中老年艺术事业[*]

女士们、先生们、新闻界的朋友们：

　　阳春三月，繁花似锦。在这春意盎然的日子里，我们隆重召开 2009 年"第二届中国国际中老年艺术节"新闻发布会，我谨代表协办单位之一的中国社会科学院老年科学研究会，对光临发布会的朋友们表示热烈的欢迎。对大力支持中老年艺术事业和关爱中老年人的领导和同志们表示衷心的感谢。

　　"中老年艺术"顾名思义是以中老年人为服务对象的艺术，也是中老年人十分喜爱和乐于参与的艺术活动。文化艺术是人类在社会历史发展中所创造的物质财富与精神财富的总和。精神财富包括文学、艺术、教育和科学等。文化艺术是人类心理、情绪的印象，是社会群体行为的积累和传授的结果。中老年人是文化艺术的继承者、传授者和创新者。举办中老年艺术节是满足中老年人文化艺术生活需求的需要，是满足中老年人展现艺术风采、实现自我价值的需要，也是通过各种方式，歌颂中老年人的丰功伟绩，颂扬社会尊老敬贤的美德，表扬父慈子孝的和睦家庭的需要。

　　文化艺术是人类社会瑰丽的花朵，中老年人舒心惬意地欣赏文艺作品是一种美好的精神享受。它可以丰富知识，品味人生经验，提高审美情趣，与作者同感受、共呼吸。听一曲《满江红》你会感到那种气吞山河、壮怀激烈的美感，使你精神奋发。读一读李清照《声声慢》中的"寻寻觅觅、冷冷清清、凄凄惨惨戚戚"，你就不能不为作者中年丧偶的悲惨命运所触动。

---

　　* 此文为在 2009 年"第二届中国国际中老年艺术节"新闻发布会上的讲演。

艺术来源于社会生活，又以一定的方式作用于社会。《中共中央关于构建社会主义和谐社会若干重大问题的决定》指出，建设和谐文化是构建社会主义和谐社会的重要任务。要求弘扬民族优秀文化传统，倡导人类和谐理念，培育和谐精神，优化尊老爱幼、扶贫济困、礼让宽容的人际关系，进一步形成全社会共同的理想信念和道德规范，打牢全党全国各族人民团结奋斗的思想道德基础。

善用信息化工具实现老有所为，参与发展[*]

我国早在 20 世纪 80 年代初就提出包括"老有所为"在内的五大老龄工作目标。

"老有所为"又称"老年人参与发展"，是发挥老年人作用、促进老龄化与社会经济协调发展的一项战略措施。通过各种手段为老年人持续参与发展创造条件，延长老年人的实际劳动岁月，不仅可以让老年人充满活力、增进身心健康、提高生活和生命质量，而且还能减轻社会负担，发挥老年人的专长，变老龄化的压力为动力，继续为社会做贡献。

人到老年，生理上不可避免地出现衰退，显然会减少参与发展的可能性和积极性。综合分析老年人的特点和需求，可以看到，老年人在经验的积累、智慧和专长方面具有优势。如何在不给老年人增加体力负担的基础上促进这些优势的发挥，一直是一个问题。

我今年 83 岁，1988 年离休后一直还保持着积极参与的状态，继续从事社会老年学研究，撰写专著，应邀讲学，参加社会活动，出席国内外论坛和学术研究会。回顾我离休 20 多年来的经历，之所以有所作为，应该归功于信息化工具。"工欲善其事，必先利其器"，十几年前，迫于各种国际国内工作交流的压力，我开始学习使用电脑。到现在我不仅可以写作和编辑，还能制作演讲、讲课所需要的 PPT，使用电子邮件与天南海北的朋友和同行交流，我甚至学会了使用远程教学来完成有些课程的讲授和互动。如果不是运用了这些现代化的工具，还得要我跑来跑去，那我能做的就更有限了。

---

* 此文是为《青松融入数字生活》所做的序，2009。

我一直认为，如果能大力推广信息化工具的使用，让老年人都学会电脑、学会上网，那么每个人的生活和工作空间就可以无限扩大，空巢的孤独感、退休后的失落感，都可以比较好地化解，"老有所为"就有了一个基本的工具。

那么是什么阻碍了老年人到现在为止的信息化普及呢？我分析有这几个原因：一是以前的社会资源有限，有条件接触到的老年人不多；二是老年人观念转变比较慢，大多数还认识不到自己也是信息化社会的一分子；三是生产单位对适合老年人专用电脑的开发不够；四是缺乏适合老年人学电脑的工具书。这几个原因结合起来，造成了一直以来老年人在信息科技的使用上比较落后、容易被边缘化。经过这些年的社会经济发展，现在我们完全有条件克服上述障碍。在多数城市和一些农村，电脑的普及率已经大大提升。就算家里没有电脑，居民聚集的地区也往往有条件不错的网吧、电脑培训中心等设施。

老年人与电脑和网络之间的物质距离大大缩小，而且随着人们生活水平的提高、现代化的加速，老年人对信息化的观念也逐步经历了从"拒绝"到"接受"，从"敬畏"到"好奇"的过程。在这样的时机下，青松通过反复实践找出了快速普及老年人信息化基础技能的最佳学习方法，《青松融入数字生活》的出版为老年人学电脑提供了一个非常好的入门帮手，可以说是做了一件顺应潮流、利国利民的好事。

我与燕妮相识多年，既欣赏她在老年学和老年经济学方面成熟的见解，又欣慰于她对积极老龄化事业的执着。作为一个老年人，特别是一个老年科研人员，我热烈祝贺《青松融入数字生活》的出版，祝愿青松的理想在燕妮团队和许多有识有力之士的共同努力下早日实现！

人到老年依然可以活得很精彩

——喜读上野千鹤子的名著《一个人的老后》*

　　近几年来随着我国人口老龄化的速度不断加快，如何"养老"以及与老后有关的问题，已成为日益庞大的老年群体乃至社会各个阶层普遍关注的焦点。最新统计显示，截至 2009 年年底，我国 60 岁及以上老年人口有 1.67 亿人，占总人口的 12.5%，预计到 2020 年，我国老年人口将达到 2.48 亿人，老龄化水平将达到 17%。到 2050 年进入重度老龄化阶段，届时我国老年人将达到 4.37 亿人，约占总人口的 33% 以上，而且高龄和失能老人将大幅增加。在这样的大背景下，有关老年人的话题也多了起来。日本是长寿之国，人口老龄化程度比我国高，尤其受我们关注。日本作家上野千鹤子两年前在日本出版《一个人的老后》，第一年即热销 75 万册，在台湾出版短短半年也有 2.5 万册的佳绩，显示出现代社会里一个人的老后该如何过是许多都市人担心又关心的问题。在书中，上野千鹤子提醒中年人要勇于接受现实，乐观准备，享受活到老健康到老的美好晚年生活。

　　高龄化、空巢化、家庭小型化引发的老年生活照料、精神慰藉、疾病护理等问题日益显现，老年人渴望提高生活生命质量、共享社会发展成果的要求日益强烈。与此同时，传统养老功能的弱化和社会福利供给的不足，又与老年人对养老服务日益增多的消费需求构成了突出矛盾。

　　一个人的老后，怎么生活，怎么安享晚年，有多种选择方式。可以有冬天，也可以有春天，关键的选择权在自己手中，上野千鹤子强调衰老是

---

　　* 此文是应邀为日本作家上野千鹤子《一个人的老后》作的序，2010。

自然规律，但是可以通过健康管理来延缓和推迟。她特别关心寡居率高、寡居期长的老年单身妇女的晚年生活，提出要为晚年做准备：活用自己的储蓄，维持一定的生活质量，拓宽全新的生活面貌，用人生的经历多交朋友，借助网络扩大生活半径，为未来打造一个幸福的单身晚年生活。

我今年84岁，从《一个人的老后》中也得到启迪。作为一个从事老年学研究的人员，我曾经两次应邀到日本参加老年科学学术会议（1990年参加在横滨召开的"亚大地区老年学会议"，1993年参加在东京召开的"北京－东京社会老龄问题学术会议"），与日本学者有过多次学术交流。我同意上野千鹤子关于人到老年依然可以活得精彩的观点。在增进老年健康方面，我坚持"科学老年观"，辩证乐观地看待"老"，摒弃"人老必衰"和"人老万事休"的悲观观点，树立"老当益壮"的乐观精神。提倡用白居易的"自静其心延寿命，无求于物长精神"，曹操的"盈缩之期，不但在天；养怡之福，可得永年"和诸葛亮的"静以养生，俭以养德，非淡泊无以明志，非宁静无以致远"的名言，来指导自己修身养性。忘记年龄、忘记名利、忘记忧伤，保持积极乐观和豁达开朗的心情。争取留住少年的心态，学习青年人的思维，保持中年人的体质，继续参与社会，尽可能地像《一个人的老后》所提倡的那样，在高龄生活中继续活得很精彩。

长寿是福

——为《适者长寿》作序*

　　长寿是人类的共同理想，是经济发展的成果，是社会进步的象征。每逢新年和春节，家家祈盼"五福临门"。寿为五福之首，《尚书·洪范》对五福的解释是："一曰寿，二曰富，三曰康宁，四曰攸好德，五曰考终命。"农业社会渴望人寿年丰，工业社会追求预期寿命延长和 GDP 增长。尽管不同时代和不同人群对祈福的表述不同，但是他们共同愿望的实质都是长寿与发展，提高生活、生命质量，享受幸福生活。

　　国际社会同样希望长寿，世界卫生组织提出"给生命以时间"，希望人们健康长寿；1991 年《联合国老年人原则》的主题是"愿长寿者颐养天年"；2002 年联合国第二届世界老龄大会《政治宣言》强调"世界许多地区人口预期寿命延长，这是人类社会的一项重大成就"。

　　长寿与发展相互促进已在国际学术界达成共识。2009 年"第十九届国际老年学与老年医学大会"提出"长寿红利"的新观点，大会强调"'长寿'将会成为社会经济发展的全新增长引擎"。"让人民长寿和社会财富积累和谐统一，给'人口红利消失'的假说以最有效的反击"。

　　敬老是中华民族的传统美德，社会上尊称百岁老人为"寿星"。"人瑞"是明清以来对百岁老人的吉称。官方为百岁老人挂"长寿匾"、建"人瑞坊"，以示褒奖。"万寿无疆"这个在古代敬老庆宴上的祝词还多次出现在

---

　　* 此文是为《适者长寿》所做的序，2012。本文做了删节。大连市老年学学会长寿课题组编著《适者长寿》，中国社会科学出版社，2012。

《诗经》中，如《豳风·七月》云："八月剥枣，十月获稻。为此春酒，以介眉寿"。

大连市老年学学会长寿课题组编著《适者长寿——大连市百岁老人长寿调查报告的解读》是弘扬敬老优秀传统，为全市百岁老人建档立传的创举。课题组的同事们从 2001 年起拜访全市的百岁老人，记录他们长寿的事迹和经历，研究他们长寿的诸多因素及其社会经济效益。课题组的成员们在完成日常繁忙工作的同时，通过对百岁老人的入户跟踪调查、交谈、分析、研究，历时十个春秋，终于在 2011 年完成了长达 14 万字的课题报告。"十年磨一剑"，真是难能可贵，可喜可贺。

实践是检验真理的唯一标准，没有调查研究就没有发言权。课题组成员秉承这两句至理名言，通过调查研究、分析、归纳和运用百岁老人长寿的亲身实践诠释了"仁者寿""勤者寿""乐者寿""智者寿""适者寿"等长寿之道和民间流传的部分长寿秘诀，进一步论证了长寿与发展相互促进的正相关关系。作为多年从事老年学研究的同事，我深信这本力作的出版，将会对我国长寿科学的研究和老龄事业的发展做出积极可贵的贡献。

我亲身经历的开国大典、建国十周年和五十周年大庆[*]

一 隆重的开国大典

1949年10月1日，我荣幸地作为军委工校代表团的成员出席了在天安门广场隆重举行的开国大典。我们的观礼席位于天安门前的金水河畔，南临受阅解放军分列式行进和群众庆祝游行的大道，可以近距离观礼；北距天安门城楼不足50米，可以近距离地向首长欢呼致敬，我们都为此而感到庆幸。

节日北京的早晨，秋高气爽，风和日丽。天安门城楼上红灯高挂，红旗迎风招展。一群又一群的和平鸽，伴着悦耳的哨音在广场的上空盘旋飞翔。雄伟的解放军列队于东长安街，拿着鲜花和彩旗的群众聚集在天安门广场。这时，一切的一切都在静候着开国大典开始这一伟大时刻的到来。

13时50分左右，毛主席和其他党和国家领导人登上天安门城楼和群众见面，几十万军民顿时高呼毛主席万岁、中国共产党万岁，毛主席宣布中华人民共和国成立时，广场欢呼声和掌声雷动，长达五六分钟。

在毛主席按下电钮，第一面五星红旗在天安门广场升起以后，以骑兵为先导的阅兵行进、空军的编队飞行和群众的庆祝游行，一次又一次掀起

---

* 此文为作者参加国庆活动的记忆所作，部分内容曾发表于《中国社会科学报》。

欢呼高潮。典礼接近完成时，我们和全场群众，涌向金水桥向毛主席和其他领导人欢呼致敬，历时二十多分钟，久久不愿离去。

作为中华人民共和国成立前在地下党领导下，冒着生命危险从事进步学生运动而被国民党列入"黑名单"的人，我对开国大典的感受更为亲切。我为中华人民共和国的成立而欢呼，也为自己为之奋斗的理想实现而庆幸。在这伟大而庄严的时刻，我默默地立下誓言，"决心为祖国工作50年"。55年来，尽管我提前实现了自己的誓言，但是在全面建设小康社会的伟大事业中，"开国大典"所引发的动力，仍然在鼓舞着我继续前进。"老骥伏枥，志在千里"，我决心在社会老年学的研究中为祖国再工作5～10年。

二 空前盛大的国庆十周年

1959年10月1日是中华人民共和国成立的十周年大庆。国庆前夕的国宴，在新落成的人民大会堂宴会厅举行。这次国宴第一次也是最后一次由毛泽东主席、刘少奇主席、宋庆龄副主席、朱德委员长和周恩来总理联名发出邀请。宴会共100桌，参加宴会的宾主共1000余人，宾客中有众多与我国建交的国家元首，其中包括越南、朝鲜和蒙古的领导人。

国庆十周年的阅兵和庆祝游行的规模之大也是空前的。1952年为突破帝国主义对我国的封锁禁运，我奉调参加民间外交工作，并在1959年荣幸地陪同国际友人出席了庆祝国庆十周年的国宴和阅兵及庆祝游行观礼。周恩来总理在国宴上的祝酒词和内容丰富的阅兵游行，充分体现出中华人民共和国成立十年来在外交和各条战线上所取得的众多成就。作为中华人民共和国的公民和国家工作人员，我为此感到自豪和自信。

三 在纽约参加国庆五十周年庆祝游行

1999年10月1日是中华人民共和国成立五十周年大庆，纽约市旅美华侨和我国留美学生会在这一天上午联合举行了庆祝游行。当时我应美国退休人员协会的邀请正在纽约考察访问，因此有机会参加了这次在异国举办的祖国国庆五十周年庆祝游行。

　　庆祝游行队伍以"热烈庆祝中华人民共和国成立五十周年"的大幅横标为前导，并有欢庆锣鼓、舞龙舞狮和中国武术表演助兴。在游行行进中，不时有包括美国人在内的各国友人加入游行队伍，与我们相伴而行，情景感人。

图书在版编目（CIP）数据

"动态人口红利"促进老龄化与经济社会协调发展 /
熊必俊，郑亚丽著. -- 北京：社会科学文献出版社，
2018.12

（中国社会科学院老年学者文库）

ISBN 978 - 7 - 5201 - 3283 - 1

Ⅰ.①动… Ⅱ.①熊… ②郑… Ⅲ.①人口老龄化 -
关系 - 中国经济 - 协调发展 - 研究 Ⅳ.①C924.24
②F127

中国版本图书馆 CIP 数据核字（2018）第 185840 号

中国社会科学院老年学者文库

"动态人口红利"促进老龄化与经济社会协调发展

著　　者 / 熊必俊　郑亚丽

出 版 人 / 谢寿光
项目统筹 / 史晓琳　周　丽
责任编辑 / 史晓琳　赵　冉　廖晨希

出　　版 / 社会科学文献出版社·国际出版分社（010）59367243
　　　　　地址：北京市北三环中路甲 29 号院华龙大厦　邮编：100029
　　　　　网址：www.ssap.com.cn
发　　行 / 市场营销中心（010）59367081　59367083
印　　装 / 三河市尚艺印装有限公司

规　　格 / 开　本：787mm × 1092mm　1/16
　　　　　印　张：29.75　字　数：453 千字
版　　次 / 2018 年 12 月第 1 版　2018 年 12 月第 1 次印刷
书　　号 / ISBN 978 - 7 - 5201 - 3283 - 1
定　　价 / 149.00 元

本书如有印装质量问题，请与读者服务中心（010 - 59367028）联系